Margret und Henk van Blokland

KORFU
IONISCHE INSELN

REISE KNOW-HOW im Internet

Aktuelle Reisetipps und Neuigkeiten
Ergänzungen nach Redaktionsschluss
Büchershop und Sonderangebote
Weiterführende Links zu über 100 Ländern

www.reise-know-how.de
info@reise-know-how.de

Wir freuen uns über Anregung und Kritik.

VORWORT

Korfu – die Insel der Phäaken, Zákynthos – die Blume der Levante, Kefaloniá – die Insel der Naturphänomene, Itháki – die Insel des Odysseus und Lefkáda – die Insel der weißen Felsen: Jede der Ionischen Inseln ist eine Welt für sich. Jahrhundertelang wurden die Eilande von Venedig aus beherrscht. Die Türken schafften es nicht, sich hier dauerhaft einzurichten. Daher entwickelten sich die Inseln ganz anders als das restliche Griechenland. Italien stehen sie nicht nur klimatisch und geografisch nahe: Ob in der Musik, in den Karnevalsbräuchen oder in der Malerei, der Einfluss der Venezianer ist heute noch vielerorts spürbar.

Neben schönen Stränden bietet Korfu gute Wandermöglichkeiten und kulturelle Ziele. Zákynthos ist landschaftlich sehr reizvoll, obwohl es zuletzt unter Waldbränden gelitten hat. Die touristische Entwicklung auf Kefaloniá steckt noch in den Anfängen. Der Nationalpark am tannenbedeckten Berg Énos gehört zu den schönsten Wandergebieten. Bescheiden präsentiert sich die kleine Insel Itháki. Weiße Sandstrände und türkisblaues Wasser sind die Attraktionen von Lefkáda.

Wir möchten Ihnen mit diesem Buch die Möglichkeit geben, die Inseln in ihrer Vielfalt kennen zu lernen. Jeder wird hier sein Lieblingsplätzchen finden. Es gibt ruhige Ecken zur Erholung, aber auch lebendige Fleckchen; man kann Komfort, aber auch ursprüngliche Einfachheit genießen, trifft auf einsame Naturgebiete, erschlossene Sandstrände mit Wassersportangeboten, ruhige Klöster, gut besuchte Tropfsteinhöhlen und Häfen mit Ausflugsbooten. Tauchen Sie ein in die Welt der dichten Olivenwälder, bizarren Felsen und prächtigen Blumen. Lassen Sie sich am feinen Sandstrand die leichte Brise um die Ohren wehen oder genießen Sie die Aussicht von den Bergen.

Καλο ταξιδι, gute Reise!

Margret und Henk van Blokland

INHALT

EXKURSE

WANDERUNGEN

WAS BIETEN DIE INSELN?

Korfu

Als nördlichste der Ionischen Inseln liegt Korfu westlich des griechischen Festlandes z.T. schon vor der Küste Albaniens. Olivenhaine prägen das Landschaftsbild des hügeligen bis bergigen Eilandes im Ionischen Meer.

Im **Nordosten** der Insel erhebt sich das Massiv um den höchsten Inselberg, den Pantokrátoras. Nach Süden fällt das Gebirge steil zum Meer hin ab, zahlreiche kleine Kieselbuchten sind von Zypressen und terrassierten Olivenhainen umgeben. In dieser reizvollen Ecke findet man verlassene Bergdörfer, die teils noch zu venezianischer Zeit entstanden sind. An der Nordküste trifft man auf einen schilfumgebenen Lagunensee und lange Sandstrände mit schöner Aussicht auf die Berge Südalbaniens.

An den Sandstränden im **Nordwesten** zwischen Paleokastrítsa und Sidári haben sich neue Urlaubsorte entwickelt. Bizarr sind die Felsformationen am Canal d'Amour und am Kap Drastís. Paleokastrítsa und Umgebung zählen zu den schönsten Flecken der Insel.

Einige der Hauptattraktionen finden sich in **Mittelkorfu,** so etwa Schloss Achillion oder das malerische Kloster Vlachérna und die Mäuseinsel. Korfu-Stadt gehört zu den schönsten Städten Griechenlands. Am Stadtrand befindet sich der Flughafen. Viele landschaftlich schöne Strände sind leider mit größeren Hotelanlagen zugebaut. Ruhe ist dagegen im südlichen Teil der Westküste angesagt. Der Norden Mittelkorfus ist flach bis hügelig, der Süden und die Westküste eher bergig.

Von Messongí und Kávos einmal abgesehen, ist der **Süden** Korfus ruhig und beschaulich. Schon wenige Kilometer außerhalb dieser Ortes trifft man auf kleine Dörfer und lange einsame Sandstrände. Landschaftlich äußerst reizvoll ist die Küste bei Boúkaris. Auch Südkorfu ist von Feldern und Olivenbäumen überzogen, jedoch ist die Landschaft hier trockener als im Norden, wo überall Quellen sprudeln. Richtig ausgedörrt ist die wüstenartige Dünenlandschaft um den Límni Korissia.

Paxos

Die südlich von Korfu gelegene Insel Paxos scheint aus den Bausünden der großen Schwester gelernt zu haben: Alte, renovierte Bauernhäuser und Neubauten aus Naturstein schaffen eine **angenehme Atmosphäre.** Kleine Kiesstände, wilde Felsen mit Wasserhöhlen, Inseln und Felsentore an der Westküste, malerische Dörfer – was will man mehr. Kulturell kann Paxos Korfu natürlich nicht die Wasser reichen, aber viele Individualisten fühlen sich hier sehr wohl. Man kann die kleine Insel gut zu Fuß beim Wandern über alte Pfade und durch Olivenhaine kennen lernen; „viel los" ist auf Paxos allerdings nicht.

Zákynthos

Zákynthos ist **zweigeteilt:** Im Osten breitet sich eine von Olivenbäumen überzogene leicht hügelige und dichter besiedelte Ebene aus, während sich im westlichen Teil der Insel ein Bergmassiv erhebt, das an der Küste schroff zum Meer abfällt. Wer Ruhe sucht, kann sie oben in den Bergen in kleinen Tälern und auf sanften Bergrücken abseits der großen Ausflugsziele finden, während in den Küstenorten viele Urlauber die schönste Zeit des Jahres verbringen. Die Hoffnung auf einen einsamen Strand muss man hier zumindest im Sommer schnell begraben.

Aber nicht nur Urlauber wissen die Insel zu schätzen, auch die Wasserschildkröte *Caretta caretta* ist hier zu Hau-

se. Um ihr das Überleben trotz steigender Feriengäste-
zahlen zu ermöglichen, wurde vor wenigen Jahren ein
Meeresnationalpark an der Südküste eingerichtet.

Zákynthos ist keine unberührte Insel mehr, aber die Bewohner lassen sich von den Touristen kaum aus der Ruhe
bringen. Nach wie vor gehen sie am späten Abend in ihre
Kneipen, trinken den Inselwein und singen ihre Kantaten,
Lieder, die an italienische Volksmusik erinnern.

Kefaloniá

Ganz anders präsentiert sich Kefaloniá. Die große Insel ist
vielseitig und wild zerklüftet mit relativ vielen Sandstränden. Im **Norden** um Fiskárdo prägen sanfte, mit Macchia,
Olivenbäumen und Zypressen bewachsene Hügel das Bild.
Nach Süden hin werden sie schroffer und steigen zum Ge-
birge an. Die kahle Westküste ist felsig und fällt steil zum
Meer ab. An der Ostküste sind kleine Kieselbuchten.
Um Sámi herum erinnert die Landschaft an die Toskana:
knorrige Olivenbäume in roter Erde, schwarze und hell-
graue Böden, Zypressen, alte Steineichen und grüne Täler.
Spektakulär sind die Tropfsteinhöhlen dieser Gegend. Im
Zentrum der Insel erstreckt sich felsiges Gebirge.

Argostóli, die Inselhauptstadt, befindet sich im Südwesten von Kefaloniá, an einem Golf, vom offenen Meer ab-
gewandt. Die Küste am **Golf von Argostóli** um Fársa ist felsig und kahl. Hier werden Fischzuchtfarmen betrieben. Bei
Livádi fällt das Land dagegen flach ins Meer ab. Sumpf und
überflutetes Schwemmland prägen das Bild. Die Ostküste
der **Halbinsel Paliki** ist landschaftlich weniger reizvoll. Im
Süden trifft man dagegen auf rote Sandstrände und bizarre
Erosionsfelsen. Die Westküste von Paliki ist felsig mit einzelnen Sandstrandbuchten.

Südlich von Argostóli erstreckt sich die dicht besiedelte
Halbinsel Livathos. Im Landesinnern erhebt sich die Festung Ag. Georgios. Im **Süden** ragen die höchsten Berge direkt hinter der Küste über 1600 m aus dem Meer. Im Nationalpark an den Bergen Enos und Roudi wächst Tannenwald. In der Hochebene um Valsamáta wird Wein angebaut.

Gebirgig präsentiert sich auch die Landschaft um Póros,
während die **Südostspitze** von Kefaloniá um
Skála relativ flach und trocken ist. Das Kap Moúnda ist von
kilometerlangen Sandstränden umgeben. Kefaloniá war
lange Jahre relativ ruhig geblieben. In den letzten Jahren
haben v.a. Engländer das Eiland entdeckt. Aber die Insel ist
groß und die Urlauber verteilen sich. Es gibt nach wie vor
ruhige Ecken, auch im August.

Itháki

Itháki liegt gleich gegenüber von Kefaloniá. Das Meer zwischen den beiden Inseln wirkt wie ein großer Gebirgssee.
Auf Itháki findet man **nette kleine Dörfer** mit hübschen
Häusern und kleine Kieselstrände. Im Juli und August ist
der Küstenort Kióni genauso wie Vathí völlig ausgebucht.

51ko Foto: vb

Margret und Henk van Blokland
Korfu/Ionische Inseln

Ein weißer Glanz ruht über Land und Meer
und duftend schwebt der Äther ohne Wolken
und nur die höchsten Nymphen des Gebirgs
erfreuen sich des leichten Schnees auf kurze Zeit.

Johann Wolfgang von Goethe

512ko Foto: vb

Impressum

Margret und Henk van Blokland
Korfu/Ionische Inseln
erschienen im
REISE KNOW-HOW Verlag Peter Rump GmbH
Osnabrücker Str. 79, 33649 Bielefeld

© Peter Rump 2001
2., komplett aktualisierte Auflage 2003
Alle Rechte vorbehalten.

Gestaltung
  Umschlag: M. Schömann, P. Rump (Layout);
    Günter Pawlak (Realisierung)
  Inhalt: Günter Pawlak (Layout)
    Angelika Schneidewind (Realisierung)
  Karten: Catherine Raisin, der Verlag
  Fotos: die Autoren
  Titelfoto: die Autoren
  Bildbearbeitung: Ulrich Gröne, Thomas Buri

Lektorat: Anja Fröhlich

Druck und Bindung: Fuldaer Verlagsagentur

ISBN 3-8317-1151-8
Printed in Germany

Dieses Buch ist erhältlich in jeder Buchhandlung der BRD, der
Schweiz, Österreichs, Belgiens und der Niederlande. Bitte informieren
Sie Ihren Buchhändler über folgende Bezugsadressen:
BRD
  Prolit GmbH, Postfach 9, 35461 Fernwald (Annerod)
  sowie alle Barsortimente
Schweiz
  AVA-buch 2000, Postfach, CH-8910 Affoltern
Österreich
  Mohr Morawa Buchvertrieb GmbH, Sulzengasse 2, A-1230 Wien
Niederlande, Belgien
  Willems Adventure, Postbus 403, NL- 3140 AK Maassluis

Wer im Buchhandel trotzdem kein Glück hat,
bekommt unsere Bücher auch direkt bei:
Rump Direktversand Heidekampstraße 18,
D-49809 Lingen (Ems) oder über
unseren **Büchershop im Internet:**
www.reise-know-how.de

Auch auf Itháki gedeihen Olivenbäume, aber die Insel wirkt deutlich trockener als ihre Nachbarn. Viele Urlauber wandeln auf den Spuren von *Odysseus*, der jedoch nicht allzu viel hinterlassen hat.

Lefkáda

Lefkáda ist an seinem nördlichsten Punkt über eine Straße **mit dem Festland verbunden.** Im Norden liegt auch die gemütliche, vom Meer umgebene Inselhauptstadt in toller Lage. Lefkáda ist eine bergige Insel, das Gebirge fällt an der Westküste über weiße Felswände steil ins Meer ab. Schöne Strände, an denen das Wasser türkiesblau schimmert, wurden in dieser Gegend erst in den letzten Jahren zugänglich gemacht. Nur Nidrí, Nikiána, Vasilikí und Ag. Nikítas sind fest in touristischer Hand. Auf Lefkáda lassen sich sogar während der Hauptsaison noch ruhige Ecken finden. Kulturell bietet die Insel nicht viel, aber eine bezaubernde Landschaft und nette Bewohner machen sie zu einem lohnenswerten Reiseziel für denjenigen, der Ruhe und Erholung sucht.

WELCHE ART URLAUB IST WO MÖGLICH?

Individual-reise

Die Planung für einen Urlaub auf den Ionischen Inseln kann man **gut selbst in die Hand nehmen.** Wer in den Monaten Juli und August reist, sollte sich jedoch vor Antritt der Reise nach einer Unterkunft umsehen und sie reservieren. Zu anderen Zeiten ist es problemlos möglich, erst auf der Insel eine Bleibe zu suchen. Eine Jugendherberge gibt es auf den Ionischen Inseln nicht mehr.

Pauschal-reise

Fast in jedem Reisebüro werden Hotels und Pauschalreisen nach **Korfu** oder **Zákynthos** angeboten. Deutlich weniger Unternehmen haben hingegen Kefaloniá und Lefkáda im Programm, aber auch diesen Inselurlaub kann man pauschal buchen. Auf Itháki arbeiten nur wenige Unterkünfte, mit internationalen Reiseveranstaltern zusammen.

Cluburlaub ist auf Korfu, Zákynthos und Kefaloniá möglich. **Tauchurlaub** wird auf Zákynthos angeboten, **Surfurlaub** auf Lefkáda.

Camping

Auch mit dem Zelt, Wohnwagen oder Wohnmobil kann man einen Urlaub auf den Ionischen Inseln verbringen. Abgesehen von Paxos und Meganísi gibt es auf allen Inseln **Campingplätze,** obwohl in den letzten Jahren einige Einrichtungen geschlossen wurden. Die meisten Plätze liegen auf Korfu, Lefkáda und Zákynthos. Auf Itháki findet man nur einen, auf Kefaloniá zwei Campingplätze.

PRAKTISCHE
REISETIPPS
VON A BIS Z

ANREISE

Am schnellsten und bequemsten gelangt man mit dem Flugzeug auf die Ionischen Inseln. Es ist aber auch möglich, mit dem eigenen Fahrzeug oder mit dem Zug über Italien anzureisen und dann mit der Fähre weiterzufahren. Dazu benötigt man allerdings viel Zeit. Da Mietfahrzeuge auf den Ionischen Inseln nicht überall günstig angeboten werden, hängt die preisgünstigere Variante auch davon ab, was man im Urlaub machen möchte.

Flug

Wer sich für die Anreise mit dem Flugzeug entscheidet, sollte bei einem **Preisvergleich** darauf achten, ob in den Angeboten auch alle Kosten enthalten sind. Die griechischen Flughäfen erheben nämlich eine recht hohe Gebühr.

Bei allen Flügen darf man nicht vergessen, sich rund zwei Tage vor dem Rückflug eine **Rückbestätigung** *(reconfirmation)* des Fluges geben zu lassen, d.h. man muss bei der entsprechenden Flug- oder Chartergesellschaft anrufen. Die Telefonnummer für die Rückbestätigung bekommt man normalerweise schon im Reisebüro beim Ticketkauf mitgeteilt. Man kann sie aber auch beim Hinflug oder am Zielflughafen erfragen. Bei Linien- und Charterflügen ist es grundsätzlich möglich, den Rückflug auch nach Antritt der Reise umzubuchen, aber gegen Aufpreis und nur dann, wenn die gewünschte Maschine nicht schon ausgebucht ist.

Linienflug

Vom Ausland aus gibt es **keine direkten Linienflüge** zu den Ionischen Inseln. Linienflugzeuge fliegen nur von Athen aus nach Korfu, Zákynthos, Kefaloniá oder Preveza bei Lefkáda, d.h. man muss **in Athen umsteigen.** Der neue Athener Großflughafen wurde im Frühjahr 2001 in Betrieb genommen. Die billigsten Linienflüge nach Athen kosten zwischen 250 und 400 €. Dazu kommt noch der Inlandflug.

Charterflüge

Die Flughäfen von **Korfu, Zákynthos** und **Kefaloniá** sind per Charterflug von vielen deutschen Flughäfen sowie von Österreich und der Schweiz direkt erreichbar. Der Vorteil von Charterflügen ist die kurze Flugdauer. Sie sind in den letzten Jahren allerdings nicht mehr viel billiger als Linienflüge. Man bezahlt zwischen 200 und 400 €.

Wer im Reisebüro eine Pauschalreise bucht, bekommt dabei in aller Regel einen Charterflug inklusive Unterkunft mit Transfer vom Flughafen zum Hotel zu einem Endpreis angeboten. Dabei schlägt sich v.a. die Art des Hotels und die Verpflegung im Preis nieder.

Last Minute

Preisgünstig kann man per Last-Minute-Flug nach **Korfu** kommen, die anderen Inseln werden selten als Last-Minute-Reise angeboten. Der Preis für den Flug liegt bei **130-200 €**. Mit dem Flugticket werden häufig, aber nicht immer, auch Unterkünfte angeboten. Bei Last-Minute-Flügen kann man den Rückflug nicht umbuchen. Während der Hauptsaison sieht es für Kurzentschlossene eher schlecht aus, da die Flugzeuge meist schon zu regulären Preisen voll ausgebucht sind.

Ankunft

Der **Flughafen von Korfu** liegt nur wenige Kilometer von Korfu-Stadt entfernt. Man kann dort Geld wechseln und Fahrzeuge mieten. Es fährt kein Bus in die Stadt. Das Taxi ins Stadtzentrum kostet 5 €.

Der **Flughafen von Zákynthos** befindet sich nahe Zante unweit von Laganás. Es gibt dort Geldwechselschalter und Fahrzeugvermieter, jedoch keine Bushaltestelle. Ein Taxi zum Stadtzentrum kostet 5 €.

Der **Flughafen von Kefaloniá** liegt bei Argostóli. Auch hier fährt kein Bus, man kann Geld wechseln und Fahrzeuge mieten. Das Taxi in die Stadt kostet 10 €.

25 km von **Lefkáda** entfernt befindet sich der **Flughafen von Preveza/Aktion.**

Zwischenstopp in Athen

Flughafen

Es fahren **Busse** zum neuen Flughafen: Die Linie E94 fährt vom Verteidigungsministerium 6-24 Uhr alle 15 Minuten in 40 Minuten zum Flughafen. Die Linie E95 fährt vom Sindagma-Platz (Leoforos Amalias) Tag und Nacht alle 25 Minuten und benötigt bis zum Flughafen 65 Minuten. Linie E96 fährt von Piräus (Akti Tzelepi) Tag und Nacht alle 40 Minuten, Fahrzeit: ca. 100 Minuten. Achtung: Die Busse stecken oft im Stau, man sollte daher nicht allzu knapp anreisen. Auch **Taxis** sind gegen Staus nicht gefeit. Der Taxipreis vom Sindagma-Platz zum Flughafen beträgt 22 €, von Piräus aus 30 €. An einer **Metroverbindung** wird gebaut, aktuelle Informationen erteilt die EOT (s.u.).

Unterkunft

In Athen sind Hotels relativ teuer. Für die Zeit während der Olympiade 2004 sind nur noch schwierig Zimmer zu bekommen. Folgende einfache Mittelklassehotels bieten sich an (Preis für das DZ):

● **Hotel Akropolis House,** Tel. 210-3222344, Fax 3244143, 40-77 €.

● **Hotel Hermes,** www.accommodate.gr/hermeshot, Tel. 210-3235514, Fax 3232073, 93-130 €.

● **Hotel Omiros,** omiroshotel@hotmail.com, Tel. 210-3235486, Fax 3228059, 60-87 €.

● **Hotel Metropolis,** Tel./Fax 210-3217871, 40-60 €.

Per Bus von Athen auf die Inseln	Um **von Athen per Bus** auf die Ionischen Inseln zu gelangen, muss man zum Busbahnhof Kifissou. Stadtbus Nr. 51 fährt von der Ecke Odos Menandrou/Odos Zinonos (200 m vom zentralen Omonia-Platz entfernt) dorthin. Von diesem Busbahnhof fahren Fernbusse mehrmals täglich nach Igoumenítsa und Lefkáda-Stadt, nach Sámi oder Argostóli und nach Zante. Das Gepäck bleibt während der Fährüberfahrt im Bus. Das Fährticket muss getrennt vom Busticket beim Besteigen der Fähre gelöst werden.
Adressen, Telefonnummern	●**Touristeninformation:** EOT, Odos Amerikis 2, Tel. 210-322311, 210-3223112-9, Mo-Fr 9-19 Uhr, Sa 9-14 Uhr ●**Notruf:** Tel. 166 ●**Krankenhäuser:** Tel. 210-646781119, 210-8219391, 210-8014411 ●**Polizei:** Tel. 210-7705711 ●**Touristenpolizei:** Tel. 171 ●**Fluginformationen Olympic Airways:** Tel. 210-9396111 ●**Hafenbehörde Piräus:** Tel. 210-4511311 ●**ADAC Athen:** Tel. 210-9601266 ●**Pannenservice ELPA:** Tel. 104

Mit Pkw und Fähre

Papiere, Route, Kosten	Für die Anreise mit dem Pkw benötigt man den **Führerschein** und die **grüne Versicherungskarte.** Man fährt per Auto bis nach Italien und reist dann per Fähre direkt nach Korfu, Igoumenítsa und Pátras weiter. Die durch Maut, Benzin und Fähre entstehenden **Kosten** liegen bei 600-1000 € (Maut und Vignette Österreich 40 €, Maut Italien bis Bari 100 € hin und zurück, Benzin kostet in Griechenland etwa 20 Prozent weniger als in Deutschland).

Die **Fahrtroute** hängt vom Ausgangsort und von persönlichen Vorlieben ab. Wer nicht gerne auf dem Schiff übernachtet, muss mit dem Auto bis Bari, Brindisi oder Otranto fahren. Die Fahrtzeit München–Brindisi beträgt rund 14 Stunden. Die Fähre benötigt für Brindisi–Korfu 7, für Bari–Pátras rund 16 Stunden, für Ancona–Pátras 20-30, für Venedig–Pátras gut 23-35 und für Venedig–Korfu über 20 Stunden, abhängig vom jeweiligen Schiffstyp. Tickets sind in Reisebüros, bei den Fährgesellschaften telefonisch, im Internet oder beim ADAC erhältlich. Besonders für die HS empfielt sich eine Buchung einige Monate vor Reisebeginn. Bei Hin- und Rückfahrt mit derselben Fährlinie gibt es normalerweise Rabatt. Wichtig ist es, zwei Stunden vor der Abfahrt des Schiffs am Hafen zu sein. Dort erhält man im Reedereibüro die *Embarcation Card.* Am besten packt man alles fürs Schiff schon vorher zusammen, denn im Schiffsbauch muss es recht schnell gehen. Man sollte keine Wertgegenstände im Auto zurücklassen. Preisbeispiele: Brindisi–Korfu: Auto einfach 30 €, Pers. 29 €, Bari–Pátras: Auto 50 €, Pers. 70 €, Kabine kostet extra pro Pers. 73 €.

Fährverbindungen

Die Fähren legen im italienischen **Triest** (ANEK-Lines, anek@ferries.gr), **Venedig** (Superfast, sff@ferries.gr, Bluestar, bsf@ferries.gr, Minoan Lines, minoan@ferries.gr), **Ancona** (ANEK, Minoan, Superfast/Bluestar), **Bari** (Superfast/Bluestar, Ventouris Ferries, ventouris@ferries.gr), **Brindisi** (Minoan, Bluestar/Superfast, Ventouris Ferries, Agoudimos info@ferries.gr, MedLinkLines, med@ferries.gr, HML hml@ferries.gr) und in **Otranto** ab (www.ferries.gr). In der HS werden von Brindisi aus Zákynthos, Kefaloniá und Páxos direkt angelaufen (MedLink, HML). Nach Korfu gibt es auch in der NS direkte Verbindungen. Paxos erreicht man außerdem über **Igoumenitsa.** Auch wer nach Lefkáda möchte, sollte sich eine Fähre nach Igoumenítsa aussuchen. Die Inseln Zákynthos, Kefaloniá und Itháki erreicht man am einfachsten von **Pátras** aus. Dort legen die Fähren nach Kefaloniá und Itháki ab, während die besten Fährverbindungen nach Zákynthos von **Kyllíni** aus bestehen, das man mit dem Auto in ein bis zwei Stunden von Pátras aus erreicht. Während der HS wird Zákynthos auch von Pátras aus angelaufen, Kefaloniá auch von Kyllíni aus. Innergriechische Fähren sollte man rechtzeitig reservieren (Adressen siehe im jeweiligen Kapitel).

Reisetipps A – Z

Verkehrsregeln in Griechenland

- **Höchstgeschwindigkeit:** auf Autobahnen 120 km/h, auf Schnellstraßen 110 km/h für Pkw, 90 km/h für Motorräder, auf Landstraßen 100 km/h für Pkw, 70 km/h für Motorräder, in Ortschaften 50 km/h
- **Alkoholgrenze:** 0,5 Promille
- **Handys am Steuer:** verboten (Strafe 59 €)
- **Gelbe Striche am Straßenrand:** Parkverbot, Achtung in den Fährhafenstädten!

BEHINDERTE UNTERWEGS

Rollstuhlfahrern sei gesagt, dass Griechenland ein Land mit vielen **Schwellen und Stufen** ist und dass die Griechen auf Gehbehinderungen sehr schlecht eingestellt sind. Die Gehwege griechischer Städte sind schmal und Bordsteine können 20-25 cm hoch sein. Es ist leider üblich, das Mofa auf dem Gehweg zu parken, so dass dem Rollstuhlfahrer gar nichts anderes übrig bleibt, als auf der Straße zu fahren.

In **Korfu-Stadt** ist ein Teil des Zentrums als Fußgängerzone gestaltet und mit einem Rollstuhl gut befahrbar. Im hinteren Teil der Altstadt gibt es allerdings zahlreiche kleine Gassen mit Treppen.

Das Straßennetz auf **Korfu** ist gut ausgebaut, so dass man vom Fahrzeug aus viel von der Insel sieht. Mehrere Hotels sind auf Behinderungen eingerichtet, z.B. das Hotel Potamaki in Benítses oder das flughafennahe Hilton Hotel in Kanóni.

Auf **Itháki** bietet die Sozialpädagogin *Britta Niedergesäß* Urlaub mit Betreuung für geistig Behinderte an.

Informationen für Behinderte, die eine Griechenlandreise planen, können beim **Club der Behinderten und ihrer Freunde** angefordert werden. Dort bekommt man auch Adressen von Reiseveranstaltern, die behindertengerechte Reisen organisieren.

●**Britta Niedergesäß,** Post Box 12, 28300 Vathí, Itháki, www.behinderten-ferien.de, Handy-Tel. in Griechenland: 0977529258

●**Club der Behinderten und ihrer Freunde,** Eupnerstr. 5, 55131 Mainz, Tel. 06131-225514

BOTSCHAFTEN UND KONSULATE

Vertretungen in Griechenland

Botschaften

●**Deutsche Botschaft,** Odos Karaoli kai Dimitriou 3, 10675 Athen-Kolonaki, Tel. 210-7285111, Fax 7251205
●**Österreichische Botschaft,** Leoforos Alexandras 26, 10683 Athen, Tel. 210-8211036, 8216800, Fax 8219823
●**Schweizer Botschaft,** Odos Iassiou 2, 11521 Athen, Tel. 210-7230364, 7249208, Fax 7249209

Konsulat auf Korfu

●**Deutsches Konsulat Korfu,** Odos Guilford 57, 49100 Korfu, Tel. 26610-31453, Fax 31450

Griechische Vertretungen

In Deutschland

●**Griechische Botschaft,** Jägerstr. 54, 10117 Berlin, Tel. 030-206260, Fax 20626444

In Österreich

●**Griechische Botschaft,** Agentinierstr. 14, 1040 Wien, Tel. 01-5055791, Fax 5056217

Reisetipps A – Z

In der Schweiz
● **Griechische Botschaft,** Laubeggstr., 3006 Bern, Tel. 031-3561414, Fax 3681272

Dokumente

EU-Bürger benötigen zur Einreise einen mindestens noch sechs Monate gültigen **Personalausweis oder Reisepass.** Schweizer benötigen einen Pass oder eine gültige Identitätskarte, die nach 1995 ausgestellt worden ist. Kinder, die keinen eigenen Ausweis haben, müssen bei einem Elternteil im Pass eingetragen sein.

Einkaufen

Für den täglichen Bedarf

In kleineren Orten trifft man nach wie vor nur auf **Tante-Emma-Läden.** In den letzten Jahren scheint sich der Handel jedoch mehr und mehr in den **Supermarkt** zu verlagern. Auf Korfu und Kefaloniá findet man Lidl-Märkte, deren Preise deutlich günstiger als in anderen Geschäften sind, ungefähr so wie in Deutschland. Laut Statistik lagen die Preise der deutschen Supermärkte im Juni 2002 10% unterhalb, die der griechischen dagegen 9% oberhalb des EU-Durchschnitts.

Die meisten Güter werden in Griechenland **teurer** verkauft als in Deutschland. Das gilt insbesondere für Filme, Drogerieartikel sowie für Obst und Gemüse.

Günstig kann man manchmal beim **Händler am Straßenrand** einkaufen, der mit Pickup-Fahrzeug, Waage und Megafon durch die Gegend zieht und nicht zu übersehen, vor allem aber nicht zu überhören ist. Angeboten wird, was gerade reif ist.

Relativ günstig kann man auch auf dem *laiki agora,* dem **Volksmarkt** von Korfu-Stadt, einkaufen. Er findet außer an Sonn- und Feiertagen jeden Vormittag hinter der Neuen Festung beim Hotel Hermes statt.

Souvenirs und Kunsthandwerk

Olivenholzprodukte
Olivenholzprodukte werden auf Korfu in Souvenirgeschäften angeboten. Eine gute Adresse ist das „Olive Wood House", Odos Filelinou, in Korfu-Stadt. Bei Ag. Markos kann man am Straßenrand handgefertigte **Holzgefäße** wie

Salatschüsseln kaufen. Auch in Afionas oder Makrádes kann man fündig werden. **Schnitzereien** werden dagegen häufig mit maschineller Unterstützung hergestellt.

Teppiche, Spitzen

Oft werden **„Handarbeiten"** angeboten, die aus der Fabrik stammen. Wer sich für gewobene Teppiche oder Spitzen interessiert, sollte genau hinsehen, was angeboten wird.

Wein

Kleinere Mitbringsel wie Honig, Kräuter und Wein erfreuen sich bei Urlaubern großer Beliebtheit. Oft werden diese Produkte am Straßenrand angeboten. Ein guter Wein ist der weiße **Robola San Gerasimo** aus Kefaloniá.

Mandolato

Mandolato und andere klebrige **Süßigkeiten** werden überall auf den Ionischen Inseln angeboten. Wer Angst um seine Zähne hat, sollte einen Bogen um diese Spezialität machen, die die Venezianer auf die Inseln brachten.

Zum Trocknen aufgehängte Oktopusse

Reisetipps A – Z

Kumquat

Kumquat sind kleine **Zitrusfrüchte,** die während der englischen Herrschaft von Japan aus nach Korfu eingeführt wurden. Dort experimentierte der bekannte Gärtner *Merlin* mit den Südfrüchten und züchtete Sorten, die im Klima der Insel besonders gut gedeihen. Inzwischen haben sich Kumquats zum beliebten Souvenir entwickelt. Sie werden zu Likör, Marmelade und gelierten Früchten verarbeitet und in zahlreichen Souvenirshops offeriert.

Wurstwaren

Lefkáda ist bekannt für seine **Salami.** Die luftgetrocknete, schmackhafte Wurst wird in zahlreichen Läden in Lefkáda-Stadt verkauft.

ESSEN UND TRINKEN

Essenszeiten

In Griechenland existiert **Frühstück** nicht wie bei uns, aber im Cafenion ist durchaus etwas zu bekommen. In den letzten Jahren hat es sich auf den Ionischen Inseln herumgesprochen, dass viele Urlauber auf ein Frühstück großen Wert legen. Es wird immer häufiger auch in Pensionen angeboten. Traditionell essen die Bauern gegen 10 Uhr Schafskäse, Tomaten und Oliven mit Brot. Wenn die Fischer am späten Vormittag vom Meer zurückkommen, verspeisen sie Fisch und trinken Ouzo dazu. Obwohl es eigentlich keine Essenszeit ist, werden um die **Mittagszeit** fast überall Speisen angeboten. Die Griechen essen gegen 16 Uhr zu Hause eher eine Kleinigkeit. Sehr spät gehen sie zum **Abendessen** aus, meist nicht vor 22 Uhr. Ausländische Urlauber essen in der Regel gegen 20 Uhr, was den Tavernenwirten natürlich gefällt, denn wenn die Ausländer fertig sind, kommen die Einheimischen.

Lokale

Auch auf den Ionischen Inseln zeichnen sich touristische Orte vor allem durch **internationale Küche** aus. Echt griechische Tavernen sind nur noch recht selten zu finden. Überall bekommt man Pizza, Spagetti, Schnitzel, Filet, Toast, Hamburger und was der Urlauber sonst noch zu mögen scheint. Dagegen wird in den abgelegenen Dörfern in der **Taverne** einfache, griechische Kost angeboten, z.B. Souvláki, Bauernsalat und Tsatsíki.

Speisekarten

Man findet recht häufig Speisekarten auf **Englisch und Deutsch.** Ziemlich selten gibt es nur eine griechische oder gar keine Karte oder eine Kreidetafel mit krakeliger Handschrift, die schwer lesbar ist. In diesem Fall sollte man sich nicht scheuen, die Küche in Augenschein zu nehmen.

Speisen

Vorspeisen und Salate

Als Vorspeisen werden u.a. *tsatsíki* (Joghurtknoblauchsoße), *taramá* (Fischeierpaste), *melizanosalata* (Auberginensalat), *skordaliá* (viel Knoblauch), *féta* (Schafskäse), *gigántes* (weiße Bohnen), Peperoni, *eliés* (Oliven), *dolmádes* (gefüllte Weinblätter) und Oktopus-Salat serviert. Es gibt spezielle Vorspeisenteller, *mesé* oder *pikilía* genannt, auf denen man von allem etwas findet.

Choriatikí nennt man den typischen Bauernsalat mit Tomaten, Gurken, Schafskäse, Zwiebeln und Oliven. Außerdem werden Tunfisch-Salat, russischer Salat, gebratene Zucchini und Auberginen, frittierte Zucchini- und Käsebällchen, *marídes* (Sardellen) und *garídes* (Garnelen) serviert.

Fisch

Wenn man Fisch essen möchte, erkundigt man sich besser vorher nach dem Preis, denn er kann recht teuer sein. Als Hauptgerichte werden folgende Fische angeboten: *xifías* (Schwertfisch), *kalamarákia* (Tintenfisch), *ochtapódi* (Oktopus), *gavrosplakía* (kleine Sardinen), *barboúnia* (Barben), *astakós* (Hummer), *xinadrítha*, *tsiopoúra*, *lethrínia* (verschiedene Brassenarten), *garídes* (Garnelen) und manchmal auch Haifisch, z.B. *galéos* (Neunauge) sowie Tunfisch, *mídia* (Muscheln) und Makrelen. *Saláchi* (Rochen) wird oft als Salat angeboten. Preisgünstige Fische sind *chópes* und *melanoúria*.

Fleischgerichte

Folgende Fleischgerichte findet man häufig: *stifádo* (Ragout mit Zwiebeln und Zimt), *souvláki* (gegrillte Spieße), *biftéki* und *kefthédes* (Hackfleischbällchen gegrillt oder gebraten), *souzoukákia* (Hackfleischbällchen gebraten in Soße), *brisóles* (Koteletts), *arní* oder *arnáki* (Lammfleisch) *lemonáto* oder *kokkinistó* (in Zitronen- oder roter Tomatensoße), *paidákia* (Lammkotelett), *gazíka* (Ziegenfleisch), entweder vom Grill, *lemonáto* oder *kokkinistó*, sowie *kotópoula* (Hühnchen), *gýros* (Schweinefleisch in kleinen Stückchen vom Grill), *kleftikó* (eine Art Ratatouille), *mos chári kokkinistó* (Rindfleisch in rötlicher Soße aus dem Backofen), *chirinó* (Schweinefleisch).

Aufläufe

Gemüse-Hackfleischgerichte sind *moussaká* (Auflauf mit Kartoffeln und Auberginen, oben Bechamelsoße), *papoutsákia* und *melitsánes imam* (gefüllte Auberginen), *pastízio* (Nudelauflauf), *kolokithákia jemistá* (gefüllte Zucchini), *jemistés* (gefüllte Paprika oder Tomaten). *Briám* ist ein Gemüseeintopf mit Kartoffeln ohne Fleisch, *fasolákia* sind Bohnen. Ein Auflauf aus dem Ofen mit Rind- oder Lammfleisch und Teigwaren in einer Soße ist *giuvétsi* (sprich: tschüwétsi). Je nach Dorfmetzger kann auch *lukánika* (Wurst) sehr lecker sein, sie wird meist gebraten serviert.

Spetsofai ist ein Wursteintopf mit Tomaten und Paprika. *Kokorétsi* sind Innereien, die in der Regel gegrillt werden.

Desserts und Gebäck

Nachtisch gibt es relativ wenig in den Tavernen, manchmal *baklava* (Blätterteig mit Nusspüree, Honig und Zimt, sehr süß), *froúta* (Früchte) und gelegentlich Eis oder *chalvá* (manchmal Griespudding, aber meist aus Sesam gemachter Stollen, sehr süß).

In der *Sacharoplastío* (Konditorei) oder beim Bäcker findet man zahlreiche klebrige Süßigkeiten. Lecker ist auch der süße Reispudding, *risógalo* genannt.

Spezifisch Ionisches

Die **venezianische Herrschaft** hat auch kulinarische Spuren hinterlassen. Folgende italienisch beeinflusste Speisen werden fast nur auf den Ionischen Inseln angeboten: *bourdéto* (Fischfilet, oft Kabeljau, in rötlicher Soße, manchmal scharf gewürzt), *pastitsáda* (Huhn oder Rindfleisch in rötlicher Soße, schmeckt ähnlich wie Giuvetsi und ist mit Zimt und Nelken gewürzt, wird aber mit Spagetti serviert), *sofríto* (gebratenes Rindfleisch in einer hellen Knoblauchsoße), *boutsoúnia* (Vorspeise aus Auberginen mit Oliven und Knoblauch), *skordostoupi* (Vorspeise aus Auberginen in Tomatensoße mit Knoblauch), *paximádi* (Vorspeise aus Knoblauchbrot mit Tomaten und Schafskäse).

Getränke

Kaffee

Kaffee trinken die Griechen viel, meist den *kafé elinikó*, den kleinen Schwarzen in der Mokkatasse mit Satz. *Skéto* bedeutet ohne Zucker, *métrio* mit mäßig viel Zucker und *glikó* mit viel Zucker. Filterkaffee findet man nicht überall, *nescafé sestó* (heiß) dagegen schon. *Frappé* ist kalter Nescafé mit Eis verquirlt, *me chála* bedeutet mit Milch.

Tee

Tschai (Tee) trinken die Griechen im Allgemeinen nur, wenn sie krank sind. Beim Bestellen von *tschai tou vounoú* (Bergtee, guter Kräutertee) erntet man gar mitleidige Blicke. Er schmeckt jedoch recht gut.

Wasser und Limonade

Wasser wird meist in 1,5-Liter-Plastikflaschen verkauft und hat keine Kohlensäure. Wasser mit Kohlensäure wird *Soda* genannt. Die bei uns üblichen Limonaden wie Cola, 7up, Sprite oder Fanta sind fast überall zu bekommen. Auch Orangensaft wird häufig angeboten.

Bier

Je nach Ort stehen mehr oder weniger Biersorten im Angebot. Löwenbräu und die holländischen Marken Amstel und Heineken werden oft serviert. Bei Griechen ist auch das Mythos sehr beliebt.

Wein

Im Restaurant der gehobenen Klasse sind natürlich **Spitzenweine** zu bekommen. Hier wird z.B. der aus Kefaloniá kommende Robola „San Gerasimo" ausgeschenkt, ein Weißwein, der schon einige Auszeichnungen erhalten hat. In der Taverne von nebenan werden dagegen oft **einfache Weine** angeboten. Mit dem Hauswein wird man unterschiedliche Erfahrungen machen. Auch auf den anderen Inseln wird Wein angebaut, am bekanntesten ist aber der von Kefaloniá.

Mávro krassí oder *kokkinó krassí* ist Rotwein, *áspro krassí* Weißwein. **Retsína** ist Harzwein, der weiß oder rot sein kann, meist ist er weiß (roter wird auch *kokkinéli* genannt). Der Harzgehalt im Wein ist inzwischen durch eine EU-Richtlinie geregelt, was zur Folge hat, dass heute der Wein meist weniger stark geharzt ist als noch vor ein paar Jahren. Daher schmeckt man jetzt recht gut, ob der verwendete Wein auch von guter Qualität ist. Ursprünglich war das Harz in den Rebensaft gegeben worden, um ihn haltbar zu machen. Heute erledigen dies die handelsüblichen Konservierungsstoffe.

Retsína ist billiger, die meisten anderen griechischen Weine haben internationales **Preisniveau.** Im Restaurant wird Wein flaschenweise relativ preisgünstig angeboten.

Viele griechische Weinsorten sind fruchtig oder lieblich. Wer trockenere Sorten liebt, sollte danach fragen: *„to krassí ine xiró?"* heißt „Ist der Wein trocken?". Trockene Weißweine sind **Vertzamo** (Lefkáda), **Verdea** (Zákynthos) und **Robola** (Kefaloniá). Die Bezeichnung steht für die Traubensorte, wie z.B. „Riesling". Aus den Trauben können aber Weine von sehr unterschiedlicher Qualität entstehen. Der „San Gerasimo" ist ein Robola, aber kein Qualitätswein, sondern eine Auslese. Er ist teurer als die anderen Sorten Robola, Weinkenner werden den Unterschied jedoch zu schätzen wissen.

FESTE UND FEIERTAGE

In Griechenland haben die meisten Feste und Feiertage einen kirchlichen Ursprung. An gesetzlichen Feiertagen bleiben die Läden geschlossen. Aber auch wenn große Kirchfeste, wie z.B. das von Ag. Spiridon auf Korfu oder das von Ag. Gerasimos auf Kefaloniá stattfinden, ruhen die Geschäfte.

Gesetzliche Feiertage

- **1. Januar:** Neujahrsfest
- **6. Januar:** Fóta (auch Theofania genannt), es wird die Taufe Christi gefeiert.
- **Rosenmontag:** Karneval nach dem orthodoxen Kalender, 22.2.04, 14.3.05

●**25. März:** Griechischer Nationalfeiertag zum Gedenken an den Beginn des Befreiungskrieges gegen die Türkei 1821

●**Karfreitag:** nach dem orthodoxen Kalender, 25.4.03, 9.4.04, 29.4.05

●**Ostern:** nach dem orthodoxen Kalender, 27.4.03, 11.4.04, 1.5.05

●**1. Mai:** Tag der Arbeit

●**Pfingsten** nach orthodoxem Kalender, 16.6.03, 31.5.04, 20.6.05

●**15. August:** Mariä Himmelfahrt, viele Feste

●**28. Oktober:** Ochi-Tag, die Griechen feiern das „Nein", mit dem *Metaxas* eine Zusammenarbeit mit Hitler ablehnte.

●**25./26. Dezember:** Weihnachten nach orthodoxem Brauch, wie bei uns ist der **24.12.** ein halber gesetzlicher Feiertag.

●**31. Dezember:** Silvester, halber gesetzlicher Feiertag

Besuch der Kirchenprominenz am Klosterfeiertag auf Kefaloniá

Feste auf den Ionischen Inseln

- **8. Mai:** Prozession und Kirchenfest in Kassiópi und Kanóni (Korfu)
- **21. Mai:** Beitritt der Ionischen Inseln zu Griechenland
- **8. Juni:** Klosterfest Moní Faneroménis (Lefkáda)
- **24. Juni:** Kirchenfeste in allen Ag. Ioánnis-Kirchen
- **29. Juni:** Kirchweih Peter und Paul in Gáios (Paxos)
- **30. Juni:** Kirchweih in Fríkes (Itháki)
- **2. Juli:** Festtag Panagía Vlachérna in Acharávi (Korfu)
- **7. Juli:** Kirchweih Ag. Kyriakí in Nidrí und Sívota (Lefkáda)
- **8. Juli:** Kirchweih Ag. Prokopius in Lefkími (Korfu)
- **11. Juli:** Kirchfest in Ag. Efimía (Kefaloniá)
- **12. Juli:** Kirchweih Ag. Spiridon, großes Fest auch am 13. Juli in Korfu-Stadt
- **17. Juli:** Kirchfest in allen Kirchen namens Ag. Marina
- **20. Juli:** Kirchfest in allen Kirchen namens Profítis Ilías
- **26. Juli:** Kirchfest in allen Kirchen namens Ag. Paraskeví
- **27. Juli:** Kirchfest in Kirchen namens Ag. Panteleimonas
- **6. August:** Kirchweih Ag. Sotiras in Podikiníssi und Strinílas auf Korfu (dort Fest vom 1. bis 6. August) sowie auf dem Pantokrátoras-Kloster (Korfu) und in Stavros (Itháki)
- **10. August:** Fischerfest Varkarola in Garitsa (Korfu)
- **11. August:** Festtag von Ag. Spiridon, Prozession in Korfu-Stadt
- **16. August:** Klosterfest Moní Ag. Gerasimou (Kefaloniá)
- **23. August:** Kirchweih in Pélekas, Lefkími (Korfu) und Sámi (Kefaloniá)
- **24. August:** Kirchenfest Ag. Dionysios auf Zakynthos
- **8. September:** Marias Geburtstag, Kirchweih in Ag. Markos, Lefkími und Sinarádes (Korfu) und Klosterfest Moní Katharón (Itháki)
- **14. September:** Kirchweih in Sidári (Korfu)
- **24. September:** Kirchweih im Moní Myrtiotissa (Korfu)
- **20. Oktober:** Kirchfest Moní Ag. Gerasimou (Kefaloniá)
- **6. Dezember:** Kirchweih Ag. Nikólaos in vielen Orten
- **12. Dezember:** Feiertag Ag. Spiridon (Korfu)
- **17. Dezember:** großes Kirchfest Ag. Dionysios in Zante (Zákynthos)

FKK

FKK ist in Griechenland **grundsätzlich verboten** und die meisten Griechen mögen es nicht, wenn nackt gebadet wird. Noch vor wenigen Jahren wurden die nackten Übeltäter an griechischen Stränden von der Polizei abgeführt. Damit muss man heute nicht mehr rechnen. Trotzdem sollte man sich als Urlauber bewusst sein, dass FKK eine Provokation der Landessitten darstellt. In ruhigeren Ecken der Ionischen Inseln ist es schon ein Skandal, wenn das Bikinioberteil fehlt.

GELDANGELEGENHEITEN

Währung

Seit Januar 2002 wird in Griechenland mit dem **Euro** bezahlt. Es ist das gleiche Papiergeld wie bei uns im Umlauf, die Münzen haben auf ihrer Rückseite jedoch andere Abbildungen. Münzgeld aus allen EU-Ländern ist als Zahlungsmittel jedoch gültig. Wer noch griechische Drachmen, auch Münzen, von früheren Urlauben besitzt, kann diese bei der Bank of Greece gegen Euro eintauschen.

Zahlungsmittel

Man sollte nicht auf ein Zahlungsmittel allein setzen. Es empfiehlt sich **Kreditkarte, EC-Karte** und **Bargeld** mitzunehmen. Obwohl natürlich ein gewisses Risiko besteht, dass es unterwegs abhanden kommt, sollte man auf Letzteres nicht ganz verzichten. Reiseschecks werden bei Diebstahl ersetzt.

Banken, Postämter, Wechselstuben

Beim Geldwechsel muss häufig der Pass oder Personalausweis vorgelegt werden. Es empfiehlt sich, beides mitzuführen, denn mancher Hotelbesitzer möchte ein Dokument zur Sicherheit. **Banken** tauschen Bargeld und Reiseschecks. Auch Kreditkarten werden von den meisten Banken akzeptiert. Sie sind im Allgemeinen montags bis donnerstags 8-14 Uhr, freitags 8-13.30 Uhr geöffnet.

Postämter wechseln Bargeld und Reiseschecks. Vom Postsparbuch kann man in Griechenland kein Geld abheben. Eine **telegrafische Geldüberweisung** von zu Hause kann im Notfall hilfreich sein. Sie funktioniert folgendermaßen: Man geht mit dem Pass oder Personalausweis auf ein größeres Postamt und übermittelt die Urlaubsadresse nach Hause. Zwei bis drei Tage später trifft das Geld ein. Postämter sind in der Regel montags bis freitags 8-14 Uhr und samstags 8-12 Uhr geöffnet.

Wechselstuben findet man häufig in Orten, in denen sich viele Urlauber aufhalten. Auch **Reisebüros** bieten diesen Service an. Der Vorteil: Meist sind sie bis abends gegen 22 Uhr sowie am Wochenende geöffnet. Auch **große Hotels** bieten manchmal die Möglichkeit, Geld zu wechseln. Der Nachteil ist die höhere Provision.

EC-Karte

Mit der EC-Karte kann an vielen **Bankautomaten** Geld abgehoben werden. In Korfu-Stadt findet man z.B. immer einen funktionierenden Automaten. Auf dem Bildschirm erscheint zunächst ein Computer-Menü mit verschiedenen Flaggen: „Schwarz-rot-gold" drücken, und der Automat fragt auf Deutsch weiter. Auf den Dörfern kann man sich jedoch nicht darauf verlassen, dass im Bedarfsfall ein funk-

tionierender Automat am Wegesrand steht. Mit der EC-Karte am Automaten Geld abzuheben, ist nach wie vor die billigste Methode, obwohl jetzt eine Gebühr von 3,50-4 € erhoben wird.

Wer in Deutschland sein **Konto sperren lassen** möchte, weil die EC-Karte abhanden gekommen ist, kann dies unter der Telefonnummer 0049-69-740987 tun.

Kredit-karten

Kreditkarten werden nur von großen Hotels, internationalen Autovermietern und einigen Souvenirshops akzeptiert, in vielen Restaurants sind sie unbrauchbar. Auf gar keinen Fall sollte man auf die Kreditkarte als einziges Zahlungsmittel vertrauen! Sie ist in Griechenland eher unüblich. Grundsätzlich sind Karten wie American Express, Visa oder Master am verbreitetsten. Am Geldautomaten kann man sie benutzen, die Gebühr liegt aber bei rund 5 €.

Eine Telebank mit Bankautomaten am Straßenrand

Reisekosten

Griechenland ist **kein Billigreiseland mehr.** Die wöchentlichen Kosten für Übernachtung in Privatzimmern, Mietmofa und einen Tavernenbesuch am Tag kann man grob folgendermaßen veranschlagen:

● **In der Nebensaison:** alleinreisend 400 €,
als Paar 300 € pro Person
● **In der Hauptsaison:** alleinreisend 450 €,
als Paar 400 € pro Person

Wer abends gerne ausgeht, etwas mehr Komfort bei der Unterkunft schätzt, einen Jeep mieten möchte, gerne einkauft und vielleicht Wassersport treibt muss mit mehr rechnen. Wer **selbst kochen** möchte spart einiges, aber die Lebensmittel sind ebenfalls teuer. Wer Geld sparen möchte mache sich sein **Frühstück** selbst, denn es ist bei griechischen Pensionen oft nicht inklusive.

Grundsätzlich ist noch zu sagen, dass Preise von Mietfahrzeugen, Pensionen und Hotelzimmern **verhandelbar** sind, vor allem in der Nebensaison. Busse, Museen und Tavernen haben feste Preise.

GESUNDHEIT

Apotheken Apotheken sind einfach zu erkennen: Grüne oder rote Kreuze weisen den Weg. „Apotheke" heißt auf Griechisch **Farmakíon** (ΦAPMAKEION). Die meisten sind vormittags, manche auch abends geöffnet und für den Notfall haben in den Inselhauptstädten einzelne Apotheken Nacht- und Wochenenddienste.

Ärzte **Adressen** von Ärzten erhält man beim Touristenbüro EOT und bei der Touristenpolizei. Weitere Informationen finden sich unter den „Praktischen Tipps" bei den Ortsbeschreibungen.

Kranken-häuser Die meisten griechischen Krankenhäuser sind nicht so ausgerüstet, wie man es von daheim gewöhnt ist. Schwere Fälle werden per Hubschrauber nach Athen gebracht, die dortigen Spezialkliniken besitzen moderne Gerätschaften. Im Notfall wird man kostenlos und gewissenhaft behandelt. Längere **Krankenhausaufenthalte** in Griechenland haben aber Nachteile, v.a. wenn man alleine ist. Denn sobald die direkte ärztliche Behandlung abgeschlossen ist, bleibt man sich weitestgehend selbst überlassen. Abhilfe kann „eine kleine Aufmerksamkeit" für das Pflegepersonal bewirken.

Krankenwagen *(asthenoforo)* kann man unter den folgenden Telefonnummern rufen:

- Korfu: 26610-36044 oder 88200
- Paxos: 26620-31466
- Zákynthos: 26950-42514-5
- Kefaloniá: 26710-24641-6
- Itháki: 26740-32222 oder 33175
- Lefkáda: 26450-25371

Die Vorwahl muss immer gewählt werden, auch bei Ortsgesprächen.

Kranken-schein

Grundsätzlich ist es möglich, von den griechischen Kassenärzten kostenlos behandelt zu werden, wenn man den **Krankenschein E111** vorlegen kann. Auch Krankenhäuser akzeptieren die Krankenscheine. Die meisten praktizierenden Ärzte sind aber privat niedergelassen. Kassenpatienten ist daher dringend der Abschluss einer **Auslandskrankenversicherung** zu empfehlen (siehe Kap. „Versicherungen"). Privat niedergelassene Ärzte stellen eine Rechnung, die man zunächst bezahlen muss. Den Betrag bekommt man dann in Deutschland von der Versicherung zurückerstattet, wenn die Rechnung korrekt ausgestellt ist. Datum, Ort, der Betrag mit Währung und die Art der Behandlung sollten darin aufgeführt sein.

Schlangen-bisse und Skorpione

Im Falle eines Schlangenbisses (der nicht häufig vorkommt und meist ungefährlich ist) sollte man sich schnellstmöglich an einen Arzt wenden, meist war die Panik umsonst. Aber es gibt in Griechenland **Vipernarten**, die giftig sind und deren Bisse, wenn sie unbehandelt bleiben, zum Tode führen können. Auch nach einem engeren Kontakt mit **Skorpionen** sollte man den Arzt aufsuchen.

HYGIENE

„Pu íne tualéta?" heißt es, falls man ein gewisses Örtchen sucht. Männlein halte sich in Richtung *andron,* Weiblein in Richtung *ginaikon* (sprich: jinákon). Folgende Gebrauchsanweisung sei für **griechische Toiletten** mit auf den Weg gegeben: Klopapier, das man *chartí ijías* nennt, gehört nicht ins Klo sondern in den Eimer daneben, denn Kläranlagen sind in Griechenland selten und die Abwasserrohre sind meist ziemlich filigran und schnell verstopft.

Wer einfachere Herbergen mit **Gemeinschaftsduschen** aufsucht, dem sei geraten, sich Badeschlappen für die Dusche mitzunehmen. Die Bäder werden zwar fast überall täglich geputzt, aber bei Etagenbädern reicht ein Mitbenutzer, der so richtig spritzt und plantscht, und schon schwimmt das ganze Bad.

Die Ionischen Inseln gehören zwar zu den wasserreichsten Gebieten Griechenlands, aber da die Niederschläge überwiegend im Winter fallen, kann es im Sommer immer wieder zu Wasserknappheit kommen, obwohl in den letzten Jahren versucht wird, Wasser in Stauseen aufzufangen. Korfu ist relativ wasserreich, Paxos muss hingegen im Sommer mit dem Tankschiff versorgt werden. Auch auf Kefaloniá und Zákynthos fließt mancherorts Brackwasser aus der Leitung, wenn das Süßwasser ausgeht. Beim Duschen sollte der **sparsame Umgang mit Wasser** also eine Selbstverständlichkeit sein – was nicht heißen soll, dass man auf die Dusche verzichten muss.

INFORMATIONEN

Griechische Zentrale für Fremdenverkehr, EOT

In Deutschland
- Neue Mainzer Str. 22, 60311 **Frankfurt,** Tel. 069-236561/2/3, Fax 2365576
- Pacellistr. 5, 80333 **München,** Tel. 089-222035/6, Fax 297058
- Neuer Wall 18, 20354 **Hamburg,** Tel. 040-454498, Fax 454404
- Wittenbergplatz 3a, 10789 **Berlin,** Tel. 030-2176262/3, Fax 2177965

In Österreich
- Opernring 8a, 1015 **Wien,** Tel. 01-5125317/8, Fax 5125318

In der Schweiz
- Loewenstr. 25, 8001 **Zürich,** Tel. 01-2210105, Fax 2120516

Informationsstellen auf den Ionischen Inseln

Korfu
EOT, in Korfu-Stadt, Ecke Odos Voulefton/Odos Polia, Tel. 37520 oder 37638, Fax 30298. Die Dame, die das Büro in ihrer burschikosen Art souverän führt, kennt sich sehr gut aus, spricht fließend Deutsch und verteilt hilfreiche Stadtpläne und Inselkarten, Mo-Fr 8-14.30 Uhr.

Zákynthos Am Hafen von Zante befindet sich in der Odos Lamvardou 62, im Gebäude der Polizei auch die **Touristenpolizei,** Tel. 27367, die nicht nur im Notfall hilft, sondern auch informiert und kostenlose Informationen zur Verfügung stellt.

Kefaloniá Am Hafen von Argostóli liegt das Polizeigebäude, in dem auch die **Touristenpolizei,** Tel. 22815, und das Büro des **EOT** untergebracht sind, Tel. 22248. Hier kann man hilfreiches Prospektmaterial mit Stadtplänen kostenlos erhalten.

Itháki Informationsstelle in Vathí, Tel. 32702

Lefkáda In Lefkáda-Stadt befindet sich unweit des Busbahnhofs am Übergang von der Odos D. Golemi zur Odos 8. Merarchias die Polizei und **Touristenpolizei,** Tel. 26450. Hier erhält man kostenlos Informationsmaterial.

Meganísi Infos kann man im **Rathaus** von Katoméri, Tel. 51450 oder 51329, erhalten.

Internet

Internet-seiten Die griechische Zentrale für Fremdenverkehr bietet im Internet Informationen in englischer und griechischer Sprache an: **www.gnto.gr**

Aktuellste Infos und Tipps zur Ergänzung dieser Auflage sowie weiterführende Links finden sich auf der Verlags-Homepage unter den Stichwörtern „Latest News" und „Travellinks". Diesen Service bietet der Verlag zu allen Reiseführern von Reise Know-How: **www.reise-know-how.de**

Auf der Suche nach Last-Minute-Flügen kann eine Recherche im Internet ebenfalls hilfreich sein. Zahlreiche Reisebüros und Veranstalter bieten ihre Dienste dort an, z.B.: **www.travel-overland.de, www.jet-travel.de, www.ltur.de**

Internet-cafés In den letzten Jahren wurden auf den Ionischen Inseln zahlreiche Internetcafés eröffnet, die unter den „Praktischen Tipps" in den jeweiligen Kapiteln Erwähnung finden.

KARTEN

Für rund 1,50 € kann man Inselkarten auf allen Inseln erstehen. Diese sind aber **teilweise von miserabler Qualität.** Nicht einmal die Teerstraßen sind richtig eingezeichnet, von Höhenangaben und Pisten ganz zu schweigen. Auch die meisten der im deutschen Buchhandel erhältlichen Karten sind nicht empfehlenswert.

Die Zentrale für Fremdenverkehr EOT verteilt auf Korfu **kostenlose Inselkarten** im Maßstab 1:108.000. Zur Orientierung sind diese Karten hilfreich, für Wanderungen kann man sie aber nicht gebrauchen. Außerdem ist beim EOT ein sehr guter Stadtplan von Korfu-Stadt gratis erhältlich.

Im **REISE KNOW-HOW Verlag** ist im world mapping projekt eine gute, gps-taugliche Karte von Korfu mit Höhenlinien und Sehenswürdigkeiten im Maßstab 1:65.000 erhältlich, ISBN 3-8317-7041-7. Die ideale Ergänzung zu diesem Reiseführer.

Relativ korrekt sind die Karten von **Road Editions,** die sowohl in Griechenland als auch in Deutschland für rund 5 € verkauft werden. Leider sind auch auf diesen Karten Wanderwege meist nicht eingezeichnet. Die Road Edition Karten kann man in Korfu-Stadt im Buchgeschäft „P. Kanta und Sia" in der Odos G. Markora 45 kaufen. Auf Paxos wird die Paxos-Karte in fast jedem Souvenirgeschäft geführt. Auf Zákynthos, Kefaloniá und Lefkáda erhält man die Inselkarten im Buchhandel und in einigen Souvenirshops.

- Nr. 301 Korfu/Kérkyra 1:100.000 mit einem Stadtplan von Korfu-Stadt, ISBN 960-8481-07-4
- Nr. 302 Paxos und Antipaxos 1:30.000, ISBN 960-8481-84-8
- Nr. 305 Zákynthos 1:60.000 mit einem Stadtplan von Zante, ISBN 960-8481-53-8
- Nr. 304 Kefaloniá und Itháki 1:70.000, ISBN 960-8481-13-9
- Nr. 303 Lefkáda und Meganísi 1:50.000, ISBN 960-8481-82-1

Auf Paxos wird noch eine weitere gute Karte vertrieben: In Lákka kann man im Reisebüro „Plános Holidays" eine von Engländern erstellte Wanderkarte kaufen. Sie hat die Optik einer Kinderzeichnung, ist aber sehr detailliert und nützlich. Auf Meganísi wird die Inselkarte überall kostenlos verteilt. Sie sieht zwar ulkig aus, hilft aber gut bei der Orientierung.

KINDER

Für den Familienurlaub sind die Ionischen Inseln ein gutes Reiseziel. Man findet viele seicht abfallende Sandstrände. Spagetti, Moussaka, Pastizio, Pommes, Eis und Süßigkeiten – der Nachwuchs kommt auch beim Essen nicht zu kurz. In den größeren Orten gibt es Kinderärzte und auf Kefaloniá sogar ein Kinderkrankenhaus. Griechen mögen Kinder sehr gern. Kinderwagen werden allerdings vielerorts mit Hindernissen konfrontiert. Die Gehwege sind meist zugeparkt und man muss oft auf die Straße ausweichen.

Wer einen kindgerechten Urlaub selbst organisieren will, hat dazu auf **Korfu** viele Möglichkeiten. Kinder zieht es ins Aqualand. Gokart oder Minicar ist z.B. an der Esplanade in Korfu-Stadt sehr beliebt. Größere Kinder können Reitausflüge unternehmen und auch eine Pferdekutschfahrt durch Korfu-Stadt kommt beim Nachwuchs meist gut an. Eine weitere Attraktion ist das Muschelmuseum. Der Clou dürfte aber wohl eine Fahrt mit dem Boot Kalypso Star zur Seelöwen-Show sein. Manche Hotels und Pensionen bieten dem Urlauber zeitweise Kinderbetreuung an. Wer Interesse hat, sollte bei der Buchung im Reisebüro danach fragen.

Aber auch **die anderen Inseln** sind auf Kinder gut eingestellt. Gokart oder Minicar wird in zahlreichen Orten auf Lefkáda, Kefaloniá und Zákynthos angeboten. Größere Kinder können auf diesen Inseln Reitausflüge unternehmen. Die Höhle von Melissani auf Kefaloniá ist für Kinder ein Erlebnis und ein Ausflug ins Naturkundemuseum in Davgáta auf Kefaloniá kann ebenso interessant sein wie ein Besuch des Infostandes über die Meeresschildkröten auf Zákynthos.

00j6ko Foto: vb

KLIMA UND REISEZEIT

Reisetipps A – Z

Es herrscht **mediterranes Klima,** d.h. die Sommermonate sind überwiegend trocken und heiß, während es im Winter kühl und regnerisch ist; im Gebirge kann dann sogar etwas Schnee fallen. Die Ionischen Inseln sind eine regenreiche Region. Es fällt fast dreimal so viel **Niederschlag** wie in deutschen Städten. Allerdings sind die Regenfälle sehr unterschiedlich über das Jahr verteilt: Im Sommer regnet es fast gar nicht, während im Herbst und Winter sintflutartige Regenfälle auf den Inseln niedergehen.

**Winter/
Vorfrühling**

Auf den Ionischen Inseln ist es im Winter eher ungemütlich, ein Winterurlaub ist nicht zu empfehlen. Eine Ausnahme bildet die **Karnevalszeit.** Sie zieht zahlreiche Besucher an. Man muss im Februar oder März allerdings damit rechnen, dass es kalt ist und häufig regnet. Ein wärmeres Kostüm kann also nichts schaden.

Im **März** fängt es auf den Inseln an zu blühen. Etwa ein Drittel aller Märztage ist jedoch verregnet. Die meisten Hotels und Tavernen halten noch Winterschlaf, den Urlauber erwarten 9-15°C am Tage.

Frühling

Im **April** regnet es merklich weniger, aber es ist noch kühl. Da die meisten Touristenunterkünfte nicht beheizbar sind, kann es abends frisch werden. Im April blüht es, aber an Baden im Meer ist bei einer Wassertemperatur von 16 °C noch nicht zu denken.

Der **Mai** ist der ideale Monat für einen Wanderurlaub. Die Tagestemperaturen liegen zwischen 15 und 24°C, das Meer ist 18°C kalt. An einzelnen Tagen kann die Lufttemperatur auch mal auf über 25°C steigen und dann ist ein Bad in der See schon angenehm. Einen Regenschirm und wärmere Kleidung kann man Anfang Mai aber durchaus noch gut gebrauchen.

Sommer

Im **Juni** betragen die Tagestemperaturen normalerweise 18-26°C, Baden ist bei 21°C warmem Meerwasser gut möglich. Es kann zu dieser Zeit auch zu Hitzewellen kommen und mehrere Tage lang 35-40°C warm werden. Regen fällt im Juni selten.

Ideal für Kinder: ein Ausflug mit der Kalypso-Star zu den Seelöwen

Im **Juli und August** steigt das Thermometer auf 22-32°C am Tag, vereinzelt kann es über 40°C heiß werden. Mit Regen ist kaum zu rechnen. Die Meerestemperatur beträgt 24°C. Zum Wandern ist es in dieser Zeit zu heiß und fast alle Urlauber zieht es an die Strände.

Blick von Assos (Kefaloniá) nach Norden im Oktober

Herbst

Im **September** wird es wieder ruhiger. Das Meer ist 23°C warm, die Lufttemperatur beträgt noch 20-28°C am Tage. Im Herbst kann man Baden und Wandern gut kombinieren, auch wenn das Herbstwetter auf den Ionischen Inseln nicht so beständig ist wie in der Ägäis.

Im **Oktober** ist mit neun Regentagen zu rechnen und die Tagestemperaturen liegen zwischen 15 und 23°C. Die Urlaubersaison endet daher relativ früh. Das Meerwasser ist noch 21°C warm. Nach den ersten Regenfällen werden die Inseln von dichten Blumenteppichen überzogen.

Im **November** fällt dann schon deutlich mehr Regen, es wird kühler, die Urlaubssaison ist vorbei.

MIETFAHRZEUGE

**Miet-
verträge**

Per Mietfahrzeug kann man viele Ziele auf den Inseln erreichen, die von öffentlichen Verkehrsmitteln nicht angesteuert werden. Eine **Kilometerbegrenzung** bei Mietautos ist auf den größeren Ionischen Inseln nur bei einer Mietdauer von weniger als drei Tagen üblich. Dann sind pro Tag 100 km frei, weitere Kilometer müssen bezahlt werden. Bei Zweirädern sind Kilometerbegrenzungen nicht üblich.

Eine **Haftpflichtversicherung** muss im Mietpreis enthalten sein. Allerdings übernimmt die in Griechenland übliche Haftpflicht nur Sachschäden bis zu 96.000 € und Personenschäden bis zu 480.000 €. Höhere Beträge sind nicht abgesichert. Der ADAC bietet eine Versicherung, über die man diese Lücke schließen kann (s.a. „Versicherungen").

Aber auch bei den Kaskoversicherungen muss man genau hinsehen: Teils ist Diebstahl nicht mitversichert, teils fallen hohe Eigenbeteiligungen an. Achten Sie auf das Kleingedruckte der **Mietbedingungen.** Tipp: Wer in Deutschland unter den 0180-Nummern Fahrzeuge reserviert, kann ab Ostern von Sonderarrangements profitieren, deren Mietverträge vorteilhafter gestaltet sind.

Die **Preise** bei Autovermietern können individuell ausgehandelt werden. In der NS liegen sie bei 25-40 €, in der HS bei 35-65 € täglich für einen Kleinstwagen inkl. Versicherungen. Mofas kosten zwischen 8 und 15 € am Tag.

Ausflüge

Man sollte die Entfernungen auf **Korfu** nicht unterschätzen. Wer bei Kassiópi, Róda oder Sidári wohnt, schafft es kaum, einen gemütlichen Tagesausflug nach Südkorfu zu unternehmen. Umgekehrt ist es für Urlauber, die südlich von Moraítika Quartier bezogen haben, nur schwer möglich, die Attraktionen im Norden der Insel zu erreichen. Wer viel unternehmen will, lässt sich am besten zentral nieder.

Dieses Problem hat man auf **Paxos** und **Itháki** nicht: Die Inseln sind klein. Auch **Lefkáda** und **Zákynthos** sind ei-

nigermaßen überschaubar, aber doch so groß, dass man eine Umrundung der Inseln ohne Stress an einem Tag kaum schafft.

Kefaloniá ist eine sehr große Insel und die Fläche ist zerklüftet. Man sollte sich diese Insel in mehreren kleineren Ausflügen ansehen. Es ist unmöglich, die ganze Küste an einem Tag abzufahren. Wer bei Argostóli wohnt, muss sich schon sputen, um in einem Tag nach Fiskárdo und wieder zurück zu fahren. Ähnliches gilt für einen Ausflug zwischen Lixoúri und Póros.

Autovermieter

In Deutschland
Die Preise der Internationalen Autovermieter auf den Inseln lagen deutlich höher als die Angebote der Telefonbuchungen in Deutschland. Bei fast allen Anbietern ist eine Kreditkarte notwendig.

- **Hertz,** Tel. 0180-2355455, www.hertz.de
- **Avis,** Tel. 0180-55577, www.avis.de
- **Europcar InterRent,** Tel. 0180-58000, www.europcar.de
- **Budget Car,** Tel. 0180-5244388, www.budget.de

Auf Korfu
- **Hertz,** Odos Eth. Lefkimis, Korfu-Stadt, Tel. 38388; am Flughafen, Tel. 33547; auch Niederlassungen in Acharávi und Messongí

Per Mietfahrzeug lassen sich die Inseln am besten erkunden

●**Avis,** Eth. Antistaseos 42, Kefalo/Tourko, Korfu-Stadt, Tel. 24404, 21827, Fax 26826; am Flughafen, Tel. 42007; auch Niederlassungen in Acharávi und Moraḯtika

●**Europcar,** Odos El. Venizelou 32, Korfu-Stadt, Tel. 46931 Fax 46934; am Flughafen, Tel. 46440; auch Niederlassung in Róda

●**Budget,** Odos El. Venizelou 32, Korfu-Stadt, Tel. 28590; am Flughafen, Tel. 28208

●**Inter-Corfu,** neuer Hafen, Korfu-Stadt, Tel. 41708, Handy 094-4908884, Fax 41709, intercfu@otenet.gr; auch in Ipsos

●**Inter Europe,** Odos Xen. Stratigou 34, Korfu-Stadt, Tel. 24000, Fax 32204; am Flughafen, Tel. 36689; Niederlassungen auch in Acharávi, Messongí, Ermones und Kávos

Auf Zákynthos

●**Avis,** Odos 21. Maiou, Zante, Tel. 27512 oder 42744, Fax 26330

●**Budget,** Odos Makri & Plessa 2, Zante, Tel. 43690; am Flughafen, Tel. 43680; Laganás, Tel. 51738

●**Hertz,** Odos Lomvardou 38, Zante, Tel. 45706

●**Europcar,** Odos Lomvardou 74, Zante, Tel. 41541 Fax 41543

Auf Kefaloniá

●**Avis,** Odos P. Valianou 3, Argostóli, Tel. 22770, Fax 24552

●**Hertz,** Odos Vergoti 18, Argostóli, Tel. 25116; am Flughafen, Tel. 42142; Lássi, Tel. 24438

Auf Lefkáda

●**Avis,** Nidrí, Tel. 92136, Fax 92440

●**Budget,** Odos P. Filippa 16, Lefkáda-Stadt, Tel. 24643; Nidrí, Tel. 92008

●**Hertz,** Odos Valaoritou 1, Nidrí, Tel. 93210

●**Europcar,** Odos Panagou 6, Lefkáda-Stadt, Tel. 23581, Fax 23282; Nidrí, Tel. 92712

NACHTLEBEN

Auf Korfu sind Nachtschwärmer gut aufgehoben. Wer abends gerne ausgeht, wird in zahlreichen Küstenorten fündig. In **Korfu-Stadt** findet das Nachtleben v.a. an der nördlichen Uferstraße in Richtung Kontókali statt. Dort warten zahlreiche Bars und Clubs auf Besucher. Auch im Zentrum ist abends viel los, das Publikum ist hier aber etwas gesetzter und nach 1 Uhr wird es ruhiger. Die Griechen selbst ziehen eine andere Art Nachtleben vor. Zur Dämmerung beherrscht **die volta** die Esplanade – der Abendspaziergang, der in der Praxis oft in ein abendliches Gedränge mündet. Über kulturelle Veranstaltungen informiert der EOT.

Mehr noch als in der Inselhauptstadt werden sich nachtaktive Menschen in **Kávos** und in **Ipsos** zu Hause fühlen. Das ganz im Süden gelegene Kávos ist vor allem bei Engländern beliebt. Darüber hinaus bieten weitere Touristenorte an der Küste Korfus zumindest während der Hauptsaison geräuschvolle Unterhaltung: **Róda** zum Beispiel, aber auch **Sidári** oder **Kassiópi.**

Wer auf Zákynthos nachts lieber unterwegs als im Bett ist, sollte sich auf den Weg nach **Laganás** machen. Die Schildkröten haben hier schon lange die Flucht ergriffen. In **Zante** herrscht abends reges Treiben. Gegen 1 Uhr ziehen die Nachtschwärmer weiter in Richtung **Argási.** Zwischen Zante und Argási sind mehrere Clubs das Ziel nachtaktiver Menschen. Wer sich dafür interessiert, wie die Einheimischen ihre Abende gestalten, sollte in Zante in eine der Kneipen gehen, in denen ab 22 Uhr Kantates gesungen und gespielt werden. Auch ein Abend in der Dorftaverne von **Kiliómeno** ist bei den Griechen sehr beliebt.

NOTFÄLLE

Hilfe in Notlagen

Bei größeren Schwierigkeiten wie Verkehrsunfällen, Verlust von Ausweisen oder schweren Krankheiten wendet man sich am besten an die jeweilige **Botschaft** oder an das **Konsulat** (siehe „Botschaften und Konsulate").

Erste Anlaufstation bei Notfällen kann auch die griechische **Touristenpolizei** sein. Dort ist immer jemand zu erreichen, der Englisch spricht.

ADAC Pannenhilfe

Der **griechische Partnerverein** des ADAC ist der **ELPA.** Er hat eine Niederlassung hinter dem neuen Hafen in Korfu-Stadt und ist am Hafen ausgeschildert. Auch auf Zákynthos und Kefaloniá hat der ELPA Niederlassungen. Bei Motorschäden am eigenen Fahrzeug kann man sich auch telefonisch nach Athen wenden.

Notruf-nummern

●**Erste Hilfe: 166**
●**Krankenhäuser und Krankenwagen:**
Korfu: 26610-39403
Kefaloniá: 26710-24641-6
Zákynthos: 26950-42514-5
Itháki: 26740-32222
Lefkáda: 26450-25371
●**Feuerwehr: 199**
●**Polizei: 100**
Korfu: Odos Alexandras 19, Korfu-Stadt, Tel. 100
Kefaloniá: am Hafen von Argostóli, Tel. 26710-22200
Paxos: Gáios, Tel. 26620-32222

Zákynthos: Odos Lamvardou 62, Zante, Tel. 26950-22200
Itháki: in Vathí, Tel. 26740-32202
Lefkáda: D. Golemi/8. Merarchias, nahe Busbahnhof von
   Lefkáda-Stadt, Tel. 26540-22346 oder 22100
Meganísi: in Spartochóri, Tel. 26450-51406
● **Touristenpolizei:**
Korfu: San-Rocco-Platz, Korfu-Stadt, Tel. 26610-30265
Kefaloniá: am Hafen von Argostóli, Tel. 26710-22815
Zákynthos: Odos Lamvardou 62, Zante, Tel. 26950-27367
Lefkáda: D. Golemi/8. Merarchias, nahe Busbahnhof von
   Lefkáda-Stadt, Tel. 26450-26450
● **Pannenservice: 104**
ADAC Athen: 210-9601266
ELPA, O. Messogion 2-4, 11527 Athen, Tel. 210-7775644

Auch bei Ortsgesprächen muss die **Vorwahl mitgewählt**
werden, ausgenommen Sondernummern wie z.B. 100.

ÖFFENTLICHE VERKEHRSMITTEL

**Busse
und Taxis**

Das wichtigste öffentliche Verkehrsmittel auf den Ionischen Inseln ist der Bus. Die meisten Orte auf **Korfu** sind mit den Bussen der KTEL zu erreichen. Während der Hauptsaison sind sie jedoch manchmal hoffnungslos überfüllt und die Fahrer müssen wartende Urlauber an den Haltestellen stehen lassen. Tickets werden am Busbahnhof in Korfu-Stadt oder im Bus verkauft. Am „Green Bus Station", dem Überlandbusbahnhof, kann man auch kostenlos Busfahrpläne bekommen. Achtung: Am Wochenende fahren weniger Busse als während der Woche! Auf Korfu fahren auch hunderte von Taxis, besonders viele in Stadtnähe. Es ist daher in dieser Region meist problemlos möglich, ein Taxi zu bekommen. In abgelegenen Dörfern ist es dagegen nicht immer einfach, ein Taxi zu organisieren. Man muss dort telefonisch vorbestellen.

Auf **Paxos** fährt der Bus nur wochentags zwei- bis dreimal täglich zwischen den Hauptorten Gáios, Longós und Lákka hin- und her. Fünf Taxis sind außerdem unterwegs. Hier ist eine telefonische Vorbestellung manchmal notwendig.

Die Busverbindungen im Süden von **Zákynthos** sind gut. Anders sieht es in den Bergdörfern oder in Skinári aus. Die Taxis sind über das „Radiotaxi" zusammengeschlossen, d.h. wenn man die zentrale Nummer anruft, wird per Funk ein freies Taxi in der Nähe gesucht und beordert.

Auf **Kefaloniá** lassen die Busverbindungen zu wünschen übrig. Taxistände findet man in den Touristenorten. Um Ar-

Reisetipps A – Z

gostóli, Lixoúri und Sámi verkehren viele Taxis, in den anderen Orten kann es zu Engpässen kommen und man muss meist vorher reservieren.

Auf **Itháki** fährt der Bus nur wochentags zwei- bis dreimal täglich zwischen den Hauptorten Vathí, Stavrós, Fríkes und Kióni hin- und her. Taxis sind relativ teuer.

Gute Busverbindungen existieren auf **Lefkáda** zwischen Lefkáda-Stadt und Vlichó an der Ostküste entlang und ins Bergdorf Kariá. Auch Vasilikí ist mehrmals täglich per Bus zu erreichen. In den Touristenorten gibt es Taxistände. Viele Taxis verkehren an der Küstenstraße im Osten der Insel und um Lefkáda-Stadt herum. In abgelegenen Dörfern muss man sie telefonisch bestellen. Orte an der Westküste sind nur per (Miet)fahrzeug zu erreichen.

Die Fortbewegung auf Meganísi erfolgt zu Fuß. Auf öffentliche Verkehrsmittel sollte man sich nicht verlassen. Es gibt ein Taxi, das man telefonisch bestellen muss.

Schiffe   Von Insel zu Insel oder zum Festland fahren **Fähren und Tragflügelboote,** auch Flying Dolphins genannt. Letztere sind viel schneller, aber auch teurer und nicht jeder Reisende verträgt diese Reiseart, denn man kann sich nur im Inneren der Boote aufhalten; frische Seeluft hat man nur auf den Fähren. Außerdem können Tragflügelboote bei starkem Wind nicht auslaufen.

Während der Hauptsaison
ist der Bus oft hoffnungslos überfüllt

Korfu ist per Fähre gut an Italien und Igoumenítsa angebunden. Es fahren täglich mehrere Schiffe, die großen bei jedem Wetter. Um per Fähre von Korfu nach Paxos zu kommen, muss man einen Umweg über Igouménítsa in Kauf nehmen. Mit dem Ausflugsboot oder dem Flying Dolphin ist man daher viel schneller. Vom Hafen in Korfu-Stadt fährt dreimal wöchentlich auch eine kleinere Fähre auf die Inseln Erikoússa, Mathráki und Othoní. Bootsausflüge werden mit den Flying Dolphins oder mit kleineren Schiffen angeboten.

Per Fähre ist Korfu nur schlecht mit den **anderen Ionischen Inseln** verbunden. Sowohl auf Itháki wie auch auf Kefaloniá existieren mehrere Häfen. Während der Saison verkehren täglich mehrere Fähren zwischen Lefkáda, Itháki und Kefaloniá. Zweimal am Tag verbindet dann auch eine Fähre Kefaloniá mit Zákynthos.

Der EOT gibt jedes Jahr einen **Fahrplan** aller griechischen Fähren heraus und schickt das Heft auch kostenlos zu. Im Internet kann man den Plan unter www.gtpnet.com abrufen.

POST

Karten und Briefe werden im Schneckentempo befördert. Wenn man wieder zu Hause ist, kommt meist nach wenigen Tagen auch die Urlaubspost an. Die Preise für das Porto ändern sich häufig, **Briefmarken** für Karten und Briefe sind gleich teuer. Oft werden sie zusammen mit Postkarten am Kiosk oder im Souvenirgeschäft verkauft. Briefmarke heißt *grammatósima*, Briefumschlag *fágelos*. Auf dem Postamt (tachidromío) kann man auch **Reiseschecks** und **Bargeld** tauschen (siehe „Geldangelegenheiten").

SICHERHEIT

Griechenland ist eines der sichersten Reiseländer Europas. Nach wie vor wird in Griechenland wenig gestohlen. Die Gefahr, Opfer eines Diebstahls zu werden, ist auf Korfu oder in Athen deutlich geringer als in Berlin, Frankfurt oder Zürich. Trotzdem kann Vorsicht nie schaden. In vielen Hotels und Pensionen kann man seine **Wertgegenstände** gegen Quittung sicher aufbewahren lassen.

In Griechenlands Großstädten hat die organisierte Kriminalität in den letzten Jahren zugenommen. Es gibt auch Berichte darüber, dass Motorräder in Athen oder Pátras von Kriminellen per Lkw „abtransportiert" werden.

SPORT UND VERGNÜGEN

Reisetipps A – Z

Baden

Zwischen Ende Mai und Oktober ist das Baden im Meer angenehm. Die Wassertemperatur liegt dann bei 20°-24°C. Zahlreiche Hotels haben auch einen Swimmingpool.

Boccia

In Korfu-Stadt liegt im Stadtviertel Garitsa hinter der Küstenstraße Odos Dimokratias ein kleiner Park, an dessen Rückseite, in der Odos Athanasiou, man auf mehrere einfache griechische Tavernen trifft, die bei den Einheimischen sehr beliebt sind. Hier spielen die älteren Herren gegen Abend Boccia. Der **venezianische Einfluss** kommt hier zum Vorschein, denn das Spiel ist ansonsten selten in Griechenland zu finden.

Boots-ausflüge

In fast allen Touristenorten der Inseln können in **Reisebüros** Ausflüge mit dem Boot gebucht werden. In den Ortskapiteln werden weitere Informationen dazu gegeben.

Fahrrad fahren

Auf Korfu kann man in vielen Orten hochwertige **Mountainbikes mieten.** Wer per Fahrrad die Insel erkunden will, braucht aber viel Kondition, denn die Höhenunterschiede sind beträchtlich. Die besten Räder bietet „The Corfu Mountainbike Shop" in Dassiá an. Dieser Laden hat auch Tourenvorschläge ausgearbeitet und organisiert geführte Rundfahrten. Auch auf Kefaloniá (z.B. in Lixoúri) und Zákynthos (z.B. in Alykés) werden Mietfahrräder angeboten.

●**The Corfu Mountainbike Shop,** in Dassiá an der Hauptstraße, P.O. Box 55249100, Dassiá, 49100 Corfu, Tel. 93344-97609, Fax 93344-46100

Fliegen

Nicht gerade umweltschonend und teuer ist dieser Freizeitspaß. Vom Flughafen von Zákynthos aus werden **Rundflüge** über die Insel angeboten. Informationen erhält man in Laganás.

Nördlich von Alykés auf Zákynthos schwimmt ein kleines **Wasserflugzeug** im Meer, das als „Go Fly" ausgeschildert ist und zwei Personen transportieren kann. Man fliegt open-air. Flüge werden nur bei gutem Wetter angeboten.

Gokart und Minicar

Auf **Korfu** gibt es mehrere Gokartbahnen. In Sidári befinden sich zwei. Eine Bahn für kleine Kinder mit Minicars liegt an der Straße zum Viertel Canal d'Amour, eine etwas größere Anlage mit richtigem Gokart liegt weiter im Landesinneren an der Straße nach Korfu-Stadt hinter der BP-Tankstelle. Bei Letzterer können Kinder ab sechs oder sieben Jahren selbst ans Steuer (je nach Körpergröße). Es gibt auch einen Zweisitzer, so dass kleinere Kinder mit einer erwachsenen Person mitfahren können (Tel. 99076). Gokart wird auch in Moraḯtika und in Kávos angeboten. An der Esplanade in Korfu-Stadt kann man Minicars für kleinere Kinder mieten.

Auf **Lefkáda** werden in Vasilikí im Schulhof hinter dem Strand und in Nidrí neben der Hauptstraße Minicars angeboten. Eine richtig große Gokartbahn befindet sich auf **Kefaloniá** zwischen Lássi und dem Leuchtturm am Kap. Auf **Zákynthos** können Minicars in Laganás und in Alykés gemietet werden.

Golf

Einer der wenigen Golfplätze Griechenlands befindet sich auf Korfu in Ropa bei Váthos. Es handelt sich dabei um einen **18-Loch-Golfplatz,** Par 72-SSS 72. Die Länge des Platzes beträgt 6183 m. Es finden regelmäßig Wettkämpfe statt und für Anfänger wird auch Unterricht erteilt.

●**Golfplatz Corfu,** P.O. Box 71, 49100 Corfu, Tel. 94221, Fax 94220

Die „Go-Fly" – eine besondere Attraktion auf Zákynthos

Kasino

In Korfu-Stadt befindet sich im Hotel **Corfu Holiday Palace** ein Kasino, Odos Nafsikas 2, Kanóni, Tel. 36540, Fax 36551.

Kino

Open-Air-Kino ist in Griechenland ein beliebtes Sommervergnügen. Die Filme laufen meist **in englischer Sprache** mit griechischen Untertiteln. In Korfu-Stadt erfreut sich das Freilichtkino großer Beliebtheit (Tel. 37482). Im Winter öffnet das Kino Orpheas seine Pforten (Tel. 39768-9). Nähere Informationen kann man beim EOT erhalten. In Argostóli auf Kefaloniá wird ebenfalls ein Freilichtkino betrieben. Informationen gibt's beim EOT am Hafen. Auch in Zante auf Zákynthos kann man ins Kino gehen, das im Winter im Bibliotheksgebäude und im Sommer open-air betrieben wird. Infos erteilt die Touristenpolizei.

Kricket

Die Engländer brachten den Korfioten diesen neuen Zeitvertreib. In Korfu-Stadt trifft man im nördlichen Teil der Esplanade auf den Kricketplatz. Für den Laien wirkt das Spiel etwas kompliziert. Wer Kricket lernen möchte, wende sich unter Tel. 41205 an den **Kricketclub Korfu.**

Kutschfahrt

In **Korfu-Stadt** und in **Zante** werden Rundfahrten mit der Pferdekutsche angeboten. In Zante halten die Kutschen an der Uferpromenade beim Hafen, während die Touren in Korfu-Stadt an der Esplanade oder am alten Hafen starten.

Musik

Im Sommer werden auf den Ionischen Inseln regelmäßig Musikveranstaltungen und Festivals organisiert. Teils finden sie in schöner Umgebung statt, wie z.B. in der **Neuen Festung** von Korfu-Stadt oder im **Amphitheater** von Zante mit Blick auf die Stadt. Informationen darüber, was, wann, wo geboten wird, erhält man beim EOT, beim Bürgermeisteramt oder bei der Touristenpolizei.

Reiten

Reitställe gibt es auf Korfu in Ermones und in Ano Korakianna. Auf Lefkáda kann man in Apólpena oder bei Vasilikí reiten. Auch auf Kefaloniá werden Ausritte angeboten, und zwar bei Sami in Zervata und in Valsamata. Auf Zákynthos kann man in Laganás, Kalamáki und in Kato Gerakári reiten (Adressen siehe im jeweiligen Kapitel).

Segeln

Am Hafen von Gouviá auf Korfu kann man mit den entsprechenden Bootsführerscheinen Jachten und Segelboote chartern. Infos gibt's am Hafen (Tel. 91900, 91990, Fax 91829). Auf Kefaloniá werden in Fiskárdo Motor- und Segelboote vermietet. Wer sich dafür interessiert, sollte schon vor der Reise ein Boot reservieren lassen. Bei Seglern beliebt ist die Insel Paxos mit den schönen Häfen Lákka, Gáios und Longós. Der EOT gibt kostenlos ein Heft mit Informationen für Segler heraus. Weitere Informationen bei:

- **Vereinigung der Touristikschiffseigner,** Marina Zea A8, 18536 Piräus, Tel. 210-4286393, Fax 4526335, 4220822
- **Griechischer Verband der Jachtmakler und -sachverständigen,** Posidonos 11, 17455 Alimos, Tel. 210-9850122, Fax 9850130
- **Griechischer Hochseesegelverein Korfu,** Tel. 26610-25759

Surfen

Das Zentrum der Surfer auf Korfu ist **Ag. Geórgios Pagon.** Auf Lefkáda trifft man sich in **Vasilikí.** Dort wurden zahlreiche Hotels eröffnet, die Surfurlaub anbieten (siehe auch „Strandprofile" in den Ortsbeschreibungen).

Tanzen

Tanzen ist eine Lieblingsbeschäftigung der Griechen. In Diskotheken werden neben internationalen Hits immer wieder griechische Volkstänze gespielt. Veranstaltungen ganz anderer Art sind die Showtänze griechischer Folklore, die den Touristen dargeboten werden. Alte Volkstänze werden z.B. von einer Tanzgruppe aus Mesis auf Korfu in farbenprächtigen traditionellen Kostümen aufgeführt.

Tauchen, Schnorcheln

Tauchen ist in Griechenland fast überall verboten. Die Küste Korfus ist aber zum größten Teil von diesem Verbot ausgenommen. Freitauchen ohne Pressluftflaschen organisiert der Wassersportclub Triton. Tauchschulen findet man in Gouviá, Paleokastrítsa, Ag. Górdis, Kávos, Messongí und Korfu-Stadt. Tauchbasen befinden sich in Barbáti, Dafnila und Ermones. Auf Kefaloniá gibt es in Fiskárdo eine Tauchschule und auf Zákynthos befindet sich das Zentrum der Taucher mit Tauchschule in Límni Keríou.

Schnorcheln ist überall erlaubt. Harpunen sind an Badesträndchen und für Jugendliche aber verboten. Man sollte sich auch fragen, ob ausgerechnet Urlauber Fische mit der Harpune jagen müssen, wo doch mittlerweile auch im Ionischen Meer die Fischbestände mager sind.

- **Literaturtipp:** Im REISE KNOW-HOW Verlag ist in der Reihe Praxis ein nützlicher Ratgeber erschienen: „Tauchen in warmen Gewässern" von *Klaus Becker.*

Tennis

In Korfu-Stadt gibt es einen Tennis Club (Tel. 37021, Fax 44394). Außerdem stehen in zahlreichen größeren Hotelanlagen Tennisplätze für die Gäste zur Verfügung. Dort besteht meistens auch die Möglichkeit, Schläger auszuleihen. In Skála auf Kefaloniá kann man auf einem Platz bei der Taverne „Aiolos" am Strand Tennis spielen.

Tavli

Das Brettspiel **Backgammon** wird in Griechenland *Tavli* genannt und ist eine Art Volkssport. In zahlreichen Cafenien stehen Spielbretter zur Verfügung und fast jeder ältere Grieche beherrscht das Spiel sehr gut. Wettkämpfe werden selten ausgefochten, meist spielt man zum Zeitvertreib in der Mittagshitze oder am frühen Abend.

Volleyball

An zahlreichen **Sandstränden** findet man Volleyballfelder, die am späten Nachmittag auch oft von den Strandgästen genutzt werden.

Wandern

Die Ionischen Inseln eignen sich hervorragend zum Wandern. Die schönsten Wanderungen kann man auf Kefaloniá unternehmen, allerdings sind diese Touren teils alpin und erfordern eine gute Kondition. Zahlreiche Routen werden in den Ortsbeschreibungen vorgestellt.

Wasser-sport

Tretboote, Kanus, Wasserski, Wassermotorrad, Crazy Banana und Ring im Wasser werden auf Korfu, auf Kefaloniá, Lefkáda und Zákynthos an zahlreichen Stränden angeboten (siehe „Strandprofile" in den Ortsbeschreibungen).

SPRACHE

Auf den Ionischen Inseln ist es kein Problem, sich auf **Englisch** oder **Deutsch** zu verständigen, insbesondere in den Touristikzentren. Straßenschilder sind – wie Speisekarten und vieles andere – in griechischen und zusätzlich in lateinischen Buchstaben geschrieben.

Im Anhang dieses Buches befindet sich eine kleine **Sprachhilfe,** die bei alltäglichen Verständigungsproblemen zu Rate gezogen werden kann. Wer jedoch mehr Griechisch lernen möchte, dem sei der passende **Kauderwelsch-Sprechführer** aus dem REISE KNOW-HOW Verlag empfohlen. Eine Begleitkassette ist ebenfalls erhältlich.

● Spitzing, Karin: **Griechisch – Wort für Wort,** Reihe Kauderwelsch, Bd. 4, ISBN 3-89416-564-2.

TELEFONIEREN

Vorwahl-nummern

Achtung: Im letzten Jahr haben sich in Griechenland gleich zweimal die Vorwahlnummern geändert. Sehr viele alte Visitenkarten sind noch im Umlauf. Man muss jetzt auch bei Ortsgesprächen **immer die Ortsvorwahl** wählen.

Alle griechischen Vorwahlen beginnen mit „2" und enden mit „0". Bei Gesprächen von Griechenland nach Deutschland, Österreich und in die Schweiz ist die auf die Landesnummer folgende Ortsvorwahl ohne die „0" zu wählen.

- **Deutschland:** 0049
- **Österreich:** 0043
- **Schweiz:** 0041
- **Griechenland von Deutschland aus:** 0030
- **Athen:** 210
- **Pátras:** 2610
- **Kyllíni:** 26230
- **Prevéza:** 26820
- **Nord-Korfu:** 26630
- **Mittel-Korfu:** 26610
- **Süd-Korfu:** 26620
- **Páxos:** 26620
- **Zákynthos:** 26950
- **Nordost-Kefaloniá:** 26740
- **Südwest-Kefaloniá:** 26710
- **Itháki:** 26740
- **Lefkáda:** 26450

Zu **Nord-Korfu** gehören: Barbáti, Nissáki, Kalámi, Kassiópi, Ag. Spiridonas, Acharávi, Róda, Sidári, Ag. Stefanos, Aríllas, Ag. Geórgios Pagon, Afiónas, Paleokastrítsa, Doukádes, Ano Korakianna, Skriperó, Liapádes und die Inseln Erikoússa Mathráki und Othoní

Zu **Mittel-Korfu** gehören: **Korfu-Stadt,** Pirgí, Ipsos, Kato Korakianna, Dassiá, Gouviá, Kontókali, Ermones, Váthos, Pélekas, Sinarádes, Gastoúri, Ag. Górdis, Benítses, Moraítika, Paramónas, Ag. Matthäos, Flughafen

Zu **Süd-Korfu** gehören: Boúkari, Petrití, Lefkími, Kávos, Perivóli, Argirádes, Ag. Geórgios, Chlómos und die Inseln Paxos und Antípaxos

Zu **Nordost-Kefaloniá** gehören: Fiskárdo und Umgebung, Divaráta, Ag. Efimía und Umgebung, Sámi und Umgebung, Póros

Zu **Südwest-Kefaloniá** gehören: Lixoúri und die Halbinsel Paliki, Nífi, Angonas, Argostóli, Lássi und die Halbinsel Livathos, Flughafen, Lourdáta und Umgebung, Dilináta, Valsamáta, Katelios und Umgebung, Skála, Pástra

OTE-Büro Im OTE-Telefonamt kann man gegen Bares telefonieren. Es ist werktags bis gegen 13 Uhr geöffnet.

Telefon-karten Telefonzellen findet man an jeder Straßenecke. Man benötigt eine *tilekarta*, eine Telefonkarte. Die kleinen für rund 3 € werden an jedem Kiosk verkauft, die größeren Karten für 12 € oder 25 € gibt es nur im OTE-Büro.

Handy

Über D1, D2 und E-plus ist man in Griechenland erreichbar. Allerdings befinden sich auf den Inseln immer noch „weiße Flecken", in denen Handys nicht funktionieren.

UNTERKUNFT

Pauschal buchen

Man kann seine Unterkunft schon zu Hause im Reisebüro buchen. Wer auf Komfort Wert legt, ist auf diese Art und Weise nicht schlecht bedient. Natürlich verdient auch das Reisebüro daran, schöne Unterkünfte haben ihren Preis.

Auf **Korfu** findet man relativ viele Großhotels, die meist mit internationalen Reiseveranstaltern zusammenarbeiten. Leider sind viele dieser Anlagen architektonisch nicht sehr reizvoll. Wer sich nicht von Fluglärm stören lassen möchte, sollte sich auf keinen Fall in Kanóni oder Benítses niederlassen. Der Flughafen liegt im Zentrum der Insel und ist leider je nach Wind noch auf größere Entfernung zu hören. Es gibt auf Korfu kein Nachtflugverbot.

Auch auf **Zákynthos** trifft man auf viele Großhotels, die über die internationalen Reiseveranstalter gebucht werden. Viele kleinere Häuser, arbeiten hier ebenfalls mit Reisebüros zusammen. Der Flughafen liegt dicht bei Laganás und Kalamáki, wo man mit Fluglärm rechnen muss.

Auf **Kefaloniá** gibt es nur in Lássi und bei Lixoúri große Hotelanlagen. Die meisten Häuser sind klein und nicht besonders luxuriös. Das könnte sich allerdings in den kommenden Jahren ändern, denn derzeit wird viel gebaut.

Lefkáda und **Itháki** werden selten als Pauschalarrangement im Reisebüro angeboten.

Hinter dem Begriff **Last-Minute** verbirgt sich oft eine Pauschalreise, preislich kaum günstiger als normal gebucht. Auf jeden Fall sollte man Angebote von verschiedenen Veranstaltern miteinander vergleichen. Während der HS sind selten Schnäppchen zu machen. Last-Minute-Angebote findet man in Reisebüros, an Flughäfen oder im Internet. Spezialisiert haben sich z.B.:

● **L-Tur,** Tel. 0180-5212103, www.ltur.de
● **Flugbörse,** Tel. 0180-5252555, www.flugboerse.de oder www.flycom.de.

Auf eigene Faust

In der Nebensaison kann man problemlos ohne Reservierung auf die Ionischen Inseln kommen. **Adressenlisten** von Hotels verteilt der EOT. Pensionen oder Privatzimmer sind hier nicht aufgeführt. Häuser, die dem EOT gemeldet sind, erkennt man aber am 10x10 cm großen, **gelb-blauen EOT-Schild.** Dort kann man nach Zimmern fragen. Manchmal ist an solchen Häusern auch eine Telefonnummer angebracht.

Warnen muss man davor, sich im **Juli** oder **August** ohne Reservierung auf den Weg zu machen. Dann kann es passieren, dass fast alle Unterkünfte für mehrere Wochen ausgebucht sind. Es bleiben nur überfüllte Campingplätze oder Unterkünfte mit unangenehmen Haken. Zahlreiche Mittelklasse-Pensionen und einfachere Unterkünfte werden zwar nicht über deutsche Reisebüros angeboten, aber sie sind entweder von Stammgästen vorreserviert oder werden über kleine Reisebüros auf den Inseln gebucht.

Hotel-kategorien und -preise

Unterkünfte, die beim EOT gemeldet sind, werden von diesem in **Kategorien** eingeteilt. Die Unterteilung geht von A bis E, zusätzlich gibt es noch eine Luxusklasse (L). Die Kategorie sagt jedoch wenig über die Qualität der Unterkunft aus, die Kriterien für die Einstufung sind kaum nachvollziehbar. Auch die **Preise** sind variabel. Sie richten sich v.a. nach der Nachfrage und der Mietdauer. In der Nebensaison sind sie verhandelbar. Die Mindestpreise, die der EOT für die Zimmer festlegt, werden dann in der Regel deutlich unterschritten.

Ferien-wohnungen und -häuser

Wer gerne eine Ferienwohnung auf Korfu oder Paxos mieten möchte und im Reisebüro das Gewünschte nicht findet: Einige Reiseveranstalter haben sich darauf spezialisiert. Auf Korfu und Paxos sind sehr schöne Ferienhäuser im Angebot, allerdings meist bei englischen Pauschalanbietern. Ferienwohnungen sind teuer. Luxuriöse Ferienhäuser für 4-6 Personen mit Pool werden für 1000-2000 € pro Woche angeboten. Man achte bei der Buchung auch auf die Größe, denn Griechen sind Zauberkünstler, wenn es darum geht, möglichst viel auf engen Raum zu packen und die beengten Wohnungen als großzügig zu vermarkten.

Auf den anderen Inseln werden selten richtige Ferienwohnungen angeboten. Oft nennt sich die Unterkunft „Wohnung" oder „Apartment", aber mehr als ein Schafzimmer mit Küchenecke und Bad wird nicht geboten.

●**GR-IN-Tours Nielbock,** Am Wildbach 20, 45219 Essen, Tel. 02054-4424, Fax 85595, bietet einfachere Häuschen.
●**Takis Ferienhäuser,** Herzogspitalstr. 10, 80331 München, Tel. 089-2366510, Fax 23665199
●**Meon Villa, Cofu Infotravel,** 14, New Port, Corfu, Tel. 26610-25792 oder 41550, www.meontravel.co.uk, teure Villen.
●**Esprit Villas,** Florastr. 94, 40822 Mettmann, Tel. 02104-958940 Fax 51642, www.espritvillas.com, schöne, teure Häuser.
●**CV Travel,** Great Somerford Chippenham, Wiltshire, SN15 5EH, Tel. 0044-870-6060013, 6039018, Fax 0044-1249-721490, www.cvtravel.net, sehr schöne Häuser zu hohen Preisen.

Camping

Auf **Korfu** ist Campingurlaub auf den Norden und die Inselmitte beschränkt, wo sich zahlreiche Plätze finden, fast alle in Meeresnähe. Die Zeltplätze im Süden wurden in den letzten Jahren geschlossen, sie sind aber in alten Inselkarten noch verzeichnet.

Auf **Zákynthos** findet man fünf Campingplätze, die alle in der Ebene strandnah liegen.

Auf **Kefaloniá** gibt es nur zwei Campingplätze. Auf dem einen, bei Argostóli, geht es etwas lauter zu, er ist bei jungem Publikum beliebt. Der andere Platz befindet sich in Sámi und ist ruhiger.

Auf **Lefkáda** gibt es mehrere Campingplätze. Sie liegen alle an der Süd- und an der Ostküste. Die auf vielen Karten noch eingezeichnete Anlage bei Ag. Nikítas ist mittlerweile geschlossen.

Auf **Itháki** existiert ein Campingplatz, der sich in den letzten Jahren vom ruhigen Fleckchen zum belebten Strandurlaubsort gewandelt hat. Er befindet sich beim Strand Filiatró, man benötigt jedoch ein Fahrzeug, um zur Bucht zu gelangen.

Auf **Paxos** und **Meganísi** gibt es keine Campingplätze.

VERHALTENSTIPPS

Körpersprache

Das Leben der Griechen verläuft oft etwas **geräuschvoller** – Emotionen finden Ausdruck in lautstarker und gestenreicher Kommunikation. Wenn eine weibliche Stimme Sirenenklang annimmt, muss das nicht heißen, dass die Dame sauer ist. Was sich für fremde Ohren wie Streit anhört, ist manchmal nur eine intensiv geführte Unterhaltung.

Körpersprache ist in Griechenland wichtig und durch falsche **Gestik** kann es zu ungewollten Beleidigungen kommen. Eine solche ist es, wenn man die Handflächen hebt und jemandem entgegenstreckt. Auch das bei uns ganz anders gedeutete Zeichen, bei dem Daumen und Zeigefinger einen Kreis beschreiben und die anderen Finger leicht abgespreizt werden, bedeutet nicht „hervorragend", sondern sinngemäß „Idiot!". Wenn ein Grieche den Kopf in den Nacken wirft, bedeutet dies „Nein", während „Ja" kein direktes Nicken, sondern mehr ein Kopfschütteln ist.

In Cafés und Tavernen

Urlaubern wird mancher Fehltritt nachgesehen, aber ein verächtliches Achselzucken kann z.B. die Folge sein, wenn Gäste in der Taverne sich **getrennte Rechnungen** ausstellen lassen. Griechen haben für groß angelegte Rechenaktionen am Tavernentisch gar kein Verständnis. Einer bezahlt für die ganze Gruppe und beim nächsten Mal übernimmt ein anderer die Rechnung. Auf Heller und Pfennig den Ausgleich zu suchen gilt als Kleinkrämerei. Wer getrennt Kasse führen möchte, der rechne dies nicht am Tavernentisch, sondern später auseinander, sonst macht er sich lächerlich.

Wenig locker sieht man es auch, wenn Urlauber einen **„türkischen Kaffee"** bestellen. Wer das landesübliche Getränk bestellen möchte, nenne es nie „türkisch", auch wenn es bei uns so genannt wird. Griechischer Kaffee heißt übersetzt *kafé ellinikó*. In der Praxis ist das zwar genau das gleiche Getränk, aber es folgen der Bestellung keine bösen Blicke.

An alkoholischen Getränken bevorzugen viele Griechen Wein und auch Whisky. Allzu **übermäßigen Alkoholkonsum** schätzen sie jedoch weniger. Alkoholprobleme gibt es in Griechenland wie überall, aber betrunkene Gäste sind nun mal eher lästig.

In Kirchen und Klöstern

Die **Kleiderordnung** der orthodoxen Kirche ist streng. Männer sollten beim Besuch von Kirchen und Klöstern lange Hosen und schulterbedeckende Oberteile tragen. Letzteres gilt auch für Frauen, die außerdem einen kniebedeckenden Rock oder ein Kleid anziehen sollten. Kirchenbesucherinnen in langen Hosen sind unerwünscht.

Siesta

Wer **zwischen 14 und 17 Uhr** bei einer griechischen Familie anruft oder einen Besuch machen möchte, sollte wissen, dass dies bei den meisten Griechen die Zeit fürs Mittagsschläfchen ist. Besucher kommen dann ganz und gar nicht gelegen.

VERSICHERUNGEN

Am unkompliziertesten ist es, gleich mit der Reisebuchung eines der von den Reiseveranstaltern angebotenen **Versicherungspakete** abzuschließen. Ein solches umfasst Kranken-, Unfall-, Gepäck- und Haftpflicht-Versicherungen. Günstiger ist hingegen der gezielte Abschluss **einzelner Policen**, z.B. bei Banken oder freien Versicherungsmaklern. Für Leute, die viel reisen, lohnen sich **Jahresversicherungen.** Notieren sollte man sich die auf den Versicherungsscheinen oder -karten angegebenen Notfall-Rufnummern.

Inwieweit Versicherungen im Einzelfall tatsächlich sinnvoll sind, muss jeder selbst entscheiden. **Unfall und Haftpflicht** können beispielsweise bereits durch bestehende Versicherungen abgedeckt sein; die Deckungssummen sind jedoch zu überprüfen. Als Schadensnachweis ist der Versicherung ggf. ein Polizeiprotokoll vorzulegen.

**Kranken-
versiche-
rung**

Um Leistungen der gesetzlichen Krankenkasse beanspruchen zu können, ist es nötig, einen **Auslandskrankenschein** anzufordern. Bei Privatversicherten hängt der Schutz von der Art der jeweiligen Versicherung ab. Die Behandlung wird meistens übernommen, wenn die Kosten im Urlaubsort nicht höher sind, als sie in Deutschland wären (und dies ist in Griechenland derzeit kein Problem). Man sollte sich aber dennoch erkundigen, welche Leistungen im Einzelnen gewährt werden.

Auf jeden Fall empfehlenswert ist eine **Auslandsreise-Krankenversicherung.** Sie kann im Reisebüro kurzfristig und unkompliziert für unterschiedliche Zeitdauer abgeschlossen werden, meist günstiger sind jedoch die Angebote von Privatversicherern. „Universa" bietet z.B eine Krankenversicherung für beliebig viele Reisen von jeweils maximal zwei Monaten Dauer innerhalb eines Jahres für rund 10 € pro Person an.

Bei Versicherungsabschluss sollte auf **Vollschutz ohne Summenbegrenzung** geachtet werden. Außerdem ist zu überprüfen, ob ein **Rücktransport** übernommen wird, bzw. an welche Bedingungen (z.B. Krankenhausaufenthalt) dieser geknüpft ist, denn im Falle eines Unfalls oder einer schweren Krankheit möchte man vielleicht gerne zu Hause weiterbehandelt werden, ist aber nicht in der Lage, aus eigener Kraft in ein Flugzeug zu steigen. **Automatische Verlängerung** der Versicherung im Krankheitsfall ist ein weiterer wichtiger Punkt. Die Leistungspflicht sollte bei verhinderter Rückreise weiter gelten, andernfalls gehen die enormen Behandlungskosten sofort nach Ablauf zu Lasten des Patienten.

Bei Eintreten eines Notfalles sollte die Versicherungsgesellschaft telefonisch verständigt werden. Ausführliche **Quittungen** (mit Datum, Namen, Bericht über Art und Umfang der Behandlung, Betrag) sind Voraussetzung, damit die Auslagen von der Versicherungsgesellschaft erstattet werden.

**Gepäck-
versiche-
rung**

Wir sind in Griechenland noch nie bestohlen worden. Wer aber auf Nummer sicher gehen will, kann eine Reisegepäckversicherung im Reisebüro abschließen. Wichtig ist dabei, das **Kleingedruckte** zu lesen, denn oft sind Wertgegenstände wie Schmuck, Foto und Video, Laptop oder Sportgeräte, derentwegen man ja die Versicherung abschließt, ausgenommen. Bei Verlust oder Beschädigung von versichertem Gepäck müssen, abgesehen von einer Bestätigung des entsprechenden Beförderungs- oder Beherbergungsunternehmens, eine genaue Auflistung der fehlenden/beschädigten Gegenstände sowie schlimmstenfalls Kaufquittungen vorgelegt werden.

**Reiserück-
trittskosten-
versiche-
rung**

Eine Reiserücktrittskosten-Versicherung kann extra verein-
bart werden. In Anbetracht der relativ **hohen Kosten** sind
die Bedingungen hierfür jedoch genau zu studieren. Nur
in speziellen Fällen zahlt die Versicherung bei Nichtantritt
einer Reise oder eines unfreiwilligen Abbruchs tatsächlich.

**Sicherungs-
schein**

Jeder, der eine **Pauschalreise** bucht, hat das Recht darauf,
sich zu vergewissern, dass sein Reiseveranstalter gegen eine Insolvenz (Pleite) abgesichert ist. Eine Pauschalreise ist
jede Kombination zweier gleichwertiger Reiseleistungen,
also beispielsweise bereits die kombinierte Buchung von
Flug und Mietwagen.

Spätestens bei der ersten Zahlung muss der Veranstalter
bzw. das Reisebüro dem Kunden deshalb einen **Siche-
rungsschein** aushändigen. Wenn ein Veranstalter dies ver-
weigert, kann man davon ausgehen, dass er gegen eine Pleite nicht versichert ist. Das muss kein Grund sein, die Reise
nicht zu buchen, es schließt allerdings das Risiko mit ein, bereits bezahlte Reiseleistungen im Pleitefall nicht zu erhalten –
beispielsweise den Rückflug ...

**Fahrzeug-
versiche-
rungen**

Unabhängig davon, ob man nun in Deutschland oder in
Griechenland ein **Fahrzeug mietet –** eine Haftpflichtversicherung muss im Preis enthalten sein. Allerdings übernimmt die in Griechenland übliche Haftpflicht nur Sachschäden bis zu 96.000 € und Personenschäden bis zu
480.000 € pro Person. Ist der Schaden größer, wird aus eigener Tasche draufgezahlt! Es ist aber möglich, in Deutschland eine Zusatzhaftpflichtversicherung ("Mallorcapolice")
abzuschließen, die u.a. von den Automobilclubs angeboten wird. Für einen Monat kostet sie beim ADAC 17 €, für
zwei Monate 27,50 €. Sie stockt die Versicherungssumme
der Haftpflicht bei Sachschäden auf eine unbegrenzte Deckungssumme und bei Personenschäden auf 3.750.000 €
auf. Wer in Deutschland ein Fahrzeug mietet, kann die
Haftpflichtversicherung auch für eine Deckungssumme
von rund 1.000.000 € abschließen. Ebenfalls möglich ist
der Abschluss einer Vollkaskoversicherung. In jedem Fall ist
es empfehlenswert, die Versicherungen für ein Mietauto
vorab in Deutschland zu klären, auch wenn man das Fahrzeug erst in Griechenland mieten möchte.

Wer mit dem **eigenen Fahrzeug** reist, sollte die grüne
Versicherungskarte nicht vergessen. Der ADAC bietet für
Mitglieder außerdem Schutzbriefe für Notfälle an. Diese
können im Falle einer größeren Panne eine Menge Ärger
ersparen. Der Pannenservice und Abschleppdienst ist für
Mitglieder der Automobilclubs mit den entsprechenden
Versicherungen in Griechenland kostenlos.

ZEITUNGEN

Während der Urlaubssaison werden in den Touristenzentren internationale Zeitungen verkauft. Eine griechische Zeitung, die in deutscher Sprache gedruckt wird, ist die wöchentlich erscheinende **„Athener Zeitung".** Hier findet man interessante Nachrichten über Griechenland, die in keiner deutschen Zeitung auftauchen. Englisch sprechende Urlauber, die sich für die griechische Presse interessieren, können in der amerikanischen **„Herald Tribune"** nachlesen, was in der griechischen Zeitung „Kathimerini" veröffentlicht wird, da sie stets einen Teil dieser Gazette auf Englisch beinhaltet.

ZEITVERSCHIEBUNG

In Griechenland gilt die **Osteuropäische Zeit (OEZ).** Der Zeitunterschied Mitteleuropa – Griechenland beträgt eine Stunde. Da es wie bei uns die Sommerzeit gibt, besteht diese Zeitverschiebung das ganze Jahr über. Wenn es in Deutschland 18 Uhr ist, ist es in Griechenland 19 Uhr. Wer einen Ausflug nach Albanien macht, passiert die Zeitgrenze. In Albanien gilt nämlich wie zu Hause die Mitteleuropäische Zeit.

ZOLL

Fahrzeuge, die länger als sechs Monate im Land bleiben, müssen verzollt werden. Wer im Falle eines Totalschadens sein Auto in Griechenland zurücklassen möchte, der sollte sich den Schaden von der Polizei bestätigen lassen, damit es beim Zoll keinen Ärger gibt.

Bei **Drogen** gelten die gleichen Verbote wie in Deutschland, Marihuanabesitz wird jedoch strenger verfolgt als hierzulande.

DIE INSELN
UND IHRE
BEWOHNER

GEOGRAFIE

Die Ionischen Inseln liegen im Ionischen Meer westlich des griechischen Festlandes und östlich von Italien. Sie nehmen zusammen eine Fläche von rund 2300 km² ein.

Gebirge

Im Tertiär (vor 65-18 Mio. Jahren) kam es zu stärkeren geologischen Verwerfungen, bei denen die großen europäischen Gebirgszüge entstanden. Die Ionischen Inseln sind Gipfel eines solchen Gebirges, das z.T. im Meer liegt. Der **höchste Berg** ragt auf Kefaloniá über 1600 m über dem Meeresspiegel empor. Lefkáda und Korfu sind ebenfalls gebirgig mit Erhebungen bis zu 1000 m. Während das Meer zwischen dem griechischen Festland und den Inseln nicht sehr tief ist, fällt der **Meeresgrund** im Westen auf über 4000 m ab.

Böden

Die Inseln bestehen aus Kalkstein, der ursprünglich von Korallen gebildet wurde. Darüber befindet sich meist Ton- oder Lehmboden, teilweise auch nur eine dünne Schicht. Auffällig sind die **unterschiedlichen Färbungen** der Erde, insbesonde-

012ko Foto: vb

re auf Kefaloniá und Zákynthos, wo man neben tiefschwarzen Böden, auf hellgraue, fast weiße und tiefrote Erde trifft. Da die Ionischen Inseln wasserreich sind, werden größere Flächen landwirtschaftlich genutzt.

Höhlen

Durch die Wasserlöslichkeit des Kalkgesteins haben sich auf Zákynthos, Kefaloniá und Itháki **Tropfsteinhöhlen** gebildet. Eine Seltenheit kann auf Kefaloniá besichtigt werden, wo ein salzwasserhaltiger, unterirdischer Bach einige Höhlen durchströmt. Die Dächer der Höhlenkammern stürzten dabei teilweise ein. Auf diese Art entstand z.B. die Melissani-Höhle bei Sámi.

Erdbeben

Die euroasiatische, die anatolische und die afrikanische Kontinentalplatte treffen im Mittelmeer aufeinander. Bei der **Verschiebung der Kontinente** drückt sich die afrikanische Platte ganz langsam unter die euroasiatische und die anatolische Platte. Letztere wandert nach Südwesten, was u.a. zu Vulkanbildungen und Erdbeben im Mittelmeerraum führt.

Geologen fanden heraus, dass Griechenland sich mit einer durchschnittlichen Geschwindigkeit von 2,2 cm pro Jahr auf Libyen zubewegt. Die stärksten Bewegungen machen dabei die Ionischen Inseln. Zákynthos wanderte in den letzten 10 Jahren 30 cm nach Südwesten.

Als Folge kommt es in dieser Region häufig zu Erdbeben, die 1953 große Schäden auf den Inseln anrichteten. Schwächere Beben finden fast jedes Jahr statt, wobei in jüngster Zeit jedoch wenig passiert ist. Seismologen rechnen auch in naher Zukunft mit Erdbeben in der griechischen und türkischen Region.

Inseln und Bewohner

Seite 60/61: Eine griechische Landschildkröte, Testudo hermanni, zwischen Oliven

In der Höhle Melissani bei Sámi (Kefaloniá)

FLORA UND FAUNA

Die Pflanzenwelt

Ursprüng-
liche
Vegetation

Die ursprüngliche Vegetation der Mittelmeerinseln bestand aus **Kermes- und Steineichenwald.** Aber schon während der Antike wurden von den Römern große Waldflächen abgeholzt, weil sie das Holz für den Schiffsbau benötigten. Als erster Bewuchs nach einer Rodung oder einem Waldbrand entsteht auf brachliegender Fläche im mediterranen Raum Macchia oder, wenn die Gegend zu trocken und eher steinig ist, Phrygana.

Phrygana
und
Macchia

Phrygana ist ein dorniges, duftendes Gestrüpp, das 30-100 cm hoch wird. Es besteht aus Dornkugelbüschen oder Ginster. Dazwischen wachsen Kräuter wie Thymian, Rosmarin, Lavendel, Salbei oder Knabenkraut. Auch Zistrosen und Knollengewächse wie Meerzwiebeln gedeihen hier. Bäume und Sträucher wachsen nur zu niedrigen Pflanzen heran, da zu wenig Wasser zur Verfügung steht.

Die **Macchia** ist ein undurchdringliches Dickicht von 1,5-5 m Höhe. Sie besteht aus Bäumen und Büschen wie Stein- und Kermeseichen, Dorngewächsen, Ginster, Judas-, Lorbeer- und Johannisbrotbäumen, Wacholder, wilden Oliven, Stechwinden, Zistrosen, Aleppokiefern, Baumheide, Mastix und Myrten. Auf den Ionischen Inseln wachsen hier auch auffällig viele Erdbeerbäume. Sie tragen im Herbst und Frühjahr rote, erdbeerähnlich Früchte von bis zu 2 cm Durchmesser.

Oft gehen Macchia und Phrygana ineinander über. Beides findet man auf den Ionischen Inseln meist **in den Bergen,** denn die Ebenen werden fast überall als Kulturland genutzt.

Bäume

Aus Macchia entsteht im Laufe der Zeit wieder **Eichenwald,** wenn die Pflanzen ungehindert wachsen können, wie z.B. auf Kefaloniá beim Kloster Moní Theotókou Thermaton oder auf Lefkáda beim Kloster Moní Ag. Asomáton. Auch **Zypressen** sind auf den Ionischen Inseln verbreitet. An Bachläufen wachsen **Platanen. Aleppokiefern** stehen vor allem auf Zákynthos und Lefkáda. Leider haben die Kiefernwälder in den letzten Jahren erheblich unter Waldbränden gelitten. Auf Korfu trifft man bei Varipatades auf Pinienwald. Die mit den Aleppokiefern verwandten, aber anspruchsvolleren **Pinien** sind nicht so verbreitet, sie wachsen nur auf Sandböden. In den Bergen kommen auch **Walnussbäume** vor, z.B. rund um das Dorf Digaléto auf Kefaloniá. Auch **Eukalyptusbäume** sind auf den Ionischen Inseln zu finden. An den Bergen Énos und Roúdi ist die **Kefaloniá-Tanne** *(Abies cephalonica)* beheimatet, die nur hier vorkommmt. Um sie zu schützen wurde ein Nationalpark eingerichtet.

Blütenpracht

„Blume der Levante" nannten die Italiener Zákynthos. Im Frühjahr und Herbst sind jedoch auch Kefaloniá und Korfu von Blumenteppichen überzogen. Besonders beeindruckend ist die Blüte der **Neapolitanischen Alpenveilchen** *(Cyclamen hederifolium)*, die nach den ersten Regenfällen im Oktober und November überall sprießen. Auch gelbe und weiße **Krokusse** blühen dann massenhaft. Zahlreiche **Orchideenblüten** kann man dagegen im April und Mai entdecken, auf Zákynthos v.a. um das Dorf Lagopodo, auf Korfu auf dem englischen Friedhof von Korfu-Stadt. Dort wurden fast alle auf den Ionischen Inseln beheimateten Orchideenarten zusammengetragen. Im Nationalpark von Kefaloniá trifft man außerdem auf die großblättrige **Pfingstrose** *(Paeonia mascula)*, die im Mai und Juni rosarot blüht.

Oliven

Wilde Olivenbäume gehören im Mittelmeerraum zur natürlichen Vegetation. Die **Venezianer** hatten die Inselbewohner mit Prämien dazu gebracht, die Wildnis zu roden und Olivenbäume zu pflanzen.

Inseln und Bewohner

013ko Foto: vb

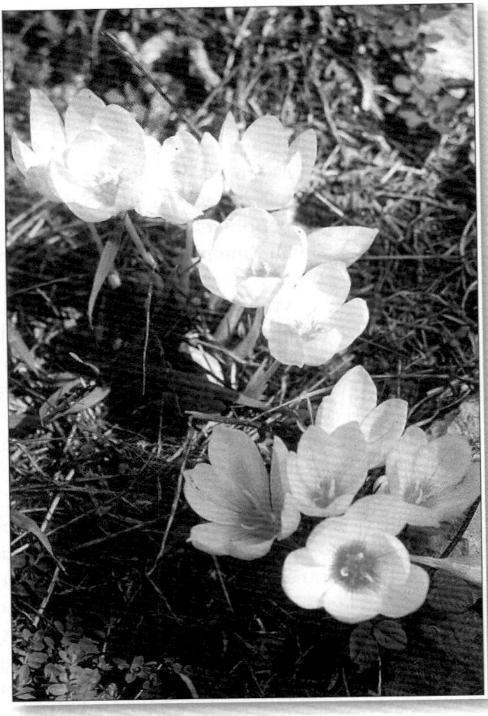

Zahlreiche Bäume auf Korfu stammen noch aus dieser Zeit. Oliven blühen im Mai. Wer unter Heuschnupfen leidet, sollte sich vorsehen: Viele Menschen reagieren allergisch auf den Blütenstaub.

Krokusse im Oktober

Wein

Auf allen Ionischen Inseln wird Wein angebaut. Besonders erfolgreich sind die Winzer auf Kefaloniá. Einer der bekanntesten griechischen Weine ist der weiße **San Gerasimo** aus der Robola-Traube. Auf Lefkáda wird v.a. die Vertzamo-Traube angebaut, aus der ein trockener Weißwein entsteht. Guter Rebensaft wird auch auf Zákynthos hergestellt, z.B. aus der weißen Traubensorte Verdea. Viele Trauben werden hier aber auch zu Sultaninen verarbeitet.

Die Tierwelt

Auf den Ionischen Inseln haben zahlreiche, auch scheue Tiere wie Fischotter oder Mönchsrobben einen Lebensraum gefunden haben. Durch den Massentourismus wird ihre Bewegungsfreiheit aber immer mehr eingeschränkt.

Insekten

Die Inselbewohner stellen in Kiefernwäldern **Bienenkästen** auf. Es kommen aber noch zahlreiche andere Insekten wie **Stechmücken, Hornissen, Bremsen** und **Libellen** vor. In manchen Gegenden muss man sich mit Moskitonetz und Chemikalien gegen sie schützen, ansonsten kommt kaum Urlaubsfreude auf. Insbesondere auf Korfu kann man im Frühjahr farbenprächtige **Schmetterlingsarten** beobachten.

Reptilien

Zahlreiche Reptilien bevölkern die Inseln. Neben **Schildkröten, Eidechsen** und **Blindschleichen** gibt es auch **Schlangen.** Der dicke Scheltopusik, ein Verwandter der Blindschleiche, sieht aus wie ein kriechender Gartenschlauch und ist absolut harmlos. Katzennattern, Ringelnattern und Zornnattern sind ungiftige Schlangen. Giftig sind dagegen Vipern. Ihr Kopf ist meist eckig und nicht rundlich wie der einer Natter. Ebenfalls giftig sind **Erdkröten.** Sie haben es nicht so eilig wie die Schlangen und man kann sie gut beobachten, sollte sie aber auf keinen Fall berühren. Sie können bis zu 20 cm lang werden und haben eine giftige Warzenhaut. Von den ebenfalls auf den Inseln lebenden **Fröschen** sind sie leicht zu unterscheiden.

Vögel

Aus der Ferne gleichen die **Schwalbenschwärme** über Korfu-Stadt schwarzen Wolken. Jahreszeitenabhängig kann man **Eulen, Bussarde, Geier, Graureiher, kleine weiße Reiher, Nachtreiher, Eisvögel, Samtkopfgrasmücken, weiße Störche, Wachteln** und zahlreiche, auch bei uns beheimatete Vogelarten wie **Spatzen, Stare, Schwäne** oder **Amseln** antreffen. Am Stadtrand von Argostóli tauchen Eisvögel in der Bucht nach Fischen.

Säugetiere

Marder, Igel, Fischotter, Dachse und **Füchse** kämpfen auf den Inseln ums Überleben. Die Jagdleidenschaft der Engländer und Griechen hat hier schon manche Säugetierart ausgerottet. Zu sehen bekommt man die wenigen noch lebenden Exemplare kaum.

Meerestiere

Das Meer ist ähnlich entvölkert, was auf die **Überfischung** der letzten Jahrzehnte zurückzuführen ist. Nach wie vor ist die Harpunenfischerei ein beliebtes Freizeitvergnügen, was natürlich nicht dazu beiträgt, dass die Fischbestände sich erholen. Bei Korfu beobachten Taucher häufig **Katzenhaie.** An der Westseite der Inseln strömt stellenweise kaltes Tiefenwasser an die Oberfläche, wodurch auch größere Fische in Küstennähe vorkommen, die ansonsten nur in der Tiefe leben.

Vom Aussterben bedrohte Tiere

Mehrere der auf den Ionischen Inseln lebenden Tiere sind stark vom Aussterben bedroht. Wohl kaum noch zu retten sind die zu den griechischen Bergponys gehörenden **Wildpferdchen** am Énos auf Kefaloniá, da sich ihre Zahl schon zu stark verringert hat.

Auch die **Mönchsrobben** (*Monachus monachus*) führen einen Kampf ums Überleben. Die Tiere leben im Meer, schlafen aber an Land, wo

Inseln und Bewohner

sie auch ihre Jungen zur Welt bringen. Standen ihnen früher zahlreiche Strände als Lebensraum zur Verfügung, an denen sich heute Touristen tummeln, müssen sie sich nun an abgelegene Felsküsten und in Höhlen zurückziehen. Doch mittlerweile brausen auch hier zahlreiche Segler und Ausflugsboote vorüber, wodurch den Tieren die Ruhe zur Aufzucht der Jungen fehlt.

Beinahe schon ein Drama ist der Schutz der **Unechten Karettschildkröten** (*Caretta caretta*). Sie brüten an zahlreichen Badestränden von Zákynthos. Die Touristikbranche und die griechischen Behörden konnten sich lange nicht für Schutzbestimmungen begeistern. 1990 wurde bei Zákynthos ein Meeresnationalpark eingerichtet, um die Nistplätze der Schildkröten zu schützen. Die meist griechischen Geschäftsleute dieser Region haben heute noch kaum Verständnis für die Schutzmaß-

Ziegen am Berg Énos auf Kefaloniá

nahmen und es kommt immer wieder zu Konflikten. Auch an den Stränden im Süden Kefaloniás brüten einige Meeresschildkröten, sie finden dort bessere Bedingungen vor.

Umweltschutz

Wasserqualität

Obwohl es auf den Ionischen Inseln mehrere **Kläranlagen** gibt, fließen die Abwässer an zahlreichen Stellen ungeklärt ins Meer. Die Wasserqualität der meisten Badestrände ist allerdings gut.

Sowohl auf Zákynthos wie auch auf Kefaloniá und Paxos kommt es im Sommer zu Problemen mit der Wasserversorgung, denn die Ionischen Inseln sind zwar regenreich, nur fällt der Niederschlag überwiegend im Winter. Aus mancher Dusche fließt während der Hochsaison dann nur noch Brackwasser. Erst in den letzten Jahren hat man damit begonnen, größere **Süßwasserstauseen** anzulegen.

Energie

Die Energiegewinnung ist auf vielen griechischen Inseln besser gelöst als auf den Ionischen. **Solartechnik** wird nur zur Warmwasserbereitung genutzt. Windmühlenparks existieren nicht. Die Stromversorgung erfolgt vom Festland aus über Starkstromkabel, die am Meeresboden entlanggeführt werden.

Müllentsorgung

Müll säumt vielerorts die Straßenränder. Jahrelang war es üblich, den Abfall zwar zu sammeln und abtransportieren zu lassen, aber die Müllfahrzeuge kippten alles an einer Steilküste ins Meer. Häufig tauchte der Müll später wieder am Badestrand auf. Heute wird er **meist verbrannt.** An Müllvermeidung denkt allerdings kaum jemand. Wer es beim Einkauf ablehnt, eine weitere Plastiktüte in die Hand gedrückt zu bekommen, wird meist verwundert angeguckt.

GESCHICHTE

Erste menschliche Spuren

Schon in der **Altsteinzeit** vor rund 50.000 Jahren lebten auf den Ionischen Inseln Menschen, wie Spuren auf Korfu und Kefaloniá belegen. Auch Lefkáda und Zákynthos waren während der **Steinzeit** besiedelt. Damals waren Korfu und Lefkáda noch mit dem Festland verbunden. Klimaveränderungen ließen vor ca. 10.000 Jahren den Meeresspiegel so stark ansteigen, dass Korfu zur Insel wurde, während man Lefkáda erst in antiker Zeit durch einen Kanalbau vom Festland abtrennte.

Während der **Bronzezeit** stieg die Bevölkerung Korfus stark an. Zahlreiche Siedlungsreste stammen aus der Zeit um 5000-2000 v. Chr. Auch auf Lefkáda, Itháki und Kefaloniá wurden Gegenstände aus der Bronzezeit gefunden.

Erste Hochkulturen

Die erste Hochkultur, die sich im griechischen Raum entwickelte, die **minoische Kultur,** übte auf die Ionischen Inseln kaum Einfluss aus. Im 16. Jh. v. Chr. bildete sich auf dem Peloponnes dann die **mykenische Kultur** heraus. Mykenische Funde hat man auf Zákynthos und Kefaloniá gemacht. Um 1500 v. Chr. gründeten Siedler von den Peloponnes auf Zákynthos die Stadt Psophís, die schon zu mykenischer Zeit zu Wohlstand kam. Auf Korfu fand man dagegen wenig. Eine Blütezeit erlebte Itháki während der Mykenischen Epoche. In diese Zeit fällt auch die Erzählung von *Odysseus.* Archäologen suchten bisher vergeblich nach seinem Palast.

Stadtstaaten

Um 800 v. Chr. veränderte sich auf dem griechischen Festland die Gesellschaft. Eine selbstbewusste Adelsschicht etablierte sich und es entstanden die griechischen Stadtstaaten, die Polis. In Milet, Athen, Sparta, Theben, Korinth, Chalkis, Eretria und Ägina entwickelten sich **wirtschaftliche und kulturelle Zentren.** Die Bevölkerung wuchs und es wurden Kolonien gegründet.

Inseln und Bewohner

734 v. Chr. gründete die Stadt Korinth eine solche Kolonie: die antike Stadt **Kérkyra,** das heutige Korfu. Kérkyra entwickelte sich schnell und löste sich bald von seiner „Mutterstadt" ab. 664 v. Chr. besiegte es in einer Seeschlacht Korinth, gründete in den folgenden Jahren eigene Kolonien und wurde zum Konkurrenten. Kérkyra suchte einen Verbündeten und fand ihn in Athen.

Perserkriege und Peloponnesische Kriege

Im 6. Jh. v. Chr. drangen die Perser bis an die kleinasiatische Küste vor, an der sich Kolonien der griechischen Stadtstaaten befanden. Athen versuchte, die Kolonien zu verteidigen. 480 v. Chr. kam es zur entscheidenden **Seeschlacht von Salamis,** bei der die Athener über die Perser siegten. Kérkyra schickte dabei als Verbündeter Athens seine Schiffe so spät, dass sie nicht mehr in die Kriegshandlungen eingreifen mussten.

Sparta sah nun in **Athen** eine unerwünschte Konkurrenzmacht entstehen und griff es an. 445

Der Kardáki-Tempel im Park Mon Repos (Korfu)

v. Chr. wurde Frieden geschlossen und Athen sagte den Spartanern zu, sich aus weiterer Kriegshandlungen, die nicht im Interesse Spartas waren, herauszuhalten. Zum erneuten Krieg kam es 432 v. Chr., als Kérkyra in einem Konflikt mit Korinth Athen um Hilfe bat und diese gewährt wurde. Die Auseinandersetzung endete 404 v. Chr., als Sparta Athen besiegte .

Um 650 v.Chr. gründete Korinth die Kolonie **Nerikos** auf Lefkáda. Die Korinther gruben den Kanal bei Santa Mávra, damit Schiffe nicht mehr um Lefkáda herumfahren mussten. Der Kanal besteht noch heute und muss immer wieder freigebaggert werden. Da Nerikos Korinth und Sparta unterstützte, zerstörten die Athener 428 v. Chr. die Insel.

Auf Kefaloniá gab es im 7. Jh. v. Chr. vier voneinander unabhängige Städte: **Sáme, Krani** (bei Argostóli), **Pale** (bei Lixoúri) und **Proni** (bei Póros). In den Peloponnesischen Kriegen unterstützten sie teils Sparta, teils Athen. Im gleichen Jahrhundert gründete Korinth auch auf Itháki eine Kolonie: die Stadt **Alalkomenes** auf dem Berg Aetós. Die Insel blieb für lange Zeit mit Korinth verbündet. Die Stadt **Psophís** auf Zákynthos blieb während der Perserkriege lange neutral und unterstützte Athen erst am Schluss. In den Peloponnesischen Kriegen kämpfte Zákynthos auf Seiten von Athen.

Makedonisches Reich Im 4. Jh. wurden die Ionischen Inseln von Sparta beherrscht, das die Peloponnesischen Kriege gewonnen hatte, bis 338 v. Chr. **Philipp von Makedonien** Kérkyra eroberte. Philipp und sein Sohn **Alexander der Große** bauten ein Weltreich auf, das aber nach dem frühen Tod Alexanders schnell wieder zerfiel. Die Ionischen Inseln waren in dieser Zeit politisch unbedeutend. Nach dem Zusammenbruch des Makedonischen Reiches folgten unruhige Zeiten. Zahlreiche Plünderungen und Eroberungen führten dazu, dass Kérkyra 229 v. Chr. den Schutz von Rom suchte.

Inseln und Bewohner

Römisches In römischer Zeit kehrte Ruhe auf Korfu ein. Kér-
Reich kyra war bei den Römern sehr beliebt und
berühmte Persönlichkeiten wie **Cicero** (50 v. Chr.)
und Kaiser **Nero** (67 n. Chr.) besuchten die Insel.
Lefkáda setzte sich 230 v. Chr. erbittert gegen die
Römer zur Wehr, wurde aber nach einigen Jahren
schließlich doch eingenommen und zerstört.

Die Basilika Ag. Ioviános von Paleopoli (Korfu)

Ebenso erging es Sámi auf Kefaloniá, das sich 189 v. Chr. nicht mit der römischen Herrschaft abfinden wollte. Auch auf Zákynthos stießen die Römer 214 v. Chr. auf größeren Widerstand und mussten 150 v. Chr. nochmals Truppen schicken, da ihre Herrschaft nicht mehr anerkannt wurde. Im Römischen Reich erlebte die Insel aber schon bald eine Blütezeit.

Christen-
tum

Trotz des Widerstandes der römischen Führung verbreitete sich das Christentum schnell im Römischen Reich. Im 1. Jh. n. Chr. versuchten *Iason,* ein Schüler des Apostels *Paulus,* und *Sosipartos,* Kérkyra zu missionieren. Kaiser *Caligula* ließ die beiden ermorden. Im 4. Jh. gab es auf Korfu einen **Bischofssitz.** Das Christentum setzte sich in dieser Zeit entgültig im Römischen Reich durch.

Byzantini-
sches Reich

Nachdem 395 n. Chr. das Römische Reich in zwei Hälften zerfiel, gehörten die Ionischen Inseln zum **Oströmischen Reich,** dessen Hauptstadt Konstantinopel war (das heutige Istanbul, das früher auch Byzanz hieß).

In dieser Zeit ließ Bischof *Ioviános* einen Teil des antiken Kérkyra abreißen und an der Stelle, an der sich heute der Eingang zum Park Mon Repos befindet, eine riesige fünfschiffige Basilika erbauen, die sich bald zum Zentrum der Stadt entwickelte. In den folgenden unruhigen Jahren, in denen das Weströmische Reich zerschlagen wurde, waren Zákynthos, Lefkáda und Kérkyra oft das Ziel von Plünderungen, weshalb Letztere auf eine **Halbinsel mit zwei Bergspitzen** verlegt (*Korfou* = „Berge") wurde, dorthin, wo sich heute die alte Festung befindet. Diese wurde ausgebaut, nachdem in Rom der Franke *Karl der Große* zum Kaiser gekrönt wurde und das Byzantinische Reich in ihm einen neuen Rivalen fand.

1054 kam es zur Trennung zwischen der römisch-katholischen und der **orthodoxen Kirche,** der die Griechen bis heute angehören.

Inseln und Bewohner

Kreuzzüge und Niedergang des Byzantinischen Kaiserreichs

Im 11. Jh. zeigten sich erste Schwächen im Byzantinischen Reich. Die **Normannen** drangen auf die Ionischen Inseln vor. Korfu wurde mehrfach Opfer dieses Machtkampfes. Der Normannenführer *Robert Guiskard* verstarb 1085 auf seinem Schiff unweit von Kefaloniá. Die Gegend Fiskárdo wurde nach ihm benannt. Als die Bewohner Kefaloniás sich mit der Bitte um Hilfe an Venedig wandten, wurde die Insel im 12. Jh. zum Zankapfel, um den sich nun Normannen und Venezianer stritten. Im 12. Jh. fielen die Normannen auch auf Zákynthos ein, das aber nach dem 4. Kreuzzug an Venedig fiel.

Nachdem die **Kreuzritter** 1204 Byzanz erobert hatten, wurde das Byzantinische Reich bis auf einige Restreiche unter den Siegern aufgeteilt, der größte Teil fiel dabei an die Stadt Venedig. Eines der Byzantinischen Restreiche lag auf dem Festland von Epiros, dem Lefkáda längere Zeit angehörte. Dieses Reich eroberte Korfu und regierte es 1214-67. In dieser Zeit begann man mit dem Bau der Festung Anglokastro.

Die Herren von Anjou

1267 wurde Korfu von den in **Neapel** herrschenden Herren von Anjou erobert. Aus Spanien vertriebene Juden ließen sich auf der Insel nieder, während die orthodoxe Kirche von den neuen Herren bekämpft wurde. Militärisch schlecht geschützt, kam es häufig zu Plünderungen, weshalb sich die Korfioten bald nach einem starken Verbündeten umsahen. Die Venezianer schickten 1386 einen Unterhändler und Korfu schloss sich freiwillig Venedig an, das die Insel 1402 Neapel abkaufte.

Venezianer und Osmanen

Die Regierungszeit der Venezianer brachte den Ionischen Inseln **Wohlstand und kulturelle Blüte**, wovon die prächtige Altstadt Korfus noch heute zeugt. Stark hierarchische Strukturen prägten das Reich. Es gab die Adligen, die Bürgerlichen und das Volk. Die Oberschicht hatte die uneingeschränkte Macht und nutzte diese auch zur Unterdrückung. Venedig bekämpfte die orthodoxe Kirche und versuchte den Katholizismus auf der Insel zu festigen.

Als die **Osmanen** (die Vorfahren der Türken) 1453 Byzanz eroberten, flohen viele Intellektuelle und Künstler vor der islamischen Unterdrückung nach Korfu. 1537 belagerten die Osmanen die Insel, auf der sie große Schäden anrichteten. Tausende Inselbewohner verschleppten sie in die Sklaverei. Entschlossen zu handeln, gelang es 1571 verbündeten Truppen aus Spanien, Venedig, Sizilien und Rom, die türkische Flotte bei Lepado in der Nähe von Pátras zu schlagen. Aber Venedig rechnete mit weiteren **Angriffen auf Korfu** und baute im 16. und 17. Jh. die Stadt nach strategischen Gesichtspunkten um. Der venezianische Doge machte sich auf die Suche nach einem fähigen General und fand ihn in *Graf Matthias von der Schulenburg*. 1715 ordnete er den Ausbau der Befestigungsanlage an. Viel Zeit blieb nicht, denn 1716 rückten 33.000 Türken an, denen er mit 8000 Mann gegenüberstand. Das hoffnungslose Unternehmen gelang, weil ein Gewitter die Angreifer störte und die Nachricht einer anderen militärischen Niederlage zu den Angreifern drang, die sich daraufhin zurückzogen. Für die Griechen war dies ein Wunder, das sie dem heiligen *Spiridon* zuschrieben. Die Republik Venedig setzte Graf von der Schulenburg 1717 ein Denkmal auf Korfu.

Auch **Paxos** ging Ende des 14. Jh. in venezianischen Besitz über. Mitte des 15. Jh. wurde vor dem Hafen von Gáios auf der Insel Ag. Nikólaos, eine Festung errichtet.

Lefkáda und **Meganísi** gingen 1293 als Mitgift an die venezianische Familie *Orsini*. Zu jener Zeit entstand die Festung Santa Mávra. Später kontrollierte die Familie *Tocchi* die Inseln. In der zweiten Hälfte des 15. Jh. eroberten die Türken Lefkáda. Nach zweimaliger Rück- und Wiedereroberung blieb die Insel schließlich bis 1797 venezianisch. Der Einfluss der Venezianer war auf Lefkáda aber nie so stark wie auf den anderen Ionischen Inseln, da es fast 200 Jahre von den Türken regiert wurde. Im 18. Jh. verlegte man die Hauptstadt von der Festung Santa Mávra an ihren heutigen Standort.

Kefaloniá wurde während der venezianischen Herrschaft ebenfalls von den Familien *Orsini* und *de Tocchi* verwaltet. 1479 eroberten die Osmanen die Insel, aber nach 21 Jahren konnten die Venezianer sie mithilfe von spanischen Truppen vertreiben. Bei einer weiteren, dieses Mal nur vorübergehenden Eroberung im Jahr 1538 fielen 13.000 Bewohner der Insel in die Sklaverei. Zudem litt die Bevölkerung im 16. Jh. unter Piratenüberfällen. 1593 wurde daher die Festung von Assos errichtet. Fehden zwischen einflussreichen Adelsfamilien konnten im 17. und 18. Jh. nur mit Mühe unter Kontrolle gebracht werden. Die Anführer wurden in Venedig gehängt. 1757 legten die Venezianer den Verwaltungssitz nach Argostóli.

Zákynthos ging nach den Kreuzzügen an Venedig, das die Insel von den Familien *Orsini* und *de Tocchi* verwalten ließ. 1479 wurde sie von den *de*

Tocchis an Venedig verkauft. Als sie kurz darauf von den Osmanen erobert wurde, flüchteten die Bewohner und die Insel war nahezu entvölkert. 1484 zogen sich die Osmanen vor den Venezianern von Zákynthos unter der Bedingung zurück, dass die Insel Steuern an sie abführen musste. Nun begann die Neubesiedlung. 1500 lebten bereits wieder 20.000 Menschen auf Zákynthos. Im 16. Jh. dehnte sich die Stadt bis vor die Festungsmauern aus. Das „griechische Florenz" entwickelte sich zu einer der schönsten Städte der Region. 1628-32 erhoben sich die Bewohner von Zákynthos gegen den venezianischen Adel; der Aufstand wurde blutig niedergeschlagen. 1669 gab Venedig Kreta an die Osmanen ab und erreichte im Gegenzug, dass Zákynthos keine Steuern mehr an die Osmanen zahlen musste. In den folgenden Jahren trafen zahlreiche Flüchtlinge aus Kreta auf Zákynthos ein.

Franzosen und Engländer

1797 beendeten die **Franzosen** die venezianische Herrschaft. Die Griechen waren zunächst begeistert, denn schon im 17. Jh. hatte sich Widerstand gegen die Venezianer gebildet und die Gedanken der Französischen Revolution fanden breite Zustimmung. Die Freude legte sich allerdings bald.

1799 verbündeten sich **Russland und die Türkei.** Sie vertrieben die Franzosen und ließen den Sieben-Insel-Staat ausrufen. Die Türkei zog sich zurück. Die Regierung wurde nun von *I. Kapodistrias* in russischem Auftrag geführt, bis Russland 1807 die Inseln wieder Frankreich überließ, das nun von **Napoleon** regiert wurde. In diesen Jahren ging es Paxos so schlecht, dass die Bevölkerung gegen die Franzosen revoltierte und einen Anschluss an England forderte. Der Aufstand von 1810 wurde niedergeschlagen und die Anführer hingerichtet.

Inseln und Bewohner

Der Leuchtturm am Kap Ag. Theodóron (Kefaloniá)

Nach dem Wiener Kongress gelangten die Ionischen Inseln 1815 dennoch unter englische Herrschaft. Die **Engländer** bauten Straßen, Krankenhäuser und Schulen. Der Sieben-Insel-Staat blieb zwar erhalten, aber der englische Gouverneur konnte eigenmächtig und ohne Zustimmung des Parlaments entscheiden. 1850 ließen die Engländer zwar Wahlen zu, aber nach wie vor hatten die gewählten Volksvertreter nicht viel zu melden.

Aus dem **griechischen Befreiungskrieg** hielten sich die Engländer zunächst heraus, während die Bevölkerung der Ionischen Inseln weniger neutral blieb und vor Zákynthos und Paxos türkische Schiffe in Brand setzte. Nach dem Ende des Krieges kam es 1830 zur Neugründung des griechischen Königreichs, dem die Ionischen Inseln jedoch nicht angehörten. Der erste Präsident wurde *I. Kapodistrias;* er wurde 1831 ermordet. Zum griechischen König wurde der bayrische Prinz *Otto* ernannt.

Anschluss an Griechenland

König Otto handelte nicht immer im Interesse der Engländer, die Griechenland daher einen Deal anboten: 1864 übergaben sie die Ionischen Inseln an Griechenland, das im Gegenzug Prinz *Wilhelm Georg von Dänemark* als König einsetzte. Dieses Adelsgeschlecht regierte Griechenland bis die Monarchie 1975 abgewählt wurde. Da England viel Geld in die Ionischen Inseln investiert hatte, war der Anschluss an Griechenland eher ein Rückschritt auf dem Weg zu einem modernen Staat.

Wirtschaftlich und politisch instabil, war das Land zu Beginn des 20. Jh. in mehrere **Kriege gegen die Türkei** verstrickt. 1923 fanden nach der Niederlange bei Smyrna (Izmir) 5000 Flüchtlinge Unterschlupf in der Festung von Santa Mávra auf Lefkáda. Im gleichen Jahr wurde Korfu von den Italienern bombardiert, nachdem bei Verhandlungen zwischen Griechenland und Albanien ein italienischer General ermordet worden war.

In den 30er-Jahren stieg der aus Kefaloniá stammende rechte Politiker **I. Metaxas** zum führenden Mann Griechenlands empor. Als er die Zusammenarbeit mit *Hitler* und *Mussolini* ablehnte, eroberten italienische Truppen 1940 die Ionischen Inseln.

Deutsche Besatzung

Nachdem *Mussolini* in Italien abgesetzt worden war, spielten sich dramatische Szenen ab. Die deutschen Truppen eroberten Korfu und richteten große Schäden an. Italienische Soldaten, die sie nicht unterstützen wollten, wurden umgebracht. Auf Kefaloniá wurden bei einem **Massaker** mehrere Tausend italienische Soldaten niedergemetzelt. Die Deportation der Juden wurde vorangetrieben. Teils arbeiteten die Griechen mit den Nazis zusammen, teils bewiesen sie Zivilcourage: Der Bürgermeister von Zákynthos, der den Deutschen die Namensliste der Juden liefern sollte, gab ein Blatt Papier mit zwei Namen ab – seinen eigenen und den des orthodoxen Bischofs. Als die

Inseln und Bewohner

DIE DEUTSCHE WEHRMACHT AUF KEFALONIÁ

Die Deutsche Wehrmacht kam erst nach Kefaloniá, nachdem die Italiener schon die Insel besetzt hatten. Sie richtete sich bei Lixoúri ein, während die italienische Division Acqui sich um Argostóli niederließ. Nach dem Sturz *Mussolinis* forderten die Deutschen die Italiener auf, sich zu ergeben, die Waffen auszuhändigen und ihnen Kefaloniá zu überlassen. Als die italienischen Offiziere dies ablehnten, kam es zu Gefechten, bei denen die Italiener unterlagen. Die überlebenden italienischen Soldaten wurden von der Deutschen Wehrmacht gefangen genommen und im September 1943 erschossen. Nach Auffassung der deutschen Militärs waren sie nicht Angehörige einer fremden Armee, die man nach der Genfer Konvention behandeln musste, sondern Deserteure. Es kamen über 4000 Italiener bei dieser Aktion ums Leben. Den Opfern des Massakers ist bei Argostóli ein Denkmal gesetzt: das Monumento Caduti.

Engländer sich 1944 zu den Ionischen Inseln durchkämpften, wurden sie von den Griechen mit Begeisterung empfangen.

Bürger-
krieg

Während der faschistischen Besatzung hatten sich zwei Widerstandsgruppen im Untergrund gebildet: In der **EDES** hatten sich die konservativen Kräfte zusammengeschlossen, während die **EAM** das Sammelbecken der Kommunisten war. Die Kommunisten hatten in Griechenland in diesen Jahren regen Zulauf. Als sich nun die deutschen Truppen zurückzogen, brach Krieg zwischen den beiden Gruppen aus. Dabei unterstützten die Engländer und Amerikaner die Konservativen, die den Bürgerkrieg 1949 gewannen. Die Fronten spalteten sogar Familien. Bis heute sind die Folgen des Krieges im Land zu spüren. Die Gewinner nutzten ihren Sieg nicht zur Versöhnung, sondern zum Triumph. Die unterlegenen Linken verschwanden viele Jahre in Gefangenenlagern, in denen unmenschliche Bedingungen herrschten.

Erdbeben

1953 führten mehrere Erdbeben im Abstand von wenigen Tagen die südlichen Ionischen Inseln in eine **Katastrophe.** Kefaloniá wurde fast völlig zerstört, zahlreiche Tote waren zu beklagen. In der Folgezeit kehrten viele Bewohner der Insel den Rücken, denn die Wiederaufbauhilfen waren begrenzt. Von den Erdbeben hat sich die Insel bis heute noch nicht völlig erholt. Auf Itháki wurden 80% der Gebäude zerstört. Die Verwüstungen auf Lefkáda hielten sich hingegen in Grenzen, was u.a. daran lag, dass die Architektur hier stärker von den Türken beeinflusst war und die vorherrschende Holzfachwerkbauweise den Beben besser standhielt. Zákynthos lag dagegen in Trümmern. Nach dem Erdbeben brach in Zante ein Feuer aus, bei dem die Stadt bis auf drei Gebäude niederbrannte. In den folgenden Jahren gelang es jedoch, sie wieder neu aufzubauen, wenn auch nicht so prächtig wie zuvor. Die nördlicheren Inseln Korfu und Paxos lagen glücklicherweise so weit vom Epizentrum entfernt, dass sie von den Beben weniger stark betroffen waren.

Konservative und linke Kräfte

Ab 1955 führte der konservative Politiker **Konstantin Karamanlis** mehrere Regierungen an. Er versuchte, Griechenland dem westlichen Europa näher zu bringen. Ab 1962 wurde es assoziiertes Mitglied der EWG.

1963 gewann **Georg Papandréou** mit der linksgerichteten EDA-Partei die Wahlen. Als 1964 König *Paul I.* starb, kam sein Sohn *Konstantin II.* auf den Thron. Er geriet mit Papandréou in Streit über die Besetzung des Verteidigungsministeriums und setzte den Regierungschef ab. Es kam zu Streiks und Demonstrationen im Vorlauf der für Mai 1967 vorgesehenen Wahlen. Meinungsumfragen deuteten darauf hin, dass Georg Papandréou wieder gewählt werden würde.

Militärdiktatur

Zu dieser Wahl kam es jedoch nie. Eine Gruppe **rechter Offiziere** putschte am 21.4.1967 und errichteten eine Diktatur. Alle aktiven Linken wurden inhaftiert, Gewerkschaften und Streiks verboten, die Zensur eingeführt und Beamte auf ihre politische Gesinnung überprüft, zum Teil auch entlassen. Der König unterstützte zunächst die Obristen, versuchte dann aber im Dezember 1967, selbst wieder das Steuer in die Hand zu nehmen – und hatte Pech. Er musste ins Exil, seine Stelle wurde durch einen „Vizekönig" besetzt.

Als **Reaktion auf den Putsch** fror die Europäische Gemeinschaft im April 1967 die an Griechenland gewährten Kredite ein. 1969 veranlasste die Junta, dass Griechenland aus dem Europarat austrat. Die NATO distanzierte sich im Gegensatz zur EG nicht. Und die Diktatur war für viele Länder kein Hindernis, wenn es darum ging, die wirtschaftlichen Beziehungen mit Griechenland zu vertiefen. Auch der Tourismus fing an zu wachsen, ungeachtet der politischen Zustände.

Inseln und Bewohner

1968 starb der frühere Regierungschef *Georg Papandréou*. 1973 kam es zu einer **Studentenrevolte** am Polytechnikum in Athen, bei deren Niederschlagung 50 Menschen getötet wurden.

Zypernkrise

Der Wendepunkt der griechischen Politik lag in Zypern. Seit seiner Unabhängigkeit von England 1960 wurde die Insel von Erzbischof *Makarios* regiert. 80 % der zypriotischen Bevölkerung waren Griechen, 20 % Türken. Die Obristen unterstützten eine Partisanengruppe um *Nikos Sampson,* die Makarios stürzte und den auf der Insel lebenden Türken zusetzte. Daraufhin besetzte die **Türkei** Nord-Zypern.

Die griechische Junta machte mobil, aber militärisch betrachtet war das ganze ein Fehlschlag. Die Blamage spaltete das Militär und die Obristen mussten, nachdem ein großer Teil des griechischen Militärs nicht mehr hinter ihnen stand, am 24.7.1974 die Regierungsgewalt abgeben.

Demokratie

Als Kompromisskandidat einigten sich die damals Mächtigen auf **Karamanlis,** der aus seinem Pariser Exil zurückgeholt wurde. Karamanlis bildete eine konservative Regierung, ersetzte die Verfassung der Junta durch die alte von 1952 und bereitete für November 1974 Neuwahlen vor, die er mit seiner neu gegründeten Partei **Néa Demokratía** gewann. Sein Hauptgegner, **Andreas Papandréou** (der Sohn des verstorbenen *Georg* und Vater des heutigen Außenministers), ging mit seiner neu gegründeten Partei **PASOK** in die Opposition.

Karamanlis veranlasste, dass Griechenland vorübergehend aus der **NATO** austrat, denn sie hatte die Griechen in der Zypernfrage, die bis heute ein ungelöstes Problem ist, nicht unterstützt.

Bei den Wahlen 1975 sprachen sich die Griechen gegen die Wiedereinführung der Monarchie aus. Griechenland erhielt eine neue Verfassung und ist seither eine **republikanische Demokratie.**

Die beiden großen Volksparteien wechselten sich in den nächsten 25 Jahren in der Regierung immer wieder ab, ohne dass es bis Mitte der 90er-Jahre große Veränderungen gegeben hätte. Die beiden Grundübel waren **Vetternwirtschaft** und **Korruption.** Laut Umfrage des Athener Meinungsforschungsinstituts Alco aus dem Jahr 1997 hatte jeder zweite Befragte schon einmal einen Beamten bestochen. Von den beiden Parteien lässt keine etwas Gutes auf die andere kommen. Dabei schafften beide es lange nicht, dem Land zu einer soliden finanziellen Grundlage zu verhelfen. Inflation und Arbeitslosigkeit waren groß, EG-Gelder wurden verschleudert und versickerten oft auf merkwürdige Art und Weise.

Aktuelle Politik

Kostas Simítis

Als 1996 der regierende Ministerpräsident *Andreas Papandréou* starb, ging eine Ära zu Ende, die das Land über lange Jahre geprägt hatte. *Kostas Simítis* trat im Herbst 1996 seine Nachfolge an. Er hatte den Griechen im Wahlkampf angekündigt, dass sie zu sparen lernen müssten, doch als er begann, sein **Sparprogramm** zu verwirklichen, streikte halb Griechenland. Simítis blieb hart. Der kleine unscheinbare Mann hat viel verändert in den letzten Jahren, sehr zum Positiven für die wirtschaftliche Entwicklung seines Landes.

Wirtschaft

Die **Inflationsrate** sank von 19,5% im Jahr 1991 auf 3,7% im Jahr 2001. Die **Neuverschuldung** des Haushalts betrug 1996 noch 8% des Bruttoinlandprodukts, 2001 lag sie bei 4,4%. Trotz eines gleichzeitigen **Wirtschaftswachstums** von 4,3% betrug die **Arbeitslosigkeit** im selben Jahr 10,8 %.

Zum Musterland in Sachen Wirtschaft wird Griechenland so schnell nicht werden, denn es schleppt noch immer einen riesigen Schuldenberg mit sich. Dringend notwendige **Reformen** des Sozialversicherungssystems und der Verwaltung so-

Inseln und Bewohner

wie die Privatisierung von Staatsbetrieben wie z.B. die der Verlust bringenden Olympic Airways sind in den letzten Jahren nicht richtig vorangekommen. Simítis will Griechenland dazu verhelfen, in Zukunft nicht mehr als Schlusslicht Europas dazustehen, aber bei seinen Maßnahmen trifft er auf großen Widerstand bei den Betroffenen. Er lenkte zwar nicht wie seine Vorgänger bei jedem Streik ein, konnte sich aber oft in seinen eigenen Reihen nicht durchsetzen und ließ in Wahlkampfzeiten die heißen Eisen liegen.

Als großen politischen Erfolg kann Simítis für sich die **Einführung des Euro** werten, denn nur seine Politik hat es möglich gemacht, dass Griechenland schließlich doch die Maastricht-Kriterien erfüllte. Seine Popularität steht und fällt aber mit den wirtschaftlichen Erfolgen seines Landes und 2004 finden voraussichtlich die nächsten Parlamentswahlen statt.

Flaggenverkäufer am Nationalfeiertag

Trotz großer Finanzhilfen der EU ist es der Regierung bis jetzt nicht gelungen, der Verarmung strukturschwacher Gebiete entgegenzuwirken. Das **Durchschnittseinkommen** lag im Jahr 2000 bei 60% des EU-Mittelwertes. Die Einführung des Euro war mit einem großen **Preissprung** verbunden. Die **Tourismusbranche** musste 2002 herbe Einbrüche hinnehmen, was zu sinkenden Steuereinnahmen und höherer Arbeitslosigkeit führte.

**Außen-
politik**

Eine Neuausrichtung erfuhr in den letzten Jahren auch die griechische Außenpolitik durch Minister *Georgios Papandréou,* den Sohn des verstorbenen *Andreas Papandréou.* Seine Politik unterscheidet sich stark von der seines Vaters. Zusammen mit dem türkischen Außenminister *Cem* trieb er die **Annäherung an die Türkei** voran. Verträge wurden unterzeichnet, die das Verhältnis zwischen den früher eher verfeindeten Nachbarländern normalisieren helfen.

DIE ORTHODOXE KIRCHE

Ursprünge

Das Christentum kam schon im 1. Jh. n. Chr. durch den missionierenden **Apostel Paulus** nach Griechenland, das damals Teil des Römischen Reiches war. Nach dessen Teilung wurde Griechenland Konstantinopel (heute Istanbul) unterstellt. Um 1000 n. Chr. führte der bis dahin schwelende Streit der östlichen Gemeinden mit Rom zum Bruch. Die orthodoxe Kirche spaltete sich von der römisch-katholischen ab.

**Grund-
sätze**

Eine wichtige Rolle innerhalb der orthodoxen Gemeinden spielen die **Marienverehrung,** das Verehren unzähliger **Märtyrer** und das Anbeten von **Ikonen.** Im Gottesdienst geht es darum, die Heiligen und Gott zu lobpreisen. Der Streit mit den Katholiken entzündete sich damals vor allem an der

Frage, von wem der **Heilige Geist** ausgehe. Für die Orthodoxen geht er nur von Gott aus, während er für die Katholiken auch von Jesus ausgeht.

Feste

Das wichtigste Fest ist **Ostern,** das nach dem orthodoxen Kalender nicht zeitgleich mit unserem Osterfest gefeiert wird. Neben **Weihnachten,** das auch zentrale Bedeutung hat, werden noch zahlreiche andere kirchliche Feste begangen. Im familiären Bereich wird nicht nur der Geburtstag, sondern vor allem der Namenstag gefeiert.

Kirchliche Positionen

Die orthodoxe Kirche ist **streng hierarchisch** aufgebaut. Priester und Diakone müssen sich vor ihrer Weihe entscheiden: Entweder sie heiraten oder sie werden Mönch. Die meisten entscheiden sich für die Ehe und gründen eine Familie. Mönche und Bischöfe dürfen nicht heiraten. Letztere sind alle gleichrangig und wählen ihr Oberhaupt, den Erzbischof von Athen.

Politischer Einfluss

Politik hat in der griechischen Kirche eine **lange Tradition.** Als Griechenland noch Teil des Osmanischen Reiches war, besaß die Kirche Sonderrechte. Den Kirchenoberen ging es materiell gut, ihr Einfluss auf das Volk war groß. Die Kirche nutzte ihre starke Stellung aber auch, um das griechische Nationalbewusstsein zu stärken und das kulturelle Erbe zu pflegen.

Die **Entflechtung von Kirche und Staat** begann spät und ist noch nicht ganz perfekt. Jeder Regierungswechsel wird bis heute von einer Messe begleitet. Bis 1982 war es nicht möglich, nur standesamtlich und nicht kirchlich zu heiraten. Die PASOK-Regierung verabschiedete damals einige Gesetze gegen den Widerstand der Kirche, wodurch deren Einfluss deutlich vermindert wurde. Zum Streit kam es erneut, als unter *Simítis* durchgesetzt werden konnte, dass die Religionszugehörigkeit nicht mehr in den Ausweis eingetragen und als Privatsache betrachtet wird.

Kirche und Gesellschaft

Kirchenaustritte sind nach wie vor **selten.** Über 95% der Bevölkerung gehören der orthodoxen Kirche an. Kirchensteuer muss nicht bezahlt werden.

In vielen Gemeinden sitzt der **Pope** (der Pfarrer, griechisch: *papás*) abends zum Tavli-Spielen im Cafenion und wacht bei Klatsch und Tratsch über die Moral seiner „Schäfchen". Doch obwohl die Herren in ihren schwarzen Gewändern mit hochgestecktem Zopf respektvoll behandelt werden, nimmt ihr Einfluss auf das alltägliche Leben ab.

Das bedeutet nicht, dass man die kirchlichen Feiertage nicht mehr feiert oder in den Kirchen keine Kerzen mehr entzündet werden. In jedem Haus steht nach wie vor die geschmückte Ikone und das Öllämpchen, auch wenn es um die Jungfräulichkeit der unverlobten Tochter nicht immer so gut bestellt ist wie in früheren Jahren.

FESTE UND BRÄUCHE

Die meisten Griechen mögen es, viele Menschen um sich zu haben. Ein willkommener Anlass dafür sind Feste: Ostern und Weihnachten, das regionale Kirchenfest, Taufen, Namenstage, Verlobungen und Hochzeiten. Zu großen Festen ist es üblich, das halbe Dorf einzuladen. Nach einem größeren Festschmaus beginnt die Gesellschaft zu tanzen. Jeder, der sich auf den Beinen halten kann, hüpft mit. Auch die Kinder dürfen so lange mitfeiern, bis sie in irgendeinem Eckchen einschlafen.

Ostern

Ostern wird auf den Ionischen Inseln nach orthodoxem Brauch gefeiert. Die Karwoche ist eine Trauerwoche. Am Karfreitag finden Prozessionen statt, bei denen auf Korfu **Trauermärsche** gespielt werden. In Zante wird am Ende der Prozession auf dem Solomos-Platz der Segen verteilt.

Ostersamstag wirft man auf Korfu **Tongefäße** aus dem Haus auf die Straße – ein Brauch, den die

Inseln und Bewohner

Venezianer zu Neujahr pflegten. Korfu-Stadt feiert an diesem Tag auch den heiligen *Spiridon,* dem dafür gedankt wird, dass er die Stadt 1550 vor der Pest rettete. Am späten Abend geht man mit einer Kerze zum **Gottesdienst.** Kurz vor Mitternacht werden alle Lichter gelöscht. Christus steht nun an der Schwelle zum Totenreich. Dann tritt der Pope mit einer brennenden Kerze durch die Hauptpforte der Altarwand in die dunkle Kirche. Die Gläubigen entzünden ihre Kerzen an der des Popen und nehmen das **„Licht des Lebens"** für den Hausaltar mit nach Hause. *Christós anésti,* „Christus ist auferstanden". Zuhause schlagen sie dann rot bemalte **Ostereier** aneinander, die nach orthodoxem Glauben für das Blutopfer Christi stehen, durch das der Mensch das ewige Leben erhalten hat.

Ostersonntag finden an vielen Orten weitere Prozessionen statt.

**Weih-
nachten**

An Weihnachten war es früher üblich, die Boote zu schmücken. Heute wird meist in der Wohnung ein **Christbaum** aufgestellt. Die Kinder ziehen am Vorabend von Tür zu Tür und singen **Lieder,** ähnlich wie es bei uns am Dreikönigsfest Brauch ist.

**Silvester,
Neujahr**

Silvester isst man die **Vasilópita,** den Vasílis-Kuchen, in den eine Münze eingebacken wird, die dem Finder im folgenden Jahr Glück bringen soll. Der Kuchen wird folgendermaßen aufgeteilt: Das erste Stück ist für den heiligen *Vasílis,* dann werden Stücke abgeschnitten für Mitglieder der Familie, die nicht anwesend sind, und erst danach wird der Kuchen unter den Anwesenden aufgeteilt.

Den **Neujahrsabend** feiert die Familie traditionell zusammen. Die Kinder erwarten Vasílis, der sie beschenkt.

Ein Luftballonverkäufer am Ochi-Tag

Taufen   Die Kinder werden einer **Ganzkörpertaufe** unterzogen und mit **geweihtem Öl** eingerieben, meist ganz und gar nicht zur Freude der Kleinen. Die Zeremonie wird heutzutage auf Video festgehalten.

Karneval   Karneval ist auf den Ionischen Inseln **venezianisch beeinflusst.** Kostüme und Masken sind z.T. dem venezianischen Karneval entlehnt, wie z.B. das Kostüm des Dottore oder des Notars. In jedem Ort feiert man anders, einige Bräuche gehen noch auf vorchristliche Feste zurück.

   In **Korfu-Stadt** dauern die Karnevalsfeiern mehrere Wochen, in denen viele Umzüge stattfinden. Am letzten Donnerstag findet das *Pettegolezze*

Inseln und Bewohner

(italienisch für: „Klatsch, Tratsch") statt. Klatschweiber, heute meist eine Schauspieltruppe, ziehen
von Mandolinenmusikern begleitet von Tür zu Tür
und führen satirische Sketsche auf. Am letzten
Karnevalssonntag findet dann der große Umzug
statt, bei dem Prinz Karneval für alles verantwortlich gemacht, was im Jahr zuvor schief gelaufen
ist. Er wird angeklagt und verurteilt, dann wird sein
Testament verlesen, bevor man ihn verbrennt. Ein
großes Tanzfest bildet den Abschluss.

Auch in **Zante** wird mehrere Wochen gefeiert.
Die Maskierten treffen sich in Tavernen. Karneval
ist hier ein Tanzfest. Wenn das Wetter es erlaubt,
tanzen die Menschen auch auf den Straßen. Am
letzten Karnevalssonntag findet das *Povero Karnevali* statt. Man trifft sich auf den Plätzen der Stadt.
Die Kirchenglocken läuten die Fastenzeit ein. Die
Masken werden auf eine Bahre gelegt und symbolisch in einem Totenzug zu Grabe getragen.

GRIECHISCHE MENTALITÄT

**Gastfreund-
schaft**

Traditionell sind die Griechen ein sehr gastfreundliches Volk und Gastfreundschaft ist ein zentrales
Thema in der griechischen Gesellschaft. Sie ist fast
schon eine Pflicht, der man sich nicht entziehen
kann. Man trifft immer noch Menschen, die einen
einfach zu einem Kaffee mit nach Hause nehmen,
um ein bisschen zu reden. In den Touristenzentren kann man natürlich bemerken, dass der Geschäftssinn die **Aufgeschlossenheit** Fremden gegenüber etwas in den Hintergrund treten lässt.

**Ehe und
Moral**

Der griechische Mann übt sich häufig in Imponiergehabe. Er ist das Oberhaupt der Familie, zumindest nach außen. Das sollte aber nicht darüber
hinwegtäuschen, dass oft die Mama hinter den
Kulissen regiert. Früher war es üblich, dass der
Mann Erfahrungen sammeln sollte, während von

Inseln und Bewohner

der Frau erwartet wurde **jungfräulich in die Ehe** zu gehen. Heute tut frau wenigstens so. Bis vor wenigen Jahren mussten männliche Urlauber, die sich an junge Griechinnen heranmachten, mit der unangenehmen Bekanntschaft des großen Bruders oder des Onkel rechnen. Urlauberinnen, die zu verstehen geben, dass sie männliche Aufmerksamkeiten suchen, brauchen dagegen nicht lange zu warten. Ein *kamáki,* ein **Schürzenjäger,** wird als „ganzer Kerl" angesehen. Mittlerweile verteilt sich die Aufmerksamkeit der griechischen Männer allerdings, denn Griechinnen sind nicht mehr tabu. Wenn man Zeitungsberichten glaubt, ist es gang und gäbe, dass griechische Männer außereheliche Kontakte suchen, manchmal sogar mit Billigung der Ehefrau.

KORFU

DIE INSEL IM ÜBERBLICK

- **Einwohner:** 107.000
- **Fläche:** 592 km²
- **Höhe:** 906 m
- **Tel.-Vorwahl:** 26610 (Zentrum), 26620 (Süden), 26630 (Norden)
- **PLZ:** 49000, Korfu-Stadt: 49100

KORFU-STADT

Das Ortsbild

Korfu-Stadt ist eine der schönsten Städte Griechenlands. Die **malerische Altstadt** erinnert mit ihren engen Gassen an Italien. Alte Fenster und Gesimse, Balkone mit schmiedeeisernen Geländern, hölzerne Fensterläden – Korfu-Stadt bietet viele reizvolle Ecken. Besonders schön ist der Blick von der Alten und der Neuen Festung. Aber so romantisch die Stadt auch aussieht, die Wohnqualität in der Altstadt ist eher bescheiden.

An **Grünanlagen** mangelt es nicht: Das Zentrum der Stadt bildet die Esplanade, ein riesiger Platz vor der Alten Festung mit Kricketplatz und Parkanlage. Von hier zieht sich südwärts am Ufer entlang ein schmaler, baumbestandener Grünstreifen bis zum Vorort Kanóni. Dort wurde um das Schloss Mon Repos ein hübscher, teils verwilderter Park angelegt, in dem man sich gut entspannen kann.

Erste Orientierung

Zahlreiche **Einbahnstraßen** erschweren dem Fremden das Autofahren. So kann man z.B. von der Esplanade am Ufer entlang zum alten Hafen gelangen; zurück muss man jedoch hinter der Neuen Festung entlang und mitten durch die Stadt fahren. („Liston" oder „Esplanade" sind ausgeschildert).

Seite 94/95: Blick von der neuen Festung auf die Kirche Panagía Tenédou

Der **Parkplatz** an der Esplanade ist für Pkws gebührenpflichtig: 1,50 €. Motorräder parken gratis. Der Platz ist aber oft belegt.

Die Stadt ist stets gut besucht, aber nur im Zentrum ist sie überlaufen. Um alle Sehenswürdigkeiten anzuschauen, benötigt man mehrere Tage. Die folgenden beiden **Rundgänge** können nur einen ersten Überblick geben. Bedeutende Sehenswürdigkeiten werden weiter unten ausführlicher beschrieben; sie sind in den Rundgängen mit **Stern*** gekennzeichnet.

Korfu

Rundgang durch die Altstadt

Vom Busbahnhof folgt man zunächst der Odos Avramiou den Berg hinauf und biegt dann links in die Odos Aravantinou ein, die direkt zur **Neuen Festung*** führt.

Der Straße weiter nach rechts, oberhalb der Hauptstraße folgend, gelangt man an der Ecke der Odos Kaválla links über eine Treppe hinunter auf den **Markt,** der außer sonntags jeden Vormittag stattfindet.

An Obst-, Gemüse- und Fischständen vorbei, schlendert man nun in Richtung Hotel Hermes, wo die Hauptstraße zu überqueren ist. Dann geht man die Odos Markora hoch, biegt erst nach rechts in die Odos Shoulemvrgou und anschließend nach links in die Odos Voulgareos ein. Hier steht am Straßenrand ein **Bronzedenkmal,** das an den Korfioten *Kostas Georgakis* (1948-70) erinnert, einem Studenten, der sich aus Protest gegen die Diktatur verbrannte. Wenige Meter weiter erreicht man die **Ruine** der ehemaligen katholischen Kirche Evangelismos aus dem 14. Jh. Bis auf eine Wand und den Turm wurde das Gotteshaus im 2. Weltkrieg völlig zerstört. Weiter geradeaus, an der National Bank vorbei, liegt rechts der Straße die **Loggia Nobile*****,** das Rathaus. Rechter Hand gelangt man zum **Rathausplatz** mit der katholischen **Kirche Ag. Christoforos.** Am Relief von

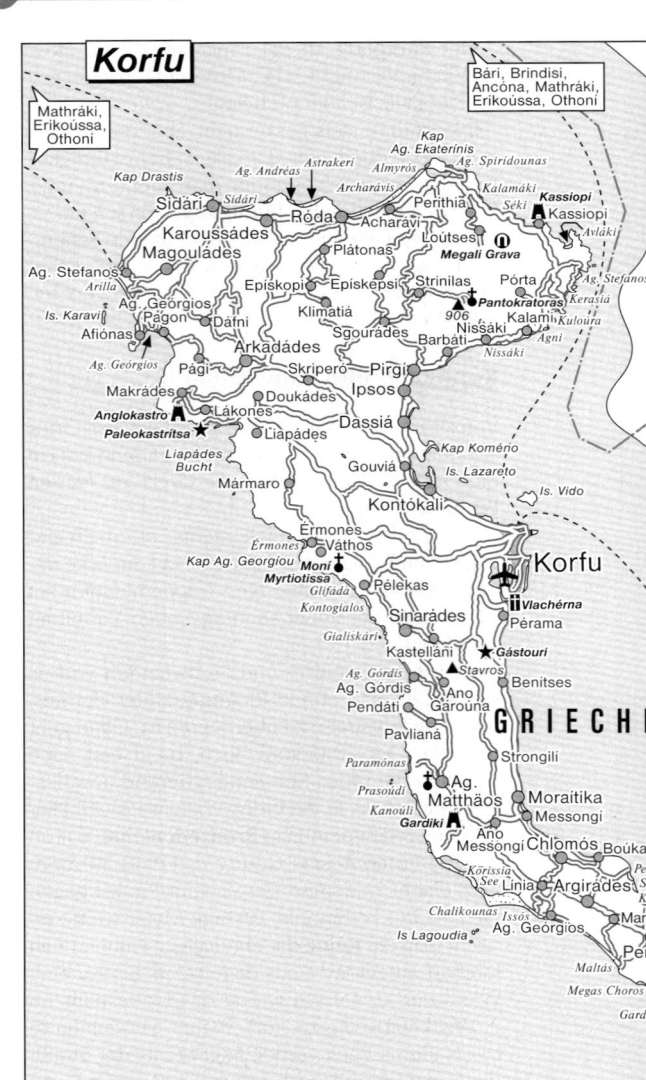

Korfu

LBANIEN

Korfu

N D

Kap Lefkimis

Igoumenitsa

Bouka

kimi

á Lefkimi

chóri   Kávos

era   Kap Asprókavos

Moní
agiás   Kap
dillas   Arkoudíla

s, Saránda, Pátras,
axos, Kefaloniá

F. Morosini vorbei, geht es auf der anderen Seite des Rathauses wieder auf die Odos Voulgareos, in die man nach rechts einbiegt und der man bis zur Esplanade folgt.

Wenn man diese überquert, gelangt man zum Eingang der **Alten Festung***. Hier erhebt sich links das Denkmal für den Grafen *von Schulenberg,* der die Insel 1716 vor den Osmanen verteidigte. Nach einem Besuch der Burg sollte man auch eine Zeit lang auf der **Esplanade*** verweilen und zunächst den Park mit der **Rotunde Maitland*** ergründen. Dann geht es weiter an den Arkadengebäuden der **Liston*** entlang zum **Kricketplatz** auf den **Gouverneurspalast*** zu, in dem das **Asiatische Museum*** untergebracht ist. Hier lohnt ein Abstecher nach rechts: Durch einen kleinen Torbogen erreicht man einen Park mit nettem Café vor dem Eingang der **Pinakothek***.

Wieder am Haupteingang des Palastes angelangt, folgt man der Straße, die sich neben dem Gebäude nach Norden schlängelt. Die Odos Arseniou macht eine scharfe Kurve und führt mit schöner Aussicht auf das Meer an der Küste entlang. Ein kleines Schild markiert nach links das **Byzantinische Museum***. Wenige Meter weiter befindet sich das **Solomos-Museum***. Dann erreicht man den **alten Hafen.**

In der ersten Ecke beginnt eine breite Gasse, die über Treppen zur **Kirche Mitropolis*** hochführt. Steigt man nun die Treppe wieder hinab und geht nach rechts am Laden „Olive Wood" vorbei zur Ecke des Platzes, gelangt man zu einer schmalen Treppe. Die Stufen erklimmend, erreicht man einen weiteren Platz, auf dem die Tische und Stühle einer Taverne zum Verschnaufen einladen. Nun geht es weiter durch die Odos Theodoras, die linke der beiden Gassen, die rechts hinter den Stühlen beginnen. Nach 50 m folgt man dem Schild „Venetian Well" und kommt so in die Gasse 3. Parodos Kominion, die unter altem Gewölbe hindurch auf den malerischen **Kremasti-Platz** führt.

Um einen alten venezianischen Brunnen herum breitet sich hier ein stilvolles Restaurant aus. Sehenswert ist auch die Kirche **Panagía Kremasti***.

Unter dem Gewölbe hindurch und wieder zurück auf dem Platz mit den Tavernenstühlen, biegt man links in die Odos Filellinon, einer Gasse mit zahlreichen Läden, ein. An einem kleinen Platz hält man sich rechts und trifft auf die Odos Nikiforou Theotoki mit schönen Arkadengebäuden. Man folgt der Straße nach links und erreicht die **Kirche Ag. Vasilios kai Ag. Stefanos.** Kurz darauf weitet sich die Straße zu einem Platz, an dem zwei Kirchen stehen: **Ag. Ioánnis Prodromos** zur Rechten und **Kyria Faneroménis** gegenüber. Am **Denkmal** für *Geórgios Theotokis* vorbei, erreicht man über die schmale Gasse rechts neben der Ioniki Trapeza Bank die **Kirche Ag. Spiridounas***. Nach diesem Abstecher begibt man sich zurück auf den Platz und biegt nach links in die Fußgängerzone ein.

Vor den Arkadengebäuden der **Liston*** folgt man zunächst der Odos Kapodistriou nach rechts und zweigt dann zur Rechten in die Odos E. Voul-

gareos ab, der man an der Evangelismos-Kirche vorbei folgt. Am Denkmal für den Studenten *Kostas Georgakis* biegt man nach rechts in die Odos Spiros Arranitaki ab. Weiter geht es über die Odos Lazarou Mordou, die am Ende eines kleinen Platzes beginnt; dann nach rechts in die Odos Ag. Sofias, über die man auf die Odos Solomou trifft. Dieser Straße nach links über einen kleinen Platz folgend, kommt man an der barocken **Kirche Panagía Tenedou*** vorbei. Das Schild „New Fortress" weist den Weg zur Neuen Festung*.

Nun folgt man der Straße wieder abwärts bis zum Platz und biegt rechts in die schmale Gasse Odos Velissariou ein. Die Häuser befinden sich hier noch in schlechtem Zustand. Am Ende einiger Arkaden befindet sich die **Synagoge** mit der grünen Tür. Am Gotteshaus vorbei, biegt man nach rechts in die stark befahrene Leoforos Theotoki ein. Die Odos Shoulemvrgou zweigt am Taxistand nach rechts ab und führt den Berg hoch. Dann zweigt nach links die Odos Markora ab, über die man wieder auf den Markt trifft. Den Busbahnhof erreicht man, indem man der Odos Markora bis auf die Odos Aravantinou folgt, auf der man nach links die Odos Avramiou erreicht. Diese führt nach rechts hinunter zum Busbahnhof.

Korfu

Spaziergang am Stadtrand

Zum Ausgangspunkt dieser Besichtigungstour fährt man am besten mit Bus Nr. 2 vom Zentrum in Richtung Kanóni bis zum Eingang des Schlossparks Mon Repos. Auf der gegenüberliegenden Straßenseite liegt die Ruine der alten **Basilika von Paleopoli*,** die Ag. Ioviánou. Wenige Meter weiter befinden sich die überdachten Ausgrabungen alter Thermen.

Im **Schlosspark Mon Repos*** gibt es neben dem renovierten Schlossgebäude und der schönen Gartenanlage auch die spärlichen Überreste des **Hera-Tempels*** und die sehenswerten Reste des **Kardaki-Tempels*** zu sehen.

Verlässt man den Park durch den Haupteingang und geht nach rechts zurück bis zur Kreuzung, kommt man am Nonnenkloster Kloster **Moní Efimía** vorbei. Nach rechts geht es über die Odos Theotoki zum Strandbad. Auf dem Weg dorthin zweigt ein Fußweg ab, über den man zwischen Gartenmauern den Hang hinunter auf eine Straße gelangt, an der sich links die alte **Kirche Ag. Iason kai Sossipatos*** erhebt. Hinter der Kirche biegt man nach rechts in die Odos Iasonos-Sossipartou ein und erreicht so die Uferstraße unweit der **Windmühle** am Kap.

Parallel zur stark befahrenen Odos Dimokratias, die am Meer entlangführt, verlaufen Fußwege durch einen Park. Man kommt an der Boccia-Bahn vorbei und folgt der Küstenlinie bis zum Kreisverkehr. Hier mündet die Odos Menekratous auf die Uferstraße. An ihrem Ende trifft man auf das **Grabmal Menekrates Kenotaph***. Dort hält man sich halb links und folgt dann der Odos Kiprou ebenfalls nach links. Eine in spitzem Winkel rechts abzweigende Straße führt zum **Gefängnis** hoch. Auf der hinteren Seite des Ziegelrundbaus zweigt die Odos Kolokotroni von der Kreisstraße ab und führt zum **Englischen Friedhof***.

Folgt man der Straße weiter bis zur Kreuzung, geht dann nach rechts in die Odos Mitropoliti Methodiou, biegt nach wenigen Metern rechts ab und folgt der Odos Zafiropolou nach links, so trifft man auf die breite Alexandras. Diese überquert man und folgt ihr nach rechts in Richtung Meer. Man kommt an der Polizei vorbei, überquert die Odos Kalosgourou und zweigt kurz vor dem Rondell nach links in die Odos N. Theotoki ab, die zum **Archäologischen Museum*** führt. Man folgt der Straße nach rechts zum Meer und trifft auf die

Uferpromenade Dimokratias, auf der man nach links den Berg hochgeht. Von einer kleinen Grünanlage am Straßenrand hat man eine schöne Aussicht auf den Jachthafen und die Alte Festung. Kurz darauf erreicht man das südliche Ende der **Esplanade***.

Sehenswertes

Esplanade und Liston

Der **zentrale Platz** in Korfu-Stadt ist die Esplanade, auch *Spianada* genannt. Er wird nördlich vom Gouverneurspalast, westlich von der Straße Liston und östlich von der Alten Festung umgeben.

Als die Venezianer ihn 1537 anlegten, ließen sie dafür ein ganzes Stadtviertel abreißen, mit dem Ziel, eine freie Schußlinie für die Kanonen der Alten Festung zu schaffen. Korfu sollte zu dieser Zeit gegen osmanische Eroberungsversuche abgesichert werden. Nachdem man sich dann den Franzosen geschlagen geben musste, ließ Baron *Matthieu de Lesseps* als französischer Gouverneur der Insel 1807 die Arkadenhäuser an der **Liston** als Stadtbegrenzung erbauen. Auf dem Platz wurde ein Park angelegt. Vorbild für die Architektur war die Rue de Rivoli in Paris. Bei Fertigstellung der Liston wurde Korfu bereits von den Engländern regiert, die auf dem nördlichen Teil des Platzes einen **Kricketplatz** einrichteten, der bis heute genutzt wird. Auf der Südseite ließ der englische Gouverneur **Maitland** eine Zisterne anlegen. Nach ihm ist der dortige **Pavillon** benannt, den *Georg Whitmore* nach seinem Tod 1824 errichten ließ.

Nach Sonnenuntergang füllt sich der Platz mit Menschen, Kinder spielen im Park, man sitzt in den Tavernen und Cafés oder geht bummeln. Auch jede Kirchenprozession und jeder Feiertagsumzug führt über die Esplanade.

Alte Festung

Schon in byzantinischer Zeit stand an der Stelle der Alten Festung eine Wehranlage, von der allerdings nur noch wenige Mauerreste erhalten sind.

Korfu

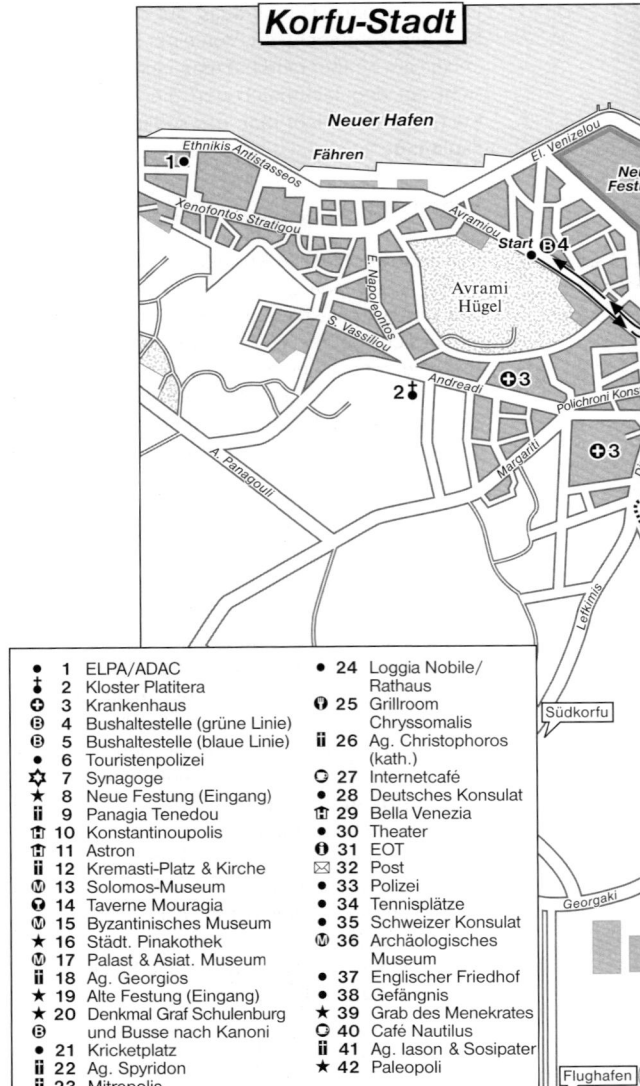

Korfu-Stadt

Neuer Hafen

Ethnikis Antistasseos

Fähren

El. Venizelou

Neu
Festu

Xenofontos Stratigou

E. Napoleontos

Avramiou

Start Ⓑ4

1

Avrami
Hügel

S. Vassiliou

Andreadi

➕3

2

Polichroni Konst.

Margarti

➕3

A. Panagouli

Letkimis

Südkorfu

Georgaki

Flughafen

●	1	ELPA/ADAC
⚲	2	Kloster Platitera
➕	3	Krankenhaus
Ⓑ	4	Bushaltestelle (grüne Linie)
Ⓑ	5	Bushaltestelle (blaue Linie)
●	6	Touristenpolizei
✡	7	Synagoge
★	8	Neue Festung (Eingang)
⛪	9	Panagia Tenedou
⛪	10	Konstantinoupolis
⛪	11	Astron
⛪	12	Kremasti-Platz & Kirche
Ⓜ	13	Solomos-Museum
✪	14	Taverne Mouragia
Ⓜ	15	Byzantinisches Museum
★	16	Städt. Pinakothek
Ⓜ	17	Palast & Asiat. Museum
⛪	18	Ag. Georgios
★	19	Alte Festung (Eingang)
★	20	Denkmal Graf Schulenburg
Ⓑ		und Busse nach Kanoni
●	21	Kricketplatz
⛪	22	Ag. Spyridon
⛪	23	Mitropolis
●	24	Loggia Nobile/ Rathaus
✪	25	Grillroom Chryssomalis
⛪	26	Ag. Christophoros (kath.)
✪	27	Internetcafé
●	28	Deutsches Konsulat
⛪	29	Bella Venezia
●	30	Theater
✪	31	EOT
✉	32	Post
●	33	Polizei
●	34	Tennisplätze
●	35	Schweizer Konsulat
Ⓜ	36	Archäologisches Museum
●	37	Englischer Friedhof
●	38	Gefängnis
★	39	Grab des Menekrates
✪	40	Café Nautilus
⛪	41	Ag. Iason & Sosipater
★	42	Paleopoli

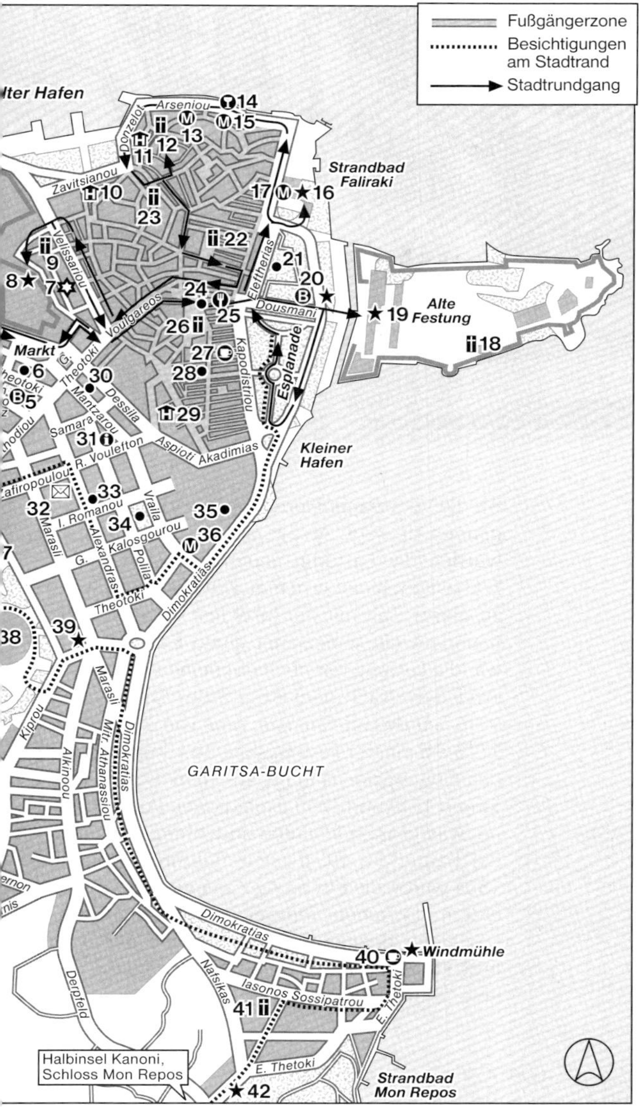

Fußgängerzone

.... Besichtigungen
            am Stadtrand

➝ Stadtrundgang

lter Hafen

Arseniou ➝ **14**
M **15**

ii **13**
11 12
Zavitsianou

10

23

17 M **16**

**Strandbad
Faliraki**

ii **22**

9

21

8 ★ **7** ★

24
20

★ **19**

**Alte
Festung**

Markt
6
5

25

26 ii

27

28

30

29

31 ii

32

33

34

35

36

39

38

ii **18**

**Kleiner
Hafen**

GARITSA-BUCHT

40 ★ **Windmühle**

41 ii

**Halbinsel Kanoni,
Schloss Mon Repos**

E. Thetoki

**Strandbad
Mon Repos**

★ **42**

Als die Venezianer Herren über Korfu wurden, begannen sie, jene Anlage auszubauen. Im 16. Jh. wurden die Festungsmauern verstärkt und die Eckbastionen neu errichtet. Die **Halbinsel** war bis zu dieser Zeit mit der Insel fest verbunden. Erst nachdem die Venezianer einen Kanal anlegten, war die Festung nur noch über eine Zugbrücke zu erreichen. Nach dem Angriff der Osmanen von 1716 wurde auf Rat von *Graf von Schulenburg*, 1726 ein innerer Festungsring neu angelegt. Auch das Eingangstor stammt aus dem 17. Jh. In den Jahren 1718 und 1789 explodierten Pulvermagazine, was großen Schaden anrichtete. Die Engländer bauten im 19. Jh. neue Garnisonsgebäude. 1824 wurde die Kirche Ag. Geórgios errichtet, die einem dorischen Tempel nachgeahmt ist. Die Engländer ersetzten die Zugbrücke durch eine feste Holzbrücke. Erst im 20 Jh. wurde diese durch eine Steinbrücke ersetzt.

Die Arkaden an der Esplanade

Man betritt die Festung über die Brücke und erreicht das Haupttor. Von hier kann man auf den kleinen Kanal hinunterblicken, der die Festung von der Stadt trennt. Danach trifft man auf Garnisonsgebäude aus englischer Zeit. Man folgt dem Weg nach rechts und geht auf die Kirche Ag. Geórgios zu. Der Weg windet sich nach links und führt am Café und an den Resten alter Gefängnisse vorbei zum Eingang des inneren Festungsrings. Dieses Tor wird gegen 15 Uhr geschlossen. Geht man geradeaus weiter, sieht man links unten den Hafen der Festung und erreicht die Ruine des englischen Militärhospitals. Dahinter führt ein abgesperrter Weg hoch zum Seeturm. Vor der Ruine führt ein Weg zum Landturm hoch. Von oben hat man eine schöne **Aussicht auf die Stadt,** derentwegen allein schon ein Besuch der Festung lohnt. Man sollte sie am Vormittag besuchen, da nachmittags das Licht ungünstig fällt und der obere Teil dann geschlossen ist. Zum Zeitpunkt der Recherchen waren gerade Renovierungsarbeiten im Gange.

●**Geöffnet:** Di-So 8.30-15 Uhr, Eintritt 4 €, Kombinationsticket Alte Festung, Archäologisches Museum, Städtische Pinakothek und Byzantinisches Museum: 8 €

Neue Festung

1571 beauftragte der venezianische Doge *Mocenigo* den Baumeister *Michele Sammicheli* mit der Planung der Neuen Festung. Dem Bau mussten 2000 Häuser weichen. Nach Sammichelis Plänen erbaute *F. Vitelle* **1576-88** die Festung, die den alten Hafen nach Norden hin schützen sollte. Aus Angst vor türkischen Eroberungsversuchen wurden außerdem Festungswälle um die ganze Stadt herum angelegt, die erst südlich der Esplanade endeten. Die Neue Festung wurde im 17. und 18. Jh. weiter ausgebaut. Bei Bombenangriffen im 2. Weltkrieg erlitt sie starke Schäden. In den letzten Jahren wurde sie umfangreich restauriert. Im Sommer finden hier regelmäßig **kulturelle Veranstaltungen** statt. Teile der Anlage in Hafennähe dienen jedoch als Kaserne und sind nicht zugänglich.

Am Hafentor der Festung ist ein schönes Relief mit dem venezianischen Löwen eingearbeitet. Ein weiteres **Löwenrelief** befindet sich in der Außenmauer auf der Rückseite der Anlage, unweit des Marktes. Man folgt zunächst dem Pflasterweg aufwärts und geht am besten oben an der Mauer entlang um die ganze Festung herum. Von hier aus hat man eine herrliche Aussicht auf die Stadt. Unweit des WCs (markiert) kann man in das Kellergewölbe eintreten. Danach folgt man dem Schild, das ein **Café** markiert. Nebenan befindet sich ein nur in der HS geöffnetes **Keramikmuseum.** Daneben führt im Gebäude eine schmale Metalltreppe aufs Dach. Von hier ist die Aussicht grandios.

● **Geöffnet:** je nach Jahreszeit täglich 9-22 Uhr (im Herbst bis 18 Uhr), Eintritt 2 €

Aussicht von der neuen Festung auf die Stadt

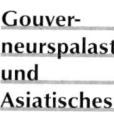

Gouverneurspalast und Asiatisches Museum

Im 19. Jh. beauftragte der englische Gouverneur *Maitland* Sir *George Whitmore* mit dem Bau des **Palace of St. George and St. Michael.** 1813-19 wurde das hufeisenförmige Gebäude im neoklassizistischen Stil am nördlichen Ende der Esplanade errichtet. Im Eingangsbereich befindet sich ein Arkadengang mit dorischen Säulen. Zwei Tore führen ins Innere des Palastes: das des heiligen *Georg* und das des heiligen *Michael*. Über dem Gesims am Eingang sind die Ionischen Inseln als Reliefe symbolisch dargestellt. Dabei steht die mythologische Figur Pegasos für Lefkáda, Odysseus für Itháki, Kephalos (der Sohn des Götterboten Hermes) für Kefaloniá, eine jugendliche Heldenfigur für Zákynthos, der Dreizack des Poseidon für Paxos, Aphrodite für die an der Südspitze der Peloponnes gelegene Insel Kythera und das Schiff der Phäaken aus der Odyssee für Korfu.

Während der Herrschaft der Engländer wurde der Palast als Sitz des Gouverneurs und als Sitz des vom englischen Königshaus unterstützten Ordens „St. George and St. Michael" genutzt. Nach dem Anschluss an das griechische Königreich war er Königsresidenz. Später wurde hier das **Museum für Asiatische Kunst** untergebracht. 1993 mit Finanzhilfe der EU renoviert, fand 1994 das Gipfeltreffen der EU-Ministerpräsidenten im Palast statt. Inzwischen sind wieder Teile der Asiatischen Sammlung zu sehen. Es wird versucht, sowohl die Geschichte des Hauses zu dokumentieren, als auch das Asiatische Museum zu präsentieren.

Die Sammlung wurde von griechischen Diplomaten gestiftet. Leider sind die Ausstellungsstücke nicht gut geordnet. Ein Thema ist der Einfluss, den die westlichen auf die östlichen Kulturen ausüben. Ausgestellt werden Porzellan, Möbel, Kleidung und Kosmetikgegenstände, Waffen, bemalte Faltwände und Zeichnungen. Zu sehen ist außerdem der Sitzungssaal des EU-Gipfeltreffens und der Thronsaal aus britischer Zeit.

●**Geöffnet:** Di-So 8.30-14.30 Uhr, Eintritt 2 €

Korfu

Städtische Pinakothek

Gleich neben den Räumen des Asiatischen Museums befindet sich im Seitenflügel und in Anbauten des Palastes die Städtische Pinakothek. Den Eingang auf der Rückseite des Gebäudes erreicht man durch eine kleine Parkanlage.

Thema der Ausstellung ist die Schnittstelle zwischen Ost und West. Denn im Gegensatz zu weiten Teilen Griechenlands entwickelte sich auf den Ionischen Inseln unter der Herrschaft der Venezianer die **Byzantinische Kunst unter westlichem Einfluss** weiter. Neben Portraits und Landschaften wurden im 19. Jh. auch historische Ereignisse thematisiert, wie etwa die Ermordung des ersten griechischen Ministerpräsidenten *Kapodistrias* in einem Gemälde von *Ch. Pachis*.

● **Geöffnet:** Di-So 9-21 Uhr, Eintritt 2 €

Archäologisches Museum

Neben steinzeitlichen Werkzeugen, alten Münzen, und zahlreichen kleineren Ausstellungsstücken aus klassischer, hellenistischer und römischer Zeit sind hier eine schöne Löwenplastik und der Giebel des Artemis-Tempels ausgestellt.

Die **Löwenplastik** entstand 630-620 v. Chr. Sie wurde 1843, als die Engländer die Festung Pantokrator abbauen ließen, wenige Meter neben dem Grab des *Menekrates* entdeckt. Ursprünglich bemalt, stellt sie eine der ältesten Figuren dar, in der Kraft und Wildheit zum Ausdruck gebracht werden. Ältere griechische Plastiken erinnern an Ägyptische Figuren, denn sie wirken starr.

Der Giebel des Artemis-Tempels, auch als Gorgo-Giebel bekannt, entstand um 590 v. Chr. 1812 hatten die Franzosen Bruchstücke gefunden, denen sie aber keine große Bedeutung beimaßen. 1910 entdeckte dann ein Bauer beim Pflügen ein Marmorteil mit Verzierung. *F. Versakis* wurde ein Jahr später mit einer **Grabung** beauftragt. Kaiser *Wilhelm II.*, der bei einem Urlaub im Achillion von den Grabungen erfuhr, übernahm zeitweise die Leitung und veranlasste, dass der deutsche Ar-

Korfu

chäologe *W. Dörpfeld, W.* nach Korfu kam. Bis 1914 übernahm er die Aufsicht. Später unternahm der griechische Archäologe *Rhomaios* weitere Ausgrabungen. Zum Vorschein kamen Bruchstücke eines 17 m breiten und 3 m hohen Tempelgiebels, die man zusammengefügt und ergänzt im Museum bewundern kann.

Der Gorgo-Giebel ist eine der ältesten erhaltenen Giebelkompositionen eines griechischen Tempels. Die Figuren waren bemalt und sollten Unheil vom Heiligtum fern halten. Auch dieses Ausstel-

Der Löwe im Archäologischen Museum

lungsstück steht am **Anfang einer kunsthistorischen Entwicklung,** denn es werden Szenen verschiedener Inhalte in unterschiedlichen Proportionen dargestellt, die kein Ganzes bilden. Erst ab dem 5. Jh. findet man Tempelgiebel, die Szenen, in einheitlichen Größenverhältnissen abbilden.

Die Hauptfigur ist die **Gorgone Medusa,** deren Anblick nach griechischer Mythologie jeden zu Stein erstarren ließ. Perseus schlug der Gorgone das Haupt ab und schenkte es der Göttin Athene, die es daraufhin zur Abschreckung ihrer Gegner in ihrem Schild mit sich führte. Auf dem Giebel ist Medusa mit ihren Kindern Chrysaor und dem geflügelten Pferd Pegasus dargestellt, obwohl diese nach mythologischer Erzählung erst beim Tod ihrer Mutter aus deren Blut entstanden. Umrahmt ist die Szene von Panterfiguren. In den Giebelecken befinden sich Kampfszenen: Zeus siegt über die Giganten und Achilles über den trojanischen König Priamos.

● **Geöffnet:** Di-Sa 9.30-14.30 Uhr, Eintritt 4 €

Byzantinisches Museum

Das Byzantinische Museum befindet sich in der **Kirche Panagía Andivouniotissa** aus dem 15. Jh. Die unter barockem Einfluss entstandene Altarwand wurde im 17. Jh. eingebaut. Im Museum sind über 100 Ikonen der rein byzantinischen Kunst sowie der Kretischen und der Ionischen Schule ausgestellt. In den letzten Jahren war es jedoch wegen Umbauarbeiten und technischer Probleme immer wieder geschlossen.

● **Geöffnet:** Di-Sa 8.30-15 Uhr, So 9.30-14.30, Eintritt 2 €

Solomos-Museum

Das Solomos-Museum ist in dem Haus untergebracht, in dem der **Dichter D. Solomos** (1798-1857) im Alter lebte. Es wurde im 2. Weltkrieg zerstört und 1954 wieder aufgebaut. Das Gedicht „Ode an die Freiheit" ist seit 1864 der Text der griechischen Nationalhymne. Ausgestellt sind Fotos, Schriften und persönliche Gegenstände. Loh-

nend ist ein Besuch nur, wenn man die griechische Sprache beherrscht.

●**Geöffnet:** Mo-Fr 9.30-13 Uhr, Eintritt 1 €, Odos Mitropolitou Arseniou, Tel. 30674

Loggia Nobile

Die Loggia Nobile wurde 1663-91 erbaut und diente zunächst als Ort der Begegnung und Beratung der hohen Beamten und des Adels. Das Gebäude war ursprünglich ein eingeschossiger Arkadenbau. An der Ostfassade ist ein barockes Relief eingearbeitet, das 1691 entstand und den venezianischen Feldherren und späteren Dogen von Venedig *F. Morosini* darstellt. 1720 wurde das Haus in ein Theater umgebaut. Im 19. Jh. wurden vor allem Opern aufgeführt. Seit 1903 ist das **Rathaus** in der Loggia Nobile untergebracht.

Menekratos Kenotaph

Menekratos war im 7. Jh. v. Chr. **Konsul von Korfu** und kam bei einem Schiffsunglück ums Leben. Um 600 v. Chr. wurde ihm laut Inschrift ein Ehrengrabmal errichtet. Die Reste dieses Denkmals kamen 1843 zum Vorschein, als die Engländer die Festung Pantokrator abtrugen und die Stadt erweiterten. Der kleine Rundbau kann im Hof eines Polizeigebäudes besichtigt werden.

Kirche Ag. Spiridounas

Der **heilige Spiridon** kam 270 n. Chr. auf Zypern zur Welt. Im 4. Jh. wurde er Erzbischof und schon zu Lebzeiten sagte man ihm Wunderkräfte nach. Sein Leichnam kam über Byzanz und Epiros erst 1456 auf der Flucht vor den Türken nach Korfu. Die Reliquie war bis 1968 Privateigentum der Familie *Voulgaris,* die den Heiligen in einer Familienkapelle unterbrachte. Als 1550 eine Hungersnot auszubrechen drohte, versuchten es die Insulaner mit Gebeten zum heiligen Spiridon – und das Beten schien zu helfen. Seither ist der Leichnam eine viel verehrte Reliquie. Man erbaute ihm eine prachtvolle Kirche, die 1584 fertig gestellt wurde. Der Heilige stellte sich auch weiterhin den Insel-

Korfu

026ko Foto: vb

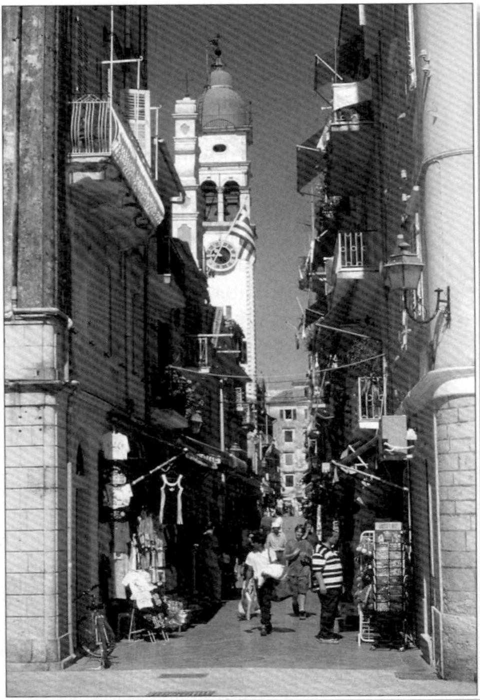

bewohnern hilfreich zur Seite: Auf Korfu glaubt man, dass der heilige Spiridon die Insel 1629 und 1673 vor der Pest rettete und dass es 1716 ohne seine Hilfe nicht gelungen wäre, die Türken in die Flucht zu schlagen. Zum Dank werden Ostersamstag, Palmsonntag, am 11.8. und 12.12. sowie am 1. Sonntag im November große Kirchfeste mit Prozessionen gefeiert.

Die Altstadt mit der Kirche Ag. Spiridounas

Der schlanke Kirchturm überragt die Gassen der Altstadt. An den Fenstern verzieren kunstvolle schmiedeeiserne Gitter die schlichte Fassade. Die Wände und Decken im Inneren sind mit Gemälden nach barocken Vorbildern aus dem 19. Jh. geschmückt. Der **Sarkophag** mit den Gebeinen des Heiligen hat eine Glasscheibe, durch die man den Kopf sehen kann. Unten ist eine Klappe eingebaut, so dass Gläubige die Füße des Heiligen küssen können.

Kirche Mitropolis
Die Kirche, auch **Panagía Spiliotissa** genannt, ist seit 1841 Sitz des orthodoxen Bischofs von Korfu. Sie wurde 1527 unweit einer kleinen Höhlenkirche erbaut und beherbergt Ikonen aus dem 17./18 Jh., die teils von Flüchtlingen aus Kreta mitgebracht wurden und besichtigt werden können. Auch die zweite wichtige Reliquie der Insel, der Sarkophag der heiligen *Theodora,* wird hier aufbewahrt.

Kirche Panagía Tenedou
1663-1749 wurde die **spätbarocke Kirche** für griechische Flüchtlinge von der Insel Tenedos (heute die türkische Insel Bozcaada) errichtet. Sie war Teil eines katholischen Karmeliterklosters. Die hohe Kuppel mit Laterne ist auf Korfu einmalig. Der 1603 gefertigte Altar besteht aus Carrara-Marmor und stammt wie die beiden Engelsplastiken aus einer älteren Kirche, die den venezianischen Bauarbeiten im 16. Jh. zum Opfer fiel.

Kirche San Giacomo
Diese Kirche wurde 1632 am heutigen Rathausplatz erbaut und 1943 zerbombt. Nach dem Krieg baute man sie nach altem Vorbild wieder auf. Heute finden hier katholische Gottesdienste statt.

Kirche Panagía Kremasti
An einem schönen, ruhigen Platz mit einem alten Brunnen, der 1669 als private Stiftung aufgestellt wurde, liegt diese im 16. Jh. errichtete Kirche. Die klassizistische Altarwand aus dem 18. Jh. ist mit Ikonen jener Zeit bestückt. Ungewöhnlich sind drei horizontale Reliefstreifen mit geometrischen Motiven, die die obere Nordwand verzieren.

Korfu

Englischer Friedhof

Der Englische Friedhof wurde Anfang des 19. Jh. angelegt. Liebevoll gepflegt wird die Anlage mit den alten Grabsteinen und exotischen Bäumen vom Parkwächter, dessen Familie in dritter Generation hier lebt. Er hat den Friedhof zum **Pilgerort für Botaniker** aus aller Welt werden lassen. Fast alle Orchideenarten des Mittelmeerraums wachsen hier. Die meisten blühen im April/Mai, aber ein Besuch lohnt immer. Der Parkwächter gibt Auskunft und freut sich über interessierte Besucher.

Die Vorstadt Kanóni

Schloss Mon Repos mit Park

Der englische Gouverneur Sir *Adam* ließ 1828-31 das **neoklassizistische Schlösschen** erbauen, das zum Sitz der englischen Gouverneure wurde. Kaiserin *Elisabeth* von Österreich (*„Sissi"*) war hier zu Gast. 1864 ging das Areal in den Besitz der griechischen Königsfamilie über. Hier wurde 1921 Prinz *Philipp,* der Gemahl der englischen Königin *Elisabeth II.,* geboren. Das Schloss wurde bis 1967 von der Königsfamilie genutzt. Dann stand es leer, nachdem König *Konstantin II.* 1967 das Land verlassen hatte. 1994 wurde er enteignet, seither ist die Stadt Korfu Besitzer der Anlage. Sie veranlasste eine gründliche Renovierung und machte den Park für die Öffentlichkeit zugänglich. Neben dem renovierten Schloss findet man im Park ein kleines **Theater,** in dem im Sommer Veranstaltungen stattfinden, ein neues **Archäologisches Museum** und die **Reste antiker Tempel-Anlagen** (s.u.).

●**Geöffnet:** Park täglich 8-19 Uhr, Museum Di-So 8.30-15 Uhr, Eintritt frei

Hera-Tempel

Im Schlosspark trifft man auf die spärlichen Überreste des Hera-Tempels. Das Heiligtum wurde um 600 v. Chr. erbaut und 428 v. Chr. wieder zerstört. Im 4. Jh. v. Chr. neu errichtet, zerschlugen die Römer 30 v. Chr. den Tempel abermals. Heute ist nicht viel mehr als ein Haufen Steine von dem einst 40 x 20 m großen Bau übrig.

Korfu

Kardaki-Tempel

Mehr zu sehen gibt es beim um 510 v. Chr. erbauten Kardaki-Tempel. Vermutlich wurde hier Apollon verehrt. Vor der Errichtung des Tempels wurden Kulthandlungen in einer kleinen Höhle vorgenommen, die man in das Gotteshaus integrierte. Entdeckt wurde es 1822 von den Engländern und ab 1925 ausgegraben. 1936 fanden weitere Grabungen statt. Unweit des Tempels befindet sich an der Küste die **Kardaki-Quelle,** die schon seit langer Zeit zur Wasserversorgung der Stadt genutzt wird. Eine Inschrift besagt, dass der, der von ihrem Wasser trinkt, Korfu nie mehr vergessen werde.

KONSTANTIN II. – KÖNIG OHNE LAND

Er wäre heute König von Griechenland, hätte ihn sein Volk nicht 1975 abgesetzt. *Konstantin II.* kam 1940 als Sohn des griechischen Königs *Paul I.* zur Welt und bestieg 1964 nach dem Tod seines Vaters den Thron. Lange dauerte sein Glück jedoch nicht, denn schon 1967 musste er diesen Posten räumen. Dass es dazu kam, hat der Monarch selbst mitzuverantworten, denn kurz nach seinem Amtsantritt geriet er mit dem Ministerpräsidenten *Georg Papandréou* in einen heftigen Streit über die Ernennung eines Verteidigungsministers. Die Auseinandersetzung führte zu Unruhen im ganzen Land und schließlich zu Neuwahlen, die für Mai 1967 vorgesehen waren. Meinungsumfragen deuteten darauf hin, dass die Konservativen in der Wählergunst stark gefallen waren. Doch noch bevor gewählt wurde, putschte das Militär und König Konstantin verhalf den Generälen zu Macht und Legalität, indem er die Ernennungsurkunden der Juntaregierung unterschrieb. Der Monarch hatte aber seine Macht falsch eingeschätzt, denn als er die von ihm eingesetzte Regierung wenige Monate später wieder entlassen wollte, ließ die Junta sich nicht mehr absetzen. Der König floh im Herbst 1967 nach England ins Exil.

Nach dem Ende der Diktatur ließ *K. Karamanlis,* der für eine Übergangsregierung eingesetzt worden war, das Volk wählen. Das Votum war eindeutig: 69% der Griechen wollten keine Wiedereinführung der Monarchie. Damals erhielt Konstantin II. zwar nicht seinen Thron, aber seine Besitztümer zurück. In den folgenden Jahren kam es jedoch wieder zu Streit zwischen König und Regierung: Der Monarch wollte die von ihm verlangten Steuern nicht zahlen. 1994 griff die Regierung von *Andreas Papandréou* zu drastischen Mitteln: Der Besitz des Ex-Königs wurde enteignet, um die Steuerschulden zu begleichen.

Seither kämpft Konstantin um seine Schlösser. Er ging vor griechischen Gerichten durch alle Instanzen – ohne Erfolg. Dann wandte er sich an den Europäischen Gerichtshof für Menschenrechte. Die Straßburger Richter fällten im November 2000 ein Aufsehen erregendes Urteil: Dem Ex-König stehe eine „vernünftige" Entschädigung zu. Der Streit drehte sich dann aber darum, wie hoch die Steuerschuld und der Wert der Liegenschaften zu veranschlagen seien.

Paleopoli

Die Reste der **antiken Stadt** Paleopoli sind eher spärlich. Nach den Zerstörungen im 6. Jh. n. Chr. wurde die Stadt Kérkyra weiter nach Norden verlegt und die alte Stadt Paleopoli aufgegeben. Erst 1540 siedelten die Venezianer dort wieder Söldner aus Nafplion und Monemvassia an.

Direkt gegenüber vom Parkeingang des Schlosses Mon Repos trifft man auf die **Ruinen der Kirche Ag. Ioviánou.** Sie wurde als fünfschiffige Basilika auf die Ruinen eines römischen Odeons in frühchristlicher Zeit erbaut und im 6. Jh. zerstört. Die kurz darauf errichtete dreischiffige Basilika wurde im 12. Jh. ebenfalls das Opfer von Zerstörungen. Danach wurde nur das Mittelschiff wieder aufgebaut. In der Hallenkirche finden sich zahlreiche Bauteile von den nahe gelegenen Tempeln. 1943 wurde die Kirche von deutschen Bomben getroffen.

Wenige Meter weiter finden sich die Ausgrabungen einer **römischen Badeanlage,** die um 200 n. Chr. entstand. Auch diese Anlage wurde im 6. Jh. zerstört.

Etwas weiter westwärts liegen die spärlichen **Ruinen des Artemis-Tempels** neben dem Kloster Moní Ag. Theodori. Das ab 590 v. Chr. erbaute Gebäude war 48 x 22 m groß. Die Fundstücke aus dem Giebelfeld (Gorgo-Giebel) befinden sich im Archäologischen Museum.

Kirche Ag.
Iason kai
Sossipatos

Die **byzantinische Kreuzkuppelkirche** entstand um 1000 n. Chr. auf den Grundmauern eines frühchristlichen Gotteshauses. Im 14. und 15. Jh. war um sie herum ein Kloster entstanden. 1537 erlitt der Bau durch den Angriff der Osmanen große Schäden und die Südwand musste neu aufgebaut werden. Im Inneren befinden sich Freskenreste aus dem 11. Jh sowie eine Altarwand aus buntem Mamor. Im Boden sind Gräber eingelassen. Die für die Außenwände verwendeten Steine stammen meist von antiken Gebäuden. Dazwischen sind Ziegelschichten eingearbeitet, so dass die un-

Korfu

verputzten Wände ein hübsches Muster erhalten. Die Kirche ist vormittags für Besucher zugänglich.

Moní Ag. Theodori

Unweit des Artemis-Tempels in Paleopoli entstand zwischen dem 5. und 8. Jh. eine dreischiffige Basilika. In späterer Zeit baute man das Mittelschiff zu einer Hallenkirche aus, während die beiden Seitenschiffe abgetragen wurden. Im 18. Jh. war die **Klosteranlage** verlassen, bis der englische Gouverneur Sir *Maitland* 1816 festlegte, dass sie wieder von Nonnen bewohnt werden solle. In den folgenden Jahren entstand das Kloster, so wie es sich heute präsentiert.

● **Geöffnet:** täglich 9-13 und 17-20 Uhr, „anständige" Kleidung wird erwartet.

Ausflüge

Moní Vlachérna, Mäuseinsel Podikonísi

Das Kloster und die Mäuseinsel sind mit **Stadtbus Nr. 2** zu erreichen. Er fährt zum großen Parkplatz bei den Ausflugstavernen, von denen man die Postkartenaussicht auf die beiden Attraktionen hat (sie werden im Kapitel „Mesis" beschrieben). Eine Treppe führt von einer Taverne hinunter zum Klösterchen. Das Schiff vom Kloster Vlachérna zur Insel Podikonísi fährt, wenn sich mindestens drei Personen zusammenfinden. Die Überfahrt dauert fünf Minuten und kostet 2,50 €.

Zur Insel Vido

Auf Vido befand sich vermutlich ein antiker Tempel, von dem nichts mehr zu sehen ist. In byzantinischer Zeit wurde eine Kirche auf der Insel errichtet. Die Engländer bauten Vido zu einer Festung aus, die sie sprengten, bevor sie sich von Korfu zurückzogen. Dabei wurde auch die Kirche zerstört. Von der Festung sind noch Reste erkennbar. Ein Kriegerdenkmal wurde nach dem 1. Weltkrieg von Serben erbaut. Flora und Fauna der Insel sind geschützt. Man kann das **ruhige Eiland** auf Fußpfaden ergründen, eine Umrundung dauert ca. 1,5 Stunden. Ein Seelöwengehege, das hinter der

Korfu

Insel liegt, wird stündlich vom Boot Kalypso Star angelaufen. Während der Hauptsaison wird auf Vido eine Taverne betrieben. Dann fährt vom alten Hafen aus stündlich ein Boot zur Insel.

Zur Seelöwen-Show

Das Boot Kalypso Star fährt stündlich vom alten Hafen auf die Rückseite der Insel Vido zur Seelöwen-Show. Dort geht das Boot vor Anker und Taucher füttern Fische und präsentieren Meerestiere, dressierte Seelöwen und Robben. Durch **Glasfenster im Rumpf** der Kalypso Star kann man alles beobachten.

●**Tickets** kann man am alten Hafen kaufen, Erwachsene 10,50 €, Kinder 5,50 €, das Boot ist oft voll besetzt, telefonische Reservierung unter Tel. 46525, 45151, Fax 23506, Handy 094-457080.

Nach Paxos, Antípaxos und Parga

Am neuen Hafen startet gegen 9 Uhr ein Ausflugsboot, das an der Küste von Paxos entlangfährt und eine Pause in Gáios einlegt. Dann geht es zu einem Strand auf Antípaxos. Am Nachmittag

Das Kloster Moní Vlachérna

Die Vivarburg oberhalb der antiken Stadt Butrint in Albanien

legt das Schiff in Parga an, einem malerischen Ort auf dem griechischen Festland mit einer venezianischen Festung, vorgelagerten Inseln und Strand. Am späten Nachmittag geht es wieder zurück.

● Der Ausflug wird für 33,50 € angeboten.

Nach Kefaloniá

Bei den organisierten Ausflügen nach Kefaloniá wird man mit dem Bus zum neuen Hafen gebracht. Gegen 9 Uhr startet dann der Flying Dolphin, der über Paxos nach Sámi fährt. Von dort geht es mit dem Bus zur **Tropfsteinhöhle Drogarati** und weiter zur **Melissani-Höhle.** Die Tour führt zum See **Límni Karavómilos** und zum Dorf **Ag. Efimía.** Gegen Abend fährt der Bus wieder nach Sámi und um ca. 19 Uhr erreicht man Korfu, wo die Busse die Urlauber zum Ausgangspunkt ihrer Reise zurückbringen. Die Tour bietet sehenswerte Ziele, aber die Entfernungen sind groß und man sitzt lange auf dem Boot oder im Bus.

● **Preis:** 60 €/Pers. plus Eintritte in die Höhlen von ca. 8 €

Nach Albanien

Von der Schiffsagentur Petrakis werden Tagestouren ins benachbarte Albanien angeboten, wenn die politischen Verhältnisse dies zulassen. Einen Ausflug in das sozialistische Land auf eigene Faust zu unternehmen, ist mit größeren Schwierigkeiten verbunden und nicht anzuraten. Bei den organisierten Touren wird normalerweise die Stadt **Saránda** angesteuert, man besucht die antike **römische Stadt Butrint** und fährt in ein **Naturschutzgebiet.** Der Ausflug sei all denjenigen empfohlen, die sich für Archäologie interessieren oder die ein Land im Umbruch erleben wollen. Die Tour ist jedoch mit einer anstrengenden Busfahrt verbunden.

● **Tickets** werden in Reisebüros verkauft. Dort erfährt man Abfahrtszeit und -ort. Der Preis liegt bei 33,50 €/Pers., Eintritt in das Naturschutzgebiet nicht inbegriffen. Dazu kommen weitere Gebühren, so dass mit ca. 60 €/Pers. gerechnet werden muss. Man benötigt einen **Reisepass.**
● Die Armut ist in Albanien gegenwärtig, vor Taschendieben wird gewarnt.

Strände

Paleopoli Am hinteren, unteren Ende des Schlossparks Mon Repos, bei der Kardaki-Quelle befindet sich ein langer Steg, über den man ins Wasser gelangen und sonnenbaden kann. Die Ecke ist ruhig, oben im Park findet man Bänke und Tische unter Bäumen. Hier baden die Einheimischen.
●**Anfahrt:** Stadtbus Nr. 2

Strandbad Mon Repos

Der Eingang zum Strandbad befindet sich in der Odos E. Theotoki. Ins Wasser gelangt man über einen langen Steg. Im Bad kann man auf schattigen, sandigen Terrassen liegen.
●**Geöffnet:** im Sommer täglich, Eintritt 0,80 €
●**Service:** Duschen, Umkleidekabinen, Taverne, Kinderspielplatz
●**Anfahrt:** Stadtbus Nr. 2 bis zum Eingang des Schlosses Mon Repos, am Kloster Moní Efimía vorbei zurück in Richtung Stadtzentrum gehen und nach rechts in die Odos E. Theotókou abzweigen

Strandbad Faliraki

Dieses kleine, zentral gelegene Bad befindet sich direkt nördlich vom Gouverneurspalast. Der Eingang befindet sich in der Odos Kapodistriou.
●**Geöffnet:** im Sommer täglich, Eintritt 0,80 €
●**Service:** Duschen, Umkleidekabinen, Café

Praktische Tipps

Information

●**EOT,** Ecke Odos Voulefton/Odos Polia im 1. OG, geöffnet: Mo-Fr 8.30-13.30 Uhr, Tel. 37520, 37638, Fax 30298, www.gnto.gr. Die Dame, die das Büro führt, kennt sich sehr gut aus, spricht deutsch und verteilt hilfreiche Stadtpläne und Inselkarten.

Anreise, Schiffsverbindungen

●**Der Flughafen** liegt nur wenige Kilometer von Korfu-Stadt entfernt. Fluginformation Tel. 89603, Charter Tel. 30180.
●**Nach Igoumenítsa und nach Italien:** Täglich mehrere Fähren von verschiedenen Reedereien, pro Person kostet die Überfahrt nach Igoumenítsa 5 €, fürs Auto bezahlt man 23,60 € einfach. Informationen am neuen Hafen, Tel. 32655, 40002, Fax 39918. Wer Interesse an Fähren nach Italien hat, sollte für das Auto rechtzeitig reservieren. Tickets gibt es in zahlreichen Reisebüros.
●**Nach Paxos:** Kérkyra Lines, Fähre, Tel. 23876, 3-mal wöchentlich, 6 € pro Person, Auto 44 € einfach; Flying Dolphin, Tel. 31649, 25155.
●**Nach Kefaloniá:** Ionian Cruises, Flying Dolphin, fährt bei ruhiger See in der Saison mehrmals wöchentlich nach Sámi, sarriscruises@aias.gr, Tel. 31649, 25155, Fax 38787.

•**Nach Erikoússa, Mathráki und Othoní:** Zwischen dem neuen und dem alten Hafen liegt die Fähre Alexandros KII. Sie fährt 3-mal wöchentlich um 6.30 Uhr zu den Inseln Eri-koússa, Mathráki, nach Othoní und zurück. Tickets können auf dem Schiff gekauft werden. Es ist auch möglich, von Si-dari aus auf diese Inseln zu gelangen.
•**Nach Saránda in Albanien:** Im Sommer fährt täglich der Flying Dolphin nach Albanien. Informationen: Tel. 31649, 25155.

Sonstige Verkehrs-mittel

Korfu

•**Bus:** Die Busverbindungen sind gut. Die meisten Busse fahren am Vormittag. Die grünen Überlandbusse starten unweit des neuen Hafens (siehe Stadtplan). Die blauen Stadtbusse fahren vom San-Rocco-Platz auch in die nähere Umgebung. Busfahrpläne erhält man gratis am Busbahn-hof der Überlandbusse. Der Stadtbus kostet 0,55 €.
•**Taxi:** Zahlreiche Taxis stehen zur Verfügung. Taxistände findet man an der Esplanade und am alten Hafen. An bei-den Plätzen gibt es auch einen **Pferdedroschkenstand.**
•**Mietfahrzeug:** Zahlreiche Fahrzeugvermieter findet man zwischen dem neuen und dem alten Hafen an der Ufer-straße. Tankstellen gibt es vor allem am Stadtrand, z.B. am neuen Hafen oder unweit des Flughafens.

Unterkunft

•**Hotel Konstantinoupolis,** am alten Hafen, Odos Zavitsi-anou 1, www.konstantinoupolis.com.gr, Tel. 48716, Fax 80716, schöne DZ, teils mit Balkon, Blick auf den alten Ha-fen, Bad, TV, Telefon, Heizung, mit Frühstück 47-70 €, sehr beliebt, Reservierung notwendig.
•**Hotel Astron,** Odos Donzelot 15, Tel. 39505, Fax 33708, DZ mit Bad und Balkon, Meerblick, Aufzug. Das Mobiliar ist teilweise alt und beschädigt, das Haus wird jedoch re-noviert. 40-110 € mit Frühstück.

Essen und Trinken

•Das **Art Cafe** liegt versteckt hinter dem Gouverneurspa-last am Eingang zur Städtischen Galerie. Die Terrasse ist ein lauschiges Plätzchen und bietet einen schönen Blick aufs Meer und die alte Festung, hohe Preise.
•**Cafe Nautilus,** bei der Windmühle am südlichen Ende der Bucht, schöner Blick auf die Festung, Boote dümpeln im Wasser, Essen gut, Preise hoch.
•**Grillroom Chryssomalis,** Odos N.Theotoki 6, gleich hin-ter der Esplanade, hier essen die Griechen, Preise o.k.
•**Ouzerie Mouragia,** Odos Arseniou 15-17, sehr guter Fisch, Preise o.k.

Einkaufen

•Die **Altstadt** Korfus ist voller Geschäfte – hier ist fast alles zu haben, v.a. Früchte, Souvenirs, Schuhe und Bekleidung.
•Wer günstig Obst einkaufen möchte, sollte vormittags auf den **Markt** gehen.

● Größere **Supermärkte** liegen am Stadtrand. In Kontokali an der Hauptstraße trifft man auf einen Lidl-Markt.

● Ein **Buchladen,** der auch deutsche Bücher führt, ist P. Kanta und Sia, Odos G. Markora 45 (beim San-Rocco-Platz), Tel. 23923, Fax 27187. Auch englische Bücher und Inselkarten, Mo-Sa 8-14 Uhr, Mi-Fr auch 17-20.30 Uhr.

● **Kopierservice:** Spiros Galladis, Odos Mandzarou 22, Tel. 22668, Fax 27850.

● Der **Zeitungskiosk** an der Rückseite der Esplanade ist unschlagbar: Es gibt keine große deutsche Tageszeitung, die der Miniladen nicht führt. Auch Gazetten in zahlreichen anderen Sprachen sind zu bekommen. Wer Sonderwünsche hat, kann Zeitungen bestellen.

Aktivitäten

● Vom alten Hafen legen Boote zur Insel Vido ab sowie das Boot Kalypso Star, das zur Seehund-Show fährt. Alle anderen **Ausflugsboote** fahren vom neuen Hafen aus ab. Informationen über Ausflüge geben die meisten Reisebüros oder Ionian Cruises, Odos El. Venizelou 9, Tel. 31649, Fax 38787, E-Mail: petrakis@hol.gr, Kalypso Star & the Sea Lions, Tickets kann man am alten Hafen kaufen, telefonische Reservierung ist möglich, Tel. 46525, 45151, Fax 23506, Handy 094-457080.

Der Platz vor der Kirche Panagía Kremastí

●**Minicars für Kinder** an der Esplanade.
●**Rundfahrt mit der Pferdekutsche,** der Preis hängt vom Verhandlungsgeschick, von der Strecke und der Personenzahl ab, ab ca. 10-20 €.

Nachtleben

●**Musik und Theater:** Im Sommer werden häufig Konzerte und andere Veranstaltungen organisiert. Teils finden sie in hübscher Umgebung statt, z.B. in der Neuen Festung oder im Park von Mon Repos. Was, wann, wo geboten wird erfährt man von der Touristenbehörde EOT.
●**Kino:** Es gibt ein Kino, das im Sommer openair betrieben wird. Informationen erteilt das EOT.
●**Volta:** Sehen und Gesehen werden, das ist das Motto des abendlichen Spaziergangs, den die Griechen *volta* nennen und der natürlich auf der Flaniermeile der Stadt an der Esplanade stattfindet. Wer hier dem abendlichen Treiben zusehen möchte, wird es nicht einfach haben, in bester Lage ein Plätzchen im Café zu ergattern.
●**Kasino:** im Hotel Corfu Holiday Palace in Kanóni, Odos Nafsikas 2, Tel. 36540, Fax 36551.
●**Diskotheken, Clubs, Bars:** Bars und Nachtclubs findet man an der Ausfallstraße hinter dem neuen Hafen in Richtung Norden. Hier ist erst nach 24 Uhr Betrieb. Tagsüber wirkt diese Ecke eher öde, nachts geht es aber lebendig zu.

Korfu

Nützliche Adressen
➡️

●**Krankenhaus:** am Stadtrand ausgeschildert, Tel. 26610-88200 (öffentlich) oder 26610-36044 (privat)
●**Zahnarzt:** *Dr. Pagratis,* Tel. 26610-35983
●**Krankenwagen:** Tel. 166
●**Polizei:** Odos Alexandras 19, Tel. 26610-37696, 26610-39503, Notruf-Tel. 100
●**Touristenpolizei:** San-Rocco-Platz, kann erste Anlaufstation bei Notfällen sein, da hier immer jemand zu erreichen ist, der englisch spricht, Tel. 26610-30265.
●**EOT,** Odos Voulefton/Odos Polia, Tel. 37520, Fax 30298
●**Flughafen:** am Stadtrand bei Kanóni, Tel. 38694-5
●**Hafenbehörde:** Tel. 32655, vom alten Hafen fahren nur kleine Ausflugsschiffe ab, die Fähren steuern den nördlich der Stadt gelegenen neuen Hafen an.
●**Geld:** zahlreiche Banken und Bankautomaten z.B. am alten Hafen, am San-Rocco-Platz, an der Esplanade
●**Wäscherei:** Laundry Beli 13, Belissariou 13, Altstadt, Tel. 45141
●**Internetcafé:** Cafe on Line, Kapodistriou 28, Corfu Spianada Square, Tel. 46226, cafeonline1@yahoo.com, www.corfu-net.gr/online
●**Tiere in Not:** Die Arche, Tel. 98049 oder 32111, Handy 0946-862803, Hund und Katz stehen zur Adoption bereit, auch Spenden sind willkommen.

DIE REGION MESIS

Mesis ist die am dichtesten besiedelte Region der Insel. Sie erstreckt sich über **Mittelkorfu** mit der Inselhauptstadt und dem Flughafen. Mit Fluglärm (auch nachts) ist insbesondere bei Benítses, in Korfu-Stadt und in Kontókali zu rechnen.

Landschaft Im Norden ist Mesis hügelig. Um Ropa herum befindet sich ein breites Tal. Zur Westküste steigt das Land an und fällt als Felsenküste mit zahlreichen Sandstrandbuchten steil ins Meer ab. Das Gebirge in Süd-Mesis ist mit Wald und Macchia bewachsen. In den Tälern gedeihen Olivenbäumen.

Tourismus Nördlich von Korfu-Stadt ziehen sich die Touristenorte Kontókali, Gouviá, Dafnila, Komeno, Dassiá und Ipsos als eine nicht enden wollende Siedlung an der **Ostküste** entlang. Zahlreiche große Hotelanlagen beherbergen hier überwiegend Pauschalurlauber. Die meisten Strände an der **Westküste** wurden in den letzten Jahren ebenfalls touristisch erschlossen. Zumeist entstanden Großhotels, die nicht immer ins Landschaftsbild passen. Die Dörfer **im Landesinnern** sind hingegen vom Tourismus kaum entdeckt. Ausnahmen machen Pélekas und Gastoúri mit dem Achillion.

Tipps für die Region

Verkehrsmittel

●**Bus:** Gute Busverbindungen bestehen von Korfu-Stadt an der Ostküste entlang bis Pirgí oder nach Moraítika (blaue Busse). Ebenfalls einfach zu erreichen sind Paleokastrítsa, Pélekas, das Achillion, Ag. Górdis und der Strand Glyfáda. Viele kleinere Dörfer sind hingegen schlecht angebunden. Am Wochenende fahren weniger Busse!
●**Taxi:** in Ipsos/Pírgos am Strand, Tel. 93965; in Ag. Górdis Tel. 33811; in Benítses Tel. 72333 oder 75203, Handy 094-4326568; in Moraítika Tel. 75210; in Ag. Matthäos Tel. 75130
●**Mietfahrzeug:** In fast allen Touristenorten werden Mietfahrzeuge angeboten. Die Preise sind von der Saison, der Mietdauer und vom Verhandlungsgeschick abhängig.
Ipsos: Mofa von Street Angels Tel. 93783, 094-326594; Christopher Rent a Car, Tel. 93841, Fax 93901; Dassiá: Rei-

sebüro Aronda Travel, Tel. 93697, 93698, Fax 93895; Mofas Phantom, Tel. 97510, 97141; Kontókali/Gouviá: Spiros Rent a Bike, Tel. 90100; Pélekas: Reisebüro, Tel. 94509; Ag. Górdis: Mofaverleih Space Bikes, gegenüber der Bushaltestelle, Tel. 53543; Benítses: Mofas von Bikes Co, günstige Angebote, Tel. 72020; Achilles Rent a Car, Tel. 72198, Fax 72008; Moraítika: Motorräder, Mofas und Mountainbikes vermietet NIK, Tel. 75520 oder in Messongí: Tel. 75910, hier auch zahlreiche internationale Autovermietungen
●**Tankstellen:** bei Potamós, hinter Gouviá, in Dassiá, nördlich von Pirgí, vor Paleokastrítsa, in Váthos, 6 km von Pélekas entfernt, in Ag. Górdis, um Korfu-Stadt herum, an der Hauptstraße nach Pérama, in Moraítika, in Ag. Matthäos

Aktivitäten

●**Gokart:** hinter dem Strand von Ipsos und in Moraítika
●**Golf:** bei Ermones, Golfplatz Corfu, P.O. Box 71, 49100 Corfu, Tel. 94221, Fax 94220
●**Reiten:** Reitstall Ermones, beim Golfplatz, *Julie Haywood,* Tel. 94220, Handy 094-383474, Reitausrüstung kann ausgeliehen werden, der Reiter ist versichert, Reitstunden für Anfänger und für Fortgeschrittene; Trailriders Ano Korakiana, *Sally* und *Mark,* Tel. 26630-23090, Handy 0946-653317, trriders@otenet.gr
●**Mountainbike:** The Corfu Mountainbike Shop, in Dassiá an der Hauptstraße, P.O. Box 552, 49100 Corfu Dassiá, wwwmountainbikecorfu.gr/fly&cycle, Tel. 93344, 97609, Fax 93344, 46100, gute Giant-Mountainbikes für 3-7 €, auch organisierte Touren.

Einkaufen

In den meisten Touristenorten findet man **Souvenirgeschäfte,** die die üblichen industriell gefertigten Andenken verkaufen. Schöne Souvenirs sind die Handarbeiten aus Olivenbaumholz, die an der Straße zwischen Pirgí und Ag. Markos angeboten werden.

Für einen Einkaufsbummel eignet sich ein Besuch von Korfu-Stadt am besten. Waren für den täglichen Bedarf findet man im *Super-Market,* der am ehesten mit einem **Tante-Emma-Laden** verglichen werden kann. Größere Läden, die unseren **Supermärkten** entsprechen, findet man v.a. um Korfu-Stadt herum, z.B. bei Kontókali den Lidl-Markt oder hinter dem Flughafen, auf dem Weg zum Achillion.

Nachtleben

In **Ipsos, Moraítika** und **Messongí** wird nachts Unterhaltung geboten. Dort gibt es mehrere Bars und Diskotheken.

Nützliche Adressen

●**Krankenhäuser:** in Korfu-Stadt, kleines Krankenhaus in Ag. Markos, bei Ipsos, Tel. 26610-93815/6, kostenlose Behandlung mit Krankenschein
●**Ärzte:** Ipsos: Dr. *Glezos,* Tel. 26610-97881; Ano Korakianna: Tel. 26630-22123; Dassiá: Dr. *Chryssikopoulos,* Tel.

26610-97666; Gouviá: Dr. *Giourgas,* Tel. 26610-91991; Pélekas: Tel. 26610-94216; Handy 093-2986119; Ag. Górdis: Arztpraxis Tel. 26610-53352, Handy 094-5777096 (guter, englisch sprechender Arzt); Moraítika: Tel. 26610-75203, Handy 094-4328275. Die meisten Ärzte auf der Insel betreiben Privatpraxen und stellen Rechnungen.

●**Zahnarzt:** Dr. *Rudi Ketelaar* (Holländer), Kontókali, Tel. 26610-90765, Handy 094-5866883, Mo-Fr, Termine nach Vereinbarung

●**Apotheken:** in vielen Dörfern, z.B. in Kontókali, Gouviá, Dassiá, Benítses und Moraítika

●**Polizei:** Ipsos: Tel. 26610-93204; Ag. Matthäos: Tel. 26610-75113. Bei Schwierigkeiten wendet man sich am besten an die **Touristenpolizei** in Korfu-Stadt, San-Rocco-Platz, Tel. 26610-30265.

●**Geld:** Bankautomaten in Gouviá: Häuschen an der Hauptstraße, Aufschrift „Telebank"; in Dassiá: 50 m von der Tankstelle enfernt beim Supermarkt Damon; in Moraítika: Häuschen an der Hauptstraße, Aufschrift „Telebank"; in Korfu-Stadt: zahlreiche Automaten; in Ipsos: an der Uferpromenade. In manchen Orten kommt während der HS mehrmals wöchentlich das Bankmobil für einige Stunden vorbei. In Ipsos, Dassiá, Gouviá, Pélekas, Ag. Górdis, Benítses und Moraítika kann man im Reisebüro Geld wechseln.

●**Reisebüros:** Zahlreiche Reisebüros bieten in Touristenorten Ausflüge, Mietfahrzeuge, Geldwechsel und Zimmer an, z.B. in Dassiá: Aronda Travel, Hauptstraße, Tel. 93697, 93698, Fax 93895; Pélekas: Papanagiotou Reisebüro, Tel. 94368, Fax 94442; Ag. Górdis: Rolandos Travel, bei der Bushaltestelle, Tel. 53520, Fax 56585; Paramónas: im Hotel Sunset werden Pkws vermietet; Benítses: Summer Travel, Tel. 72111; Moraítika: Budget Ways Travel, Tel. 76768, Fax 75664

●**Wäscherei:** Gouviá: Laundry Service an der Hauptstraße im südlichen Ortsteil, Mo-Fr 8.30-21, Sa 8.30-14.30 Uhr; Ano Messongí: The Snowman Laundry Service, an der Hauptstraße in Richtung Lefkími, Mo-Sa 7-22 Uhr, Tel. 75782.

●**Internetcafé:** Planet Café, in Moraítika gegenüber der Tankstelle an der Hauptstraße

Rundfahrten durch die Region

Für eine Erkundung der Region Mesis bieten sich die folgenden beiden Touren an. Die mit einem Stern* gekennzeichneten Orte und Sehenswürdigkeiten sind weiter hinten im Kapitel detaillierter beschrieben.

Zu den Haupt- attraktionen

Man startet morgens möglichst früh und steuert als erstes Ziel **Pérama*** hinter dem Flughafen an. Von dort aus kann man über den Damm zu Fuß die Halbinsel Kanóni erreichen. Am **Moní Vla- chérna*** und auf der **Insel Podikonísi (Mäusein- sel)*** ist es vor 9 Uhr noch relativ ruhig. Von Péra- ma fährt man zunächst wieder ein Stück zurück in Richtung Korfu-Stadt. Dann zweigt nach links die Straße nach Gastoúri zum **Achillion*** ab. Auch hier herrscht am frühen Vormittag noch wenig Be- trieb. Danach fährt man in Richtung **Benítses***. Man folgt nun der stark befahrenen Küstenhaupt- straße südwärts bis nach **Moraítika*** und weiter in Richtung Kávos. In Ano Messongí zweigt eine kleine Straße nach Ag. Matthäos und Gardiki ab, der man 2,5 km weit folgt. Dann geht es nach links zur **Festung Gardiki***. Nun folgt man der kleinen Straße bis zu ihrem Ende. Am Strand von Alonaki geht sie in eine befahrbare Piste über, die auf der Nehrung des **Límni Korissia*** entlang bis zur Fischzuchtfarm am Kanal führt. Am kilometer- langen Sandstrand verteilen sich die Urlauber. Man fährt zurück nach Gardiki und weiter nach links ins Bergdorf **Ag. Matthäos***. Eine kleine Straße führt durch die Olivenhaine am Rande des Messongí-Tals entlang. Nach 7 km zweigt eine Straße nach links ab, die durch **Kato Garoúna*** hinunter zum Strand von **Ag. Górdis*** führt. Es geht weiter nach **Sinarádes***. Hier lohnt ein Ab- stecher zum **Aussichtspunkt Aerostato***. Von Sinarádes aus fährt man weiter nach Norden ins Dorf **Pélekas***. Oberhalb des Ortes liegt Kaiser *Wilhelms* Lieblingsplatz, der Aussichtspunkt **Kai- ser's Thron***. Von der Aussichtsterrasse eines be- nachbarten Hotels kann man den Sonnenunter- gang genießen, bevor man, den Straßenschildern folgend, die Rückfahrt nach **Korfu-Stadt** antritt.

Korfu

Zu ruhigen Dörfern

Zu dieser langen Tour bricht man am besten ebenfalls schon frühmorgens auf. Die Sehenswür- digkeiten sind eine Nummer kleiner, aber dafür

Ortko Foto: vb

fährt man durch ruhige Dörfer und eine hübsche Landschaft. Man folgt zunächst der Hauptstraße in Richtung Paleokastrítsa. Kurz vor dem Ort zweigt hinter Doukádes eine kleine Straße nach links in Richtung **Liapádes*** ab. Etwa 2,5 km hinter Liapádes biegt man nach rechts in ein schmales

Korfu

Die Mäuseinsel Podikonísi

Sträßchen ab, über das man zwischen Olivenwäldern die Dörfer **Kanakádes, Mármaro** und **Gian-
nádes** erreicht. Man fährt weiter am **Ropa-Tal***
entlang nach **Ermones*** und **Váthos***, wo ein Abstecher zum Strand und zum **Kloster von Myrtiotissa*** lohnt. Dorthin führt allerdings nur eine
schlecht befahrbare Piste. Nun geht es weiter in
Richtung **Pélekas** und zum Strand von **Gialiskári***, der sich gut für eine Rast eignet. Dann fährt
man über **Sinarádes** und **Kastellani** nach **Kinopiastes** und von dort aus nach rechts hoch ins
Dorf **Ag. Déka.** Danach erreicht man **Stavrós** mit
der Friedhofskirche Ag. Triada, von der man eine
wunderbare Aussicht auf Korfu-Stadt genießt.
Man folgt der kleinen Straße weiter an den Dörfern **Kornata** und **Strongili** vorbei, die am Rande
des Messongí-Tals zwischen unzähligen Olivenbäumen am Hang liegen, und erreicht in **Ano
Messongí** die Hauptstraße. Dieser folgt man ein
kleines Stück nach rechts und zweigt dann nach
rechts in Richtung Ag. Matthäos ab. Nach 2,5 km
biegt man links nach **Gardiki** ab. Kurz vor der Festung fährt man an einer Gabelung rechts weiter.
Das kleine Sträßchen führt an den ruhigen Stränden **Prasoúdi*** und **Paramónas*** vorbei an der
Küste entlang nordwärts. Kurzzeitig geht die As-
phaltstraße in eine gut befahrbare Piste über.
Dann erreicht man das abgelegene **Pendáti***.
Man verlässt die Westküste und fährt über **Ano**
und **Kato Pavliana** nach **Ag. Theodori** und weiter
an **Kinopiastes** vorbei auf die Hauptstraße nach
Korfu-Stadt zurück.

Kontókali und Gouviá

In Gouviá befindet sich eine **große Marina** für
Segelboote und Jachten. Wer per Boot anreist und
technische Probleme hat, kann diese hier beheben lassen. Mit dem entsprechenden Bootsführerschein ist es außerdem möglich, ein Boot zu
mieten.

Schon die Venezianer hatten in der Bucht einen Hafen angelegt. 1537 und 1716 landeten die Türken in Gouviá und versuchten von hier aus vergeblich, Korfu-Stadt zu erobern. Die Venezianer ließen nach diesen Erfahrungen im 18. Jh. den Hafen verstärken. Drei große Hallen für Schiffsreparaturen entstanden, deren **Ruinen** noch hinter dem Strand zu finden sind. Im mittleren Giebel der Ostwand ist ein venezianisches Wappen eingearbeitet, an der Ostseite des Hauptportals ist die Zahl 1778 zu erkennen.

Die Orte Kontókali und Gouviá bestehen überwiegend aus Hotels, Pensionen, Restaurants und Souvenirshops. Am **Kap von Komeno,** das mit mehreren Großhotels fast lückenlos zugebaut ist, befindet sich eine kleine, ins Meer gebaute Kirche, die vom Land über einen Steg zu erreichen ist.

Kastello bei Dassiá Wer sich für **moderne Kunst** interessiert, sollte vom verbauten Küstenort Dassiá aus einen Abstecher zum Museum Kastello machen. Dazu folgt man der kleinen Straße, die von der Küstenstraße bei Dassiá rund 500 m nördlich vom Mountainbike Giant Shop abzweigt. Dann ist das Museum markiert. Es befindet sich in einem rosaroten Gebäude, an dessen Eingangstür das Wappen der Familie *Mimbelli* zu finden ist. Der italienische Baron Mimbelli hatte hier nach alten Plänen ein gotisches Schlösschen wieder aufbauen lassen. Das Areal wird heute noch von der Familie bewohnt. Im Museum sind Gemälde griechischer Künstler ausgestellt, die Einflüsse von Expressionismus, Kubismus und Surrealismus erkennen lassen.

●**Geöffnet:** Sommer Mo, Do, Sa, So 9-16 Uhr, Mi, Fr 17-21 Uhr, Winter Mo, Mi, Fr 10-14, 18-21 Uhr, Do, Sa, So 10-14 Uhr, Eintritt 2 €, Tel./Fax 93333, E-Mail: epmas@hol.gr

Unterkunft ●**Camping Karda Beach,** Dassiá, Tel./Fax 93595. Liegt ca. 100 m vom Strand entfernt. Es gibt ein Schwimmbad, eine Bar, ein Restaurant und viel Schatten.
●**Camping Dionysos,** Dassiá/Daínila, Tel. 91417, 93785, Fax 91760, E-Mail: laskari7@otenet.gr, www.corfu-net.gr/dionysus, 800 m vom Strand, unweit der Hauptstraße.

Ipsos

Im Küstenort Ipsos treffen sich in den letzten Jahren immer mehr Urlauber, die sich tagsüber die Zeit am Strand vertreiben und abends feuchtfröhliche Unterhaltung in **Bars und Pubs** suchen. Wer hier frühmorgens mit dem Auto unterwegs ist, der achte auf die Fußgänger ...

Unterkunft

●**Villa Elli,** an der Straße zwischen Pirgí und Spartílas, hübsche 4er-Apartments mit Küche, Bad, Balkon und herrlicher Aussicht. *Elli* und *Nikos* sprechen nur griechisch. In der HS hört man manchmal die Bars von Ipsos, in der NS ist es ruhig. 22-50 €, in der HS meist ausgebucht. *Elli* und *Nikos Gisdakis,* Tel. 97471, Handy 093-7192561.
●**Camping Ipsos Corfu,** Tel. 93579, nur während der HS geöffnet, sieht zwar nett aus, ist aber ziemlich laut.

Essen und Trinken

●**Cafe Bar Off Town,** an der Straße zwischen Pirgí und Spartílas, toller Blick auf die Bucht von Ipsos. Die Bar ist abends v.a. bei jungen Griechen beliebt.
●**Taverna Le Grand Balcon,** an der Straße zwischen Pirgí und Spartílas. Das sehr beliebte Restaurant mit tollem Blick bietet gute griechische Küche, Preise o.k., Tel. 93958.

Ermones, Váthos und das Ropa-Tal

Im Ropa-Tal liegen der **Golfplatz** der Insel und ein **Reitstall**. Der Zugang erfolgt von der Straße, die vom ruhigen Dorf Váthos zur Hotelsiedlung am Strand von Ermones führt.

Moní Myrtiotissa

Dieses Klösterchen liegt in **herrlicher Lage** am Steilhang hinter dem gleichnamigen Strand. Es war bis vor kurzem bewohnt. Wer Glück hat, überrascht jemanden bei der Gartenarbeit und wird eingelassen. Gegründet wurde das Kloster im 14. Jh. Einem Türken war im Traum Maria erschienen und hatte ihn aufgefordert, hier draußen an einem Felsen nach einer Ikone zu suchen. Nachdem er fündig geworden war, baute er an jener Stelle ein Kloster und wurde orthodoxer Mönch. Die heutigen Klostergebäude stammen aus dem 17./18. Jh. Ein Fußpfad führt vom Kloster weiter nach Ermones.

032ko Foto: vb

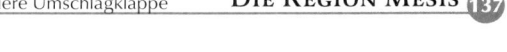

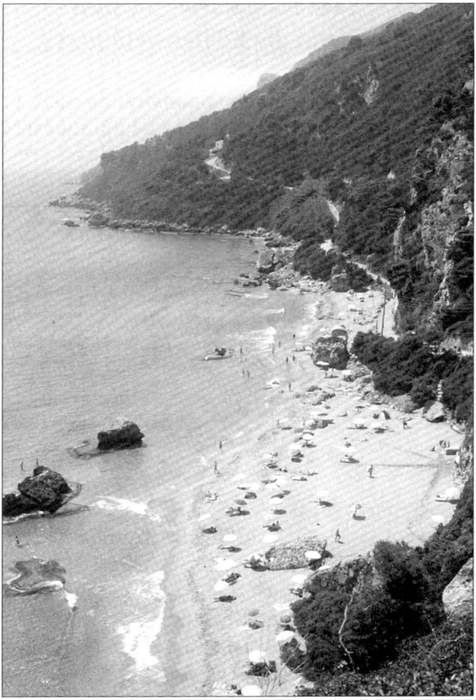

Korfu

Unterkunft

- **Pension Myrtiotissa**, 500 m vom Strand entfernt, Tel. 94113, zwischen Olivenbäumen, ruhige Lage, einfache DZ, Bad, Terrasse, Taverne, sehr beliebt, oft voll, 35 € ohne Frühstück.
- **Camping Váthos,** angenehmer, ruhig gelegener Platz mit schattigen Terrassen, Schwimmbad und guter Taverne, Tel. 94269, 94050.

Die Bucht von Myrtiotissa

Pélekas, Kaiser's Thron und die Küstensiedlungen

Die schönen **Sandstrände** rund um Pélekas wurden in den letzten Jahren touristisch erschlossen und teilweise auf nicht sehr ansprechende Art und Weise mit Hotelanlagen zugebaut.

Das Dorf **Pélekas** selbst ist auch nicht gerade unberührt, es ist aber deutlich ruhiger. Einen Abstecher lohnt Kaiser's Thron, ein Aussichtspunkt auf dem 270 m hohen Hügel oberhalb des Dorfes. Hierher hatte sich Kaiser *Wilhelm II.* gerne zum Dinner chauffieren lassen. Ein kleines Rondell mit Fernglas markiert **des Kaisers Lieblingsplatz.** Ein Hotel mit Terrasse bietet sich hier oben für eine Pause an. Besonders schön ist diese Ecke am Abend.

Wasserpark von Ag. Ioánnis
An der Straße, die durch das Landesinnere nach Paleokastrítsa führt, liegt das Dorf Ag. Ioánnis. Für Touristen gab es hier ganz und gar nichts Interessantes, bis ein schlauer Geschäftsmann den Wasserpark baute. Der große Swimmingpool mit zahlreichen quietschbunten Rutschbahnen wirkt ein bisschen wie eine Fata Morgana, aber auf Kinder wirkt diese Anlage unwiderstehlich anziehend.

● **Aqualand,** 6 km von Pélekas entfernt, an der Hauptstraße nach Paleokastrítsa gelegen, geöffnet: Mai bis Oktober, Mo-So 10-18 Uhr, Juli/August bis 19 Uhr, Eintritt 17 €, Kinder 11 €, ab 15 Uhr billiger, Tel. 52963, Fax 58352, www.aqualand-corfu.com

Sinarádes
Im Bergdorf Sinarádes findet man ein liebevoll gepflegtes **Heimatmuseum.** Ein altes, zweistöckiges Gebäude wurde in der Art eines Bauernhauses aus dem 19. Jh. mit alten Möbeln und Hausratsgegenständen eingerichtet.

● **Geöffnet:** Mo-Sa 9.30-14.30 Uhr, Eintritt 2 €, Tel. 35673, 44530

Aussichts- **punkt**	Hinter Sinarádes lohnt sich ein Abstecher zum Aussichtspunkt nahe der **Taverne Aerostato.** Von hier aus schweift der Blick über die Bucht von Ag. Górdis auf die Steilküste bei Pendáti und die Berge um Kato Garoúna.

Unterkunft

●**Privatzimmer Vassilakis,** am Strand von Gialiskári, Tel. 54210, 54901, DZ, Bad, Balkon mit Meersblick, ruhig, Fahrzeug ist notwendig, 45-60 €; man kann auch in der Taverne Gialiskári Beach nach Zimmern fragen.
●**Levant Hotel Pélekas,** sehr schönes Haus am Aussichtspunkt Kaiser's Thron, Tel. 94230, Fax 94115, E-Mail: levant@otenet.gr, www.levanthotel.com, gepflegte DZ, AC, Bad, Balkon, herrliche Aussicht, Minibar, Terrasse mit Taverne, Swimmingpool, 75-100 € mit Frühstück.
●**Pension Thomas,** Pélekas, seitlich der Straße, die hoch zu Kaiser's Thron führt, Tel. 94491, Fax 95190, einfache DZ, Bad, Balkon, schöner Blick, ruhige Lage, Kühlschrank, 30-40 € ohne Frühstück, Frühstück 4,50 € pro Person.

Essen und
Trinken

●Von Sinarádes führt eine Straße hoch auf einen Felsen mit herrlicher Aussicht auf die Küste bei Ag. Górdis. Dort befindet sich die **Taverne Altostrato** mit Aussichtsterrasse.
●**Levant Hotel Pélekas,** mit schöner Aussichtsterrasse.

Pérama, Podikonísi und Moní Vlachérna

Kloster
Vlachérna

Kaum ein Prospekt über Korfu, auf dem das Kloster Moní Vlachérna nicht abgebildet ist. Am Abend kommen viele Griechen zum Fischen auf den nahen Damm. An der Spitze der Halbinsel Kanóni liegt ein kleines Café. Hier beginnt ein zweiter Damm, an dem Ausflugs- und Fischerboote liegen und der zum Klösterchen von Vlachérna führt. Die Anlage heißt korrekt Moní Panagías ton Vlachernon und wurde im 17. Jh. gegründet. Sie bietet keine kunsthistorischen Raritäten, ist aber wegen ihrer **hübschen Lage** einen Besuch wert. Zugänglich sind der Innenhof und die Kapelle.

Pérama

Das Dorf Pérama ist über einen schmalen **Damm,** der nur für Fußgänger zugänglich ist, mit der Halbinsel Kanóni verbunden. Der antike Kriegshafen

Korfu

der Stadt befand sich unweit des heutigen Flughafens. Die Insel Podikinísi kontrollierte praktisch die
Hafenzufahrt. Um fremde Schiffe am Eindringen
zu hindern, soll damals an der Stelle des Damms
eine Kette über das Wasser gespannt worden sein.

Mäuseinsel Auf der Mäuseinsel Podikonísi steht die kleine
Podikonísi **Kreuzkuppelkirche Pantokrátoras,** die als eine
der ältesten Kirchen der Insel vermutlich im
11./12. Jh. errichtet wurde. Einige Marmorteile,
u.a. der Altartisch, stammen noch von einem frühchristlichen Gotteshaus. Die Kirche Pantokrátoras
gehörte zu einem Kloster, das noch bis Anfang
des 20. Jh. von Mönchen bewohnt war. An ihrer
Außenseite erinnert eine Tafel an Kaiserin *Sissi,* die
diesen Ort 1861 zusammen mit ihrem Sohn *Rudolf* besuchte. Gleich neben der Kirche trifft man
auf ein Café und einen Souvenirshop.

Die Insel Podikonísi wird häufig im Zusammen-
hang mit dem bekannten Gemälde **„Die Totenin-
sel"** von *Arnold Böcklin* erwähnt. Der Künstler ist
aber nie auf Korfu gewesen und hat diese Insel nie
im Original gesehen.

Achillion und Kaiser's Bridge

Geschichte Beim Dorf Gastoúri liegt auf einem Hügel mit
herrlicher Aussicht das Achillion. Das Schloss wurde 1887-91 von dem neapolitanischen Baumeister
Rafaele Carito im neoklassizistischen Stil erbaut.
Kaiserin Elisabeth von Österreich, die Auftrag-
geberin, ließ Schloss und Park mit zahlreichen
Plastiken schmücken. Nach ihrem Tod 1898 stand
die Anlage zunächst leer, bis der deutsche **Kaiser
Wilhelm II.** das Achillion bei einem Besuch der
griechischen Königsfamilie entdeckte und 1907
kaufte. Er ließ es renovieren und neu möblieren.
Bis 1914 hielten der Kaiser und seine Familie sich
häufig auf Korfu auf. 1915 wurde die Insel dann
von französisch-serbischen Truppen besetzt, die
im Achillion ihr Hauptquartier und das **Kriegsla-**

DIE BAUHERRIN SISSI

Sissi, wie die Kaiserin Elisabeth von Österreich (1837-98), meist genannt wird, war eine der populärsten Persönlichkeiten ihrer Zeit. Sie war die Nichte des ersten griechischen Königs *Otto* von Bayern und Frau von Kaiser *Franz Josef I.* von Österreich. Sissis Schwiegermutter Kaiserin *Sofía* war von ihrer Schwiegertochter wenig begeistert. Um den Streitigkeiten zu Hause aus dem Weg zu gehen, verreiste Sissi häufig. Auf einer ihrer Reisen starb 1857 ihre Tochter Sofia. Daraufhin griff die Großmutter gegen den Willen Sissis noch stärker in die Erziehung der Enkelkinder ein. Sissis Gesundheit verschlechterte sich, vermutlich auch durch die familiären Probleme bedingt. Ihren Gesundheitszustand nahm Sissi zum Vorwand für eine längere Reise, die sie 1861 drei Monate nach Korfu führte. Sie wohnte im Schloss Mon Repos.

Sissi musste in ihrem Leben manchen Schmerz verwinden. So wurde König *Ludwig* von Bayern, ihr Lieblingsneffe, 1866 tot aufgefunden. 1889 brachte sich ihr Sohn *Rudolf* zusammen mit seiner Geliebten um. Die Kaiserin wurde mit diesen Ereignissen nicht fertig. Eine schwache Gesundheit, übertriebene Eitelkeit und Melancholie waren die Folgen. Ihre Unruhe stieg, sie reiste ruhelos umher. Bei Psychologen wird dieses Verhalten heute als „Sissi-Syndrom" bezeichnet. Es handelt sich dabei um eine meist heilbare, psychische Krankheit. Die Kaiserin konnte sich damals aber nicht der psychologischen und medikamentösen Behandlung unterziehen, die heute möglich ist.

Sissi reiste 1885 in Begleitung des österreichischen Konsuls *Alexander* Freiherr von Warsberg wieder nach Korfu. Auf dieser Reise kam sie in die Villa Braila in Gastoúri. Sie glaubte, an diesem Ort Ruhe finden zu können. 1887 beauftragte sie den Konsul, auf dem Areal der Villa Braila ein Schlösschen errichten zu lassen. Die Kaiserin hatte sich in den 80er-Jahren mit der griechischen Sprache und der Mythologie beschäftigt. Ihr Lieblingsheld war Achill. Sie ließ das Schloss mit zahlreichen Plastiken, die Figuren und Szenen aus der griechischen Mythologie darstellen, schmücken. Die zentrale Figur ist dabei die Plastik „Der sterbende Achill", nach der das Schloss benannt wurde. Ruhe scheint die depressive Kaiserin auch auf Korfu nicht gefunden zu haben, denn es ist überliefert, dass sie, wenn sie auf der Insel war, rastlos riesige Spaziergänge unternahm. Auf einer Reise nach Genf wurde die Kaiserin 1898 von einem italienischen Anarchisten ermordet.

Korfu

zarett einrichteten. Nach dem Krieg wurde das Schloss im Versailler Vertrag enteignet und dem griechischen Staat übertragen. Im 2. Weltkrieg diente es wieder als Lazarett und Sitz der Besatzer. Während dieser Zeit geriet es in einen schlechten Zustand. Die griechische Regierung vermietete es daher an eine Unternehmensgruppe, die es 1962 renovierte und im EG ein Museum mit Einrichtungsgegenständen aus dem Besitz von Kaiserin Elisabeth und Kaiser Wilhelm einrichtete. Im OG betrieb sie bis 1992 ein **Kasino.** Vor dem Gipfeltreffen der EU-Ministerpräsidenten auf Korfu 1994 ließ der EOT das Schloss erneut renovieren. Heute wird es wieder als **Museum** genutzt.

Rundgang — Ein Rundgang durch Schloss und Garten beginnt mit der Besichtigung des **Museums** im EG. Neben der Eingangshalle, von der eine prächtige Treppe ins abgesperrte OG führt, liegt rechts eine kleine Kapelle, die Sissi einrichten ließ. Daran anschließend folgen zwei Museumsräume, in denen persönliche Gegenstände, Möbel und Gemälde der Kaiserin und Kaiser Wilhelms ausgestellt sind. Die Möbel sind leicht zuzuordnen: Sissi hatte braune Möbel für ihr Schloss gewählt, während Kaiser Wilhelm sich in Weiß einrichtete. Auch in den Räumen auf der gegenüberliegenden Seite des Gebäudes befinden sich Gegenstände der beiden Monarchen.

Man verlässt das Gebäude wieder durch das Hauptportal und folgt der Treppe, die neben dem Gebäude in den Park hochführt. An der Treppe stehen die Götterstatuen von Apollon, Hermes, Artemis und Aphrodite. Oben erreicht man eine **Terrasse,** von der man einen Blick in das Innere des OGs werfen kann und die von einer Säulengalerie umgeben ist. Auf einer Seite stehen die drei Grazien, auf der anderen die neun Musen. Der Säulengang dahinter wird die „Galerie der Philosophen" genannt, denn hier ließ Elisabeth Büsten von Philosophen und Poeten aufstellen.

Seitlich der Terrasse gelangt man zur „Veranda der Tränen". Hierher soll sich die Kaiserin zurückgezogen haben, nachdem sie vom Tod ihres Sohnes gehört hatte.

Zwischen Palmen erreicht man einige Meter weiter unten den „Sterbenden Achill", eine Figur, die ganz nach dem Geschmack der Kaiserin war. Sie wurde dem deutschen Bildhauer *Ernst Herter* in Auftrag gegeben. Auch Kaiser Wilhelm ließ eine Statue von Achill im **Park** aufstellen. Die 5,50 m hohe Figur auf einem hohen Sockel wurde vom deutschen Bildhauer *Johannes Götz* geschaffen. Davor liegt ein schöner Aussichtspunkt. Weiter unten im Park befindet sich ein Pavillon, in dem Kaiser Wilhelm eine Statue von *Edmund Hellmer* aufstellen ließ, die Sissi darstellt. (Die von Sissi zuvor erwählte Statue von Heinrich Heine hatte er entfernen lassen. Heute steht sie im Jardin de Mourillon in Toulon.) Der Pavillon ist wie der größte Teil des Parks für die Öffentlichkeit nicht zugänglich.

Korfu

● **Geöffnet:** tägl. 8-16/18 Uhr, je nach Jahreszeit, Eintritt 3 €

Kaiser's Bridge

Das Schlossgelände reicht über den ganzen Hügel hinunter bis zum Meer. Kaiser *Wilhelm* ließ sich eine Brücke über die Uferstraße bauen, so dass er von seinem Domizil aus einen direkten Zugang zum Strand hatte. Diese „Kaiser's Bridge" war aber dem Kriegsgerät im 2. Weltkrieg im Weg und wurde gesprengt. Heute sind nur noch die Brückenpfeiler des Bauwerks neben der Uferstraße südlich von Pérama zu bewundern.

Essen und Trinken

● **Bella Vista,** stilvolles Restaurant beim Achillion, 100 m vom Parkplatz entfernt, Preise gehoben

Benítses

Früher war dieser landschaftlich schön gelegene Ort ein kleiner Fischerhafen. Heute reiht sich hier trotz des Fluglärms ein Hotel an das andere.

Sehenswert sind die **römischen Ruinen** von Gebäuden mit Badeanlagen. Im Ortszentrum führt
hinter der neuen Hauptstraße die alte Straße parallel zur Küste entlang. Dahinter sind die römischen Gebäude markiert, ein Fußweg führt zwischen einigen Häusern hindurch. Man findet die
Reste von drei Räumen mit bis zu 4 m hohen
Mauern und einem Gewölberest. Die Mosaiken
auf dem Fußboden sind zum Schutz mit Sand bedeckt. Der Raum, in den eine rund geschwungene
Treppe hinunterführt, war das Schwimmbad.

Einen Besuch lohnt auch das nördlich des Dorfes gelegene **Corfu Shell Museum.** Liebevoll zu-

Aussicht von der Taverne Aerostato auf die Bucht von Ag. Górdis

sammengetragen, findet man hier schöne Muscheln aus aller Welt. *Napoleon,* der Besitzer des kleinen Privatmuseums, war in seiner Jugend nach Australien gegangen und hatte dort mit dem Tauchen und Sammeln von Muscheln begonnen. Ausgestellt sind auch präparierte Tiere, z.B. Haifische, Schildkröten, Schlangen, Skorpione, Fledermäuse und Fliegende Fische.

●**Geöffnet:** Mo-Sa 10-17 Uhr, So 10-13 Uhr, Eintritt Erwachsene 2,50 €, Kinder 1,50 €, Tel. 72227, 42900

Korfu

Ag. Górdis, Ano und Kato Garoúna, Paramónas und Prassoudi

Ag. Górdis hat sich in den letzten Jahren zur Hotelstadt entwickelt. Oben am Hang liegen die alten Dörfer Ano und Kato Garoúna. Hier leben noch Bauern, die mit dem Esel ihre Lasten transportieren. Paramónas und Prasoúdi sind ruhigere Strände. Dorthin zieht es all diejenigen, die Küste ohne touristische Angebote suchen. In Paramónas wird allerdings eifrig gebaut und ob der Ort noch lange so ruhig bleibt, darf bezweifelt werden.

Ag. Matthäos — Im **Bergdorf** Ag. Matthäos reihen sich an der hübschen Dorfstraße die Cafés aneinander. Der Ort ist ursprünglich geblieben. Die alten Bäuerchen kommen mit ihren kleinen Traktoren den Mietautos in die Quere, die geduldig mit 20 km/h durchs Dorf rollen und manch einer entscheidet sich für eine Pause. Oberhalb des Dorfes liegt auf dem Berg das im 4 Jh. n. Chr. gegründete **Klösterchen** Ag. Matthäos, das zuletzt renoviert wurde und nicht zugänglich war. Eine schöne Wanderung führt über alte Wege hoch.

Gardiki — In Gardiki steht eine **Festung** aus dem 13. Jh. Der Despot von Epirus namens *Michail* ließ sie zu byzantinischer Zeit errichten. In die Festungsanlage waren acht Türme eingebaut, von denen sechs

noch relativ gut erhalten sind. Innerhalb der Festungsmauer wächst viel Gestrüpp und wie überall
auf Korfu begegnet man hier ab und zu Schlangen. Fährt man von Gardiki aus weiter südwärts,
erreicht man den Límni Korissia (siehe „Südkorfu").

Unterkunft

●**Privatzimmer Maria Merianou,** Paramónas, Tel. 76598,
53461, sehr einfache Zimmer mit Küche, Bad, Terrasse,
Garten, Kinderschaukel, kleines Schwimmbad, 28-30 €.
●**Areti Studios,** Paramónas, weiter oben am Hang gele-
gen, Tel. 75838, 53108, neuere DZ, Bad, Balkon mit
Meerblick, Küchenecke, Moskitonetz am Fenster, 25-30 €.
●**Pension George Kapodistrias,** Prasoúdi, direkt am Meer,
Tel. 75848, Handy 094-6376104, ruhige Pension, schöne
DZ, Bad, Balkon mit Meerblick, hübscher Garten, Reser-
vierung notwendig, 35-45 € mit Frühstück.

Wanderung auf den
Berg Prasoúdi bei Ag. Matthäos

●**Route:** Ag. Matthäos – Moní Pantokrator – Aussichtspunkte – Ag. Matthäos
●**Strecke:** schattiger, gut ausgetretener, alter Pflasterweg, der steil zum Kloster und zu herrlichen Aussichtspunkten hochführt, einfach zu finden
●**Landschaft:** sehr lohnende Tour durch Wald, hoch
zum Klösterchen, auf den Gipfel des Berges und zu
hübschen Aussichtspunkten
●**Dauer:** 1 Stunde 45 Minuten
●**Ausrüstung:** Wasser, Verpflegung, Sonnenschutz
●**Organisation:** Anfahrt per Fahrzeug ins Dorf Ag.
Matthäos. Die anstrengende Tour (350 Höhenmeter
sind zu überwinden) sollte man am frühen Morgen
oder abends zum Sonnenuntergang unternehmen.

**Zum
Kloster**

Im Dorf Ag. Matthäos trifft man an der Haupt-
straße nördlich der Cafés auf den **Supermarkt** O
ΤΣΕΚΟΥΛΟΣ. Gegenüber beginnt die kleine
Odos Lakki Varangouli, die sich nach rechts den
Hang hochwindet und etwas weiter oben auf die
Odos Riga Fereou trifft. Dieser Straße folgt man
nach rechts. Sie führt waagerecht am Hang ent-
lang und am Kirchturm vorbei auf den **Kirchplatz.**
Oberhalb des Brunnens zweigt eine kleine Straße

Korfu

nach links ab und führt den **Berg hoch.** Dieser Straße folgt man immer geradeaus. Eines der letzten Häuser auf der rechten Seite hat ein auffällig blaues Tor. Dann windet sich die Straße nach rechts. In der Kurve beginnt ein Betonweg, der

Rastplatz auf dem Berg von Ag. Matthäos

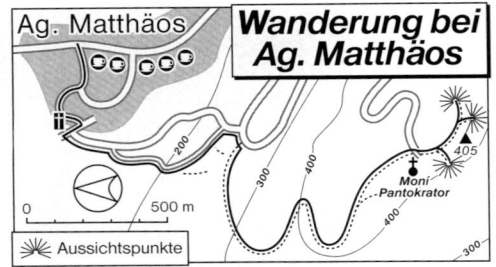

weiter geradeaus den Berg hochführt. Am rechten Wegesrand trifft man auf eine **Blechhütte** mit der Aufschrift „ΑΠΑΓΟΡΕΥΕΤΕ Η ΣΤΑΘΜΕΥΣΗ".

Der Weg führt nun aus dem Dorf hinaus und durch **Olivenhaine**. Bei der folgenden Gabelung hält man sich rechts. Der Betonweg geht in einen Erdweg über, wird schmaler und verzweigt sich bei einer Blechhütte, an der man sich links hält. Kurz darauf zweigt ein Pfad nach rechts ab, den man unbeachtet lässt. Dann trifft man bei einem grünen Pfeil, der den Weg nach unten weist, auf eine breite Piste, der man wenige Meter nach rechts folgt, bis sie eine scharfe Linkskurve macht. Hier zweigt nach rechts ein alter **Eselspfad** ab. Diese Stelle erreicht man nach 25 Minuten. Man folgt nun dem alten Weg, der einfach zu finden ist. Nach 20 Minuten gabelt sich der Pfad und man geht links auf dem Hauptweg durch den **Wald** weiter. 5 Minuten später ist das **Kloster** erreicht.

Zu den Aussichts- punkten
Vor dem Kloster geht man nach links hinunter, an einem **Picknick-Pavillon** vorbei und auf den Fahrweg, der von unten hochführt. Unterhalb des Klosters zweigt von dem Fahrweg ein Pfad ab, der hinter dem Kloster nach rechts hochführt. Er ist mit einem grünen Pfeil markiert und gabelt sich: Der rechte Pfad führt zu einem mit Bank und Schattendach ausgestatteten Aussichtspunkt mit

Blick auf die **Westküste;** der linke Pfad führt zum **Gipfel** mit Betonsäule am Rande eines runden Platzes. Hinter dem Platz führt der Pfad wieder durch den Wald. Achtung: Nicht rauchen – die Waldbrandgefahr ist groß! Der Pfad gabelt sich erneut: Links liegt ein Aussichtspunkt mit Blick auf das Dorf **Ag. Matthäos,** während der rechte Weg weiter durch den Wald führt und nach wenigen Minuten an einem Aussichtspunkt endet, von dem man auf den **Korissia-See** schaut.

Rückweg ___ Der Rückweg erfolgt über die gleiche Strecke wie der Hinweg. Nach 45 Minuten erreicht man wieder den Ausgangspunkt dieser Tour.

Moraítika und Messongí

Moraítika und Messongí sind zu einer **Hotelstadt** zusammengewachsen. Die Strände sind meist überfüllt, die Souvenirshops bieten, was viele Urlauber suchen, das Nachtleben ist geräuschvoll. Die beiden Orte sind durch den Fluss Messongí getrennt. Er führt normalerweise ganzjährig Wasser. Im Mündungsbereich liegen Boote und auf Wunsch kann man sich per Ruderboot von einem Flussende zum anderen übersetzen lassen.

In Moraítika liegen neben der Hauptstraße, gegenüber der BP-Tankstelle die spärlichen Reste einer **römischen Villa.**

Strände

Ostküste nördlich der Stadt

Ipsos und Pirgí

Kilometerlange Bucht an einer Straße, an der sich Hotels, Pensionen und Läden entlangziehen. Am Südende liegt ein kleiner Hafen. 5-15 m breit, Kies, teils Seegras und Felsen im Wasser, flach abfallend, NS gut besucht, HS voll.
● **Service:** Tavernen, Bars, Hotels, Camping, Supermarkt, WC, Dusche, Umkleidekabinen, Telefon, Liegen und Schirme, Tretboote, Crazy Banana, Ring, Wasserski, Paragliding, mehrere Bootsanlegestege, vom nördlichsten Bootsanlegesteg werden Bootstouren zu anderen Stränden angeboten.
● **Anfahrt:** Taxistand und Bushaltestelle hinter dem Strand, wenig Parkmöglichkeiten

Korfu

Dassiá

Hinter dem Strand liegt die Uferpromenade mit zahlreichen Hotels, im Norden Bäume hinter dem Strand, der Blick fällt auf die bewaldeten Kaps. Mehrere Kilometer lang, 10-25 m breit, Kies, klares Wasser, kaum Seegras, wenig Felsen, flach abfallend, NS voll, HS sehr voll.
●**Service:** Tavernen, Telefon, Supermarkt, Dusche, WC, Schirme und Liegen, Tretboot, Crazy Banana, Wasserski, Paragliding, Ring, im Wasser ein Volleyballnetz, Bootsanlegesteg, einfach zu erreichen für Leute mit Gehbehinderungen, Strandsäuberung
●**Anfahrt:** Bushaltestelle an der Hauptstraße, Parkplätze

Dassiá Süd, Dafnila

Mehrere Buchten ziehen sich an der hübschen Küste entlang bis zu den Hotelstränden in Dafnila. Man kann am insgesamt 1 km langen und 5-10 m breiten Strand bis zu den Hotels gehen. Hinter dem Strand wachsen Bäume und man trifft auf eine Kirchenruine. Kies und Sand, klares Wasser, teils Seegras, teils Felsen im Wasser, flacher abfallend, am Strand vorne sonnig, hinten Schatten, NS ruhig, HS und an den Wochenenden gut besucht.
●**Service:** keine Einrichtungen, keine Strandsäuberung, Bootsanlegesteg, Wassersport u.a. nur in Dafnila möglich
●**Anfahrt:** Am südlichen Ortsrand von Dassiá zweigt am Ortsschild eine Piste ab, ca. 700 m zum Strand, Parkplatz.

Gouviá

Nördlich vom Strand liegen Hotels, Pensionen und der Ortskern, südlich der große Segel- und Jachthafen. Hinter dem Strand befinden sich Ruinen einer venezianischen Hafenanlage. 500 m lang und 5-10 m breit, Kies, sonnig, teils Schatten durch Bäume, kein Seegras, teils Felsen im Wasser, flach abfallend, NS voll, HS sehr voll.

●**Service:** Tavernen, Dusche, WC, Telefon, Supermarkt, Volleyballnetz, einfach zu erreichen für Leute mit Gehbehinderungen, Strandsäuberung, Liegen und Schirme, Tretboote, Kanus, Motorboote
●**Anfahrt:** Bus an der Hauptstraße, von dort rund 500 m zum Strand, Parkmöglichkeiten beim Hafen im Süden

Kontókali

Ein kleiner Sandstrand befindet sich auf der Halbinsel von Kontókali. Der Blick fällt auf die Inseln Lazaretto und Vido. Nebenan liegt ein Großhotel mit Hotelstrand. Vorne sonnig, hinter dem Strand spenden große Bäume Schatten. 50 m lang, 10 m breit, klares Wasser, wenig Seegras, seitlich auch Felsen, steiler abfallend, NS gut besucht, HS voll.
●**Service:** Taverne, WC, Liegen und Schirme, sauber, einfach zu erreichen für Leute mit Gehbehinderungen
●**Anfahrt:** Bus bis zur Hauptstraße, von dort aus führt eine kleine Straße ca. 1 km auf die Halbinsel, kaum Parkmöglichkeiten, dem Schild Kontókali Beach folgen

Ostküste südlich der Stadt

Aelos/ Melody Beach

Hinter dem Strand befindet sich eine höher gelegene Terrasse mit schattigen Bäumen und Taverne sowie Tischtennisplatten. 100 m lang und 15-20 m breit, sonnig, Kies, klares Wasser kaum Felsen, teils Seegras, Bootsanlegesteg, steiler abfallend, gut besucht bis voll.
●**Service:** Strandsäuberung, Kiosk, Hotel oberhalb der Straße, WC, Taverne, Dusche, Volleyballnetz im Wasser, Telefon, Liegen und Schirme, Tretboote, Crazy Banana, Ring, Wasserski, Paragliding, Surfbretter, am Strand eine große Rutschbahn, die nur während der HS betrieben wird
●**Anfahrt:** kein Parkplatz, Bus, Hauptstraße oberhalb des Strandes

Benítses Hauptstrand

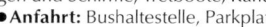

Hinter dem Strand zieht sich die Hauptstrasse entlang, dahinter liegt das Dorf mit Tavernen und Bäumen. 50 m lang, 5-40 m breit, sonnig, Sand, klares Wasser, kaum Felsen, kein Seegras, steil abfallend, NS gut besucht, HS voll.
●**Service:** Tavernen, WC, Dusche, Umkleide, Supermarkt, Telefon, Hotels, Taxistand, kleiner Hafen, einfach zu erreichen für Leute mit Gehbehinderung, Strandsäuberung, Liegen und Schirme, Tretboote, Kanus
●**Anfahrt:** Bushaltestelle, Parkplatz

Benítses Süd

Hinter dem Strand liegen Tavernen mit Terrassen und Bäumen, dahinter die Hauptstraße. 100 m lang, 5-15 m breit, Kies, klares Wasser, wenig Felsen, wenig Seegras, flach abfallend, sonnig, NS gut besucht, HS voll.
● **Service:** Strandsäuberung, Supermarkt, Hotels, Telefon, Dusche, WC, Tavernen, Liegen und Schirme, Tretboote
● **Anfahrt:** Bushaltestelle, kein Parkplatz

Ag. Ioánnis Strongili/ Akrogiali

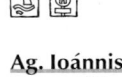

Hinter dem Strand wachsen Bäume, oben liegt eine Hotelanlage. 1 km lang und 10 m breit, Sand und Kies, klares Wasser, etwas abfallend, teils sonnig, teils Schatten, NS gut besucht, HS voll.
● **Service:** Kiosk und Telefon an der Straße, oben am Hang Hotel, Strandsäuberung, Liegen und Schirme, Tretboote, Kanu, Motorboot, Jetski
● **Anfahrt:** Bushaltestelle, Parkplatz

Moraítika, Messongí

Die beiden Strände sind durch den Fluss getrennt, Blick auf die Festlandküste, 2-3 km lang und 5-10 m breit, Sand und Steine, wenig Seegras, teils Felsen im Wasser, flach abfallend, NS voll, HS sehr voll.
● **Service:** einfach zu erreichen für Leute mit Gehbehinderungen, Strandsäuberung, Telefon, Dusche, WC, Tavernen, Supermarkt, Kiosk, Pensionen und Hotels, Bootsanlegesteg, Liegen und Schirme
● **Anfahrt:** Bushaltestelle, wenig Parkplätze

Westküste

Zwischen Liapádes und Ermones

Zahlreiche Buchten und Höhlen an der Küste, die fast alle nur vom Meer her erreichbar sind. Wer diese Ecke ergründen will, miete sich ein Boot, z.B. am Strand von Liapádes oder in Paleokastrítsa.

Ermones

Ein Bach mündet ins Meer, über den Bachlauf führen Holzbretter. Hinten am Bach wächst Schilf. Die Bucht wird von schönen Felsenkaps und steilen, mit Phrygana bewachsen Hängen umgeben. Ein großes Hotel mit Bergbahn liegt seitlich des Strandes. 100 m lang, 5-20 m breit, Sand und Kies, sonnig, teils Seegras, teils Felsen im Wasser, NS gut besucht, HS voll. Schnorcheln und Tauchen ist etwas weiter draußen im Meer an den Kaps gut möglich.
● **Service:** Tavernen, WC, Volleyballnetz, Strandsäuberung, Supermarkt und Telefon 500 m vom Strand entfernt am Hoteleingang, Liegen und Schirme, Tretboote, Surfbretter, Kanu, Tauchkurse
● **Anfahrt:** Zwei Straßen führen zu diesem Strand, Parkmöglichkeiten vorhanden, Treppen führen vom Parkplatz nach unten, Busverbindung bis Váthos.

Korfu

Myrtio-tissa

Eine sehr malerische Bucht, hinter der sich steile bewaldetet Hänge und ein kleines Kloster erheben. Kein offizieller FKK-Strand, aber häufig von FKK-Anhängern besucht. 200 m lang, 5-20 m breit, Sand, flach abfallend, kein Seegras, teils Felsen im Wasser, NS gut besucht, HS voll.
●**Service:** Taverne, WC, Dusche, Liegen und Schirme, Strandsäuberung
●**Anfahrt:** Zu erreichen ist die Bucht über eine Piste. Parkmöglichkeiten gibt es gleich am Anfang (30-40 Min. Fußmarsch) und auch am Pistenrand. Sehr geübte Motorradfahrer können bis zum Strand fahren. Die Piste führt hinter dem Strand entlang weiter bis zum Kloster. Kein Bus.

Der Strand von Paramónas

Glyfáda

Eine 2 km lange Bucht in felsiger Küstenlandschaft, die leider durch Großhotels verbaut worden ist. 30-50 m breit, Holzpfade führen über den Strand, sonnig, Achtung: der Sand wird sehr heiß!, klares Wasser, kein Seegras, keine Felsen, flach abfallend, NS voll, HS sehr voll.

●**Service:** Tavernen, Dusche, WC, Telefon, einfach zu erreichen für Leute mit Gehbehinderung, Strandsäuberung, Supermarkt, Liegen und Schirme, Tretboote, Kanu, Crazy Banana, Ring, Wasserski, Jetski, Paragliding, Motorboote
●**Anfahrt:** Bushaltestelle, Parkplatz gebührenpflichtig

Konto-gialos

Die Kaps und Hänge hinter der Bucht sind mit Oliven und Kiefern bewaldet, am Buchtrand erheben sich bizarre Felsen. Auch hier ist eine große Hotelanlage entstanden. 800 m lang und 20 m breit, Sand, sonnig, klares Wasser, kein Seegras, flach abfallend, NS voll, HS sehr voll, kleiner Hafen seitlich der Bucht.

●**Service:** Tavernen, Telefon, Dusche, WC, erste Hilfe, Strandsäuberung, Volleyballnetz, Schirme und Liegen, Tretboote, Kanus, Wasserski, Crazy Banana, Ring, Paragliding
●**Anfahrt:** Kein Bus, Straße von Pélekas aus, Parkplatz

Gialiskári

Ein bizarrer Felsenturm erhebt sich am Kap, zwei schöne Felseninseln sind der Bucht vorgelagert. Der Kiefernwald reicht bis an den Strand. 100 m lang, 5-15 m breit, Sand und Felsen, sonnig, klares Wasser, teils Seegras, an einigen Felsen Algen, flach abfallend, NS ruhig, HS gut besucht.

●**Service:** Taverne, Dusche, WC, oberhalb der Bucht eine kleine Pension, Schirme und Liegen, Tretboote, Kanu, Strandsäuberung, kleiner Hafen
●**Anfahrt:** Kein Bus, Straße von Pélekas aus, die 50 m oberhalb des Strandes endet, Parkplatz

Ag. Górdis

Lang gezogene Bucht mit hübscher Felseninsel am Kap. Hinter der Bucht erstrecken sich bewaldete Hänge und eine Hotelstadt. Rund 2 km lang und 20-30 m breit, Sand, sonnig, klares Wasser, kein Seegras, Felsen im Wasser am Rand der Bucht, flach abfallend, NS voll, HS sehr voll.

●**Service:** Tavernen, Dusche, Telefon, WC, Supermarkt, Liegen und Schirme, Tretboote, Kanu, Paragliding, Tauchschule, Jetski, einfach zu erreichen für Leute mit Gehbehinderung, Strandsäuberung
●**Anfahrt:** Parkplatz gebührenpflichtig, Bushaltestelle 800 m vom Strand entfernt

Paramónas

Hinter der Bucht liegen bewaldete Berge. Der Blick fällt auf die Steilküste bei Pélekas. 150 m lang und 10-15 m breit, sonnig, Sand und Kies, klares Wasser, wenig Felsen im Wasser, flach abfallend, NS ruhig, HS gut besucht.

Korfu

● **Service:** Taverne, WC, Pensionen, Hotel, einfach zu erreichen für Leute mit Gehbehinderung, Strandsäuberung, Telefon, Liegen und Schirme, Tretboote, Kanus
● **Anfahrt:** kein Bus, Straße von Ag. Matthäos, Parkplatz

Prasoúdi

Der Küste sind Felseninseln vorgelagert. Hinter dem Strand
liegen kleine Pensionen. 200 m lang und 15 m breit, Sand,
sonnig, klares Wasser, teils Felsen im Wasser, etwas Seegras, flach abfallend, relativ ruhig.
● **Service:** Telefon, Dusche, WC, Taverne, Pension, Liegen
und Schirme
● **Anfahrt:** kein Bus, Straße oberhalb vom Strand, Parkplatz

**Chali-
kounas**

Hinter dem Strand zieht sich eine kahle Dünenlandschaft
auf einer Nehrung entlang. Dahinter befindet sich der Lagunensee mit zahlreichen Vögeln. Mehrere Kilometer lang
und 5-10 m breit, Sandstrand, teils mit Steinen, flach abfallend, sonnig, NS ruhig, HS relativ ruhig.
● **Service:** keine Einrichtungen
● **Anfahrt:** über eine Piste, die parallel zum Strand zwischen See und Meer bis zum kleinen Kanal führt, mit Mofas schwer zu befahren, Parkmöglichkeiten

Der Strand auf der Nehrung beim See Korissia

OROS – DER NORDOSTEN

Der Nordosten der Insel wird *Oros* („der Berg") genannt. Der **Pantokrátoras** ist eigentlich ein Gebirgsplateau, auf dem sich mehrere kahle Gipfelchen über grünen Tälern einer Hochebene erheben. Der höchste Punkt, an dem das Kloster Moní Pantokrátoras liegt, ist **906 m** hoch. Das Plateau fällt nach Süden von rund 700 m Höhe über schroffe Felswände zum Meer hin ab. Im unteren Teil wird die Landschaft etwas flacher und ist von **Olivenwald** überzogen. Auch an den weniger steilen Nordhängen wachsen Olivenbäume. Im äußersten Nordosten befindet sich bei Ag. Spiridounas ein **Lagunensee**. An der Nordküste zieht sich ein sehr langer Sandstrand entlang, während an der Ost- und Südküste felsenumrahmte Kieselbuchten zu finden sind. Bis auf wenige Ausnahmen wurden in dieser Gegend keine allzu großen Hotelanlagen gebaut. Die meisten Urlauber wohnen in kleineren, hübschen Häuschen und Villen, die auch außerhalb der Dörfer im Olivenwald stehen.

Tipps für die Region

Verkehrs-mittel

- **Bus:** Busse fahren mehrmals täglich von Korfu-Stadt nach Kassiópi. Einige Busse fahren auch nach Kalámi hinunter. Eine weitere Busverbindung besteht zwischen Kassiópi und Róda. Die Bergdörfer sind schlecht zu erreichen.
- **Taxi:** in Ipsos: am Strand, Tel. 26610-93965; in Acharávi: Tel. 63990; in Róda, am Strand, Tel. 63330, dort stehen häufig auch Pferdekutschen zum Transport bereit.
- **Mietfahrzeuge:** In allen Touristenorten werden Mietfahrzeuge angeboten, jedoch zu höheren Preisen als in Korfu-Stadt und Mesis.
  Kassiópi: Salvos Cars, Tel. 81369; Nissáki: Holiday Center an der Hauptstraße, Tel. 91166; Kassiópi: Cassious Scooters, Tel. 81301, Mofas und Mountainbikes; Acharávi: gute Preise bei Yiannis Rent a Scooter, Tel. 63055; Róda: Sunriders, Tel. 63626, Fax 63973, Mofas und Motorräder.
- **Tankstellen** findet man in Pirgí, beim Nissáki Beach Hotel hinter Nissáki, bei Kassiópi, an der Küstenstraße bei Néa Períthia, zwischen Néa Períthia und Acharávi und bei Róda.

Unterkunft Einfache Zimmer werden für 25-50 € angeboten. Ferienwohnungen, teils in Villen mit Swimmingpool, sind nicht unter 80 € am Tag zu haben. Die Zimmervermittlung erfolgt meist über Reisebüros. Wer luxuriösere Villen sucht, wird auch in dieser Ecke der Insel fündig. Sie werden meist von in England ansässigen Reisebüros vermietet (siehe „Unterkunft" im Kapitel „Praktische Reisetipps A–Z")

●Zahlreiche Zimmer bietet *Helga Bouter* in ihrem **Reisebüro in Barbáti** an. Weitere Infos sind in den jeweiligen Ortsbeschreibungen zu finden.

Aktivitäten ●**Schwimmen:** Pool Bar, in Kassiópi, Eintritt frei, eine Liege kostet ungefähr so viel wie am Strand.
●**Bootsausflüge:** In den Reisebüros werden die unter Korfu-Stadt beschriebenen Ausflüge angeboten. Eine Bootstour an der Küste entlang wird am Strand von Ipsos angeboten, sie endet in Barbáti oder Kassiópi.

Einkaufen Einige Tante-Emma-Läden, kleinere Supermärkte und Souvenirshops bieten ihre Dienste an. Ein Bauer verkauft nahe der Straße nach Loútses (handgemaltes Schild) eigenen **Honig.** Zwischen Ano Korakianna und Ag. Markos werden schöne Gefäße aus **Olivenholz** und Schnitzereien an der Straße verkauft.

Nachtleben Nachtleben findet in **Ipsos, Róda** und z.T. auch in **Acharávi** statt. Bars und Pubs locken Gäste mit lautstarker Musik und griechischen Abenden an.

Nützliche Adressen ●**Krankenhaus:** in Ag. Markos, bei Ipsos
●**Ärzte:** in Gimari, Tel. 26630-91395; Kassiópi, Tel. 26630-81238, Handy 094-6056016; Acharávi, bei der Rotunde, Handy 0944-252588; Acharávi, gegenüber der Bank, Tel. 26630-63814 und in Richtung Róda an der Hauptstraße, Tel. 26630-64566; Róda, Dr. *Kotoulas,* Handy 094-4727239
●**Apotheken:** finden sich in den größeren Dörfern wie Kassiópi, Acharávi oder Róda
●**Polizei:** Gimari: Tel. 26630-91261; Kassiópi: Tel. 26630-81240. Im Notfall wendet man sich am besten an die **Touristenpolizei** von Korfu-Stadt, San-Rocco-Platz, Tel. 26610-30265.
●**Geld:** Bankautomaten gibt es in Kassiópi, in Acharávi (Ionian Bank und beim Café Ilo-Ilo unweit der Rotunde an der Hauptstraße) und in Róda. Geldwechsel ist in den Reisebüros möglich.
●**Reisebüros:** Barbáti: Empfehlenswert ist Helga Holiday Services. Die hilfsbereite Holländerin *Helga Bouter* spricht gut deutsch, vermittelt Zimmer in Barbáti, Nissáki und Kaminaki, organisiert Mietfahrzeuge, bietet Ausflüge, einen Geldautomaten mit 4% Gebühr und einen Internet-Zugang an, helga@otenet.gr., www.corfu-net.gr/Barbáti/,

Korfu

Tel./Fax 91547. Néa Períthia: North Corfu Travel, gegenüber der Texaco-Tankstelle, Tel. 98294, Fax 98295. Das Büro arbeitet mit der Agentur Barbara Nielbock in Essen, Tel. 02054-4424, zusammen und vermittelt v.a. Unterkünfte. Kassiópi: COSMIC Travel, Tel. 81624, Fax 81686, Salco Travel, Tel. 81040-1; Róda: HN Travel, Tel. 63532, Fax 63532
●**Wäscherei:** Barbáti: an der Hauptstraße, Mo-Sa 9-17 Uhr, HS auch So 9.30-14.30 Uhr, Tel. 91590; Acharávi: Miele Laundry im Shopping Center Agora hinter dem Café Ilo-Ilo unweit der Rotunde, Tel. 64332
●**Internet Cafeteria Acharávi,** am Strand, ausgeschildert im OG, gut gemacht, Tel./Fax 29331; bipbip@otenet.gr

Rundfahrten durch die Region

Eine Küsten- und eine Gebirgstour bieten sich zur Erkundung der Region an. Mit Stern* gekennzeichnete Orte werden weiter hinten im Kapitel detaillierter beschrieben.

Küstentour Eine schöne Tour, bei der man die Badesachen nicht vergessen sollte, führt um das Gebirgsmassiv im Nordosten herum. Ausgangspunkt ist **Pirgí.** Hinter dem Ort steigt die Straße steil an und der Blick auf die Küstenebene wird frei. Man kann bis nach Korfu-Stadt sehen. Die Straße führt oberhalb der felsigen Küste entlang auf die steile Felswand zu, in der das Gebirgsmassiv des Pantokrátoras hinter **Barbáti*** steil zur Küste abfällt. Die Straße führt unterhalb der Felsen hindurch nach **Nissáki***. Terrassierte Olivenfelder bestimmen das Landschaftsbild. Die Straßenführung ist immer für eine Überraschung gut. Nach einigen Kilometern erreicht man **Kalámi*,** der Ort an dem *Lawrence Durrell* mehrere Jahre wohnte. Ein Abstecher zum kleinen Hafen von **Kouloúra*** lohnt sich. Dann geht es nach **Sinies** weiter. Hier zweigt eine Straße links nach **Pórta*** ab. In dem ruhigen Dorf genießt man von der Terrasse der unteren Taverne eine wunderbare Aussicht. Dann fährt man den Berg wieder hinunter und geradeaus über die Hauptstraße hinweg nach **Ag. Stefanos*** mit dem netten Hafen. Man kehrt zur Hauptstraße zurück und folgt dieser nach **Kassiópi*** und an der Küste entlang, am Strand von **Kalamáki*** vorbei nach **Néa Períthia***. An der Tankstelle zweigt hier eine Straße ins Landesinnere ab. Ein Bauer bietet Honig an, ansonsten wackeln glückliche Hühner durch die Gegend und manchmal auch auf die Straße, die durch Olivenwald nach **Loútses** führt. Dann erreicht man den Weiler **Anapaftiria.** Von dort aus kann man die Höhle **Megali Grava*** besuchen. Auch von hier oben hat man eine schöne Aussicht. Nun folgt man der Straße in Anapaftiria weiter, die bald in einen breiten Weg übergeht, hoch in die Berge nach **Palio Períthia***. Das Ruinendorf ist einen Besuch wert. Beliebter Treffpunkt ist die Dorftaverne. Nach einem kleinen Spaziergang zwischen alten Mauern hindurch geht es wieder hinunter zur Küste. Man überquert bei **Néa Períthia*** die Hauptstraße und erreicht den Strand von **Ag. Spiridounas***, hinter dem der **Lagunensee Antinioti*** liegt. Wieder auf der Hauptstraße, erreicht man Stichstraßen zum langen Sandstrand von **Almyros***, der am südlichen Ende in den Strand von **Acharávi*** übergeht. Von Acharávi aus folgt man der kleinen Straße, die ins Landesinnere abzweigt, nach **Ag. Panteleimonas.** An den Dörfern **Episkepsi, Omali** und **Sgourádes** vorbei, fährt man weiter in Richtung **Spartílas.** Dort bietet sich eine fantastische Aussicht. Die Straße windet sich den Berg hinunter und trifft unten wieder auf die Hauptstraße bei **Pirgí.**

Auf den Pantokrátoras

Ein Ausflug zum höchsten Inselberg gehört zu den Highlights – aber nur bei schönem Wetter, denn der wichtigste Grund, um hier hochzufahren, ist die tolle Aussicht. Man startet in **Pirgí** und fährt die kurvige Straße nach **Spartílas*** und **Sgourádes** hoch, wo eine Straße nach **Strinílas*** rechts abzweigt. Hinter Strinílas geht es rechts zum **Pantokrátoras*** ab, der Berg ist markiert. Die Straße endet kurz unterhalb des Gipfels. Dort einen Parkplatz zu finden ist nicht einfach. Vom Pantokráto-

Korfu

ras bietet sich ein herrlicher Rundblick, man kann bis nach Albanien sehen. Nun geht es dieselbe Straße wieder zurück, aber bei der ersten Gabelung biegt man rechts nach **Petalia** ab. Eine landschaftlich schöne Straße führt durch die Berge zu den Weilern **Eriva, Trimodi** und **Lafki.** Hinter Lafki verzweigt sich die Straße: Zunächst fährt man rechts, dann links weiter und erreicht schon bald **Acharávi*.** Um die Tour fortzusetzen, folgt man der Hauptstraße in Richtung **Róda*** bis zur Kreuzung, wo man nach links in Richtung Korfu-Stadt abbiegt. Nach wenigen Kilometern zweigt in **Platonas** eine Straße nach links von der Hauptstraße ab, die nach **Nymphes*** führt. Dabei kommt man an der kleinen Stupa-Kirche **Ag. Estafromenou*** vorbei. In Nymphes kann man einen Abstecher

038ko Foto: vb

zum **Askitario** und zum **Kloster Pantokrátoras***
machen. Man fährt dann zur anderen Seite des
Dorfes hinaus und trifft wieder auf die Hauptstraße, der man nach links folgt. Kurz darauf
zweigt eine kleine Straße nach links in Richtung
Klimatia/Zigos ab. Bei der folgenden Gabelung
hält man sich wieder links und erreicht so das auf
einem Sattel liegende Bauerndorf **Zigos.** Hier
zweigt eine Straße nach rechts ab. Sie führt durch
üppig grüne Landschaft nach **Sokraki.** Hinter dem
Dorf windet sich die schmale Straße in unzähligen
Serpentinen mit herrlicher Aussicht den Hang hinunter. Achtung: Es ist ratsam vor den Kurven zu
hupen, die Straße ist unübersichtlich! Unten erreicht man das ruhige Dorf **Ano Korakianna*.** Die
alten Häuser ziehen sich am Hang entlang, die
Bauern knattern auf uralten Traktörchen über die
enge Straße zur Olivenölpresse. Bei einer Gabelung in einer Kurve hält man sich links. Diese kleine Straße führt am Ruinendorf **Ag. Markos*** vorbei und trifft in **Pirgí** wieder auf die Hauptstraße.

Barbáti und Nissáki

Hinter Barbáti fällt das Gebirgsplateau von 700 m
Höhe fast bis zum Meeresspiegel ab. Unterhalb
der schroffen Felswände ragt aus dem graugrünen
Blättermeer des Olivenwalds ein rosafarbiges
Gehöft mit dunkelgrünen Fensterläden hervor:
Die **Villa Stavrodakis** hat den Veränderungen, die

im Laufe der Jahre aus einigen Bauerngehöften ein lebendiges Urlauberdorf machten, getrotzt. *Gerald Durrell* beschreibt in seinem Buch „Vögel, Viecher und Verwandte" wie seine Familie in den 30er-Jahren nach einer Panne hier strandete.

Nissáki setzt sich aus mehreren Weilern zusammen. Die Hauptstraße schlängelt sich auf halber Höhe am steilen Hang entlang, der mit unzähligen Steinmauern in kleine Terrassen gegliedert und von riesigen **Olivenbäumen** dicht bewachsen ist. Oberhalb der Straße liegen die Flecken Katavoulos und Viglatsouri. Von Letzterem erreicht man über eine Piste auch das malerische **Ruinendorf Palio Sinies** (Palio Chori), das vermutlich noch während des Byzantinischen Reichs gegründet wurde, zu einer Zeit, in der Piraten den Insulanern das Leben schwer machten. Es ist vom Meer her nicht einsehbar und liegt in einem Hochtal in einer kahlen Felsenwelt, dicht unterhalb des Gipfels des Pantokrátoras.

Unterhalb der Hauptstraße liegen bei Nissáki mehrere Buchten mit **Kieselstränden.** Olivenbäume und Zypressen ziehen sich bis zum Meer. Leider sind auch einige Großhotels entstanden.

Unterkunft 	●**Reisebüro von Helga Bouter,** Barbáti, vermittelt zahlreiche Zimmer in Barbáti und Umgebung. ●**Reisebüro Falcon Travel,** unter englischer Leitung, am Strand von Nissáki, vermittelt Zimmer an der kleinen Straße, die zum Strand führt, 2er 22-38 €, 4er 37-73 €, www.falcon-travel-corfu.com, Tel. 91318, Fax 91070. ●**Taverne Akti-Barbáti,** am Strand, vermietet Zimmer, die hinter der Taverne am beliebten Strand liegen, Tel. 91276. ●**Zwei einfache Häuschen** werden in der Bucht Agni vermetet, Tel. 91646, neben Toulas Taverna, Tel. 91492, neben Taverne Nikolas.
Essen und Trinken 	●**Taverne Mitsos,** am Strand von Nissáki, leckere Fischgerichte, schöner Blick aufs Meer, sehr beliebt, Preise o.k. ●**Strandtaverne Kati tha vris** („etwas wirst du finden"), Bucht Kaminaki, einfache griechische Gerichte, gut gemacht, direkt am Meer, Preise o.k.

Küstenwanderung bei Nissáki

- **Route:** Eleourgía – Ag. Stefanos – Kerasia – Kouloúra – Kalámi – Agni – Kaminaki – Nissáki
- **Strecke:** ruhige Straße bis Kerasia, dann über schmale Fußpfade von Bucht zu Bucht, Achtung: zwischen Kerasia und Kouloúra steiles Gelände ohne Sicherung!
- **Landschaft:** schöne Küstenwanderung mit herrlichen Aussichtspunkten, durch Olivenhaine und Zypressenwäldchen
- **Dauer:** ca. 3 Stunden
- **Ausrüstung:** lange Baumwollhosen (der Weg ist teils überwuchert) Badesachen, Sonnenschutz, zahlreiche Tavernen und Läden liegen am Weg
- **Organisation:** Anfahrt per Bus nach Eleourgía (Ortsteil von Sinies), Rückfahrt per Bus ab Nissáki

Zum Strand Kerasia

Zunächst geht man von der Bushaltestelle in **Eleourgía** auf der kleinen Teerstraße durch Olivenhaine in knapp 30 Minuten Richtung Küste hinunter zum **Hafen von Ag. Stefanos.** Die Straße führt dort weiter zur Bucht von **Kerasia.**

Nach Kalámi

In Kerasia geht man am Strand entlang, an dessen Ende ein Fußpfad beginnt, der zwischen Ginsterhecken über das Kap in eine Bucht nördlich von Kouloúra führt. Man geht dort am Strand entlang weiter und über einen schmalen Pfad einen Hang hoch. Hinter dem nächsten Kap erreicht man die **Bucht Kouloúra** mit Hafen und Taverne, die man über eine nach links abzweigende Straße erreicht. Dann folgt man der Straße den Hang hoch, hält sich an der nächsten Gabelung links und erreicht nach wenigen Minuten die **Bucht von Kalámi.**

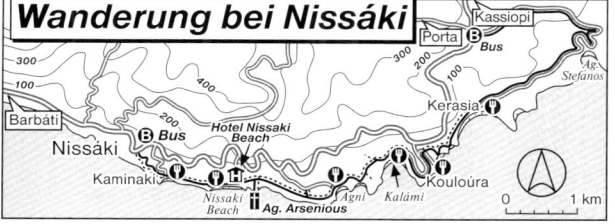

Wanderung bei Nissáki

Nach Agni   Hinter der Taverne **White House** am Buchtende führt die Straße den Hang hoch, geht in eine Piste über und fällt auf der anderen Seite des Kaps wieder ab. Dann folgt man einem nach links abzweigenden Fußpfad. Kurz darauf mündet von rechts ein Pfad ein. Hier geht man nach links hinab zum Strand. Rechts steht ein kleines Häuschen, hinter dem sich der Pfad wieder den Berg hochwindet und zur **Bucht Agni** führt. Dort wandert man am Strand entlang. In der letzten einer Reihe von Tavernen beginnt im Freien eine Treppe, die nach wenigen Metern auf einen Fußpfad trifft.

Zur Kapelle Ag. Arsenios

Der Pfad schlängelt sich am Hang entlang zwischen Zypressen hindurch. An der ersten Gabelung geht man geradeaus weiter, an der zweiten dann nach links und gelangt so zu der hübsch gelegenen **Kirche Ag. Arsenios.** Danach folgt man weiter dem Pfad an der Küste entlang und erreicht beim **Hotel Nissáki Beach** den nächsten Strand.

Über den Kaminaki-Strand zur Haltestelle

Hier passiert man das Hotelgelände und geht weiter am Strand entlang, an dessen Ende wieder ein Fußweg beginnt. Er führt in die **Bucht von Kaminaki,** zu einigen Tavernen. Hinter dem Strand windet sich eine kleine Straße den Hang hoch. Dann zweigt ein alter Eselspfad (gelber Pfeil) nach links ab. Zwischen alten Olivenbäumen führt er hoch zur Straße, über die man bei der Shell-Tankstelle die Hauptstraße und wenige Meter weiter die **Bushaltestelle** erreicht.

Korfu

Kalámi

Das einst verträumte Fischerdorf hat sich zur Urlaubersiedlung entwickelt. *Lawrence Durrell,* der in den 30er-Jahren hier lebte, würde sein geliebtes Kalámi kaum wieder erkennen. Wie auch in anderen Orten der Region Oros haben sich hier insbesondere englische Reiseunternehmen eingekauft. Es entstanden **stilvolle Ferienvillen,** oft luxuriös ausgestattet. Das überwiegend wohlhabende Publikum scheint gerade einem After-Eight-Werbespot entsprungen zu sein. Und obwohl die Unterkünfte sich zumeist hübsch in die Landschaft einfügen, hat die Bucht auch optisch gelitten: Eine größere Hotelanlage bedeckt einen Teil der Küste.

Koulóura

Der **malerische Hafen** ist zwar ein häufig abgelichtetes Fotomotiv, aber viele Urlauber belassen es bei einem Blick aus der Ferne. Dabei ist Koulóura durchaus einen Abstecher wert. Am Hang steht eine kleine Taverne und auf dem Kap ein venezianisches Landhaus aus dem 16. Jh.

LAWRENCE DURRELL

Der englische Schriftsteller *Lawrence Durrell* kam 1912 in Indien zur Welt. Als sein Vater 1928 starb, kehrte die Mutter mit den Kindern nach England zurück. 1935 heiratete Lawrence seine erste Frau *Nancy* und zog mit ihr nach Korfu. Seine Mutter zog mit den Geschwistern wenige Wochen später hinterher. 1935 veröffentlichte Lawrence sein erstes Buch „Pied Piper of Lovers". Während die Familie aus Angst vor den Folgen des Kriegsausbruchs 1939 nach England zurückkehrte, blieb Lawrence so lange wie möglich in Griechenland. Er floh erst 1941, als die deutschen Truppen nicht mehr aufzuhalten waren, über Kreta nach Ägypten. In den folgenden Jahren arbeitete Durrell als Presseattache in Ägypten, Rhodos, Zypern und Belgrad. Das Buch „Schwarze Oliven, Korfu, Insel der Phäaken" erschien 1945 unter dem englischen Titel „Properos' Cell". Durrell lebte die meisten Jahre seines Lebens im Mittelmeerraum und schrieb über diese Aufenthalte Bücher. Sein literarisches Hauptwerk bildet das „Alexandria-Quartett" mit den Büchern „Justine" (1957), „Balthazar" (1958), „Mountolive" (1958) und „Clea" (1960). Die meisten seiner Werke sind auch auf Deutsch erschienen. Lawrence Durrell starb am 7.9.1990 in Sommieres, Frankreich.

Pórta

In Sinies zweigt eine Straße ins Landesinnere nach Pórta ab. Von dem **ruhigen Bergdorf** hat man eine herrliche Aussicht nach Albanien. In den Bergen zwischen Pórta und Nissáki werden noch Steinbrüche betrieben, aus denen die Kalksteinplatten stammen, die in Pflasterwegen und Mauern überall auf der Insel wieder zu finden sind.

Ag. Stefanos

Zahlreiche **Villen** ragen in dieser Gegend zwischen Olivenbäumen und Zypressen hervor. Der Hafen von Ag. Stefanos ist der Ort auf Korfu, der am dichtesten bei Albanien liegt. Bis zur albanischen Küste sind es gerade mal 2,5 km.

Ein Strand bei Kassiópi in der Nebensaison

Unterkunft

• **Villa Rita und Villa Heleni,** Kalámi, 2. Reihe hinter dem Strand, Tel. 91030, im Winter in Athen Tel. 210-6542457, schöne 2er- (33-47 €) und 4er-Zimmer (38-60 €), Küche, Bad, Balkon, teilweise Meerblick, hübscher Garten.

Essen und Trinken

• **Bar Panorama,** Pórta, am unteren Dorfende mit herrlicher Aussicht, einfache griechische Speisen, Preise o.k.
• **Strandtaverne Eucalyptus,** Ag. Stefanos, guter *traditional village pie* mit Kürbis und Dill, Preise gehoben.

Kassiópi

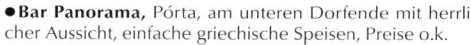

Korfu

Kassiópi war früher einer der schönsten Flecken der Region. Mittlerweile ist es von Touristen überlaufen. Dennoch ist das **geschichtsträchtige Dorf** einen Besuch wert.

Die Gegend war schon während der Bronzezeit besiedelt. Zu Zeiten der Römer war Kassiópi nach Korfu-Stadt die zweitwichtigste Stadt der Insel. 48 v. Chr. wohnte *Cicero* eine Woche im Tempel von Kassiópi, 67 n. Chr. ließ Kaiser Nero sich dort nieder. Von der römischen Festung ist heute nicht mehr viel erhalten und auch der Tempel wurde in frühchristlicher Zeit durch eine Basilika ersetzt.

040ko Foto: vb

1084 tobte vor Kassiópi eine Seeschlacht, bei der es den Venezianern gelang, die Normannen zu vertreiben. Die Herren von Anjou ließen Ende des 13. Jh. eine neue Festung bauen. Reste dieser Anlage stehen heute noch. Zu Zeiten der Venezianer wurde Kassiópi bedeutungslos. Im 16. Jh. litt die Stadt unter den Angriffen der Osmanen. Vermutlich wurde dabei auch die alte Kirche zerstört. Um 1590 wurde an gleicher Stelle ein neues Gotteshaus errichtet, in dem Freskenreste aus dem 17. Jh. bewundern werden können.

Lohnenswert ist ein Abstecher zu den **Ruinenresten** der alten Festung wegen der Aussicht auf das Dorf und die Küste. Der **Hafen** von Kassiópi hat heute zwar nicht mehr den Charme früherer Tage, aber er ist immer noch hübsch anzusehen. Schön sind auch die kleinen **Strände** unterhalb der Festung von Kassiópi.

Kalamáki Ein paar Kilometer weiter erreicht man den Sandstrand von Kalamáki. Seit sich hier einige Hotelanlagen die Hänge hochziehen, kann man die Ruhe am alten Holzsteg nur noch in der NS genießen. Bei Ebbe sind fast schon Wattwanderungen möglich, so flach zieht sich der Sand ins Meer.

Unterkunft ● **Studio Kástro Kassiópi,** Kassiópi, auf dem Kap oberhalb der Strände ruhig gelegen, große schöne Zimmer, Küche, Bad, großer Balkon, Meerblick, beliebt, Reservierung ratsam, Tel./Fax 81045, 30-40 €.

Ag. Spiridounas und der Lagunensee Antinioti

Gleich neben dem Strand von Ag. Spiridounas liegt der Lagunensee Antinioti, der das Kap Ag. Ekaterini von der Insel abtrennt, so dass es nur über eine Brücke zu erreichen ist.

In und um den schilfbewachsenen See leben zahlreiche Fische und Vögel. Ein 400 ha großes Gebiet steht unter **Naturschutz.** Früher bevölkerten nicht Menschen, sondern Millionen von Mücken die von Malaria geplagte Küstenregion. Heute wird die Population der Plagegeister mit Chemikalien in Schach gehalten.

Die **Kirche Ag. Spiridounas** steht abseits vom Strand, an der Straße in Richtung Acharávi. Die kleine Halbinsel Ag. Ekaterini eignet sich für einen Abendspaziergang. Die Ruine des Klösterchens, das 1713 errichtet wurde und dessen Namen die Halbinsel trägt, ist nicht zugänglich.

Korfu

Néa Períthia

Im Landesinnern liegt das Dorf Néa Períthia. Früher hatten Piraten und die Malaria den Küstenstreifen unbewohnbar gemacht. Das Piratenproblem löste sich im 19. Jh., das Mückenproblem erst vor wenigen Jahren. Daraufhin verließen die Bewohner von Palio Períthia ihr Dorf in den Bergen und gründeten im 20. Jh. Néa Períthia. Vom Ort zweigt eine Straße in die Berge ab.

Höhle Megali Grava

Zur Höhle folgt man der Straße bis Loútses, wo es nach links zum Weiler Anapaftiria geht. Zwischen den Häusern zweigt eine Piste nach rechts ab. Die Höhle ist als „Cave" ausgeschildert. Da der Weg nun schlecht befahrbar wird, geht man am besten zu Fuß weiter. Nach 800 m hält man sich an einer Gabelung links und erreicht bald eine Picknickbank mit herrlicher Aussicht. Kurz darauf trifft man auf ein Schild „Cave 100 m". Der Weg geht in einen Fußpfad über und führt steil nach unten unter einer rötlichen Felswand zum Höhleneingang.

Die Öffnung ist fast 100 m lang und 40 m hoch. Zahlreiche einfache **Tropfsteine** hängen von der Decke. Der Boden der ca. 30 m tiefen Höhle ist meist nass und glitschig, teils auch mit Algen und Moosen bewachsen. Die Felswand bietet Vögeln ein Zuhause und auch Fledermäuse leben hier.

Palio Períthia

In 650 m Höhe liegt das Dorf Palio Períthia, das in byzantinischer Zeit entstand, als die Seeräuberplage die Menschen von der Küste ins unwegsame

Bergland trieb. Erstmals schriftlich erwähnt wurde es 1347 n. Chr. Die meisten Häuser stammen aus dem 15.-17. Jh. Das Dorf war eines der reichsten Dörfer der Insel. Die Felder zogen sich den Hang hinunter bis in die Gegend um Néa Períthia. In Palio Períthia stehen die besterhaltensten **Bauernhäuser aus venezianischer Zeit,** überwiegend einfache rechteckige Gebäude mit Satteldach. Ein beliebtes Fotomotiv ist das Herrenhaus Skordili von 1699. Es wird von einer Mauer mit Eingangsportal und venezianischem Wappen umgeben.

In Palío Períthia

Die meisten Häuser stehen leer und Blumen und Gestrüpp erobern das Gemäuer. Doch wohnen heute wieder einige Menschen in Palio Períthia, nachdem das Dorf schon für mehrere Jahre ganz **verlassen** worden war. In den letzten Jahren kauften Ausländer sich ein und renovierten. An mancher Mauer prangt ein Schild „Sale".

Die Kirchen sind noch in besserem Zustand. Am letzten Sonntag im Juli reisen **Pilger** an und tragen bei einer Prozession eine Ikone durchs Dorf, die es 1863 vor einer Seuche gerettet haben soll. In der Nebensaison ist der Ort wie ausgestorben, im Sommer stapeln sich die Mietautos am Eingang und überall klingeln die Glocken des Weideviehs.

Korfu

Essen und Trinken

●**Dorftaverne,** Palio Períthia, einfache griechische Küche, Preise o.k.

Almyros und Acharávi

Die Hauptstraße führt hinter dem kilometerlangen Sandstrand von Almyros nach Acharávi. Der Ort zieht in den letzten Jahren viele Urlauber an, es ist hier aber noch ruhiger als in Róda. Ziel der meisten Gäste ist der lange Strand. Eine wenig beachtete Sehenswürdigkeit sind die Ausgrabungen der römischen Badeanlagen neben der Hauptstraße.

Unterkunft

●**Hotel St. George's Bay,** sehr gepflegte Anlage mit ansprechender Architektur, schöner Garten, Zimmer mit Bad, Balkon, Küche, AC, mit Frühstück für 2 Pers. 32-65 € je nach Wohnungstyp und Saison, sehr beliebt, teils deutsche Pauschalbuchungen, Reservierung langfristig ratsam, www.stgeorgesbay.com, tourismhw@aol.com, in Deutschland Tel. 06173-66747, Fax 640969, in Griechenland Tel. 26630-263203, Fax 263540.
●**Villa Kaktus,** direkt am Strand von Acharávi, DZ, Bad, Balkon, Küchenecke 20-34 €, 4er 40-68 €, Tel. in Berlin 030-3058453.
●**Villa Angela,** Almyros, am Strand, ruhige Lage außerhalb des Dorfes, z.T. Pauschalbuchungen, Tel. 26610-30998 oder 26630-98408 oder 64148.
●**Akti Anastassia,** ruhige Lage am Strand von Almyros, außerhalb des Dorfes, teils Individualreisende, teils Pau-

schalbuchungen, DZ, Bad, Balkon, Küchenecke, 50-55 €, 4er 90-95 €, auch einfachere Ferienhäuschen direkt am Strand für 2-3 Personen, 60-65 €, im Hauptgebäude Aufenthaltsraum mit Bar, Tel. 26630-63360.

Essen und Trinken

●**Taverne Votsalakia,** Acharávi, eine der ältesten Tavernen am Strand, gute griechische Küche, Preise o.k.
●**Taverne Nautis,** Acharávi, am Strand, nett gemacht, Kinderschaukel, Springbrunnen, leckere Gerichte, Preise o.k.

Róda

Der Sandstrand hat Róda in den letzten Jahren hohe Besucherzahlen beschert. Der Ort wird von vielen Strandfans pauschal gebucht. Abends ist hier viel los. In Róda wurde ein dorischer Tempel aus dem 5. Jh. v. Chr. am Strand entdeckt. Die sehenswerten Funde sind im Archäologischen Museum in Korfu-Stadt ausgestellt. In Róda selbst ist nicht viel vom Tempel zu sehen.

Unterkunft

●**Camping Róda Beach,** rund 1 km entfernt, Tel. 63120, Fax 63081, gepflegt, schattig, Schwimmbad, Taverne.

Essen und Trinken

●**Taverne Pangalos,** wird seit 30 Jahren in einem alten Haus am Strand betrieben, einfache, urige Taverne, die ihren Charme behalten hat, gute, einfache griechische Speisen, Preise o.k.

Die Bergdörfer und der Pantokrátoras

Von Acharávi führt eine Straße ins Landesinnere zu den Weilern **Ag. Martinos, Krinias** und **Lafki.** Dem Gebirgssträßchen in Lafki folgend, erreicht man **Trimodi, Eriva** und **Petalia.** Hier werben einige Tavernen um Gäste und man hat eine schöne Aussicht auf die Nordküste. Eine Straße zweigt zum Pantokrátoras-Plateau ab.

Oberhalb der Dörfer erreicht man eine hügelige **Hochebene** mit kleinen Tälern voller Farnen. Die Hügel sind teils mit Phrygana bewachsen, teils sind sie kahl. Früher wurden die Vothines („grüne Seen") genannten Täler landwirtschaftlich genutzt.

Einsehen kann man diese Welt vom 906 m hohen **Gipfel des Pantokrátoras.**

Auf dem Gipfel steht am höchsten Punkt das **Kloster Pantokrátoras.** Der Legende nach soll 755 n. Chr. ein Schäfer hier oben eine Ikone gefunden haben, für die man ein Haus baute. Das Kloster wird 1347 erstmals schriftlich erwähnt. Demnach wurde es von 23 Bergdörfern errichtet. Nach Zerstörung im 16. Jh. baute man es wieder neu auf. Die Kirche wurde zuletzt renoviert, war aber trotzdem zugänglich. Man findet dort alte Fresken, größtenteils aus dem 17.Jh. Eine Spende wird erwartet. Wickelröcke liegen aus.

Zwischen dem 2. und 6. August pilgern Gläubige zum Gebet hier hoch. Das **Klosterfest** findet am 6.8. statt. In der Nacht zuvor wandern viele Pilger mit Kerzen den Klosterberg hinauf.

Am Klostereingang befinden sich ein Souvenirshop und ein Café. Von hier oben kann man die ganze Festlandküste überblicken. Ein Pullover leistet jetzt gute Dienste, auch wenn es an der Küste brütend warm ist. Es gibt wenig Parkplätze.

Eine tolle Aussicht auf Zentral-Korfu bietet sich von der Straße zwischen **Strinílas, Spartílas** und **Pirgí.** Zwischen Olivenbäumen windet sie sich in unzähligen Serpentinen den Hang hinunter.

Sokraki und Zigos Eine ähnlich spektakuläre Straße führt von Ano Korakianna etwas weiter westlich die Hänge hoch nach Sokraki. Zigos ist ein Dorf, in dem der Tourismus nur in Form von neuen Wegzeigern angekommen ist. Die Bauern ziehen mit ihren Eseln oder uralten Traktoren in die dunkelgrüne Welt der Olivenbäume. Die Gegend ist wasserreich und üppig grün. Sogar Farne wachsen hier.

Nymphes Auch Nymphes liegt in dieser feuchten Landschaft. Der Ort war schon zu antiker Zeit besiedelt. Die Kirche Ag. Konstantínos wurde in die Ruinen eines Apollon-Tempels hineingebaut, von dem heute aber nichts mehr zu sehen ist.

Hinter Nymphes führt eine Piste am Fußballfeld vorbei zu den **Wasserfällen** *(Kataraktes)*. Die alten Griechen glaubten, dass hier die Nymphen tanzten, woraus sich der Dorfname ableitet. Die Wasserfälle führen nur im Winter Wasser. Schon im Mai tröpfelt nur noch ein Rinnsal.

Hinter Nymphes liegt das 1930 verlassene **Kloster Pantokrátoras** und die kleine **Friedhofskirche Askitariou,** in der es alte Fresken aus dem 17. Jh. zu bewundern gibt (Kirchenschlüssel im Dorf). Das Kloster liegt wenige Meter weiter hangabwärts. Es wurde 1371 erstmals urkundlich erwähnt. Teile stammen noch aus byzantinischer Zeit, die meisten der erhaltenen Bauten wurden jedoch um 1740 errichtet. Die Fresken der Kirche entstanden überwiegend im 17. und 18 Jh. Der Klosterhof ist ein hübscher, ruhiger Ort.

Am nördlichen Ortsausgang von Nymphes befindet sich die **Kirche Ag. Estafromenou,** die an eine buddhistische Stupa erinnert. Wann genau sie gebaut wurde ist unbekannt. Freskenreste im Inneren stammen vermutlich aus dem 17. oder 18. Jh. 1860 wurde die alte Kirche nach Westen baulich erweitert. Sie ist normalerweise verschlossen.

Essen und Trinken

●**Taverne Agnadio,** Spartîlas, am unteren Dorfrand, gute Küche, sehr beliebt, Preise gehoben, tolle Aussicht, abends manchmal Reservierung notwendig, Tel. 0663-92295.

Wanderung am Pantokrátoras

●**Route:** Spartîlas – Pantokrátoras
●**Strecke:** Der schöne Fußweg ist ein Teil des Corfu-North-South-Trails. Er ist gelb oder rot markiert.
●**Dauer:** 4 bis 5 Stunden hinauf und wieder herunter
●**Ausrüstung:** Wasser, Sonnenschutz und Kondition
●**Organisation:** Man sollte morgens sehr früh aufbrechen

In Spartîlas zweigt eine Straße mit gelber Markierung rund 50 m oberhalb des **Cafés Moureto** von der Hauptstraße ab. Es geht nach links und rechts weiter durch die Gassen aufwärts zu einer **Kirche,** oberhalb derer Treppen links hochführen. Man erreicht eine Betonstraße, von der ein markierter Pfad in einer Kurve abzweigt. Nach 50 Minuten zweigt vom Hauptpfad ein anderer nach rechts zu einer kleinen **Kapelle** mit sehr schöner Aussicht ab. Der Hauptpfad zieht sich an einem verlassenen **Bauernhof** mit Dreschplatz vorbei ein Tal hinauf. Man orientiert sich an den roten Pfeilen bis man auf eine Piste gelangt. Hier folgt man dem Weg nach rechts zurück in das Tal hinein (nicht nach links, wie der rote Pfeil es markiert). In der ersten scharfen Kurve zweigt nach links ein gelb markierter Pfad ab, der über eine **kahle Hochebene** führt. An einer **Wasserzisterne** trifft man nach gut einer Stunde auf die Straße, der man noch 15 Minuten bis zum **Gipfel** hoch folgt. Der Rückweg erfolgt über die gleichen Pfade. Besonders schön ist diese Tour im Mai und im Oktober.

Korfu

Strände

Barbáti

Große Bucht, hinter der Olivenhaine und Bäume wachsen. Das Dorf liegt oben am Hang. 1-2 km lang, 5-10 m breit, Kies, klares Wasser, kein Seegras, wenig Felsen, steil abfallend, vorne sonnig, hinten Schatten, HS voll, NS gut besucht.
●**Service:** Taverne, Dusche, Umkleidekabine, WC, Telefon, Strandsäuberung, einfach zu erreichen für Leute mit Gehbehinderung, oben Hotels und Pensionen, Schirme und Liegen, Tretboote, Wasserski, Crazy Banana, Paragliding
●**Anfahrt:** Parkplatz, Bushaltestelle rund 500 m entfernt

Nissáki

Kleine Bucht mit Taverne auf der felsigen Halbinsel. 30 m lang, 10 m breit, Kies, felsige Küste, gut zum Schnorcheln geeignet, klares Wasser, Felsen im Wasser, etwas Seegras, steil abfallend, Anlegesteg, voll.
●**Service:** Strandsäuberung, WC, Tavernen, Telefon, Liegen, Wasserski, Ring, Paragliding, Wakeboard, Crazy Banana, oberhalb Pensionen und Hotels, Minimarkt
●**Anfahrt:** markierte Teerstraße, Parkplatz, kein Bus

Bei Nissáki

Bei Nissáki liegen noch einige kleine Buchten, die z.T. nur vom Meer oder durch Privatgrundstücke zu erreichen sind.

Kaminaki

Schöne Bucht mit Blick auf Korfu-Stadt, hinten steile Hänge mit alten Olivenbäumen. 100 m lang, 5-10 m breit, Kies, sonnig, klares Wasser, wenig Seegras, wenig Felsen, Bootsanlegesteg, flach abfallend, NS ruhig, HS gut besucht.
●**Service:** Strandsäuberung, Papierkörbe, Supermarkt, Telefon, WC, Taverne, Schirme und Liegen, Ferienvillen
●**Anfahrt:** steile Straße, kaum Parkplätze, Bushaltestelle oben an der Hauptstraße

Nissáki
Beach
Hotel

Seitlich der landschaftlich schönen Bucht erhebt sich ein Großhotel. 300 m lang, 10 m breit, Kies, sonnig, kein Seegras, wenig Felsen im Wasser, flach abfallend, gut besucht/voll.
●**Service:** Taverne, WC, Dusche, Strandsäuberung, Telefon, Liegen und Schirme, Tretboote
●**Anfahrt:** steile Straße, kaum Parkplätze, Bushaltestelle oben an der Hauptstraße

Agni

Hübsche Bucht, Villa auf einem Kap, Ferienhäuser im Olivenwald. 100 m lang, 5 m breit, Kies, klares Wasser, etwas Seegras, kaum Felsen im Wasser, flacher abfallend, NS ruhig, HS gut besucht.
●**Service:** Tavernen, WC, Schirme und Liegen, Strandsäuberung, Telefon
●**Anfahrt:** kleine Straße, Parkplatz gebührenpflichtig, kein Bus

Kalámi

Hinten Bäume und Gärten, am Strand Häuser, seitlich ein Großhotel, 300 m lang, 5-10 m breit, Kies und Steine, steiler abfallend, Felsen nur am Buchtrand im Wasser, teils Algen, teils Seegras, sonnig, Bootsanlegesteg, NS gut besucht, HS voll.

● **Service:** Tavernen, WC, Strandsäuberung, Liegen und Schirme, Tretboote, Kanus, Pensionen, Großhotel, Telefon, Supermarkt

● **Anfahrt:** Bushaltestelle, Parkmöglichkeiten

Kouloúra

Bucht mit malerischem Hafen, schönes Haus auf dem Kap, Strand unter großen Eukalyptusbäumen, Blick auf den Hafen und nach Albanien, 150 m lang, 5-10 m breit, Kies, steiler abfallend, schattig, teils Felsen im Wasser, Badeschuhe empfehlenswert, NS ruhig, HS relativ ruhig.

● **Service:** Am Hafen Taverne, WC, Telefon, keine Einrichtungen und keine Strandsäuberung

● **Anfahrt:** Bus bis Kalámi, von dort 1km, kaum Parkplätze

Kerasia

Schöne, lang gezogene Bucht, ein Kap voller Zypressen, das andere voller Ginster, hinter dem Strand Villen und Eukalyptusbäume, die etwas Schatten geben, 300 m lang, 10-15 m breit, Kies mit Sand, flach abfallend, Bootsanlegesteg, klares Wasser, kein Seegras und keine Felsen im Wasser, NS ruhig, HS gut besucht.

● **Service:** Kiosk, Taverne, WC, einfach zu erreichen für Leute mit Gehbehinderung, sauber, Schirme und Liegen, Tretboote, Kanus, Telefon

● **Anfahrt:** Straße von Ag. Stefanos, kein Bus, Parkplatz

Ag. Stefanos

Hübsche Bucht mit Blick auf Albanien, Strand seitlich des Hafens hinter der Taverne Eucalyptus, 80 m lang, 5 m breit, Kies und Steine, Seegras, teils Steine und Felsen im Wasser, flach abfallend, sonnig, Eukalyptusbäume geben etwas Schatten, NS gut besucht, HS voll.

● **Service:** Strandsäuberung, Supermarkt, Ferienhäuser hinter der Uferpromenade, Telefon, Tavernen, WC, Liegen und Schirme, Tretboote, Motorboote

● **Anfahrt:** von Sinies aus, kein Bus, Parkmöglichkeit

Avláki

Hinter dem sonnigen Strand teils Gärten, teils Schilf, mit Gestrüpp bewachsenes Kap, Blick auf die albanische Küste, 500 m lang, 10 m breit, Kies, klares Wasser, teils Seegras, Felsen am Buchtrand, steiler abfallend, NS ruhiger, HS gut besucht.

Korfu

Die Küste bei Nassáki

• **Service:** Taverne, WC, Duschen, Umkleidekabinen, eine Hotelanlage seitlich des Strandes, Strandsäuberung, einfach zu erreichen für Leute mit Gehbehinderung, Holzstege führen über den Sand, Liegen und Schirme, Tretboote, Kanu, Motorboote
• **Anfahrt:** von Kassiópi aus, kein Bus, Parkplatz

Kassiópi

Unterhalb der Festung mehrere schöne Buchten, Kaps fallen als flache Felsplatten ins Meer, Buchten 50 m lang, 5-10 m breit, Kies, steiler abfallend, sonnig, Felsen zum Sonnenbaden geeignet, kein Seegras, NS gut besucht, HS voll.
• **Service:** Anlegesteg, Wasserski, Crazy Banana, Ring, Paragliding, Liegen und Schirme, Pension, Taverne, Telefon, WC, Supermarkt am Hafen, Strandsäuberung
• **Anfahrt:** von Kassiópi in 15 Min. über eine Piste und Trampelpfade, Bus bis Kassiópi, keine Parkmöglichkeit

Séki Bay

Kleine nette Bucht an der Straße, hinten Bäume, am Kap Ginster und Blumen, Blick nach Albanien, 50 m lang, 5 m breit, Kies und Steine, teils sonnig, teils schattig, steil abfallend, ruhig, am Buchtrand Felsen, teils Seegras.
• **Service:** keine Einrichtungen, Taverne, WC, Telefon
• **Anfahrt:** Parkplatz, Bushaltestelle

Séki – Kalamáki Hauptstrand

Mehrere flache Sandkaps, hinterm Strand Schilf, kleine Bäche münden ins Meer, 300 m lang, 5-25 m breit, sonnig, keine Felsen im Wasser, kaum Seegras, sehr flach abfallend, malerischer Holzsteg führt ins tiefere Wasser, bei Ebbe „Wattspaziergang" möglich, NS gut besucht, HS voll.
• **Service:** Am Hang größere Hotels, unten Tavernen, WC, Schirme und Liegen, Tretboote, Strandsäuberung, Telefon
• **Anfahrt:** Bushaltestelle, Parkplatz

Ag. Spiridounas Hauptstrand

Hübsche Bucht, hinterm Strand einige Bäume, am Rand Felsen, vorgelagerte Felseninsel. Hinter dem flachen Kap erstreckt sich der Lagunensee. Großhotel im Bau. 150 m lang, 10 m breit, Sand, klares Wasser, wenig Seegras, sehr flach abfallend, sonnig, NS gut besucht, HS voll.
• **Service:** Taverne, WC, Dusche, Schirme und Liegen, Ferienhäuschen in den Olivenhainen der umliegenden Hügel, Supermarkt 500 m entfernt, Telefon, einfach zu erreichen für Leute mit Gehbehinderung, Strandsäuberung
• **Anfahrt:** markierte Straße, Parkplatz, kein Bus

Kap Ekaterini

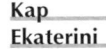

Auf der Halbinsel gibt es zwei Strände, je 50 m lang, 5-10 m breit. Am einen findet man Sand, Seegras und Felsen am Rand der Bucht, vorgelagert ist eine flache Felsenbank, steiler abfallend, NS und HS ruhig, sonnig, Büsche geben etwas Schatten, Blick nach Albanien. Der andere liegt in einer von kahlen Hügel umgebenen Bucht, hinter der die

Ruine eines verlassenen Klosters liegt. Dort wachsen auch einige Bäume, am Strand aber sonnig. Blick auf die Inseln Othoní und Erikoússa, schöne Sonnenuntergänge, Kiesel und Steine, am Rand felsig, steiler abfallend, leer.
- **Service:** keine Einrichtungen
- **Anfahrt:** Fußweg von Ag. Spiridounas, dort Parkplatz

Almyros

Östliches Ende der langen Bucht von Acharávi, hinter dem Strand führt eine Piste entlang, in der Ebene Gras, hinten mit Phrygana bewachsene Dünen und Felder, einige Häuser, Blick auf Albanien, 5-15 m breit, Sand, klares Wasser, wenig Seegras, wenig Felsen, flach abfallend, sonnig, NS leer, HS ruhiger.
- **Service:** Tavernen, WC, Telefon bei Taverne George, einfach zu erreichen für Leute mit Gehbehinderung
- **Anfahrt:** Parkplatz, kein Bus

Acharávi

Kilometerlange Bucht, die im Westen in den Strand von Róda und im Osten in den Strand von Almyros übergeht; hinter dem Strand Tamariskenbäume, Tavernen, Pensionen und Hotels an der Straße, Dorfzentrum im Landesinnern, 5-15 m breit, Sand, teils auch Kies, sonnig, klares Wasser, keine Felsen, kaum Seegras, teils steiler, teils flacher abfallend, NS ruhig, HS gut besucht bis voll, im Osten ruhiger.
- **Service:** einfach zu erreichen für Leute mit Gehbehinderung, Volleyballnetz, Telefon, Dusche, WC, Tavernen, Strandsäuberung, Supermarkt, Kiosk, Schirme und Liegen, Surfbretter, Tretboote, Segelboote, Motorboote
- **Anfahrt:** Bushaltestelle 500 m entfernt, Parkplatz

Róda

Westliches Ende der lang gestreckten Bucht um Acharávi herum, kleiner Hafen, hinter dem Strand Palmen und die lebhafte Uferpromenade, 10-20 m breit, Sand, etwas Seegras, flach abfallend, teils auch steiler, in der Nähe einer Flussmündung Verunreinigungen, HS voll, NS gut besucht.
- **Service:** einfach zu erreichen für Leute mit Gehbehinderung, Strandsäuberung, Supermarkt, Kiosk, Tavernen, WC, Dusche, Telefon, Hotels, Pensionen, Schirme, Liegen, Tret- und Motorboote, Wasserski, Crazy Banana, Ring, Paragliding.
- **Anfahrt:** Bushaltestelle, Parkplatz, Taxistand

Róda West

Der Blick fällt auf Róda und Acharávi, hinter dem Strand teils Bäume, 1 km lang, 5-30 m breit, sonnig, Sand, einige Felsen im Wasser, viel Seegras, flach abfallend, NS gut besucht, HS voll.
- **Service:** Kinderspielplatz, WC, Taverne, Großhotel, Bootsanlegesteg beim Hotel, Schirme und Liegen, Tretboote, Kanus, Bootsausflüge, einfach zu erreichen für Leute mit Gehbehinderung, Strandsäuberung, Dusche, Telefon, Volleyballnetz, Supermarkt
- **Anfahrt:** Straße zum Róda Village Hotel, Parkplatz

Korfu

GYROS – DER NORDWESTEN

Überblick
Die nordwestliche Region Korfus wurde von den Venezianern *Gyros* genannt. Sie beginnt hinter Róda und endet bei Skriperó und Liapádes. Im Norden erstreckt sich das Tal um den Bach Tyflopotamos. An der Küste ziehen sich **lange Sandstrände** bis nach Nordwesten. Hier fallen **bizarre Felswände** steil ins Meer ab. Die Westküste ist schroff und trockener, aber auch hier unterbrechen lange Sandstrände, die viele Urlauber anziehen, die Felsen. Ruhig und unberührt sind die einfachen Bauerndörfer im **hügeligen Hinterland.** Im Süden durchzieht eine **Bergkette** die Region Gyros. Einer der meistbesuchtesten Orte Korfus ist Paleokastrítsa, das spektakulär unterhalb der Berge am Meer liegt.

Tipps für die Region

Verkehrs-mittel

●**Bus:** Die Busverbindungen nach Sidári und Paleokastrítsa sind gut. Seltener, aber regelmäßig, fährt der Bus von Sidári nach Róda. Alle anderen Orte im Nordosten, die nicht an der Strecke liegen, sind per Bus schlecht zu erreichen.

●**Taxi:** in Sidári: Tel. 95101; in Paleokastrítsa: *Geórgios,* Tel. 41306, Handy 094-316736, *Vassilis,* Tel. 49303, Handy 094-4621938.

●**Mietfahrzeug:** Sidári: San Stefano, Tel./Fax 51771, steftrav@otenet.gr; Ag. Stefanos: San Stefanos Travel, Tel./Fax 51910; Aríllas: Aríllas Travel, arillast@otenet.gr, Tel. 51280, Fax 51381; Ag. Geórgios: St. George Cars, Tel./Fax 96322, Handy 094-4346595, Costas Cars and Bikes, Tel. 96352.

●**Tankstellen** findet man zwischen Róda und Karousádes, in Sidári, bei Dáfni, bei Doukádes und in Arkadades.

Aktivitäten

●**Wasserpark:** Am Ortseingang von Sidári liegt ein kleiner Wasserpark mit Pool und Riesenrutschbahn, ein Aquapark in Miniatur. Eintritt frei, Tagesgebühr für die Benutzung der Rutschbahn, Tel./Fax 99066, täglich 9-18 Uhr.

●**Tauchkurse,** Corfu Dive Club in Paleokastrítsa-Skriperó, Tel./Fax 41206, cfudiveclub@kerforthnet.gr

●**Bootsausflüge:** Die Reisebüros bieten Bootsausflüge zum Sandstrand der vorgelagerten Insel Erikoússa an. Die Boote fahren dabei auch an den bizarren Felsen des Canal d'Amour entlang. Auch Ausflüge zur Insel Mathráki werden häufig angeboten. Manchmal werden beide Inseln auf einer Tour angelaufen. Die Insel Othoní wird dagegen nicht so oft angesteuert, man erreicht sie von Sidári aus nach 1,5 Stunden. In Lákones, Paleokastrítsa und Sidári können Motorbootausflüge entlang der Küste selbst organisiert werden.

●**Gokart:** Sidári: Eine Bahn für kleine Kinder liegt an der Straße zum Viertel Canal d'Amour, eine größere Anlage im Landesinneren an der Straße nach Korfu-Stadt hinter der BP-Tankstelle; bei letzterer dürfen Kinder ab 6-7 Jahren selbst ans Steuer, Tel. 99076, täglich 11-21 Uhr.

●**Mountainbikes und Fahrräder:** in Paleokastrítsa: *George Michalas,* Tel. 41485, Fax 41643; in Sidári: Mountainbike-Shop an der Hauptstraße.

Korfu

Einkaufen

In Sidári reihen sich die **Souvenirshops** aneinander. Am Dorfeingang, von Korfu-Stadt aus kommend, liegt ein größerer **Supermarkt** mit gutem Sortiment. Ansonsten trifft man auf **Tante-Emma-Läden.** Im Zentrum von Afiónas betreibt ein deutsches Ehepaar ein schönes Souvenirgeschäft namens **„Oliven und Mee(h)r",** täglich geöffnet 10.30-13 Uhr und 16-21 Uhr, Tel. 52081. In Makrádes werden schöne Olivenholzprodukte bei **„Fakiola"** angeboten. Zahlreiche Tourist-Shops werben in Lákones und in Paleokastrítsa um Kunden. Es werden Gefäße aus Olivenholz, Olivenöl, Honig und Wein aus der Gegend angeboten.

Nachtleben

Zahlreiche Bars und Pubs findet man in **Sidári.** Die meisten anderen Orte dieser Region bieten abends wenig Unterhaltung.

Nützliche Adressen

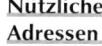

●**Krankenhaus:** kleines Krankenhaus in Agros, Tel. 26630-71312, 71201, 24 Stunden am Tag, Krankenscheine werden akzeptiert.

●**Ärzte:** Privatärzte, die Rechnungen stellen findet man in: Karousádes: Tel. 26630-31377; Sidári: Dr. *Demetrios,* Tel. 26630-31777, Dr. *Chatziastros,* Tel. 26630-99022, Handy 093-672108, ein weiterer Arzt an der Hauptstraße, Tel. 26630-95651; Aríllas: Dr. *Papadopoulos,* Tel. 26630-51498, Handy 094-4528593; Doukádes: Tel. 26630-41555; Makrádes: Tel. 26630-41368

●**Zahnarzt:** *Anna Pagriti* in Velouades (ca. 1 km von Sidári in Richtung Korfu-Stadt), Tel. 26630-95977

●**Polizei:** Karoussádes: Tel. 26630-31222; Magouládes: Tel. 26630-95222; Paleokastrítsa: Tel. 26630-41203. Im Notfall: **Touristenpolizei** in Korfu-Stadt, San-Rocco-Platz, Tel. 26610-30265.

●**Geld:** Bankautomaten: in Sidári an der Hauptstraße neben Adia Travel und beim Büro von Western Union neben Büro „First Choice". Das Postamt am Dorfeingang von Karousádes wechselt Bargeld und Reiseschecks. Geldwechsel ist in den meisten Reisebüros möglich, in Ag. Geórgios Pagon auch im Supermarkt Marika.

●**Reisebüros:** Sidári: zahlreiche Reisebüros; Ag. Stefanos: San Stefanos Travel, Tel./ Fax 51910; Aríllas: Aríllas Travel, Tel. 51280, Fax 51381, arillast@otenet.gr; Paleokastrítsa, Reisebüro Europe, Tel. 41875, Fax 41876

●**Wäscherei:** Sidári: 1 Hour Laundry, Viertel Canal d'Amour, im Ort nach der *plidirio* fragen, täglich außer sonntags 9.30-17 Uhr

●**Internetcafé:** Café Elysee, in Sidári, am Oststrand, Tel./ Fax 95205, E-Mail: elysee@otenet.gr

Rundfahrt durch die Region

Die Tour beginnt in **Gouviá,** nördlich von Korfu-Stadt. Im Ort zweigt von der Küstenstraße eine Hauptstraße ab, die in großen Serpentinen hoch nach Troumbetas führt. An einer Gabelung fährt man nach links und erreicht über die Dörfer **Arkadades, Ag. Athanassios** und **Messaria** schließlich die grüne Küstenebene hinter **Sidári***. Dort lohnt ein Abstecher zum **Canal d'Amour*,** bevor es durch das mit Olivenwald bedeckte Hinterland nach **Perouládes** und zu den bizarren Felsen am **Kap Drastís*** weitergeht. Dann fährt man über die grünen Berge bei **Avliotes** zur kahlen Küstenlandschaft bei **Ag. Stefanos*.** Auch der folgende Ort, **Aríllas*,** zieht viele Gäste an. Nächstes Ziel ist das auf einem steilen Felsrücken vom Meer umgebene Dorf **Afiónas*.** Hier findet man im Blauen Haus eines der besten Restaurants der Insel. Von der Kirche im Dorfzentrum führt ein kleiner Weg, zu einem Aussichtspunkt auf die andere Küstenseite. Der Blick fällt auf die türkisblau schimmernde Bucht von Ag. Geórgios Pagon. Die Straße führt nun ins Landesinnere zurück. Der Strand **Ag. Geórgios Pagon*** ist markiert. Man folgt der kleinen Straße durch Olivenwald hoch nach **Pági** und **Prinilas.** Der Blick zurück ist spektakulär. Dann kehrt man nach Pági zurück und fährt über **Vatonies** durch das üppig grüne Tal über alte Brücken nach **Arkadades.** Der Hauptstraße nach rechts

folgend, erreicht man **Troumbetas** auf der Passhöhe. In diesem Weiler zweigt nach rechts eine
Straße ab, von der man eine tolle Aussicht über
die Insel hat. In **Vistonas** hält man sich links und
erreicht **Makrádes***. Bei der Gabelung dort hält
man sich rechts und fährt auf die **Festung Anglokastro*** zu, die auf einem schroffen Felskegel
hoch über der wilden Küste liegt. Nach einem Besuch der Festung geht es zurück nach **Makrádes.**
Der Straße nach rechts folgend erreicht man **Lákones*** und **Bella Vista:** Von hier hat man eine
wunderschöne Aussicht nach Paleokastrítsa. Die
kleine Straße führt in zahlreichen Kurven den steilen Hang hinunter. Unten, in **Paleokastrítsa*,** ist
das beliebteste Ziel der meisten Urlauber das
Kloster auf der vorgelagerten Felsenhalbinsel. Wer
einen gemütlichen Dorfplatz sucht, sollte sich auf
den Weg nach **Doukádes*** machen. Dann geht es
über die Hauptstraße zurück nach **Gouviá.**

●Mit **Stern*** gekennzeichnete Orte werden im Folgenden
detaillierter beschrieben.

Sidári

Die vielen Besucher haben ihre Spuren hinterlas-
sen: Sidári hat sich zur **Hotelstadt** mit zahlreichen
Bars und Pubs entwickelt. Hinter dem Ort liegt
der **Canal d'Amour** – die eigentliche Attraktion.
Er besteht aus mehreren bizarren Felsenkaps mit
Kanälen, die teils an kleinen Sandbuchten enden.
Hinter den Felsen wurden in den letzten Jahren
Hotels und Bars gebaut und ein Teil der Felsen
verschwindet jetzt tagsüber unter Plastikliegen
und Sonnenschirmen. In der NS kann man die Felsen noch so bewundern, wie die Natur sie formte.
Angeblich sollen junge Frauen, die morgens, solange das Wasser noch im Schatten liegt, durch
die Felsenkanäle schwimmen und dabei an ihre
große Liebe denken, bald vom Angebeteten ge-
heiratet werden ...

Kap Drastís Am Kap Drastís finden sich **bizarre Felsen** der gleichen Art, aber es ist merklich ruhiger und naturbelassener. Man erreicht das Kap von Perouládes aus, wo an der Kirche eine Piste abzweigt,

die zwischen Olivenbäumen den Hang hinauf-
führt. Wo die Piste wieder abfällt, zweigt am linken Rand ein treppenartiger Trampelpfad ab, der
nach wenigen Metern oben auf der Hangkante einer Erosionsfelswand endet. Der Blick ist toll, aber
es gibt keine Absicherungen!

In Sidári kann man Motor- oder Tretboote mieten und damit die Küste erforschen. Der Sonnenuntergang ist am Longas-Beach besonders malerisch. Oberhalb des Strandes liegt das Restaurant
Panorama, das seinem Namen alle Ehre macht.
Auch hier ist die steile Küste die Attraktion.

Korfu

Unterkunft

●**Pension Eftigia,** Astrakerí Strand bei Karousádes, an der
Straße zum Strand, 50 m hinter dem Reisebüro als „Zimmer zu Vermietung" ausgeschildert, Tel. 31486, einfache
DZ, Küchenecke, einfaches Bad, ruhige Lage in einem Garten, große Sitzecke, Meerblick.
●**Vila Memas,** Sidári, ca. 1 km vom Strand Ag. Ioánnis entfernt im Tal von Ag. Ioánnis, schöner Garten, gepflegte Anlage mit Balkon und Blick in den Garten, Tel. 32103.
●**Camping Dolphin,** Sidári, Ag. Ioánnis, schattige Anlage
im Tal unweit vom Strand, jüngeres Publikum, nette Atmosphäre, aber etwas lauter, Tel. 31522.
●**Camping Karoussádes** beim Strand Astrakerí, schattige
Terrassen, Minimarkt, Taverne, Tel. 31415.

Essen und Trinken

●**Restaurant Panorama,** Perouládes, toller Blick, schöne
Sonnenuntergänge

Ag. Stefanos, Aríllas, Ag. Geórgios Pagon und Afiónas

Im Hinterland gedeihen noch Obst, Gemüse und
natürlich Oliven. Aus dem einstmals ruhigen Ag.
Stefanos ist jedoch eine kleine Hotelsiedlung geworden. Auch Aríllas und Ag. Geórgios Pagon ha-

Die Felsen bei Sidári

ben sich in gleicher Weise verändert. Beklagenswert ist v.a. die „Architektur" der Urlaubsorte, nach dem Motto „jeder baut wie er will".

Afiónas

Afiónas ist dagegen ein **kleines traditionelles Dorf** mit hübschen Häuschen in herrlicher Lage auf einem steilen Bergrücken. Man hat von hier oben eine herrliche Aussicht nach beiden Seiten. Von Afiónas führt ein Fußpfad zur Bucht Pórto Timoni. Auf dieser Halbinsel entdeckten Archäologen Gegenstände und Siedlungsreste aus der Steinzeit und der Bronzezeit. Für den Laien gibt es dort nicht viel zu sehen. Der sonnige Pfad führt zu einer Doppelbucht mit Kiesstrand und bietet wunderschöne Ausblicke auf die Bucht von Ag. Geórgios, in der das Wasser türkiesblau schimmert.

Vor Afiónas liegt die **Insel Nisi Karavi,** die ein versteinertes Schiff sein soll (*Karavi* bedeutet „Schiff") und um die sich viele Legenden ranken. Eine Geschichte erzählt von der Königin *Pamflagona,* deren Mann sich in eine andere Königin verliebte und mit der neuen Liebe auf dem Schiff wegfuhr. Pamflagona betete zum heiligen *Nikólaos* und dieser bestrafte den König, indem er das Schiff mit Mann und Maus versteinerte.

Unterkunft

●**Villa Koussos,** Aríllas, auf dem Kap zwischen Ag. Stefanos und Aríllas, Tel./Fax. 51340, www.corfu-und-urlaub.de, schöne 2er- und 4er-Appartements, Küche, Bad, große Balkone, Kinderbeaufsichtigung auf Anfrage, man spricht Deutsch, für 2 Personen NS 26-72 €, HS 31-87 €.
●**Rooms in der Taverne Three Brothers,** Afiónas, Tel. 51962, 51862, einfache DZ, Bad, Balkon, schöner Meerblick, sehr beliebt, 25 €.
●**Rooms/Taverne Dionysos,** Afiónas, Tel. 51311, 51984 Fax 52051, große schöne DZ, Bad, Kühlschrank, großer Balkon, toller Blick auf die Bucht Ag. Geórgios, ohne Frühstück 35-40 €.
●**Camping San George,** Ag. Geórgios, ca. 1 km vom Strand entfernt, oberhalb der Bucht in Richtung Afiónas, Tel./Fax 51759, ruhige Lage, Terrassen mit Olivenbäumen.
●**Die Insel, Xenona Helena,** Ag. Georgios/Pági, Tel. 96053, Deutschland Tel. 04955-8416, Fax 8601, zahlreiche Häuser, in denen vermietet wird. Die frühere Pension dient zwischenzeitlich als Unterkunft für die Mitarbeiter, DZ,

Bad, Küchenecke mit Frühstück 57-69 €, 4er 76-100 €, Surfbretter stehen für die Gäste zur Verfügung, Segelunterricht 20 € pro Stunde, mehr Informationen übers Internet: www.insel-korfu.de, inselkorfu@aol.com

Essen und Trinken

●**Das Blaue Haus,** Afiónas, Tel. 52046, *Katharina Wahl* kocht tolle Gerichte, internationale Küche, guter Service, schöne Aussicht, täglich 12-15 Uhr geöffnet, abends ab 18.30 Uhr, Sa nur abends, Preise gehoben, aber für das Gebotene nicht zu hoch, das Restaurant ist einen Besuch wert!

Anglokastro und Paleokastrítsa

Korfu

Festung

Mit dem Bau der **sehenswerten Burg** Anglokastro wurde Anfang des 13. Jh. begonnen, als das Byzantinische Reich langsam in die Knie ging. Die Herren von Anjou und die Venezianern stellten die Anlage fertig. 1272 wurde die Burg erstmals schriftlich erwähnt. Anglokastro war zur Zeit der Venezianer neben Korfu-Stadt die zweitwichtigste Siedlung auf der Insel. Sie hielt den Angriffen der Osmanen im 16. und 18. Jh. stand. 3000 Menschen fanden hier 1537 Zuflucht. Von den Engländern wurde die Burg schließlich aufgegeben, konnte bis dahin aber nie von feindlichen Truppen eingenommen werden.

Hinter dem Eingang liegt die **Zisternenanlage** aus venezianischer Zeit, die rund 600 m³ Wasser fassen kann. Dahinter erreicht man über eine Treppe ein Plateau, in dem alte **Felsengräber** zu erkennen sind. Daneben liegt die **Kapelle** des Erzengels *Michael* aus dem Jahr 1784. Unten bei der alten Eiche führt eine Treppe hinab zur **Höhlenkirche** Ag. Kyriakí mit Fresken aus dem 18. Jh. und einem Altartisch, der aus einem Marmorstück besteht, das aus einer frühchristlichen Kirche stammt.

Die Burg Anglokastro liegt mit traumhafter Aussicht auf einem steilen Felskegel hoch über der Küste. Am Eingang und am gegenüberliegenden Hang warten Tavernen auf Gäste.

●**Geöffnet:** Di-So 8-19 Uhr, Eintritt frei

Kloster — Die Gegend um Paleokastrítsa ist landschaftlich **eine der schönsten Ecken Korfus.** Das malerisch gelegene Kloster ist eines der meistbesuchtesten Ziele der Insel. Wer Pech hat, muss es sich mit hunderten anderer Besucher teilen.

Das Kloster wurde 1225 gegründet. Die heutigen Gebäude stammen aus dem 18./19. Jh. Aus-

Die Festung Anglokastro

gestellt sind **Ikonen** aus dem 17.-19. Jh. Die Stimmung ist nicht gerade sakral, da meist zwei Reiseleiter in verschiedenen Sprachen gleichzeitig die Ikonen der Kirche erläutern. Vom hübsch begrünten Innenhof aus erreicht man das **Museum.** Es werden Ikonen, alte Priestergewänder und das fossile Skelett eines riesigen Tieres, das im 19. Jh. von einer französischen Schiffsmannschaft hier aus dem Meer gefischt wurde, ausgestellt. Unten ist eine alte Olivenölpresse zu bewundern.

●**Geöffnet:** 7-13 und 15-20 Uhr. Abends ist es ruhiger als vormittags. Wickelröcke liegen am Eingang aus.

Korfu

Bergdörfer
Die Bergdörfer oberhalb von Paleokastrítsa sind hübsch, aber überlaufen: Täglich quälen sich Ausflugsbusse durch **Makrádes** und **Lákones. Liapádes** liegt abseits des Geschehens und ist von Olivenbäumen umgeben. Das schöne, alte Portal vor der Kirche deutet darauf hin, dass das Dorf früher schon bessere Tage erlebt hat. **Doukádes** ist lebendiger. Der Ort lädt zum Schlendern ein. Von hier aus lässt sich ein hübscher Abendspaziergang zur Kapelle Ag. Simeon unternehmen, von der man eine schöne Aussicht genießen kann. Auf keinen Fall versäumen sollte man die Aussicht von **Lákones** und **Bella Vista.** Am besten kommt man schon frühmorgens dort an, denn ab 10.30 Uhr quälen sich viele Reisebusse die Straße hoch.

Unterkunft

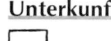

●**Camping Paleokastrítsa,** Tel. 41204, 41105, schattige Anlage, neben der Straße, Kinderspielplatz.
●**Villa Veatriki und Margarita,** Paleokastrítsa, am gleichen Weg wie Villa Nola, etwas weiter oben am Fußweg in Richtung Lákones, Tel. 41019, Fax 41584, im Winter Tel. 30585, 45070, Fax 44170, spdes@hol.gr, schöne große DZ, Bad, Küche, Terrasse, 32-40 €, ruhig, hell, schöner Garten.

Essen und Trinken

●**Aussichtsterrasse Bella Vista,** Lákones, schöne Aussicht, Preise gehoben, sehr beliebt.

Rundwanderung bei Paleokastrítsa
- **Route:** Paleokastrítsa – Lákones – Makrádes – Kríni – Anglokastro – Lákones – Paleokastrítsa
- **Strecke:** über schattige Pfade, kleine Sträßchen und sonnige Schotterpisten
- **Landschaft:** eine der schönsten Touren auf Korfu! Durch Olivenwald und Macchia mit herrlicher Aussicht auf die Festung Anglokastro
- **Dauer:** 3 Stunden
- **Ausrüstung:** Wasser, Sonnenschutz, gute Schuhe, lange, dünne Hosen (!)
- **Organisation:** Man sollte diese Tour frühmorgens bis 7 Uhr beginnen, denn der steile Aufstieg ist dann noch verschattet und auf dem Rückweg ist die Straße zwischen Anglokastro nach Lákones noch wenig befahren.
- **Anfahrt:** per Bus zur Endhaltestelle von Paleokastrítsa oder mit dem Mietfahrzeug zum Parkplatz am Strand

Aufstieg nach Lákones

Man geht auf der Hauptstraße in Richtung Korfu und folgt der ersten kleinen Teerstraße, die nach links abbiegt. Bei der folgenden Gabelung hält man sich rechts. Nach 10 Minuten ist der **„Pathway to Lákones"** nach links markiert. Der alte Fußweg führt durch Olivenhaine steil aufwärts. Man überquert einen Weg und folgt dem Pflasterweg weiter bis man in Lákones auf die Teerstraße trifft, der man nach links folgt. Nach 5 Minuten liegt am Dorfende unterhalb der Straße ein Souvenirshop und eine Olivenholzschnitzerei. Am rechten Straßenrand beginnt hier ein Pfad, der mit **rotem Punkt** markiert ist.

Nach Makrádes

Dieser alte, nicht so gut ausgetretene Pfad führt **am Rande eines Tales** nach oben. Nach 10 Minuten zweigt nach links ein schmaler Pfad ab, der über ein paar Steine durch ein kleines Tal hindurch und auf ein Gewächshaus zuführt, wo er sich verläuft. Man wandert nun am Rand des **Weinfeldes** entlang und sollte darauf achten, dass dem Bauer kein Schaden entsteht. Wenn jemand am Gewächshaus arbeitet, kann man fragen *„Psachno ton dromo ja Vistonas. Xerete pu ine?"* (“Ich suche

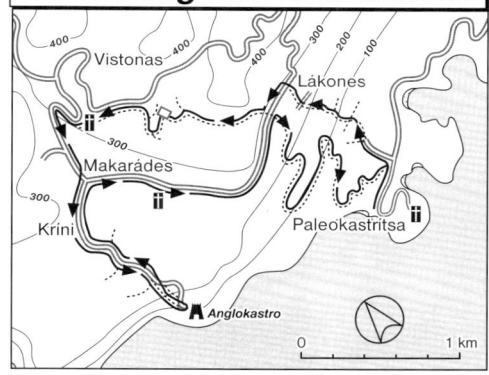

Wanderung bei Paleokastrítsa

Korfu

den Weg nach Vistonas. Wissen Sie wo der ist?"). Man erhält sicher eine freundliche Antwort. Am oberen Ende des Gewächshauses beginnt eine Piste, der man folgt. Bei der ersten Gabelung geht es nach rechts weiter, bei der zweiten nach links und man erreicht nach wenigen Minuten eine Teerstraße, in die man nach links einbiegt. Von dieser Straße aus hat man eine schöne Aussicht auf die Festung Anglokastro. Sie führt zum Dorf **Vistonas.** Vor dem Dorfeingang zweigt nach links ein Weg zu einer Kirche ab. Er geht hinter der Kirche in einen Fußpfad über und trifft bald wieder auf die Straße, der man den Hang hinunter folgt. Sie führt ins Dorf Makrádes hinein und gabelt sich. Man hält sich rechts in Richtung Kríni.

Zum Anglo- kastro

Die Straße führt durch das Dorf **Kríni** hindurch und windet sich durch **Olivenhaine** nach unten. In einer Linkskurve liegt rechts oberhalb der Straße ein Aussichtspunkt und ein Weg zweigt nach rechts ab. Am linken Rand dieses Weges ist mit grüner Farbe **„KK"** aufgemalt. Hier beginnt der alte Fußpfad, der die Straße abkürzt und zur Festung führt, die man nach 1 Std./45 Min. erreicht.

Rückweg Von der Festung aus wandert man den gleichen Weg zurück nach **Kríni** und **Makrádes.** Dort gabelt sich die Straße und man geht rechts in Richtung Paleokastrítsa. Die Straße führt an einem kleinen **Nonnenkloster** vorbei und bietet eine herrliche Aussicht, bis man **Lákones** erreicht. Dort geht es an den Restaurants, an denen die Ausflugsbusse Halt machen, vorbei bis zu jener Olivenholzschnitzerei, bei der man beim Aufstieg dem mit rotem Punkt markierten Pfad nach oben gefolgt ist. Gegenüber zweigt vor dem Haus eine kleine Betontreppe ab, unterhalb derer ein Pfad beginnt, der steil den Hang hinunterführt. Bei einer Gabelung hält man sich rechts und trifft auf eine breite Piste, der man nach rechts den Hang hinunter folgt. Man hat von diesem Weg eine herrliche Aussicht auf die Küste. Unten geht die Schotterpiste in eine Straße über und man trifft wieder auf die Straße am Strand von **Paleokastrítsa.**

Das Kloster bei Paleokastrítsa

Strände

Agnos

Der östliche Teil einer 1-2 km langen Bucht, 5-10 m breit, Sand und Kies, Seegras, teils Felsen im Wasser, teils Algen, flach abfallend, sonnig, NS leer, HS relativ ruhig.
- **Service:** keine Strandsäuberung, einfach zu erreichen für Leute mit Gehbehinderung, Telefon, Supermarkt, Tavernen, WC, Hotel mit Liegen und Schirmen
- **Anfahrt:** kein Bus, Parkplatz

Astrakerí/ Ag. Andreas

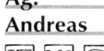

Westliches Ende der Bucht von Agnos, am Kap kleiner Hafen, dahinter Strand, Blick auf Albanien, 700 m lang und 20-40 m breit, Sand, klares Wasser, wenige Felsen im Wasser, etwas Seegras, flach abfallend, NS leer, HS relativ ruhig.
- **Service:** einfach zu erreichen für Leute mit Gehbehinderung, keine Strandsäuberung, Supermarkt hinten im Tal, Volleyballnetz, Telefon, WC, Taverne, im Tal Privatzimmer, Campingplatz
- **Anfahrt:** kein Bus, Parkplatz

Ag. Ioánnis

Es gibt schönere Badestrände auf Korfu, trotzdem ist hier relativ viel los. Mehrere Kilometer lang, 5 m breit, Sand mit Steinen, sonnig, hinter dem Strand Straße mit Pensionen, im Tal ein Campingplatz.
- **Service:** keine Einrichtungen
- **Anfahrt:** von Sidári ostwärts, Parkmöglichkeiten, Bus bis Sidari

Sidári Ost

Am Kap liegt ein kleiner Hafen. Hinter dem Strand teils Bäume mit Schatten, teils führt die Uferstraße hier entlang. Ein Bach mündet ins Meer. 800 m lang, 5-20 m breit, Sand, sonnig, teils Seegras, keine Felsen im Wasser, flach abfallend, NS gut besucht, HS voll.
- **Service:** Supermarkt, Kiosk, Tavernen, Strandsäuberung, Telefon, WC, Liegen und Schirme, Crazy Banana, Wasserski, Paragliding, Ring, einfach zu erreichen für Leute mit Gehbehinderung
- **Anfahrt:** Bushaltestelle 200 m entfernt, Parkplatz

Sidári West (Haupt- strand)

Kleiner Hafen im Osten, am westlichen Ende beginnen die Felsen des Canal d'Amour. 1,5 km lang, 15-50 m breit, Sand, sonnig, flach abfallend, kein Seegras, keine Felsen im Wasser, NS voll, HS sehr voll.
- **Service:** Strandsäuberung, Kiosk, Hotels, Volleyballnetz, Telefon, Tavernen, einfach zu erreichen für Leute mit Gehbehinderung, WC, Liegen und Schirme, Tretboote, Kanu, Motorboote, Crazy Banana, Wasserski, Paragliding, Ring
- **Anfahrt:** Bushaltestelle, Parkplatz

Canal d'Amour

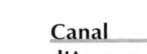

Bizarre Felsen mit mehreren kleinen Buchten. Bucht 1: 20 m lang, 2-5 m breit, Sand, Seegras, flach abfallend, Schirme und Liegen oben auf den Felsen. Bucht 2: 100 m lang, 2-5 m breit, Schirme und Liegen in der Bucht, Sand, flach abfallend, vorgelagerte felsige Inseln, Felsen im Wasser. Bucht 3: 20 m lang, 5-10 m breit, flach abfallend, Sand, Schirme und Liegen. Alle Buchten und Felsen sind sehr voll. Achtung: Nicht von den Felsen ins Wasser springen. Die Wassertiefe wird oft falsch eingeschätzt!

- **Service:** WC, Tavernen, Strandsäuberung, Hotels, Telefon, Supermarkt am Hauptstrand
- **Anfahrt:** ausgeschildert, wenig Parkmöglichkeiten, Bus bis Sidári

Hinter Canal d'Amour

Bucht zwischen schönen Felsen, 100 lang und 10 m breit, Sand, flach abfallend, klares Wasser, kein Seegras, vorgelagerte Inseln, NS gut besucht, HS voll.

- **Service:** Kiosk, Schirme und Liegen, Kanu, Tretboote
- **Anfahrt:** im Ortsteil Sidári-Melitsa einer Piste nach links folgen, Parkplatz, kein Bus

Kap Drastís

Bizarres Felsenkap, kleine Bucht, von den Felsen kann man ins Wasser gelangen, Plastikschuhe empfehlenswert (Algen), Badestelle 15 m breit, 20 m lang, sonnig, ruhig, Schnorcheln gut, Boote können an einem Metallstab im Felsen festmachen.

- **Service:** keine Einrichtungen
- **Anfahrt:** in Perouládes ausgeschildert, der Weg bietet herrliche Aussichten auf das Kap, wenig Parkmöglichkeiten

Perouládes, Longas-Beach

Hinter dem Strand erheben sich steile Klippen, toller Blick auf Felswände an der Küste, 80 m lang, 5-10 m breit, Sand, sonnig, klares Wasser, kein Seegras, Felsen nur am Kap, flach abfallend, gut besucht.

- **Service:** Strandsäuberung, Taverne oberhalb der Felsen, WC, Telefon, Schirme und Liegen, Supermarkt und Pension im Dorf in 500 m Entfernung
- **Anfahrt:** kein Bus, Parkplatz, dann über Betontreppen

Ag. Stefanos

Ein kleiner Bach mündet ins Meer, hinter dem Strand wächst Schilf, vorgelagerte Inseln am Horizont, 800 m lang, 30-50 m breit, sonnig, Sand, klares Wasser, keine Felsen, kaum Seegras, flach abfallend, NS gut besucht, HS voll, kleiner Hafen am südlichen Ende der Bucht, dort flaches Felsenkap, das sich zum Schnorcheln eignet.

- **Service:** Taverne, WC, Telefon, Supermarkt, hinten Hotels und Pensionen, Liegen und Schirme, Tretboote, Crazy Banana, Wasserski, Jetski, Paragliding, Ring, Kanu, einfach zu erreichen für Leute mit Gehbehinderung, Strandsäuberung
- **Anfahrt:** Parkplatz, Bushaltestelle

Korfu

Aríllas

Lange Bucht mit felsigen Kaps, vorgelagert eine kahle Insel, hinten im Tal eine Neubausiedlung, 1-2 km lang, 5-10 m breit, Sand und Kies, viel Seegras, wenig Felsen im Wasser, flach abfallend, NS gut besucht, HS voll
● **Service:** Tavernen, Dusche, WC, Telefon, Strandsäuberung, Supermarkt, Hotels, Liegen und Schirme, Tretboote, Kanu, Crazy Banana, Wasserski, Paragliding, Ring, Motorboote
● **Anfahrt:** Bushaltestelle, Parkplatz

Afiónas

Doppelbucht, die eine Halbinsel mit dem Festland verbindet, trockene, mit Phrygana bewachsene Berghänge, 2 mal 50 m lang, 5-10 m breit, sonnig, Kies und Sand, klares Wasser, teils Seegras, teils Steine im Wasser, steiler abfallend, Schnorcheln gut möglich, NS leer, HS ruhig.
● **Service:** keine Einrichtungen
● **Anfahrt:** zu erreichen über einen Trampelpfad der 50 m vor der Taverne Dionysos an einem weißen Stein nach links vom Weg abzweigt (ca. 30 Minuten zu Fuß), oder per (Tret)boot vom Strand Ag. Géorgios aus

Ag. Geórgios Pagón

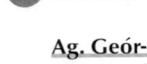

2 km lange Bucht mit felsigen Kaps, türkisblau schimmerndes Wasser, 20-40 m breit, Sand, sonnig, klares Wasser, wenig Felsen, wenig Seegras, flach abfallend, NS und HS gut besucht.
● **Service:** einfach zu erreichen für Leute mit Gehbehinderung, Strandsäuberung, Supermarkt, Telefon, Hotels und Pensionen, Tavernen, WC, Liegen und Schirme, Tretboote, Kanu, Surfbretter, Segelboote, Motorboote, Paragliding, Crazy Banana, Wasserski
● **Anfahrt:** Parkplatz, Bushaltestelle

Paleokastrítsa, Ampelaki-Beach

Felsenumrahmte Bucht mit Blick auf die Klosterhalbinsel, 50 m lang und 5-10 m breit, Sand, Kies und Steine, Seegras und Felsen im Wasser, sonnig, steiler abfallend, NS ruhig, HS gut besucht.
● **Service:** Tauchschule, Strandsäuberung, Bootsanlegesteg, Liegen und Schirme, Motorboote
● **Anfahrt:** Parkplatz und Bus unterhalb des Klosters, von dort führt eine kleine Straße ca. 200 m nordwärts, dann folgt ein Fußweg und Treppen

Paleokastrítsa, unterhalb des Klosters

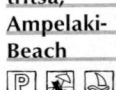

Blick auf Felswände, die die Bucht umgeben, Kies mit Sand und Steinen, 50 m lang, 5-10 m breit, klares Wasser, Felsen im Wasser, steiler abfallend, sonnig, NS voll, HS sehr voll.
● **Service:** Taverne, Dusche, WC, Strandsäuberung, Hotels und Pensionen, Telefon, Bootsanlegesteg, Liegen und Schirme, Tretboote, Crazy Banana, Wasserski, Paragliding, Taxiboot to the Cave
● **Anfahrt:** Parkplatz, Bushaltestelle

Paleokastrítsa, Hauptstrand

Blick auf die Felsen der Halbinsel mit dem Kloster, 200 m lang und 10 m breit, sonnig, flach abfallend, NS voll, HS sehr voll.
● **Service:** Strandsäuberung, Dusche, Umkleidekabinen, Bootsanlegesteg, WC, Taverne, Supermarkt, Liegen und Schirme, Tretboote, Kanus, Ausflüge per Boot
● **Anfahrt:** Parkplatz, Bushaltestelle

Liapádes

Bucht mit hübscher Aussicht auf die felsige Umgebung, 80 m lang, 15 m breit, Sand, Steine und Kies, klares Wasser, steil abfallend, etwas Seegras, NS ruhig, HS ruhiger.
● **Service:** Strandsäuberung, Kiosk, Telefon, WC, Taverne, Hotels oberhalb, Motorboote. Es gibt 15 Strände und 5 Höhlen, die nur per Boot zu erreichen sind. Motorboote bei Kostas Boats, Handy 093-2593421
● **Anfahrt:** kein Bus, wenig Parkplätze

SÜDKORFU

Landschaft Der Süden Korfus ist trockener als die anderen Regionen, aber auch hier findet sich nördlich der Berge um Chlómos üppiges Grün. Der See Límni Korissia, der durch eine wüstenartige Nehrung vom Meer getrennt ist, beheimatet seltene Vogel- und Pflanzenarten. Die Südwestküste besteht aus einer scheinbar endlosen Zahl von Sandstränden. Die Dörfer liegen in einer Hügellandschaft im Landesinnern und sind von Olivenbäumen und Feldern umgeben. Nördlich eines Flusses, der bei Boúka ins Meer mündet, erstreckt sich eine Küsten-Sumpf-Wiesenlandschaft, die bei Alikes in Salzseen übergeht. Ganz anders präsentiert sich Korfus Südspitze: Am Kap Arkoudila ragen schroffe, teils bewaldete Felsen aus dem Meer.

Korfu

Tipps für die Region

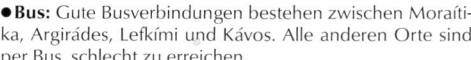

Verkehrs-
mittel

●**Bus:** Gute Busverbindungen bestehen zwischen Moraítika, Argirádes, Lefkími und Kávos. Alle anderen Orte sind per Bus schlecht zu erreichen.
●**Taxi:** in Moraítika: Tel. 26610-75210; in Kávos: Tel. 61310; in Ag. Geórgios: Tel. 53100
●**Mietfahrzeuge:** In fast allen Touristenorten werden Mietfahrzeuge angeboten, die meisten in Kávos.
●**Tankstellen:** in Kávos, Lefkími, Perivóli, Argirádes, Kouspades, Chlómos Linia und Ano Messongí

Aktivitäten

●**Bootsausflüge:** In Reisebüros werden Ausflüge von Britannia Cruises angeboten. Vom Hafen von Kávos starten die Schiffe nach Paxos und Antípaxos für 22 € und zur Meeresgrotte von Mourtos, zur Blue Lagoon und nach Sívota für 15 €. Pandis Travel Kávos, www.cavosholidays.gr, info@cavosholidays.gr, Hauptstraße, Tel. 61400, Fax 61401.
●**Gokart:** Eine Gokart-Bahn findet man in Kávos.

Nachtleben

●In **Kávos** bieten die Bars und Pubs entlang der Hauptstraße viel Unterhaltung. Ganz Kávos ist auf ein trinkfreudiges, lebenslustiges Publikum zugeschnitten. Die Pubs schließen morgens gegen 6 Uhr. Um 8 Uhr kann man in Kávos noch nicht frühstücken – dann wird geputzt.

Nützliche Adressen

●**Krankenhaus:** in Lefkími, 24 Stunden am Tag geöffnet, kostenlose Behandlung auf Krankenschein, Tel. 26620-23100, 23333

●**Ärzte:** Ag. Geórgios: Dr. *Christos Pandis,* Tel. 26620-51018, 52900, Handy 094-4365676; Messongí/Moraítika: Tel. 26610-75203, Handy 094-4328275; Argirádes: Tel. 26620-51421; Lefkími, Odos 25. Martiou 433, Tel. 26620-24904, 61579, Handy 097-311711; Kávos: Dr. *Avgoustis,* Tel. 26620-61497, 22064, Medical Service, Tel. 26620-61005 oder nahe Bushaltestelle, Tel. 26620-61232

●**Apotheken:** z.B. in Argirádes, Lefkími und Kávos

●**Polizei:** Argirádes: Tel. 26620-51422; Lefkími: Tel. 26620-22222

●**Touristenpolizei,** Korfu-Stadt, San-Rocco-Platz, Tel. 26610-30265

●**Geld:** Bankautomaten in Lefkími (Hauptstraße Odos 25. Martiou 370) und in Kávos bei der Fountain Bar. In Lefkími gibt es Banken und ein Postamt. In kleineren Touristenorten wird im Reisebüro oder Supermarkt Geld gewechselt.

●**Reisebüros:** Kávos: Pandis Travel, Tel. 61400, Fax 61401; Ag. Geórgios, Star Travel and Tourism, Tel. 52800, Fax 51631

●**Wäschereien:** Ano Messongí: „The Snowman" Laundry Service, Mo-Sa 7-22 Uhr, Tel. 26610-75782; Kávos: Thomas' Launderette Service, zwischen Hauptstraße und Strand im südlichen Ortsteil, Tel. 61492, täglich 10-20 Uhr.

Der Límni Korissia

Eine interessante Landschaft bildet der 600 ha große See Límni Korissia. Er ist über einen Kanal mit dem Meer verbunden, von dem er durch eine **Sandnehrung** getrennt ist. Die Dörfer der Umgebung betreiben hier eine Fischzuchtfarm. Zu den Bergen hin ist der See von einem Schilfgürtel umgeben. 126 verschiedene Vogelarten wurden hier gesichtet. Auf dem südlichen Teil der Nehrung wächst Zedernwald. Es kommen 14 verschiedene Orchideenarten vor. Beeindruckend sind die Sandberge hinter dem Strand von Issós – man glaubt sich in die Wüste versetzt.

Chlómos, Boúkaris und Petrití

Chlómos ist ein ruhiges Bergdorf mit alten Häusern. Vom höchsten Punkt, neben der Taxiarches-Kirche hat man eine hübsche Aussicht über die

Korfu

Nordostküste. **Boúkaris** ist eine ruhige Küsten-
siedlung. Der Strand ist steinig. Fischtavernen ziehen v.a. griechische Urlauber an. In **Petrití** dümpeln am Hafen zahlreiche Fischerboote. Am Ende
der Bucht ist eine kleine Felseninsel vorgelagert.
Darauf befindet sich ein Schrein namens Ag.
Vlachérna. Das Dorf ist von Olivenhainen und Feldern umgeben. Petrití ist eine alte Siedlung. In der
Antike befand sich hier die Siedlung Egripos. Zu
sehen sind davon nur noch die spärlichen Reste
eines alten Getreidespeichers aus römischer Zeit.
Der kreisrunde Ziegelbau ist kniehoch erhalten.

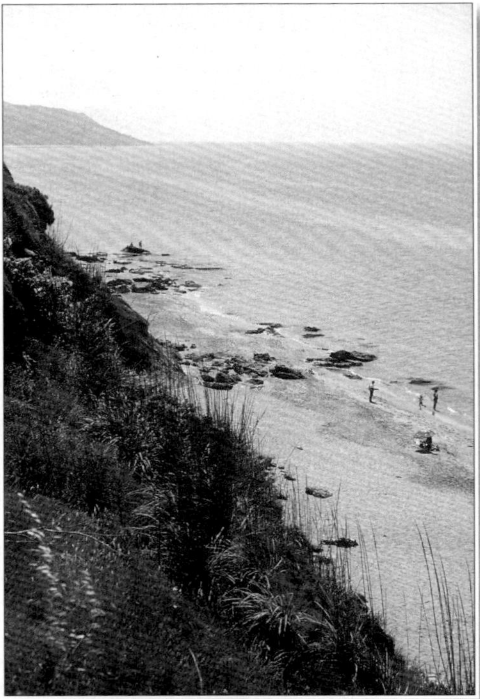

049ko Foto: vb

Der Strand Ag. Geórgios Süd bei Argirádes

Unterkunft

- **Savvas Beach,** bei Ag. Nikólaos/Nótos, Tel. 51741, einfache DZ, Bad, Balkon mit Meerblick.
- **Pension Panorama,** Nótos, Tel. 51707, Fax 51612, www.corfu-island.com/panorama_apts, nette DZ, Bad, großer Balkon mit Meerblick, schöne Blumen, ruhige Lage, mit Frühstück 30-35 €.
- **Pension Egrypos,** Petrití, www.egrypos.gr, Tel./Fax 51949, DZ, Bad, Balkon mit Meerblick, mit Halbpension 145-170 € pro Person und Woche.

Karte hintere Umschlagklappe **SÜDKORFU** 201

Essen und Trinken

- **Savvas Beach Taverne,** liebevoll gepflegte Anlage mit Bademöglichkeit, viele Blumen, Schaukeln, einfache gute griechische Küche, Preise o.k.
- In Boúkaris gibt es mehrere Fischtavernen an der Küste, z.B. **Taverne Potamaki:** nett gemacht, einfach, Preise o.k.

Ag. Geórgios und Argirádes

Am Strand von Ag. Geórgios ist in den letzten Jahren eine Urlaubersiedlung entstanden. Hinter dem Ort ziehen sich Feldwege den Hang hoch durch Olivenwald nach Argirádes, einem der größeren Dörfer im südlichen Landesinnern. Hier finden sich alte Steinhäuser, die teils noch aus venezianischer Zeit stammen.

Südwestküste, Marathiás und Perivóli

Die schönen Sandstrände an der Südwestküste ziehen immer mehr Urlauber an. Auch ins verschlafenen Dorf Marathiás kommt wieder Leben. Wenige Kilometer weiter erreicht man Perivóli. Hier finden Kunstliebhaber eine Rarität: In der Kirche Ag. Saránda befinden sich Fresken aus dem Jahr 1704, für die Kupferstiche des Holländers *Jan Sadeler* als Vorbilder dienten. Im Haus gegenüber kann man nach dem Kirchenschlüssel fragen.

Unterkunft

- **Pension Gerasimos,** Golden Beach, Tel./Fax 51602, www.hit360.com/pansiongerasimos, 200 m zum Strand, kleiner Garten, neue DZ, Bad, Balkon, Meerblick, mit Frühstück 30-35 €, DZ mit Küchenecke, Bad, Terrasse ohne Frühstück 40-45 €.
- **Socrates Appartements,** Gardenos, Tel. 23153, 24980, schöne DZ, Bad, Balkon, teils Meerblick, Küche, 27-35 €, 4er 45-60 €.

Lefkími, Molos und Alikes

Lefkími ist die Hauptstadt des Südens. An eine Stadt erinnert die Siedlung allerdings nicht. Es handelt sich vielmehr um mehrere zusammengewachsene Minidörfer, in denen die jeweilige Kir-

Korfu

che die einzige Attraktion darstellt. Im Ortsteil Potami fließt der gleichnamige Fluss durch das Dorf. Fischerboote dümpeln im Fluss, Männer sitzen auf den Brücken zum Angeln.

In **Molos** haben Griechen am Strand kleine Sommerhäuser errichtet. Dazwischen liegt eine große, aber ansprechende Hotelanlage.

Am nördlichen Kap zwischen Molos und dem Strand Boúka liegt **Alikes.** Hier entstand im 15. Jh. eine Salzgewinnungsanlage, die heute aufgegeben ist. Das flache Land wird im Winter vom Meer überspült. Außer salzigem Sumpfgras wächst hier fast nichts.

Kávos und der äußerste Süden

In Kávos entstand in den letzten Jahren eine **Hotelstadt,** in der v.a. Engländer nach dem Motto „action and fun" ihren Urlaub verbringen. Einen Ausflug wert ist das **Kap Arkoudila.** Dort erheben sich steile, weiße Klippen aus dem Meer. Auf der Südspitze befindet sich im Wald die Ruine des Moní Panagías Arkoudilas aus dem 18. Jh. Zwischen Zypressen ragt der Kirchturm empor. Außerdem ist noch ein alter Brunnen erhalten. Gleich neben dem Kloster hat man von den Klippen eine schöne Aussicht auf Paxos. Wer ruhige, sonnige, **naturbelassene Sandstrände** sucht, wird in dieser Ecke fündig. Der Kontrast zum nahe gelegenen Kávos könnte größer nicht sein.

Der Brunnen im Klosterhof des Moní Panagía Arkoudila

Wanderung von Kávos aufs Kap Arkoudila

- **Route:** Kávos – Moní Panagía Arkoudilas – Strand Arkoudila – Kávos
- **Strecke:** über sonnige Pisten und schmale Fußpfade
- **Landschaft:** durch Eichenwald, Macchia und Oliven-haine mit herrlicher Aussicht aufs Meer
- **Dauer:** 1 Stunde, 45 Minuten
- **Ausrüstung:** Sonnenschutz! Wasser, Verpflegung, Badesachen
- **Anfahrt:** per Bus oder Mietfahrzeug

Korfu

Zum Kloster

Bei einer Gabelung am südlichen Ortsende hält man sich rechts. Die Straße führt über eine kleine Brücke und windet sich nach links. Kurz vor der Taverne Spiros zweigt nach rechts eine Piste ab. Hier trifft man auf das Schild „Monastery + Beach Paralia Arkoudila". Die Piste führt zwischen Oli-venbäume hindurch, an einem Haus mit Pferden vorbei und steigt dann an. Sie führt auf die Klip-pen hoch und oben entlang zum Kloster. Hier zweigen zweimal Pfade nach links ab, die zu **Aus-sichtspunkten** führen. Achtung: Die Erosionsfel-sen fallen steil ab und der Weg endet ohne Vor-

warnung am Abgrund. Geländer gibt es nicht! Nach 45 Minuten erreicht man die Ruine des verlassenen Klösterchens. An der gegenüberliegenden Seite befindet sich ein weiterer ungesicherter Aussichtspunkt.

Zum Strand

Die Piste trifft nach wenigen Minuten auf einen schmalen Weg, in den man nach rechts einbiegt. Er wird zum überwucherten Fußpfad und führt durch ein Bachbett. Der Pfad ist blau markiert und trifft hinter dem Tal auf eine sich gabelnde Piste, der man nach links folgt. Sie führt zum Strand von Arkoudila.

Rückweg

Der Rückweg erfolgt über dieselbe Piste. An der Gabelung, an der der Fußpfad einmündet, folgt man der breiten, sonnigen Piste nach halb rechts weiter bergauf. Nach wenigen Minuten trifft man auf eine Piste, der man nach links folgt und die in 15 Minuten zur Straße zurückführt.

Strände

Nótos

Hinter der Bucht stehen Bäume, Blick nach Alikes, an einem Kap ist eine hübsche Felseninsel mit Kirche vorgelagert. 100 m lang, 5 m breit, Sand, teils Seegras und Felsen im Wasser, flach abfallend, NS und HS gut besucht.
● **Service:** keine Strandsäuberung, WC, Taverne, Volleyballnetz im Wasser, Telefon, Pensionen
● **Anfahrt:** Straße 50 m oberhalb des Strandes, Parkplatz

Savvas

Kleine Bucht bei der Taverne Savvas, Holzsteg, Kies, 30 m lang, 5 m breit, flach abfallend, im Wasser Sand, viel Seegras, geeignet zum Schnorcheln, ruhig (z.T. legen Ausflugsboote an).
● **Service:** Taverne, WC, Dusche, Liegen
● **Anfahrt:** über eine Piste von Nótos aus, Parkplatz

Kaliviotis

Hinten einige Bäume, Blick auf das Festland, 100 m lang und 10 m breit, Sand, Steine, Seegras, Felsen, flach abfallend, ruhig.
● **Service:** Dusche, WC, Taverne, Liegen und Schirme, Strandsäuberung, kleiner Hafen, einfach zu erreichen für Leute mit Gehbehinderung
● **Anfahrt:** Straße von Perivoli aus, kein Bus, Parkplatz

Korfu

Boúka

Neben der Mündung des Kanals von Lefkími, ebene, mit Schilf und Gras bewachsene Landschaft, ein Pier zieht sich ins Meer hinaus, Sand, 5-20 m breit, sonnig, NS ruhig, HS gut besucht, kein Seegras, keine Felsen, flach abfallend.
● **Service:** Taverne, Dusche, WC, Volleyballfeld, einfach zu erreichen für Leute mit Gehbehinderung, Strandsäuberung, Liegen und Schirme
● **Anfahrt:** Straße am Kanal von Lefkími entlang, Parkplatz

Bei Boúka

Kilometerlanger, rund 5 m breiter Sandstrand an der flachen, kahlen Küste, sonnig, sandig, sehr flach abfallend, teils viel Seegras, leer.
● **Service:** keine Einrichtungen
● **Anfahrt:** über Pisten oder von Boúka am Strand entlanggehen

Kávos

Hinter dem Strand ziehen sich Bars und Tavernen entlang, Blick aufs Festland, kilometerlang und 10-20 m breit, Sand, klares Wasser, teils Seegras, kaum Felsen im Wasser, flach abfallend, Bootsanlegesteg, HS und NS sehr voll.
● **Service:** Supermarkt, Hotels, Pensionen, Dusche, WC, Telefon, Tavernen, Liegen und Schirme, Tretboote, Kanus, Crazy Banana, Wasserski, Ring, Paragliding, Jetski, einfach zu erreichen für Leute mit Gehbehinderung, Strandsäuberung.
● **Anfahrt:** Bus, Parkplatz am Dorfrand

Boot in Lefkími

Asprokavos
Arkoudila

Unter den Erosionsfelsen zieht sich ein kahler, sonniger Sandstrand entlang, 2 km lang, 15-20 m breit, Sand, hinten teils auch Kiesel, flach abfallend, kaum Seegras, teils Felsen im Wasser, leer.
- **Service:** keine Einrichtungen
- **Anfahrt:** über eine Piste von Kávos aus

Kanoulas

Ein Strand geht in den nächsten über, kilometerlang, 5-10 m breit, Sand, teils auch Steine, sonnig, ruhig, kleiner Hafen, teils Felsen im Wasser, flach abfallend, kaum Seegras.
- **Service:** keine Einrichtungen
- **Anfahrt:** von Dragotina, an der Küste links, Parkplatz

Ag. Górdis

Kahle Umgebung, vor steilen Felshängen, mehrere Kilometer lang, 5-20 m breit, Sand, flach abfallend, sonnig, teils Felsen im Wasser, teils Seegras, leer. Im Norden führt an der Kirche Ag. Górdis eine Piste zu einer ruhigen Bucht: 300 m lang und 10 m breit, hinten Felswand, sonnig, flach abfallend, wenig Seegras und wenig Felsen im Wasser.
- **Service:** keine Einrichtungen
- **Anfahrt:** Straße von Paleochóri oder Dragotina, Parkplatz

Gardenos

Kahles Umland, ein grünes Tal, hinten Felswände, 1 km lang, 10-20 m breit, sonnig, Sand, klares Wasser, kein Seegras, wenig Felsen im Wasser, flach abfallend, NS ruhig, HS gut besucht.
- **Service:** Duschen, WC, Taverne, Volleyballnetz, Telefon, im Tal Pensionen, Liegen und Schirme, kleiner Hafen, einfach zu erreichen für Leute mit Gehbehinderung, Strandsäuberung
- **Anfahrt:** kein Bus, Parkplatz

Megas
Choros

Sonniger Sandstrand von steilen, kahlen Hängen umgeben, neben der Bucht zieht sich ein sandiges flaches Kap ins Meer, 300 m lang und 10-15 m breit, flach abfallend, teils Felsen oder Steine im Wasser, kein Seegras, leer.
- **Service:** keine Einrichtungen
- **Anfahrt:** nicht markiert. Von Perivóli aus dem Schild „Golden Beach" folgen. Von der Straße zweigt im Tal nach links eine Piste ab, an der die Kirche „Pantokrátoras" markiert ist. An einer Gabelung hinter einer unscheinbaren Brücke links und dann gleich wieder rechts halten. An der Gabelung auf den Klippen 20 m nach links und dann nach rechts fahren. Serpentinen! Gute Fahrkenntnisse nötig!

Marathiás, Maltas oder Golden Beach

Macchia bewachsene Hügel im Hinterland, ein Bach mündet ins Meer, Schilf, kilometerlang, 5-25 m breit, Sand, klares Wasser, flach abfallend, kein Seegras, keine Felsen, sonnig, NS und HS gut besucht.
- **Service:** Tavernen, WC, Duschen, Supermarkt, Telefon, Liegen und Schirme
- **Anfahrt:** Parkplatz, kein Bus

Ag. Geórgios Argirádes, Süd

Hinten erhebt sich ein steiler, mit Phrygana und Ginster bewachsener Hang, kilometerlang, 10 m breit, flach abfallend, Sand, teils Felsen, kein Seegras, sonnig, ruhiger als der Nordstrand.
- **Service:** keine Einrichtungen
- **Anfahrt:** Piste auf dem Hang, 1-2 km zum Dorfzentrum

Ag. Geórgios Argirádes, Nord

Kilometerlanger Sandstrand in trockener Umgebung, hinten teils Schilf, teils Gras, 20 m breit, sonnig, flach abfallend, keine Felsen, kein Seegras, am nördlichen Ende ruhiger, im Zentrum voll.
- **Service:** Duschen, WC, Tavernen, Liegen und Schirme, Tretboote, Kanus, Wasserski, Ring, Crazy Banana, Paragliding, Jetski, Volleyballnetz, Telefon, Supermarkt, Strandsäuberung, einfach zu erreichen für Leute mit Gehbehinderung
- **Anfahrt:** Bushaltestelle, Parkplatz

Issós

Wüstenartige Dünenlandschaft hinter dem Strand, vorgelagerte Felseninseln, kilometerlang, 20-50 m breit, Sand, sonnig, klares Wasser, kein Seegras, keine Felsen im Wasser, flach abfallend, die vielen Besucher verteilen sich gut.
- **Service:** Strandsäuberung, Kiosk, Liegen und Schirme, Taverne mit WC ca. 500 m entfernt
- **Anfahrt:** kein Bus, von der Hauptstraße führt eine Piste ca. 1,5 km zum Strand, Parkplatz

Chalikounas

Hinter dem Strand erstreckt sich eine kahle Dünenlandschaft, dahinter befindet sich der Lagunensee. Mehrere Kilometer lang, 5-10 m breit, Sand, teils mit Steinen, flach abfallend, sonnig, NS und HS ruhiger.
- **Service:** keine Einrichtungen
- **Anfahrt:** Piste auf der Nehrung, Parkmöglichkeiten

Korfu

052ko Foto: vb

DIE ANDEREN IONISCHEN INSELN

PAXOS

DIE INSEL IM ÜBERBLICK

- **Einwohner:** 2200
- **Fläche:** 20 km²
- **Höhe:** 231 m

- **Tel.-Vorwahl:** 26620
- **PLZ:** 49082

Landschaft Paxos ist eine hügelige Insel mit einer schroffen Felsküste im Westen und vielen kleinen Kiesbuchten an der Ostküste. Überall wachsen zwischen Steinmäuerchen auf Terrassen knorrige Olivenbäume. Neben verstreuten Weilern im Landesinneren liegen drei Dörfer an der Küste: der Hauptort Gáios im Süden, Lákka im Norden und Longós an der Ostküste.

Tourismus Bis vor wenigen Jahren lebten die Bewohner von Paxos von der Landwirtschaft und vom Fischen. Inzwischen beziehen die meisten ihr Einkommen aus dem Tourismus. Paxos wird von zahlreichen Ausflugsbooten aus Korfu angelaufen und auch unter Seglern ist die Insel ein beliebtes Ziel. Überwiegend englische Reiseveranstalter haben dafür gesorgt, dass während der Saison viele Gäste auch länger als nur einen Tag bleiben. Sehr positiv fällt ins Auge, dass die Insel nicht durch Betonsilos entstellt wird. Hotels, Pensionen und Ferienhäuser sind baulich ansprechend gemacht. Oft wurden alte Steinhäuser mühevoll renoviert.

Paxos

Seite 208/209: Die Felsen in der Bucht von Erimítis

Felsen an der Westküste

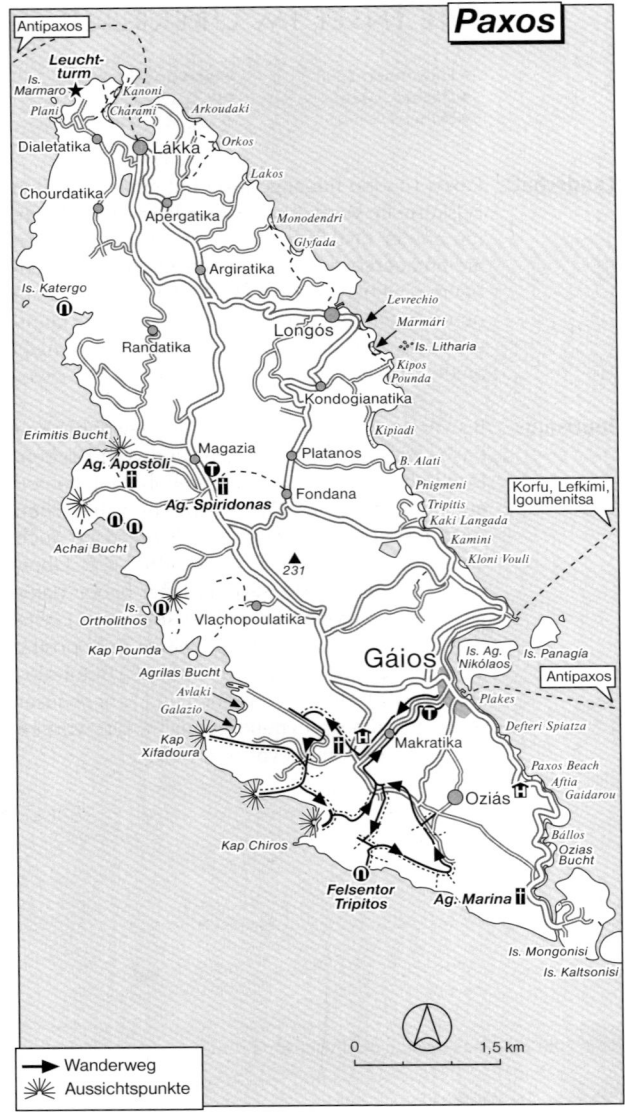

Paxos

Antipaxos

Leucht-turm
Is. Marmaro ★
Plani
Kanoni
Charami
Arkoudaki
Dialetatika
Lákka
Orkos
Chourdatika
Lakos
Apergatika
Monodendri
Glyfada
Argiratika
Is. Katergo
Levrechio
Marmári
Longós
Is. Litharia
Randatika
Kipos
Pounda
Kondogianatika
Kipiadi
Erimitis Bucht
Magazia
Platanos
B. Alati
Ag. Apostoli
Pnigmeni
Ag. Spiridonas
Fondana
Tripitis
Achai Bucht
Kaki Langada
Kamini
Kloni Vouli
231
Is. Ortholithos
Vlachopoulatika
Korfu, Lefkimi, Igoumenitsa
Kap Pounda
Gáios
Is. Ag. Nikólaos
Is. Panagía
Agrilas Bucht
Antipaxos
Avlaki
Galazio
Plakes
Kap Xifadoura
Makratika
Defteri Spiatza
Paxos Beach
Aftia
Gaidarou
Oziás
Kap Chiros
Ballos
Ozias Bucht
Felsentor Tripitos
Ag. Marina
Is. Mongonisi
Is. Kaltsonisi

0   1,5 km

→ Wanderweg
✳ Aussichtspunkte

Praktische Tipps

**Anreise,
Schiffsver-
bindungen**

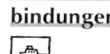

Der nächstgelegene Flughafen befindet sich auf Korfu. Von dort geht die Reise per Schiff weiter. Wer mit einem kleineren Boot anreist, wird zentral am Hafen von Gáios abgesetzt. Der Fähranleger liegt 1 km nördlich des Zentrums. Bus und Taxis stehen bei der Fährankunft meist schon bereit. Die Fähre von Korfu-Stadt fährt über Igoumenítsa und benötigt 3,5 Stunden. Auch viele Ausflugsboote laufen von Korfu aus täglich Paxos an. Vom Hafen von Lefkími/Kávos hat man regelmäßig Verbindung nach Paxos.

**Sonstige
Verkehrs-
mittel**

●**Bus:** Der Bus fährt wochentags mehrmals täglich von Gáios über Longós nach Lákka und zurück. Am Wochenende fährt kein Bus.
●**Taxi:** Wenn kein Taxi am Taxistand steht, sind die Fahrer übers Handy zu erreichen. Gáios: *Charis,* Tel. 32526, Handy 094-5710899 oder *Thassos,* Tel. 31613, Handy 094-5385543; Longós: *Christos,* Tel. 31607, Handy 093-2432485; Lákka: *Kostas* Tel. 31402, Handy 093-2641739 oder *Vasilis,* Tel. 31426, Handy 093-2929420.
   Das Wassertaxi fährt von Gáios zum gewünschten Strand, Tel. 32444, Handy 0932-232072.
●**Mietfahrzeuge:** Autos werden nur von Reisebüros angeboten. Die Preise für Mietfahrzeuge sind relativ hoch. Zweiräder werden angeboten von: *Spiros Makris,* Gáios, Tel. 32031, Moto Christos, Lákka, Tel. 31050. Motorboote kann man im Reisebüro und bei *Spiros Makris* in Gáios mieten.
●**Tankstellen:** in Gáios und bei Magazia im Inselinneren an der Hauptstraße

Unterkunft

Viele Unterkünfte werden über Reisebüros angeboten. Man kann sich **Informationen** zuschicken lassen. Wer in der HS nach Paxos reist, sollte vorbuchen. Einen **Campingplatz** gibt es auf der Insel nicht. Es werden z.T. ansprechende **Wohnungen** vermietet, aber die Preise sind hoch: 30-60 € für 2 Personen in der NS, 50-100 € für 2 Personen in der HS. Es werden auch größere **Häuser** für 4-6 Personen angeboten. Dort liegen die Preise bei 80-150 € pro Nacht.

Einkaufen

In Gáios findet man kleine Läden und Souvenirshops. Es werden z.T. hübsche **kunsthandwerkliche Andenken** verkauft. Ein Einkaufsparadies ist Paxos nicht. Internationale **Zeitungen** werden am Kiosk am Platz in Gáios angeboten. **Inselkarten** gibt es in Gáios und in Lákka zu kaufen.

**Boots-
ausflüge**

●**Inselumrundung und Antípaxos:** Sehr lohnend ist eine Inselumrundung, die von mehreren Reisebüros angeboten wird. Von Lákka aus wird diese Tour als Kombination mit einem Badeausflug nach Antípaxos organisiert. Die kleinen

Paxos

Boote fahren zunächst an der wilden Westküste entlang und in mehrere Höhlen hinein, es geht am Felsentor Tripitos vorbei und weiter nach Antípaxos. Nach einem Badeaufenthalt fährt das Boot nachmittags an der Ostküste von Paxos zurück.

Von Gáios aus wird eine Inselrundfahrt angeboten, bei der Antípaxos nicht angelaufen wird. Diese Insel wird zusätzlich täglich mehrmals angefahren (10 €).

●Auch von Paxos aus kann man Tagesausflüge nach **Kefaloniá** (60 €), **Albanien** (70 €) und aufs **griechische Festland** nach Parga (10 €) unternehmen. Es werden die gleichen Touren wie auf Korfu angeboten (siehe Kap. „Korfu-Stadt").

Nützliche Adressen

●**Ärzte:** im Zentrum von Gáios, Tel. 06620-32555, im kleinen Krankenzentrum von Gáios, Tel. 06620-31466
●**Zahnarzt:** Gáios-Zentrum hinter Taverna del Capitano
●**Apotheke:** im Zentrum von Gáios
●**Geld:** Eine Bank findet man am Hafen von Gáios, einen Bankautomaten am zentralen Platz landeinwärts in einer Gasse. In Lákka ist es möglich, im Reisebüro zu wechseln. Verlassen Sie sich auf Paxos nicht auf den Automaten, er kann auch mal defekt sein.
●**Touristenpolizei:** in Gáios, Tel. 06620-31222
●**Hafenamt Gáios:** Tel. 32259. Fährtickets kann man am Hafen kaufen. Dort hängt der Fahrplan aus. Auch die Reisebüros bieten Schiffstickets an.
●**Reisebüros:** Die meisten Reisebüros bieten Unterkünfte, Kleinwagen für 35-45 € pro Tag, Mofas für 15-25 €, Motorboote für 20-40 € pro Tag, Geldwechsel und Ausflüge an. In Gáios: Pax Island Travel, *Katerina Vrachoriti*, am Hafen, Tel. 30082, Fax 32589, www.paxtravel.gr; Bouas Tourist Office, am Hafen, www.bouastour.gr, Tel. 32401, Fax 32610; in Lákka: Plános Holidays, Tel. 31744, Fax 31010, www.planos.co.uk; Routsis Holidays, *John und George Grammatikos*, www.forthnet.gr/routsis-holidays, Tel. 31807, Fax 31161.

GÁIOS UND DER SÜDEN

Die Inselhauptstadt Gáios

Ortsbild   Wer mit einem kleineren Schiff ankommt, wird Gáios von seiner besten Seite erleben: vom Wasser aus. Die „Hauptstadt" der Insel ist ein **malerischer Ort** mit einem schönen Hafen. Zwischen der vorgelagerten Insel Ag. Nikólaos und Paxos befindet sich ein natürlicher Kanal, an dem sich der Hafen gut 1,5 km entlangzieht. Unzählige Segelboote, Fischerboote, Jachten und Ausflugsboote reihen sich aneinander. Die Uferpromenade ist die Flaniermeile des Ortes. Im Zentrum öffnet sich ein Platz zum Hafen hin. Die meisten Häuser sind in den letzten Jahren renoviert worden.

Sehenswertes   Die **Kirchen Ag. Apostoli und Analipsis** weisen noch Fresken aus dem 18. Jh. auf. An der Uferpromenade trifft man auf das **Denkmal für G. Anemojannis,** der im 19. Jh. gegen die Türken kämpfte. Ansonsten bietet Gáios ein **Heimatmuseum,** in dem Näheres zur Geschichte und zur traditionellen Lebensweise auf Paxos zu erfahren ist. Der nette Herr, der das Museum betreut, gibt auf Englisch gerne Auskünfte zu den Ausstellungsstücken.

● **Geöffnet:** täglich 11-17, 19-22 Uhr, während der NS flexibel, Hafenpromenade, Tel. 32566, Eintritt 1,50 €

Die Inseln vor Gáios   Dem Ort vorgelagert ist die **Insel Ag. Nikólaos.** Hier findet man die Reste einer byzantinischen Festung sowie eine Kirche, die zu Ehren des heilige *Nikolaus,* dem Schutzpatron der Seefahrer, auf den Ruinen einer frühchristlichen Basilika errichtet wurde. Die **Insel Panagía** liegt etwas weiter nördlich. Am 15.8. findet eine Bootsprozession zur Marienkirche auf der Insel statt. Die Marienkirche I Kimissis tis Theotókou wurde auf den Resten einer frühchristlichen Kirche erbaut, Teile des Altarraums stammen noch von diesem Bau.

Paxos

Unterkunft

● **Paxos Beach Hotel,** südlich von Gáios an einer Bucht, Tel. 32211, Fax 32695, im Winter in Athen Tel./Fax 210-9883327, www.paxosbeachhotel.gr, luxuriöse Anlage, schöne DZ, Bad, Terrasse, AC, die Chefin ist Schweizerin, man legt Wert auf Ruhe, Tennisplatz, Tischtennis, Restaurant, Minigolf, keine Bus, Halbpension für 2 Personen 82-114 €, Suiten 96-138 €.

● **Zimmer und Ferienwohnungen** werden auch über die Reisebüros angeboten.

Essen und Trinken

● **Taverna del Capitano,** Gáios, in einer Gasse, nahe der Hafenstraße, gute italienische Küche, Preise gehoben.

● Wenn die Einheimischen Fisch essen gehen, machen sie sich auf dem Weg in die von außen wenig anziehende **Taverne O Karkaletzos,** die gegenüber vom Hotel Paxos Club zu finden ist. Hier kommt nur Fisch auf den Tisch, den der Tavernenbesitzer selbst am gleichen Tag gefangen hat.

Der Hafen von Gáios

Ziele für Kirchenliebhaber

Oziás ist die älteste Siedlung der Insel. Hier liegen die Ruinen der beiden frühchristlichen Kirchen Ag. Marina und Ag. Stefanos aus dem 7. Jh.

Kirchenliebhaber sollten außerdem nach **Makratika** fahren. Links der Straße, die hinter dem Hotel Paxos Club den Hang hochführt, befindet sich die Kirche Il Conde, welche in Teilen noch aus dem 15./16. Jh. stammt. Auffallend sind der große Torbogen und die Kirchentür: Ein venezianischer Verwalter wollte die Kirche per Pferd erreichen können und ließ eine imposante Öffnung bauen. Schön sind der alte Fußboden der Kirche und die Fresken aus dem 18. Jh.

Strände

Mongonisi

Die Insel Mongonisi ist über eine Brücke mit Paxos verbunden. Hinter dem Strand erhebt sich ein Hügel mit Olivenbäumen. 100 m lang und 5 m breit, Bootsanlegesteg, Kiesel und Sand, steiler abfallend, kein Seegras und keine Felsen im Wasser, sonnig, NS gut besucht, HS voll.
- **Service:** Strandsäuberung, Taverne, WC, Bäume mit Schatten, Schirme und Liegen, einfach zu erreichen für Leute mit Gehbehinderung
- **Anfahrt:** Parkplatz, kein Bus

Ag. Marina

Hinter dem Strand stehen eine überdachte Bank und ein Bäumchen. Dahinter führt die Straße entlang und hinter der Straße steht die Ruine der Basilika Ag. Marina. 30 m lang, 10 m breit, Kies, flach abfallend, teils Seegras, teils Felsen im Wasser, sonnig, Bootsanlegesteg, Achtung: am Buchtrand sind Seeigel im Wasser, ruhig.
- **Service:** keine Einrichtungen
- **Anfahrt:** kein Bus, Parkmöglichkeit

Oziás, Ballos und Aftia Gaidarou

Mehrere rund 25 m lange und 5-10 m breite von Felsen umrahmte Kieselbuchten, sonnig, seitlich der Buchten fallen flache glatte Felsen ins Meer, auf denen man gut liegen kann, hinter den Buchten teils Ferienhäuser, NS gut besucht, HS voll.
- **Service:** keine Einrichtungen
- **Anfahrt:** Straße von Gáios, wenig Parkmöglichkeiten

Paxos

Paxos Beach Hotel

Es ist ausgeschildert, wo hotelfremde Gäste Zutritt haben. Minigolfplatz, Tischtennisplatz, Tennisplatz, Informationen an der Strandbar. Hübsche Bucht, 50 m lang, 10 m breit, Kies, steiler abfallend, teils Seegras, Felsen nur am Buchtrand, dort Bootsanlegesteg und Metallleiter, die ins Wasser führt, NS gut besucht, HS voll.
- **Service:** Kinderspielplatz, Taverne, WC, sauber, Schirme und Liegen, Umkleidekabinen
- **Anfahrt:** Parkplatz nur für Hotelgäste, kein Bus

Defteri Spiatza

Es folgen **mehrere kleine, sonnige Kiesbuchten.** Oberhalb der Bucht Defteri Spiatza befindet sich die Taverne Klis mit WC. Diese Bucht ist von Gáios in 15 Minuten zu Fuß erreichbar.

Plakes in Gáios

Hinter dem Strand stehen Bäume mit schattigen Bänken an der Straße. Blick auf die Inseln Ag. Nikólaos und Panagía, unweit des Hafens am südlichen Dorfrand, 30 m lang und 5-10 m breit, sonnig, feiner Kies, teils Felsen, wenig Seegras, flacher abfallend, voll.
- **Service:** Taverne 50 m entfernt, dort WC, Supermarkt 500 m entfernt, Umkleidekabinen
- **Anfahrt:** kein Parkplatz, am Dorfrand zu Fuß in 5-10 Minuten zu erreichen

Kloni Vouli

Blick aufs Festland. Hinter der Bucht wachsen Olivenbäume. Oberhalb des Strandes steht eine Villa. 30 m lang, 5 m breit, steiler abfallend, Kies, sauber, seitlich flache Felsen, sonnig, etwas Seegras, gut besucht oder voll.
- **Service:** keine Einrichtungen
- **Anfahrt:** Parkplatz

Kamini

Ein großer Baum gibt Schatten, Blick auf das Festland, 30 m lang, 10 m breit, Kies und Steine, sonnig, steiler abfallend, seitlich Felsen, gut besucht.
- **Service:** keine Einrichtungen
- **Anfahrt:** Parkplatz

Kaki Langada

Hinter dem Strand stehen Bäume, seitlich Apartments. 50 m lang, 5-10 m breit, Kies, steiler abfallend, sonnig, NS gut besucht, HS voll.
- **Service:** keine Einrichtungen
- **Anfahrt:** Parkplatz

Wanderung zum Felsentor Tripitos

- **Route:** Gáios – Kirche Il Conde – Kap Xifadoura – Kap Chiros – Felsentor Tripitos – Gáios
- **Strecke:** über die Straße und alte Fußwege
- **Landschaft:** durch Olivenwald und Macchia, an Aussichtspunkten und einer alten Mühle vorbei
- **Dauer:** 3 Stunden
- **Ausrüstung:** Sonnenschutz, Wasser und Verpflegung
- **Hinweis:** An einigen Stellen führt diese Tour von oben auf steil abfallende Felsen. Das Gelände ist nicht abgesichert. Wer nicht so gut zu Fuß ist, kann das Felsentor auch vom Wasser aus bewundern: auf den Bootsausflügen entlang der Westküste.

Von Gáios zum Kap Xifadoura

In Gáios folgt man der Straße hinter der Tankstelle, die zum Paxos Club Hotel führt. Hinter einer Rechtskurve liegt links die **Kirche Il Conde.** Im Kirchhof beginnt ein Pfad, dem man über einen Schotterweg hinweg und durch Olivenwald folgt. An einigen alten Steingebäuden zieht sich der Pfad nach links und verläuft sich in einem **Olivenhain.** Hinter dem Hain erkennt man einen höher gelegenen Schotterweg an der anderen Talseite. Man erreicht ihn, nachdem man das trockene **Bachbett** überquert hat, biegt links auf diesen Weg ein und folgt ihm durch den Olivenwald. Bei einigen Häusern zweigt man nach rechts ab. Der schmale Weg führt links an einer Kirche vorbei und geht nach einigen Minuten in einem Fußpfad über, der zwischen **Steinmauern** entlangführt. Vorbei an Zypressen und durch Phrygana führt der Pfad zu einem Aussichtspunkt auf dem Kap Xifadoura.

Zum Kap Chiros

Man wandert den gleichen Weg zurück zum Weiler und zur Kirche und geht weiter geradeaus, vorbei an dem Weg, über den man gekommen ist, bis zu einem **grünen Garagentor.** Vor der Garage stehen rechts der Straße zwei Häuser, zwischen denen ein Pfad nach rechts abzweigt. Man wandert zwischen den Steinmauern hindurch. Der

Paxos

Weg führt durch Olivenwald, an einem Haus mit roten Fensterläden vorbei und endet an einem **Aussichtspunkt.** Nachdem man die Aussicht genossen hat, geht man von dem Punkt, an dem der Mauerweg endet, ca. 20 m nach halb links (es gibt hier mehrere Trampelpfade). Wenn man jetzt zum Kap schaut, sieht man in einem Winkel von 45° nach links in ca. 40 m Entfernung Mauerreste vor einem Olivenbaum. Man folgt nun dem **Mauerweg,** der dort beginnt. Er verengt sich und kreuzt einen anderen Mauerweg. Hier wandert man nach rechts weiter. Zwischen Steinmauern erreicht man nach einigen Minuten die **Küste.** Von hier aus hat man wieder einen schönen Blick aufs Meer. Vorsicht an der Vorderkante der Felsen!

Zur alten Windmühle Man geht den gleichen Mauerweg zurück. An einem kleinen Platz mit einer Abzweigung nach links geht es geradeaus weiter. Der Weg führt zwischen Steinmauern zu einer **Olivenpresse** links des Fußpfades. Von hier aus sieht man geradeaus ein **blaues Schild** zwischen zwei Häusern, Pfeile markieren den Weg. Der Pfad beginnt zwischen einem Hauseingang und einer Steintreppe. Er wendet sich scharf nach rechts und kurz darauf wieder nach links. Nach einigen Minuten geht man durch **Olivenwald** auf eine Mauer und eine Kreuzung zu. Nach rechts führt zwischen Steinmauern ein Weg auf einen Hügel hoch, auf dem die gut erhaltene Ruine einer alten Windmühle steht. Man kann die Mühle betreten und über die noch erhaltenen Steinstufen nach oben steigen.

Zum Felsentor Tripitos Nun kehrt man zur Kreuzung zurück, die man überquert (vorher kam man von links), dann geht man geradeaus weiter. An einer scharfen Rechtsbiegung folgt man dem breiten Weg weiter nach rechts. Bei einem **Steinmännchen** auf einem größeren Stein, auf dem das Wort „ARCH" eingeritzt ist, folgt man einem Pfad nach rechts. Er führt über einen mit Phrygana bewachsenen Hang abwärts

Paxos

und erweitert sich etwas zu einem kleinen, steilen Platz. Das Felsentor befindet sich unten halb rechts. Der Pfad führt weiter zu einem **Aussichtspunkt,** der etwas weiter unten am Hang liegt. Achtung: Das Gelände ist steil und nicht gesichert! Über den Pfad kann man auf den Bogen gelangen. Das Gestein ist 8 m dick und der Torbogen bricht sicher nicht unter menschlichem Gewicht ein. Gefahr besteht jedoch bei Sturm!

Das Felsentor Tripitos

Rückweg Nun kehrt man auf dem Pfad zurück zum breiteren Hauptweg und folgt diesem nach links. Man erreicht die oben beschriebene scharfe Kurve, an der zwischen Mauern ein Fußpfad nach rechts abzweigt. Man folgt diesem Weg, der an **Steinmauern** entlang und durch Olivenwald führt. An einer Gabelung hält man sich halb rechts. Bald erreicht man eine **überwucherte Stelle,** an der man sich zwischen Steinmauern an Büschen entlang den Weg bahnen muss. Dann folgt eine Linkskurve und man geht geradeaus weiter, bis man einen **Betonweg** erreicht, dem man nach rechts folgt (zwei Abzweigungen nach rechts werden zuvor ignoriert). Der Betonweg führt durch Olivenwald abwärts und trifft auf einen Weg, in den man nach links einbiegt. An einer Kreuzung geht man geradeaus weiter. Der Weg mündet bei einer **Kirche** und einer Taverne auf die Straße, der man nach links folgt. Nach 1 km trifft man auf das Hotel Paxos Club. Die Straße führt abwärts nach Gáios.

VON GÁIOS NACH LONGÓS

Routen Zwei Straßen führen von Gáios nach Longós. Von der östlichen zweigen mehrere Pisten ab, die zu Kieselstränden der **Ostküste** führen. Die Straße schlängelt sich durch mehrere Weiler. Zahlreiche hübsch sanierte Ferienvillen finden sich in dieser Gegend. Die westliche Straße führt an der Tankstelle vorbei **über die Berge.** Es zweigen mehrere Pisten zu schönen Aussichtspunkten oberhalb der wilden **Westküste** ab.

Zur Westküste

Höhlen und Felsen Vom Land her sind die Attraktionen der Westküste nur schwer einsehbar. Es lohnt sich daher, einen Bootsausflug zu unternehmen, auf dem die Grotte von Ipapandi, die Höhlen in der Bucht von Achai und die Höhle hinter der Felsennadel Ortholithos angesteuert werden. An einigen Stellen genießt man jedoch eine herrliche Aussicht auf die Küste. Es sind die Stationen der folgenden Tour.

Rechts der Straße liegt unweit der Kirche Ag. Spiridonas die zweite Tankstelle der Insel. Gegenüber der Kirche zweigt kurz hinter der Tankstelle eine Piste nach links ab. Sie gabelt sich wenige Meter weiter (siehe „Zu den Klippen von Erimítis)). Wenn man sich hier links hält, führt die Piste an einsamen Häusern vorbei und durch Olivenwälder zur Kirche Ag. Apostoli und auf das Kap Pounda. Bei einer Gabelung fährt man nochmals links weiter, bis ein Schild nach rechts „Santa Apostoli Erimítis 150 m" markiert. Nach 100 m ist der befahrbare Weg zu Ende. Ein Fußweg führt hoch zur Kirche, hinter der man einen schönen Platz mit Picknickbänken unter Zypressen erreicht.

Mit dem Fahrzeug fährt man dann zu der Stelle zurück, an der die Kirche mit „150 m" markiert ist. Man folgt hier weiter der Piste nach rechts den Hang hinunter, bis der Weg schlechter wird und man zu Fuß weitergehen muss. Der sonnige, teils überwucherte Pfad führt nach unten auf das **Kap Pounda.** Die Aussicht auf die Felsen und Höhlen der **Bucht von Achai** ist die Mühe wert, die der Rückweg bereitet.

Zu den Klippen von Erimítis

Hält man sich an der **Gabelung** (siehe oben) rechts, so erreicht man kurz darauf eine weitere und auch hier geht es nach rechts weiter. Diese Piste ist leider nicht gut zu befahren. Der Weg führt zunächst durch Olivenwald. Dann geht es steil bergab und der Blick auf die Klippen von Erimítis wird frei. Die Piste endet an einem **verlassenen Ruinendorf.** Zwischen Farnen und alten Bäumen dehnen sich verwilderte Terrassengärten zwischen Hausruinen aus. Ein Pflasterweg führt nach unten. Die Aussicht auf die Felsen und die Höhlen ist faszinierend.

Paxos

056ko Foto: vb

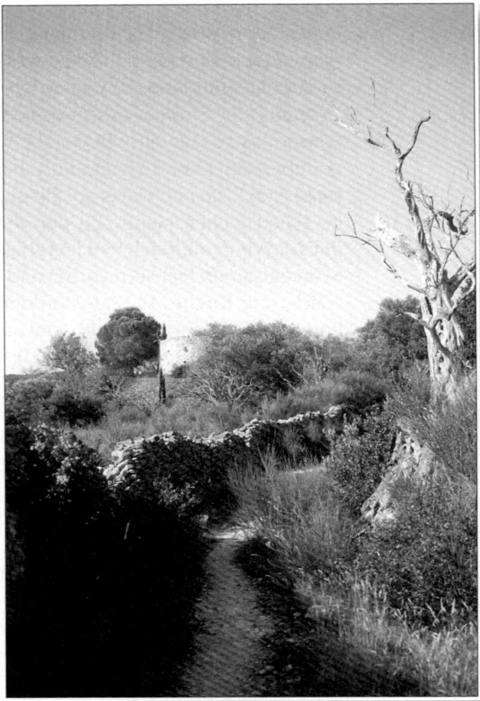

Longós

Im malerischen Hafenort Longós trifft man auf die Ruinen einer alten Olivenöl- und Seifenfabrik. Der gemauerte Schornstein überragt den Ort. Es gibt Pläne, die schöne **Fabrikruine** zu einem Hotel umbauen zu lassen. Ob sie sich verwirklichen lassen, wird man in den kommenden Jahren sehen.

Eine Windmühlenruine bei Longós

Nördlich von Longós steht eine **Windmüh-lenruine** auf dem Kap, die über einen Fußpfad zu erreichen ist. Am **Hafen** dümpeln Boote, einige Tavernen und Cafés bieten sich für eine Pause an.

Von Longós kann man auch eine **Strandwande-rung** nach Süden zum Strand Kipiádi oder nach Norden zum Strand Monodéndri unternehmen.

Strände

Kipiádi

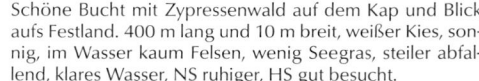

Schöne Bucht mit Zypressenwald auf dem Kap und Blick aufs Festland. 400 m lang und 10 m breit, weißer Kies, sonnig, im Wasser kaum Felsen, wenig Seegras, steiler abfallend, klares Wasser, NS ruhiger, HS gut besucht.
- **Service:** keine Einrichtungen
- **Anfahrt:** per Badeboot oder über eine Piste von Kondogianatika aus, weiter unten ausgeschildert, Parkplatz, von dort aus Trampelpfad

Kípos

Hinter dem Strand ist die Küste bewaldet, an den Kaps ragen Villen zwischen Zypressen hervor. Der Blick fällt auf Felseninseln und das Festland. Schöne Bucht, 80 m lang und 5-10 m breit, flacher abfallend, Kies, sonnig, am Buchtrand Felsen, etwas Seegras, NS ruhig, HS gut besucht.
- **Service:** keine Einrichtungen
- **Anfahrt:** per Boot oder über eine Piste wie nach Kipiádi, bei einer Gabelung dann aber links (ausgeschildert), die letzten 100 m muss man zu Fuß gehen, auch über einen Fußpfad von Longós in 20 Min. zu erreichen

Marmari

Hübsche Bucht mit vorgelagerter Felseninsel, am Kap Kalkfelsen und Zypressen. 100 m lang, 5-10 m breit, große Olivenbäume geben Schatten, teils Seegras, teils Felsen im Wasser, flacher abfallend, NS gut besucht, HS voll.
- **Service:** keine Einrichtungen
- **Anfahrt:** Fußpfad von Longós (15 Min.) oder per Boot

Levrechió

Hübsche Bucht in grüner Umgebung, schöne, flach abfallende Felsenplatten am Kap, 80 m lang und 5 m breit, Kies, steiler abfallend, Felsen am Rand der Bucht, etwas Seegras, sonnig, NS gut besucht, HS voll, Ferienhäuser am Hang.
- **Service:** Taverne, WC, Dusche, Telefon, Strandsäuberung
- **Anfahrt:** Bus bis Longós, Piste von Longós aus, zu Fuß in 5 Minuten

Paxos

Glyfáda

Der Strand besteht aus zwei hübschen Buchten, die zusammen 100 m lang und 5-10 m breit sind. Weißer Kies, steiler abfallend, teils Seegras, am Buchtrand Felsen, Olivenbäume geben Schatten, NS ruhig, HS gut besucht.
- **Service:** keine Einrichtungen
- **Anfahrt:** Pfade von Monodéndri und Longós (in 5 bzw. 15 Min.)

Mono-déndri

300 m lang, 10 m breit, Kiesel, sonnig, teils durch Bäume verschattet, wenig Seegras, wenig Felsen, Apartments am Hang, NS gut besucht, HS voll.
- **Service:** Tavernen, Schirme und Liegen, sauber, WC
- **Anfahrt:** Eine Piste führt von der Straße bei Argiratika (Schild „Beach") hinunter zum Strand, Parkplatz 50 m oberhalb des Strandes, dort WC, dann führt ein Pfad weiter.

Der Strand Glyfáda

LÁKKA UND DER NORDEN

Von Longós
nach Lákka
Von der östlichen Straße, die von Longós nach Lákka führt, zweigen Pisten zu **Stränden an der Ostküste** ab. Markiert ist nur der Strand Monodéndri als „Beach". Die anderen Wege, die nicht einfach zu befahren sind, kann man mithilfe der Inselkarte von Road Edition leicht finden.

Im Weiler **Apergatika** überragt eine Windmühlenruine die Olivenbäume. Auch hier wurden alte Bauernhäuser zu Ferienwohnungen umgebaut.

Lákka

Der Hafen von Lákka liegt ausgesprochen schön in einer tief eingeschnittenen Bucht. Er ist bei Seglern sehr beliebt. Auch in Lákka befinden sich die meisten Unterkünfte in hübschen kleineren Häusern. Die schmalen Gassen im Dorfzentrum und am Hafen sind zur Fußgängerzone erklärt worden, was dem Ort sehr gut tut. Es bietet sich an, einen Abendspaziergang zum Leuchtturm und zum Strand von Plani zu machen und die Stimmung gegen Abend am Hafen zu genießen.

Lákka ist der einzige Ort, an dem auf Paxos **Wassersport** angeboten wird. Auch eine Tauchschule bietet ihre Dienste an. Wen es nicht so sehr in die Tiefe des Meeres zieht, der kann in einem kleinen **Aquarium** die heimischen Meeresbewohner bewundern: eine Muräne, den giftigen roten Drachenkopf, Hummer und Langusten, Seespinnen, Oktopusse und verschiedene Brassenarten. Die meisten Tiere werden im Herbst freigelassen und im Frühjahr neu eingefangen, daher kann sich das Gezeigte auch ändern.

●**Geöffnet:** tägl. 10-14, 19-21.30 Uhr, 3 €

Unterkunft

●**Villa Cardia,** oberhalb von Lákka, *Alexandra* und *Roman*, www.paxoscardia.de, Tel./Fax 31951, im Winter: Tel./Fax 063593117 in Deutschland, ruhige Lage, schöner Blick, kleine, nett eingerichtete DZ, Küchenecke, Bad, Balkon, netter Garten, 50-100 € ohne Frühstück, 4er 120-160 €.

Paxos

Essen und Trinken

- **La Rosa di Paxos,** Lákka, gute griechische und italienische Küche, hübsche Terrasse am Hafen, Preise gehoben.
- **Café-Bar Akis,** Lákka, am westlichen Buchtrand, hübsch eingerichtet, Terrasse am Meer, guter Kuchen, gehobene Preise.
- **Snackbar The Seaside,** Lákka, vorne am Pier am rechten Dorfende, schöner Blick aufs Dorf, tagsüber Kleinigkeiten, abends nur Getränke.

Strände

Lákos

Seitlich der Bucht liegt ein Haus in hübscher Lage, hinten bewaldeter Hang, 80 m lang und 10 m breit, Kies, steil abfallend, teils Felsen, teils Seegras, sonnig, ruhig.
- **Service:** keine Einrichtungen
- **Anfahrt:** über eine Piste, die bei Apergatika beginnt, bei der ersten Gabelung rechts, bei der zweiten Gabelung links halten, der Weg ist schmal und steil, kaum Parkmöglichkeiten, seitlich des Hauseingangs beginnt eine Treppe, die zum Strand hinunterführt.

Arkoudaki

Oberhalb der Bucht steht ein Privathaus, hinter dem Strand zieht sich Wald den Hang hoch. Am Kap erstrecken sich Felsplatten, auf denen man gut liegen kann, geeignet zum Schnorcheln, 50 m lang und 5 m breit, Kies und Steine, sonnig, viel Seegras, steiler abfallend.
- **Service:** keine Einrichtungen
- **Anfahrt:** Fußpfad (längerer Fußmarsch), eine Piste zweigt bei Apergatika gegenüber der Villa Cardia von der Straße ab, bei der ersten Gabelung geht es links, bei der zweiten rechts weiter, kaum Parkmöglichkeiten

Charami

Zwei Buchten nördlich des Hafens von Lákka. Blick auf Kap und Bucht, viele Boote liegen vor Anker. 1. Bucht: 50 m lang, 10 m breit, Kies, teils Felsen, etwas Seegras, sauber, hinter dem Strand alte Bäume, NS gut besucht, HS voll; 2. Bucht: 100 m lang, 5-10 m breit, Kies, teils Felsen, etwas Seegras, hinter dem Strand stehen alte Olivenbäume, dort schattig, vorne sonnig, voll.
- **Service:** Taverne, WC, sauber, Umkleidekabine, Schirme und Liegen, Tretboote, Kanus, Wasserski, Crazy Banana, Ring, Paragliding, Supermarkt und Telefon am Hafen
- **Anfahrt:** Bus bis Lákka, über einen Trampelpfad von Lákka aus

LEFKÁDA

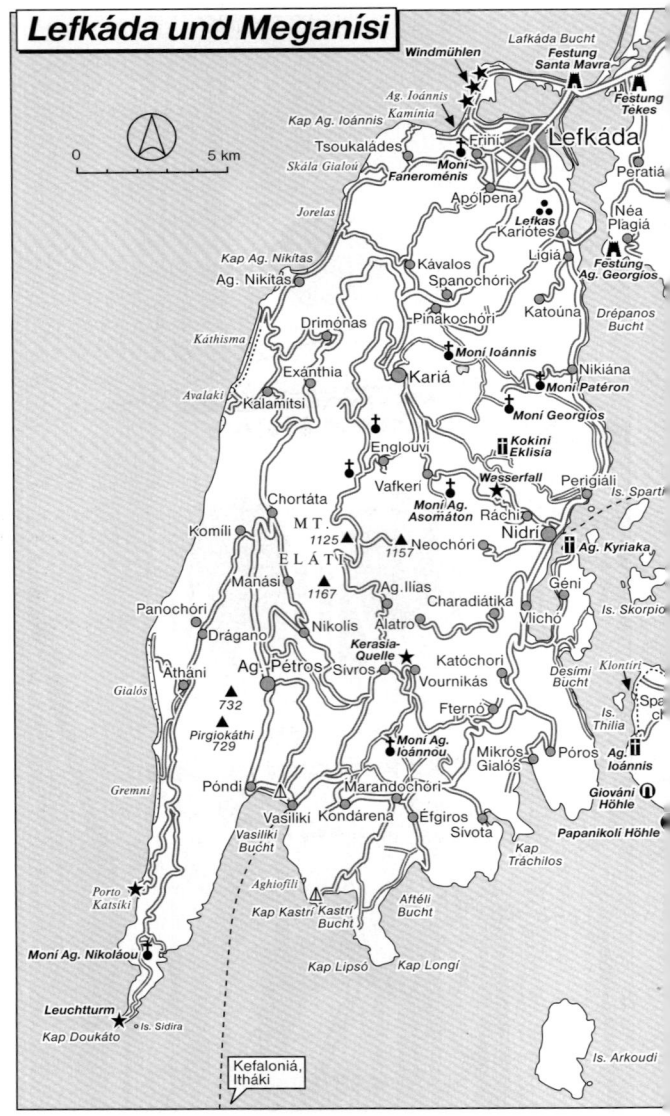

Lefkáda und Meganísi

Lafkáda Bucht
Festung Santa Mavra
Windmühlen
Festung Tekes
Ag. Ioánnis Kaminia
Kap Ag. Ioánnis
Tsoukládes
Frini
Lefkáda
Moni Faneroménis
Skála Gialoú
Peratiá
Apólpena
Jorelas
Lefkas Kariótes
Néa Plagiá
Ligiá
Kap Ag. Nikitas
Kávalos Spanochóri
Festung Ag. Georgios
Ag. Nikitas
Katoúna
Drépanos Bucht
Pinakochóri
Drimónas
Káthisma
Moní Ioánnis
Exánthia
Kariá
Nikiána
Moní Patéron
Avalaki
Kalamítsi
Moní Georgiós
Kokini Eklisia
Englouvi
Wasserfall
Perigiáli
Is. Sparti
Chortáta
Vafkeri
Moní Ag. Asomáton
Ráchi
Nidri
Komíli
M T
1125
E L Á T I
1157
Neochóri
Ag. Kyriaka
Géni
Is. Skorpio
Manási
1167
Ag. Ilías
Charadiátika
Vlichó
Panochóri
Nikolis
Alatro
Kerasia-Quelle
Katóchori
Vournikás
Desími Bucht
Klontíri
Is. Thilia
Spa ch
Drágano
Ag. Pétros
Sivros
Athani
Gialós
732
Fternó
Moní Ag. Ioánnou
Mikrós Gialós
Póros
Ag. Ioánnis
Giováni Höhle
Pirgiokáthi
729
Póndi
Marandochóri
Gremni
Vasiliki
Kondárena
Éfgiros
Sivota
Papanikolí Höhle
Vasiliki Bucht
Aghiofíli
Kap Kastrí
Kastri Bucht
Aftéli Bucht
Kap Tráchilos
Porto Katsíki
Kap Lipsó
Kap Longí
Moní Ag. Nikoláou
Leuchtturm
Is. Sidira
Kap Doukáto
Kefaloniá, Itháki
Is. Arkoudi

0   5 km

Ambrakischer
Golf, Vonitsá

Plagiá

Kefaloniá

umáki

Leuchtturm

Vathi
Kap
Fanári

Katoméri
Limonári

opoúlos
ucht

s. Meganísi

etaíou
Kap
Kefáli

Is. Kithros

DIE INSEL IM ÜBERBLICK

- **Einwohner:** 23.000
- **Fläche:** 303 km²
- **Höhe:** 1167 m
- **Tel.-Vorwahl:** 26450
- **PLZ:** 31000,
  Lefkáda-Stadt: 31100

Lefkáda ist eine grüne, bergige Insel. Die weißen Felsen, die an der Westküste aus dem türkisblauen Meer aufragen, gaben ihr den Namen *Lefkáda,* **„die Weiße".** Die Küstenregion ist heute dicht bewohnt, während sich die Bergdörfer immer mehr entvölkern. Das zentrale Bergland ist in der Gipfelregion eher kahl, bietet aber einen herrlichen Rundumblick. Die Hauptstadt Lefkáda-Stadt liegt, vom Meer umgeben, reizvoll an einer flachen Lagune und einer Sandnehrung.

Obwohl man auf der Insel sehr schöne Strände findet, steht Lefkáda immer noch im Schatten seiner berühmten Nachbarinseln. Der millionenschwere Reeder **Aristoteles Onassis** hatte als Besitzer einer kleinen Insel vor Nidrí kein Interesse daran, dass viele Urlauber Lefkáda besuchten, und dem einflussreichen Mann gelang es, die Touristenströme von der Insel fern zu halten. Das hat sich mittlerweile natürlich geändert, aber vom Massentourismus überrollt wurde die Insel nur an wenigen Orten. Bei Individualreisenden ist Lefkáda umso beliebter. Im Juli und August verbringen viele Griechen und Italiener ihren Urlaub hier. Auch als Wochenendziel schätzen Athener die vom Festland aus einfach zu erreichende Insel. Im Juni oder September kann man aber noch viele ruhige Ecken finden.

Lefkáda

Seite 229: Ein erdbebensicherer Kirchturm

LEFKÁDA-STADT

Erste Orien- tierung

Lefkáda ist eine angenehme Kleinstadt mit rund 7000 Einwohnern. Die Lage an der Lagune und der Nehrung geben ihr einen besonderen Reiz. Man findet sich in Lefkáda einfach zurecht. Das eiförmige Stadtzentrum bedeckt eine ins Meer hineinragende **Halbinsel.** Breitere Straßen umschließen die Innenstadt und führen am Meer entlang. Das Zentrum wird durch die Fußgängerzone zweigeteilt. An der Spitze der Halbinsel beginnt ein Deich, über den man zur Festung Santa Mávra und auf das Festland gelangt.

Das Ortsbild

Das Stadtbild unterscheidet sich stark von anderen Orten auf den Ionischen Inseln. Die meisten Gebäude sind zwei- bis dreigeschossig. Deutlich ist der Einfluss der Türken in der Architektur zu erkennen, die auf Lefkáda viel länger herrschten als auf den anderen Ionischen Inseln. Die Häuser wurden als **Holzfachwerkbauten** errichtet. Diese Bauweise hat sich bei Erdbeben gut bewährt. 1953 stürzten auf Lefkáda vor allem steinerne Kirchtürme ein. Die meisten Häuser trugen zwar Schäden davon, mussten aber nicht komplett abgerissen werden. Die Holzverkleidungen wurden nach dem Erdbeben vielfach durch **pastellfarbene Wellbleche** ersetzt, die der Stadt eine helle, freundliche Atmosphäre verleihen. Die Kirchtürme wurden wieder aufgebaut. Überall trifft man nun auf Glockentürme aus Metallfachwerk.

Sehenswertes

Archäologisches Museum

Die ausgestellten Gegenstände sind nach Themenbereichen geordnet. In Raum A wird in einer Vitrine das Thema Musik behandelt: In alten Gräbern fand man Teile von Instrumenten, die man hier rekonstruiert hat. Weitere Themenbereiche sind die Brotherstellung in hellenistischer Zeit, Wein und Handel, Münzprägung, Weberei und die Olivenölherstellung, die schon seit 3000 v. Chr. auf Lefkáda betrieben wird. Auch Rekonstruktionen alter Wohngebäude sind zu sehen. In Raum B werden Grabbeigaben ausgestellt, in Raum C Bestattungsbräuche untersucht. Raum D ist dem deutschen Archäologen *W. Dörpfeld* gewidmet, der viele Jahre in Nidrí wohnte und arbeitete. Er fand u.a. Werkzeuge aus der Zeit um 6800 v. Chr. Die Funde, die auf der Insel gemacht

Lefkáda

wurden, sind für den Laien nicht spektakulär. Aber die Art und Weise, wie das Museum Informationen aufbereitet, macht den Besuch interessant.

●**Geöffnet:** Di-So 8.30-15 Uhr, Eintritt 2 €

Nautisches Museum

Das Nautische Museum befindet sich direkt neben dem Archäologischen Museum. Ein Besuch lohnt sich nur für Bootsliebhaber.

●**Geöffnet:** Di-So 8.30-15 Uhr, Eintritt frei

Volkskundemuseum

Die Ausstellung, in der Trachten, Möbel, alte Landkarten und Fotos der Stadt, Stickereien und ein alter Webstuhl zu sehen waren, wurde zum Zeitpunkt der Recherchen gerade neu geordnet und war daher geschlossen.

Fonografisches Museum

Ausgestellt ist eine Privatsammlung von alten Fotos, Grammofonen, Büchern, Taschenuhren und Fotoapparaten. Das Museum gleicht einem Trödelladen. Verkauft werden aber nur Fotos von alten Postkarten.

●**Geöffnet:** täglich 10-14 und 19-22 Uhr, Eintritt frei, Tel. 21088

Kirche Ag. Minas

Am Ende der Fußgängerzone trifft man auf dieses Bauwerk, an dem die barocken Einflüsse der **Ionischen Schule** gut zu erkennen sind. Die Kirche wurde 1707 erbaut. Die holzgeschnitzte Altarwand entstand ebenfalls Anfang des 18. Jh. Die Deckengemälde stammen von den bekannten Künstlern *N. Doxaras* und *N. Koutouzis* (siehe Exkurs „Byzantinische Malerei, der Kretische Stil und die Ionische Schule").

Kirche Isódia Theotókou

Dies ist die einzige Kirche der Stadt, deren steinerner Turm 1953 nicht eingestürzt ist. Das Gotteshaus stammt aus dem 18. Jh. Die Altarwand lässt barocke Einflüsse erkennen. Die Decke wurde von *S. Gazis* ausgemalt, dem Malereien von *Raffael* als Vorbild dienten.

Die Umgebung von Lefkáda-Stadt

**Festung
Santa
Mávra**

Als Lefkáda 1293 an die venezianische **Familie Orsini** ging, war die alte Inselhauptstadt, die in der Ebene unweit vom heutigen Kalligóni lag, häufig Opfer von Piratenüberfällen. Um dem Einhalt zu gebieten, ließen die neuen Herrscher die Festung Santa Mávra bauen. Kurz danach siedelten sich die Bewohner der alten Stadt vor den Festungstoren an. Die neue Hauptstadt entwickelte sich westlich der Festung, dort, wo heute die Fähre liegt. Östlich entstand das Viertel Alli Meria. In den folgenden Jahren wurde die alte Inselhauptstadt ganz aufgegeben.

Die **Kirche Ag. Mávra** wurde in die Festungsmauer eingebaut. Nach der Eroberung durch die Osmanen 1479 wurde sie zur Moschee. Die Besatzer ließen 1485 eine **Wasserleitung** zur Festung legen. Die Quelle Megali Vrísi befindet sich südwestlich der heutigen Stadt. Es wurde ein langer Aquädukt mit Arkadenbögen gebaut, von dem heute leider fast nichts mehr zu sehen ist.

Nachdem die Venezianer die Türken 1684 wieder vertreiben konnten, ließ der venezianische Herrscher *Morosini* am Eingang der Festung den **geflügelten Löwen,** das Wappen Venedigs, anbringen. Die Venezianer bauten kräftig um und die Festung erhielt damals die Form, in der sie heute noch erhalten ist. Sie hat sieben Bastionen. Innerhalb der Mauer befanden sich Kirchen, Privathäuser, Zisternen, Schulen und die durch einen Wassergraben abgetrennte Fluchtburg Castello, in der sich Kasernen, das Lazarett, Zisternen und das Pulvermagazin befanden.

1713 konnten die Türken die Festung zurückerobern, aber bereits nach einem Jahr zogen die Venezianer wieder ein. Im 19. Jh. schütteten die **Engländer,** die zu jener Zeit die Insel beherrschten, den Graben vor dem Castello zu und legten dort einen Friedhof an. 1888 fing das Pulvermagazin Feuer und explodierte. Danach war von den

Lefkáda

Lefkáda-Stadt

Strand, Ag. Ioánnis, Nehrung

Agelou Sikelianou

Ioánni Marinou

Faneromenis

Mitropoleos

8th. Merarchias

8th. Merarchias

Avr. Valaoriti

Kolokotroni

Kefalostaki

Vyronos

Ioánnou Mela

Zabelli

Pantokratora

Apólpena

Vasiliki

Festung Santa-Mávra,
Festland, Nehrung

Agelou Sikelianou

⊗ 10

🏠 9

8 Ⓢ

Agías Mávras

Saptous

Petrou Filippou Panagou

Al. Panagouli

Verioti

6 🍴

7 Ⓜ

Derpfeld

Filarmonikis

Vonitsis

Ⓢ 13

Ⓜ 12

Meganissiou

ℹ️

🏛️

Ⓑ 11

Zabellion

Zabellion

Dimitriou Gomeli

● 17

Lefkáda

Ⓜ	**1**	Archäologisches Museum
➕	**2**	Krankenhaus
▨	**3**	OTE-Telefonamt
●	**4**	Bibliothek
🍴	**5**	Taverne Ef Zin
🍴	**6**	Taverne Regantos
Ⓜ	**7**	Folklore-Museum
Ⓢ	**8**	Bücher & Zeitungen
🏠	**9**	Hotel Nirikos
⊗	**10**	Taxi
Ⓑ	**11**	Bus
Ⓜ	**12**	Fonografisches Museum
Ⓢ	**13**	Bank
✉	**14**	Post
◯	**15**	Internetcafé
●	**16**	Wäscherei
●	**17**	Polizei/ Touristenpolizei
▥		Fußgängerzone
→		Hinweg

Gebäuden in der Festung nicht mehr viel zu sehen. Die Kirche Ag. Mávra wurde wieder neu aufgebaut.

1922 erreichten nach Kriegen gegen die Türkei 5000 **Flüchtlinge** Lefkáda. Sie wurden zunächst in der Festung Santa Mávra untergebracht, bevor sie auf der Insel heimisch wurden. 1938 wurden die noch in der Festung verbliebenen Gebäude abgerissen und man verkaufte die Steine als Baumaterial. Auf der Burgmauer wurde ein **Leuchtturm** errichtet. Rostige Kanonen ragen aus den dicken Wänden. Zum Zeitpunkt der Recherchen war die Anlage wegen Bauarbeiten nicht zugänglich.

Festung Tekes oder Griva

Kaum einen Kilometer von der Festung Santa Mávra entfernt ragt die nächste **Festungsruine** empor. Die Festung Tekes steht auf dem Festland an der Straße nach Lefkáda. Früher befand sich an dieser Stelle ein Kloster, das von den Türken 1807 zur Festung umgebaut wurde, als sie vergeblich versuchten von hier aus die von den Venezianern beherrschte Festung Santa Mávra zu belagern. Heute ist die Anlage nicht offiziell zugänglich. Ein benachbarter Bauer nutzt sie als Ziegenstall, hat aber nichts gegen Besucher einzuwenden, wenn ihm dabei seine Tiere nicht abhanden kommen. Die freuen sich über Besucher und machen sich über die mitgebrachten Essensvorräte her. Von der Festung hat man eine schöne Aussicht auf die sumpfige Küstenlandschaft.

Nehrung und Windmühlen

Einen schönen Ausflug kann man gegen Abend auf die Nehrung von Lefkáda-Stadt unternehmen. Die Strecke ist rund 8 km lang und eben. Sie eignet sich für eine Fahrradtour oder einen langen Spaziergang. Man folgt von Lefkáda-Stadt der kleinen Küstenstraße zum Strand von **Ag. Ioánnis.** Hinter den Windmühlen führt eine kleine Teerstraße auf die Nehrung hinaus. Ursprünglich standen hier zwölf **Windmühlen,** die alle nach russischen Persönlichkeiten benannt waren. Heute

2023ko Fotz: vb

Lefkáda

sind noch vier Mühlen übrig. Eine ist zu einer hübschen Strandbar umgebaut. Die Lagune ist flach,
das Wasser meist nur 30-60 cm tief. Es wird Fisch-
zucht betrieben. Die Straße führt hinter dem langen Sandstrand auf der **Nehrung** entlang bis zur
Festung Santa Mávra. Hier beginnt das Festland.
Der Kanal, der die Insel abtrennt,wird durch eine
liegende Fähre überbrückt. An dieser Stelle trifft
man auf die Hauptverbindung von Lefkáda-Stadt
mit dem Festland. Über den **Deich** erreicht man
wieder die Stadt.

Eine Windmühle am Strand Ag. Ioánnis

Ag. Ioánnis Der Strand von Ag. Ioánnis ist sehr beliebt. Südlich der Windmühlen hat sich eine kleine **Strandsiedlung** gebildet. Am südlichen Ende des Strandes trifft man auf die in einem Wald gelegene **Kirche** Ag. Ioánnis.

Kalligóni und Kariótes Bei Kalligóni befand sich einst die alte Inselhauptstadt, von der aber kaum noch etwas zu sehen ist. Unweit der Texaco-Tankstelle führt ein Feldweg auf einen Hügel, auf dem man noch einige spärliche Reste der **alten Stadt Nerikos** findet, die vom 2. Jahrtausend v. Chr. bis ins 13. Jh. n. Chr. Inselhauptstadt war.

Bei Kariótes befindet sich der **Salzsee Alykés,** in dem auch heute noch Salz gewonnen wird. Dahinter erhebt sich auf einer kleinen Insel die Festung Alexandros. Salz war in früherer Zeit die Haupteinnahmequelle der Insel. Gegenüber sieht man auf dem Festland die Festung Ag. Geórgios.

Die Nehrung bei Lefkáda-Stadt mit dem Strand Ag. Ioánnis

Friní und Moní Faneroménis

Hübsch gelegen ist Friní. Am oberen Dorfrand befindet sich das Kloster Moní Faneroménis. Die 1634 erbaute Kirche brannte im 19. Jh. aus und musste beinahe komplett erneuert werden. Das Moní Faneroménis ist das **religiöse Zentrum** der Insel. Ziel der Gläubigen ist die Ikone der Panagía. Der Klosterhof ist wie der kleine Park am Klostereingang liebevoll gepflegt. Ein Besuch der Anlage lohnt sich weniger aus kunsthistorischer Sicht, als wegen der schönen Aussicht auf die Stadt und die Nehrung.

●**Geöffnet:** täglich von morgens bis abends außer 14-16 Uhr, Wickelröcke liegen aus, großer Parkplatz und WC vorhanden

Wanderung zum Kloster Moní Faneroménis

●**Route:** Lefkáda-Stadt – Friní – Moní Faneroménis – Kapelle Ag. Ioánnis – Strand Ag. Ioánnis – Lefkáda-Stadt
●**Strecke:** über kleine Teerstraßen, alte Pfade und am Strand entlang
●**Landschaft:** Olivenhaine und Gärten
●**Dauer:** 1 Stunde, 45 Minuten bis zum Strand, 20-25 Minuten vom Strand in die Stadt
●**Ausrüstung:** „anständige" Kleidung für den Klosterbesuch, Sonnenschutz, Badesachen, Wasser, am Strand Ag. Ioánnis gibt es mehrere Tavernen.
●**Anfahrt:** Die Wanderung beginnt am Platz in der Fußgängerzone von Lefkáda-Stadt.
●**Hinweis:** Diese Tour lässt sich am besten als Ganztagestour mit Strandbesuch unternehmen. Man startet am Vormittag und besucht das Kloster, verbringt den Nachmittag am Strand und macht sich am Abend wieder auf den Rückweg zur Stadt.

Lefkáda

Nach Friní

Man startet am **Platz in der Fußgängerzone,** durch die man landeinwärts schlendert. Nach 50 m markiert ein Schild rechts „Public Library". Man folgt der schmalen Gasse, kommt am Restaurant EY ZHN vorbei und zweigt hinter der **Bibliothek,** die in einem Garten steht, nach links ab. So erreicht man den Haupteingang. Hier geht man geradeaus weiter am Eingang vorbei. Rechts erhebt sich eine Kirche, links erstreckt sich der Platz Platia Zambeli, an dem eine weitere Kirche liegt. Man geht geradewegs auf das **OTE-Telefonamt** zu. Vor diesem Gebäude geht man zunächst nach links und dann gleich wieder nach rechts am OTE-Gebäude entlang. Kurz darauf überquert man eine breite Straße und geht nach rechts weiter an einer kleinen Kirche vorbei. Bis hierher ist man 10 Minuten unterwegs. Wenige Meter weiter zweigt vor einer Bäckerei eine kleine Straße nach links ab. Sie führt zwischen Häusern entlang in die Gärten an den Ortsrand.

Nach einer Viertelstunde trifft man auf eine Gabelung, an der nach links „Panagía Vlachérna" und nach rechts „Ag. Marina" markiert ist. Man hält sich rechts. Nach 5 Minuten trifft die kleine Straße auf eine etwas größere, der man nach links folgt und so eine kleine Siedlung erreicht. Nach wenigen Metern liegen links ein Kinderspielplatz und ein **Basketballplatz** am Straßenrand. Etwas weiter steht rechts ein Haus. Dann zweigt vor einem schwarzen, schmiedeeisernen Gartentor eine Straße nach rechts ab. Dieser Straße folgt man und geht auf ein grünes Gartentor zu, an dem die Straße endet. Daneben beginnt ein Fußweg.

Er gabelt sich bald und man hält sich rechts. Dann kreuzt ein Pfad. Man geht geradeaus weiter durch die **Olivenfelder.** Der Weg windet sich nach rechts. Dann zweigt nach links ein Weg ab, dem man folgt. Dieser wiederum macht eine Kurve nach links. Rechts sieht man die Friedhofskirche von Friní liegen. Der Pfad windet sich zunächst nach links und kurz vor einem Haus nach rechts, wo er auf die Straße trifft. Dieser folgt man nun zur **Friedhofskirche.**

Zum Kloster

Gegenüber der Kirche beginnt ein **Treppenpfad.** Er überquert zwei kleine Straßen und mündet bei einem Strommast auf die **Hauptstraße.** Diese Stelle merkt man sich für den Rückweg. Nun folgt

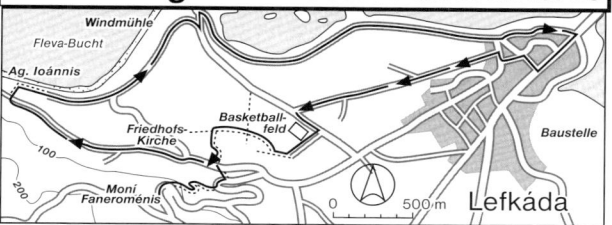

Wanderung zum Kloster Faneroménis

Windmühle
Fleva-Bucht
Ag. Ioánnis
Friedhofs-Kirche
Basketball-feld
Baustelle
100
200
Moni Faneroménis
0　500 m
Lefkáda

Lefkáda

man der Straße nach rechts. Nach wenigen Minuten zweigt in einer Linkskurve nach rechts der alte **Fußpfad** zum Kloster ab. Ein Schild markiert hier „Monastery Faneromeni". Bei einer Gabelung hält man sich links und erreicht unterhalb des Klosters die Straße. Danach geht man den gleichen Weg zurück und erreicht nach einer Viertelstunde wieder die Friedhofskirche von Friní.

Zum Strand Ag. Ioánnis

Wenn man den Treppenweg in Friní wieder herunterkommt, biegt man nun in die Straße vor der Friedhofskirche nach links ein. Sie führt durch **Olivenfelder** an die Küste. Bei der ersten Gabelung hält man sich links, bei der zweiten rechts. Die Straße geht bald in eine Piste über. Nach 15 Minuten trifft man auf ein rotes Schild mit weißem Balken. Man folgt diesem Privatweg trotzdem noch ein kleines Stück, denn schon nach wenigen Metern zweigt im Wald nach rechts ein Fußpfad zur versteckt gelegenen **Kirche Ag. Ioánnis** ab. Der Pfad führt an der Kirche vorbei zum Strand hinunter. Man trifft auf den ruhigsten Strandabschnitt. Etwa 200 m weiter beginnt rechts die kleine Straße, die hinter dem Strand von Ag. Ioánnis rund 1,5 km entlangführt.

Rückweg

Der Rückweg zur Stadt verläuft durch die Sonne auf der kleinen Straße am Meer entlang. Man geht zunächst hinter dem Strand von Ag. Ioánnis auf die **Windmühlen** zu. An einer Gabelung hält man sich links. Wenige Meter darauf gabelt sich die Straße erneut. Hier biegt man nach rechts in die kleine Straße ein, auf der man rund 2,5 km an der Küste entlang weitergeht. So erreicht man in 20-25 Minuten wieder die Stadt.

Strände

Ag. Ioánnis

Am Kap liegt eine Kirche im Wald versteckt. Hinter dem Strand führt die Straße entlang, dahinter erstrecken sich Gärten mit Bäumen. Der Blick fällt auf die Windmühlen auf der Nehrung. Kilometerlang und 5-15 m breit, sonnig, Sand und feiner Kies, türkisblaues Wasser, keine Felsen, wenig Seegras, steiler abfallend, NS ruhig, HS gut besucht, zur Feierabendzeit und am Wochenende kommen viele Städter. An einem Strandabschnitt ist Schwimmen verboten, dort ist Boot- und Surfgebiet.
●**Service:** Telefon, Tavernen, Bar, WC, Pensionen, gutes Surfgebiet, aber kein Surfbrettverleih, teils auch Schirme und Liegen, einfach zu erreichen für Leute mit Gehbehinderung, Strandsäuberung
●**Anfahrt:** Parkplatz

Nehrung bei der Windmühle Milos

Einige Windmühlenruinen stehen in kahler Umgebung hinter dem Strand. Sehr lang und 20 m breit, Sand und feiner Kies, türkisblaues Wasser, keine Felsen, wenig Seegras, steiler abfallend, sonnig, schöne Sonnenuntergänge, NS ruhig, HS gut besucht.
●**Service:** einfach zu erreichen für Leute mit Gehbehinderung, Strandsäuberung bei der Taverne, Dusche, WC, Volleyballnetz, Telefon, ca. 500 m bis zum nächsten Hotel, Liegen und Schirme, Surfbretter, Wakeboard
●**Anfahrt:** Parkplatz

Nehrung nördlich der Mühlen

Kahle Umgebung. Der Blick fällt auf das nördliche Festland. Kilometerlang und 20-30 m breit, Sand und feiner Kies, klares Wasser, keine Felsen, wenig Seegras, steiler abfallend, sonnig, HS relativ ruhig. Am nördlichen Ende der Nehrung baden die Einheimischen unweit der Festung Santa Mavra bei einer Industrieruine. Dort fällt der sonnige Sandstrand steiler ab.
●**Service:** einfach zu erreichen für Leute mit Gehbehinderung, Papierkörbe, Telefon, Taverne, WC, Dusche, nur bei der Taverne Strandsäuberung
●**Anfahrt:** Zu erreichen sind all diese Strände über eine kleine Straße die parallel zum Strand hinten auf der Nehrung entlang führt, Parkplatz.

Praktische Tipps

Anreise

Vom Festland kann man die Insel über eine **Schiffsbrücke** erreichen. Im Kanal bei der Festung Santa Mávra befindet sich eine Fähre. Solange sie quer zum Kanal liegt, dient sie als Brücke; wenn sie längs beidreht, können Schiffe den Kanal entlangfahren und der Verkehr ist unterbrochen. Der nächste **Flughafen** liegt in 25 km Entfernung auf dem Festland in Preveza/Aktio, Tel. 26820-22355. Er ist per Linienflug von Athen aus täglich zu erreichen. Zwischen Preveza und dem Flughafen wurde ein Tunnel gebaut (Maut 3 €), so dass man keine Fähre für den Lagunensee mehr benötigt. Wer über Athen anreist, kann von dort auch mehrmals täglich mit dem **Bus** nach Lefkáda fahren.

**Verkehrs-
mittel**

- **Fähren:** Lefkáda ist mit den Nachbarinseln über Fähren verbunden. Die Strecken Nidrí – Fiskárdo (Kefaloniá), Vasilikí – Fiskárdo und Vasilikí – Fríkes (Itháki) werden im Sommer bei ruhigem Wetter täglich befahren.
- **Bus:** Der Fernbus nach Athen fährt mehrmals täglich und benötigt für diese Strecke 5,5 Stunden. Die Busverbindungen auf Lefkáda sind im Norden und im Osten relativ gut. Die Dörfer im Westen sind schlecht per Bus zu erreichen
- **Taxi:** Lefkáda-Stadt Tel. 24600, 25233, Handy 0932233772
- **Mietfahrzeuge:** Das größte Angebot an Mietfahrzeugen hat man in Nidrí. In Lefkáda-Stadt: Budget, Odos P. Filippa 16, Tel. 24643, Europcar, Odos Panagou 6, Tel. 23581/Fax 23282
- **Tankstellen:** am Stadtrand

Unterkunft

- **Hotel Nirikos,** mitten im Zentrum am Ende der Fußgängerzone am Hafen, lebendige Ecke, Tel. 24132, Fax 23756, nirikos@otenet.gr, DZ, Bad, AC oder Ventilator, Balkon, Blick aufs Meer, Telefon, teils auch TV, 60-106 € mit Frühstück.
- Am Strand Ag. Ioánnis ist ein ganzes **Haus** zu mieten. Informationen unter Tel. 25905, 26451.
- **Studios Verginis,** Ionian Sunset, Stauraum für Surfausrüstung vorhanden, direkt am Strand Ag. Ioánnis, Tel. 25577, 23271, www.ioniansunset.gr, DZ, Bad, großer Balkon, Küchenecke, schöner Garten, während der Saison im Nachbarhaus eine Taverne, 45-60 €.
- **Camping Kariótes Beach,** liegt unweit der Hauptstraße bei Kariótes, Tel. 23594, Fax 71103, Anlage mit Swimmingpool, vielen Bäumen, Restaurant, Minimarkt.

**Essen und
Trinken**

- **Weinstube Ef Zin,** Odos Pontogiannis 7, neben der Bibliothek, gute Weine, internationale Küche, gute Fischgerichte, Karte wechselt häufig, Preise gehoben.
- **Taverne Regantos,** Tel. 22855, einfache griechische Taverne, gute Gerichte, z.B. das *Lachanopita*, Preise o.k.

Lefkáda

Einkaufen

In der Fußgängerzone von Lefkáda-Stadt finden sich mehrere hübsche **Souvenirläden,** die v.a. Inselprodukte, wie Wein, Honig, Käse, Wurst und Süßigkeiten anbieten. Ein trockener Weißwein, der auf Lefkáda wächst, ist der Vertzamo. Internationale **Zeitungen** findet man bei *Georgia Grapsa,* Mela 17, Tel. 21240. Hier kann man die gewünschte Zeitung auch bestellen. Ein großer **Supermarkt** befindet sich an der Ausfallstraße nach Kariá. Dort kann man preisgünstiger einkaufen als im Tante-Emma-Laden.

Nachtleben

Lefkáda-Stadt ist zwar abends in der Fußgängerzone recht lebendig, aber für echte Nachtschwärmer bietet die Stadt nicht viel.

Ausflüge

In Lefkáda-Stadt werden kaum Ausflüge angeboten. Bootsausflüge starten in Nidrí, Vasilikí und Ag. Nikítas (s. dort).

Nützliche Adressen

● **Krankenhaus:** Tel. 26450-25371, ausgeschildert
● **Zahnarzt:** Odos Pantokrátoras 14, Tel. 26450-21501
● **Polizei:** unweit des Busbahnhofs, Odos Iron Politechniou 30, Tel. 26450-29370, Touristenpolizei (an gleicher Stelle), Tel. 26450-29379
● **Geld:** mehrere Banken mit Automaten
● **Wäscherei:** Odos Koutroubi, Tel. 26616, geöffnet Mo-Sa 8.30-21 Uhr
● **Internetcafé:** siehe Stadtplan, Tel. 21507, Mo-Sa 8-24 Uhr, So 10-24 Uhr, eine bei Jugendlichen beliebte Café-bar, laute Musik.

RUNDFAHRTEN MIT DEM MIETFAHRZEUG

Mit Stern* gekennzeichnete Orte und Sehenswürdigkeiten werden weiter hinten im Kapitel detaillierter beschrieben. Achtung: Der Zustand der Straßen auf Lefkáda ist miserabel.

An der Ostküste entlang und durch das Bergland

Man startet in **Lefkáda-Stadt** und fährt zwischen Olivenfeldern hindurch nach **Kariá*.** Nach einem Aufenthalt in diesem hübschen Dorf geht es weiter hoch am Hotel vorbei in das kahle Bergland.

Man kann einen Abstecher zum Gipfel des **Profítis Ilías*** unternehmen. An der **Kapelle Ag. Donatos*** vorbei fährt man nun nach **Englouví*** hinunter. Die schmalen, steilen Bergstraßen sind in gutem Zustand. Terrassenfelder bedecken die steilen Hänge. Man folgt der Straße abwärts aus dem Dorf hinaus bis kurz vor Kariá. Hier zweigt in spitzem Winkel die Straße nach **Vafkerí*** ab. Wer kein waghalsiges Wendemanöver riskieren will, fährt einfach wieder bis an den Dorfrand von Kariá und wendet dort. Hinter Vafkerí windet sich die neue Straße mit herrlicher Aussicht den Hang hinunter bis nach **Ráchi*** und **Nidrí***, die aus einem Meer von silbrig schimmernden Olivenbäumen hervorragen. Vorgelagert liegen die grünen Inseln Sparti, **Madouri***, **Skorpios*** und **Meganísi***. Von Ráchi aus erreicht man den **Wasserfall*** bei Nidrí. Im Tal stehen große, alte Platanen am Bachlauf. Man fährt weiter südwärts, an den **Bronzezeitgräbern***, vorbei nach **Vlichó***. Hier zweigt eine kleine Straße nach **Géni*** ab. Bei einem Besuch des Kaps bei der **Kirche Ag. Kyriakí*** hat man eine schöne Aussicht auf die Bucht und das felsige Bergland. Dann geht es weiter südwärts. Ein lohnender Abstecher führt hoch nach **Fternó***, wo man die reizvolle Bucht von Vlichó einmal aus einer ganz anderen Perspektive sieht: Hinter Nidrí erkennt man das Gebirge auf dem Festland, das im Frühjahr teils noch verschneit ist. Von Fternó führt dann eine kleine Straße nach **Vournikás** weiter. Hier kann man einen Abstecher zum Kloster **Moní Ag. Ioannou** unternehmen. Dann erreicht man **Sívros***. Oberhalb des Dorfes liegt die **Kerasia-Quelle***. Von hier ist es nicht weit zum Bergdorf **Ag. Ilías***. Dann folgt man der Straße durch die Olivenhaine abwärts nach **Vasilikí***. Es bietet sich an, hier an einem der Strände eine Badepause einzulegen. Am Abend folgt man der Küstenstraße nordwärts, vorbei an Nidrí und **Nikiána***, **Ligiá**, **Kariótes** und **Kalligóni***, zurück nach **Lefkáda-Stadt.**

Lefkáda

An der Westküste
entlang zum Kap Doukáto

Auch der Ausgangspunkt dieser Tour ist **Lefkáda-Stadt.** Man fährt zunächst am Dorf Apólpena vorbei nach **Friní***. Von hier oben hat man eine schöne Aussicht auf die Inselhauptstadt, die Lagune und die Nehrung. Einen besonders schönen Blick kann man vom Kloster **Moní Faneroménis*** aus genießen. Dann fährt man weiter nach **Ag. Nikítas***. Das Meer schimmert türkisblau. An der steilen Westküste befinden sich die schönsten Strände der Insel. Man sollte sich zu Beginn der Tour überlegen, welche man ansteuern möchte. Sehr schön sind Káthisma und Gremní. Hinter Ag. Nikítas befindet sich die letzte Tankmöglichkeit, die man unbedingt nutzen sollte, bevor man weiter in Richtung Kalamítsi fährt. Dann gabelt sich die Straße. Hier werden die ersten Badefreunde eine Pause am **Strand von Káthisma*** einlegen. Von einigen Tavernen in **Kalamítsi*** hat man eine schöne Aussicht auf die Küste. Auch unterhalb von Kalamítsi kann man baden. Man fährt wieder ein kleines Stück zurück in Richtung Ag. Nikítas und erreicht bei Drimónas die Hauptstraße, die sich am Hang entlang nach Chortáta windet. Hier zweigt eine kleine Straße ab, über die man die Bergdörfer **Manasi** und **Nikolis** ergründen kann. Man erreicht die Hauptstraße wieder am oberen Dorfende von **Ag. Pétros.** Wer mit einem Zweirad unterwegs ist, sollte nun einen Abstecher nach **Vasilikí*** zur einzigen Tankstelle weit und breit unternehmen. Zwischen Ag. Pétros und Chortáta zweigt die Straße nach **Atháni*** ab. Hinter dem Ort beginnt der Schotterweg zum Parkplatz oberhalb des **Strandes Gremní*.** Auch hier kommen Badefreunde auf ihre Kosten. Landschaftlich gehört diese Ecke zu den reizvollsten Gegenden, denn die weißen, von Kalkfelsen durchzogenen Hänge sind teils auch mit Kiefernwald bedeckt.

204ko Foto: vb

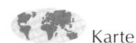

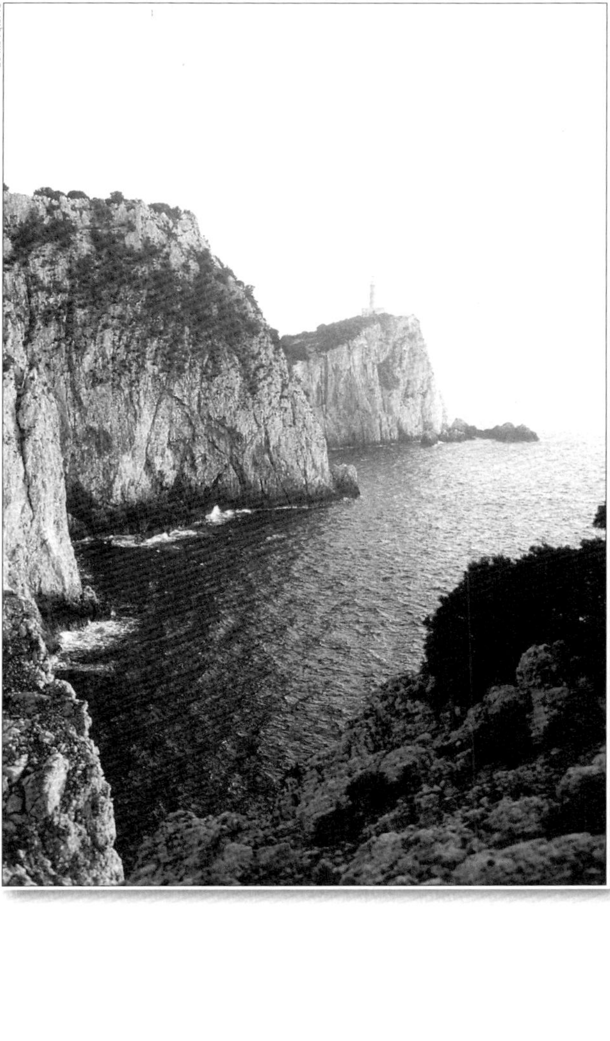

Der Leuchtturm am Kap Doukáto

Das Wasser des sonnigen Sandstrandes schimmert in hellem Türkisblau. Anfahrt und Rückweg sind allerdings recht mühevoll.

Die Straße gabelt sich bei der Taverne Oasis und man fährt nach rechts den Hang hinunter zum **Pórto Katsíki***, der auf jeden Fall einen Besuch lohnt. Einen Parkplatz zu finden, ist hier meist das Hauptproblem. Dann geht es wieder zurück zur Gabelung bei der Taverne Oasis, wo man nun der anderen Straße zum **Kap Doukáto*** folgt. Alte Eichenbäume und Macchia säumen die Strecke bis zum **Kloster Ag. Nikólaos.** Die letzten 4 km führen über eine Schotterpiste weiter bis zum Parkplatz beim **Leuchtturm*.** Hier kann man schöne Sonnenuntergänge erleben. Allerdings sollte man sich anschließend nicht allzu lange Zeit lassen, denn die Piste ist im Dunkeln nicht gut befahrbar. Man folgt der Straße wieder nach Norden, an **Atháni** und **Chortáta** vorbei nach **Drimónas.** An der Hauptstraße bei **Spanochóri** befindet sich die nächste Tankstelle. Über die Hauptstraße erreicht man schließlich wieder **Lefkáda-Stadt.**

DIE OSTKÜSTE

Tipps für die Region

Verkehrs-mittel

● **Fähren:** ganzjährig täglich mehrmals von Nidrí nach Meganísi, im Sommer täglich nach Fiskárdo (Kefaloniá), Person 4,70 €, Auto 21,50 €, und nach Fríkes (Ithaki), Person 4,50 €, Auto 20,10 €. Infos Tel. 92528 oder 31520. Achtung: Die relativ kleinen Fähren, die Lefkáda mit den anderen Inseln verbinden, fahren bei hohem Seegang nicht!
● **Taxi:** Taxistand in Nidrí, Tel. 92000, Handy 0977693646
● **Mietfahrzeuge:** in Nidrí, Homer, Tel./Fax 92627, auch internationale Vermieter
● **Tankstelle:** in Perigiáli, Nidrí und Vlichó

Nachtleben

Nidrí ist abends und nachts recht lebendig. In den letzten Jahren lassen sich hier überwiegend Engländer nieder, weswegen man viele Pubs findet.

Boots-ausflüge

Von Nidrí aus wird ein Tagesausflug nach Fiskárdo, Itháki, Meganísi und Skorpios angeboten. Außerdem kann man einen Bootsausflug nach Parga, Paxos und Antípaxos unternehmen.

Nützliche Adressen

⇨

- ●**Arzt:** in Nidrí, Dr. *Nikos Frailas,* Tel. 26450-22633, 92414, in Vlichó, Tel. 26450-95204
- ●**Zahnarzt:** in Nidrí, Tel. 26450-92997
- ●**Apotheke:** in Nidrí
- ●**Polizei:** in Vlichó, Tel. 26450-95207
- ●**Geld:** In Nidrí gibt es eine Bank und zwei Automaten im nördlichen Dorfteil an der Hauptstraße.
- ●**Reisebüros:** in Nidrí: Samba Tours Nidrí, Tel. 92658, Fax 92659, Athos Travel Nidrí, Tel. 92185, Fax 92306, www.lefkas2000.com, Borsalino Travel, Tel. 92528, 92134
- ●**Wäscherei:** Edelweiß, Mo-Sa 8.30-17.30 Uhr
- ●**Internetcafé:** Infohouse, Odos Sterioti, Mo-Sa 15-23 Uhr, Tel. 29038, infohouse@otenet.gr

Zwischen Nikiána und Perigiáli

Die Küstensiedlungen Nikiána und Perigiáli sind v.a. bei griechischen Urlaubern während der Hauptsaison beliebt.

Moní Agíon Patéron

Oberhalb von Nikiána liegt in den Bergen das verlassene Kloster Moní Agíon Patéron. Unter einem überhängenden Felsen befindet sich eine kleine Höhlenkirche. Auf dem Fels steht die kleine, weiß getünchte Kirche an einem hübschen, weinüberrankten Platz.

Moní Ag. Geórgios

Von der Straße, die am Moní Patéron vorbei zum Dorf Koliváta führt, hat man eine sehr schöne Aussicht auf die Küste. Von Koliváta führt ein alter Fußweg zur Friedhofskirche Ag. Nikólaos und zur hübschen **Klosterruine** Moní Ag. Geórgios. Das Kloster wurde um 1500 gegründet und noch bis 1964 bewirtschaftet. Die Kirche ist meist verschlossen. Innen befindet sich eine vergoldete hölzerne Altarwand. Alte Freskenreste aus dem 17. Jh. zieren die Apsis. Um die Kirche herum liegen verstreut die Trümmer der zerfallenen Klostergebäude.

Lefkáda

Unterkunft

●**Villa Amila,** Nikiána, Frau *Golfo/Kostangelo,* spricht nur griechisch, Tel. 71213, liegt unweit vom Hafen hinter dem kleinen Kap direkt am Strand, schöne DZ, Bad, Küchenecke, Balkon mit Meerblick, netter Garten, ruhige Lage, 25-35 €, auch 4er, man vermietet in mehreren Häusern, die schönsten Zimmer befinden sich im „Kitrino Spiti", im gelben Haus. Die Zimmer im Nachbarhaus sind etwas einfacher, aber auch günstiger.

●**Camping Epískopos,** Epískopos, liegt direkt hinter der Straße, viele Bäume, wirkt eher einfach.

Nidrí und Umgebung

Nidrí ist der von Urlaubern am meisten besuchte Ort auf Lefkáda. Landschaftlich sehr schön gelegen, ist der ehemals hübsche Hafenort heute **überlaufen.** Aus der Ferne betrachtet hat Nidrí seinen Reiz immer noch nicht verloren. Das Dorf liegt herrlich unterhalb hoher Berge zwischen Olivenbäumen an der Küste. Vorgelagert sind eine grüne, bergige Halbinsel und zahlreiche kleine grüne Inseln. Das Dorf selbst bietet allerdings wenig Reizvolles. An der Hauptstraße trifft man südlich des Ortes auf die **Bronzezeitgräber,** die der

Archäologe *W. Dörpfeld* hier entdeckte. Mehr als einige im Kreis liegende Steine gibt es aber nicht zu sehen.

Wasserfall   Die Hauptattraktion der Gegend ist der Wasserfall von Ráchi. Man erreicht ihn über ein landschaftlich schönes Tal mit alten Platanen. Die Straße endet an einem Kiosk. Von hier aus führt ein hübscher Fußweg in zehn Minuten zum Wasserfall, der im Sommer wenig oder gar kein Wasser führt. Der Pfad zieht sich durch eine **Felsschlucht,** an deren Wände kleine Tropfsteine hängen. In den Wasserbecken quaken Frösche, an den Felsen wachsen Farne. Auch wenn der Wasserfall kein Wasser führt – ein Abstecher in das Tal lohnt sich.

Vlichó und die Halbinsel Géni

Vlichó befindet sich südlich von Nidrí und ist v.a. wegen seiner **Werft** bekannt. Die ganze Bucht liegt voller Schiffe.

Gegenüber von Nidrí erstreckt sich auf der vorgelagerten Halbinsel Géni, eine **Streusiedlung** mit Pensionen und Hotels. Eine kleine Straße führt bis auf das Kap, das teilweise für die Öffentlichkeit nicht zugänglich ist. Hier befindet sich die **Villa,** in der der Archäologe *W. Dörpfeld* lebte. Sie ist heute in Privatbesitz. Kurz vor dem Ende der Straße, die zur Villa führt, beginnt ein hübscher Fußweg. Er zieht sich an der Küste entlang zum Grab des Archäologen und zur **Kapelle Ag. Kyriakí.** Die Ka-

Lefkáda

pelle liegt auf der Spitze des Kaps mit Blick auf den Hafen und den Strand von Nidrí. Sie ist an einen teils überhängenden Felsen gebaut. Hinter der Kapelle führt eine Leiter hoch zu einer weiß bemalten **Höhlenkapelle** mit Marienikonen. Herrlich ist die Aussicht nach Nidrí und auf die Berge, insbesondere gegen Abend.

Die Inseln Madouri und Skorpios

Nur 800 m von Nidrí entfernt liegt die Insel **Madouri**. Hier lebte der Dichter *A. Valaoritis* (1824-79). Er ließ eine Villa in klassizistischem Stil erbauen. Die Insel befindet sich heute in Privatbesitz und ist nicht öffentlich zugänglich.

Die Insel **Skorpios** wurde 1959 von *Aristoteles Onassis* gekauft, der mit Tanker- und Ölgeschäften ein riesiges Vermögen gemacht hatte. Er war nicht der einzige Grieche, dem dies gelang, aber er war der Einzige, der die Presse jahrelang mit Schlagzeilen versorgte.

Póros, Mikrós Gialós und Fternó

Póros liegt an einem steilen Hang zwischen Olivenbäumen. Hinter dem Ort befindet sich die Ruine eines alten Turms aus dem 4. Jh. v. Chr. Um sie zu erreichen, hält man sich bei einer Gabelung im Dorf links und folgt dem Schild „Ancient Farmhouse". Die **Turmruine** liegt in einem Olivenhain, rechts des Weges. Beliebt ist auch der **Strand von Mikrós Gialós** unterhalb von Póros.

Lohnend ist ein Abstecher nach Fternó. Am oberen Dorfende bei der Friedhofskirche hat man einen schönen Blick auf Vlichó und Nidrí. Um hierher zu gelangen, fährt man die kleine Straße zum Dorf hoch und hält sich hier links. Am Kinderspielplatz geht es erneut nach links weiter. Dann folgt man der Straße geradeaus. Sie führt oben aus dem Dorf hinaus und auf den Hügel zu, auf dem die **Friedhofskirche Ag. Kyriakí** steht.

Unterkunft

● **Camping Desími Beach,** Desími, Tel. 95374, Fax 95190, viele Caravans, beliebt, eng.
● **Camping Santa Mávra,** Desími, liegt in der gleichen Bucht, aber auf der anderen Seite, Tel./Fax 95493, dieser Campingplatz ist etwas geräumiger, mehr Zelte.
● **Pension Savas Konidaris,** Mikrós Gialós, Tel. 95507, 95274, ruhige Lage, DZ, Küchenecke, Bad, Balkon mit Blick aufs Meer, 22-45 €.
● **Póros Beach Camping,** Mikrós Gialós, Tel. 95452, Fax 95152, im Winter Tel. 25017, Fax 23203, hübsche Anlage mit Swimmingpool, viel Schatten, zieht sich vom Strand den Berg hoch.

Strände

Epískopos Nord

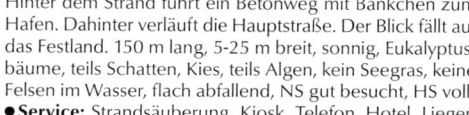

Hinter dem Strand führt ein Betonweg mit Bänkchen zum Hafen. Dahinter verläuft die Hauptstraße. Der Blick fällt auf das Festland. 150 m lang, 5-25 m breit, sonnig, Eukalyptusbäume, teils Schatten, Kies, teils Algen, kein Seegras, keine Felsen im Wasser, flach abfallend, NS gut besucht, HS voll.
● **Service:** Strandsäuberung, Kiosk, Telefon, Hotel, Liegen und Schirme
● **Anfahrt:** Bushaltestelle, Parkplatz

Epískopos Süd

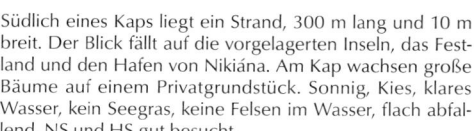

Südlich eines Kaps liegt ein Strand, 300 m lang und 10 m breit. Der Blick fällt auf die vorgelagerten Inseln, das Festland und den Hafen von Nikiána. Am Kap wachsen große Bäume auf einem Privatgrundstück. Sonnig, Kies, klares Wasser, kein Seegras, keine Felsen im Wasser, flach abfallend, NS und HS gut besucht.
● **Service:** Bootsanlegesteg, Hotel
● **Anfahrt:** Parkplatz, Bushaltestelle, von der Straße 100 m über eine Piste

Nikiána Nord

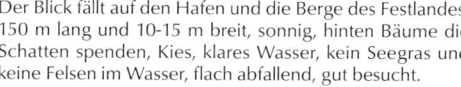

Der Blick fällt auf den Hafen und die Berge des Festlandes. 150 m lang und 10-15 m breit, sonnig, hinten Bäume die Schatten spenden, Kies, klares Wasser, kein Seegras und keine Felsen im Wasser, flach abfallend, gut besucht.
● **Service:** einfach zu erreichen für Leute mit Gehbehinderung, Strandsäuberung, am Hafen Taverne, Telefon, Supermarkt im Dorf
● **Anfahrt:** Bus, Hauptstraße führt direkt am Strand vorbei

Nikiána

Schöner Blick auf das Festland. Nebenan ein kleiner Hafen. Am Strandende eine Halbinsel mit hübschen Felsen. 100 m lang, 5-20 m breit, feiner Kies, kein Seegras, flacher abfallend, NS ruhig, HS voll.
● **Service:** Strandsäuberung, einfach zu erreichen für Leute mit Gehbehinderung, am Hafen Telefon, Taverne, Pensionen, Supermarkt im Dorf
● **Anfahrt:** Bus, Parkplatz

Lefkáda

206ko Foto: vb

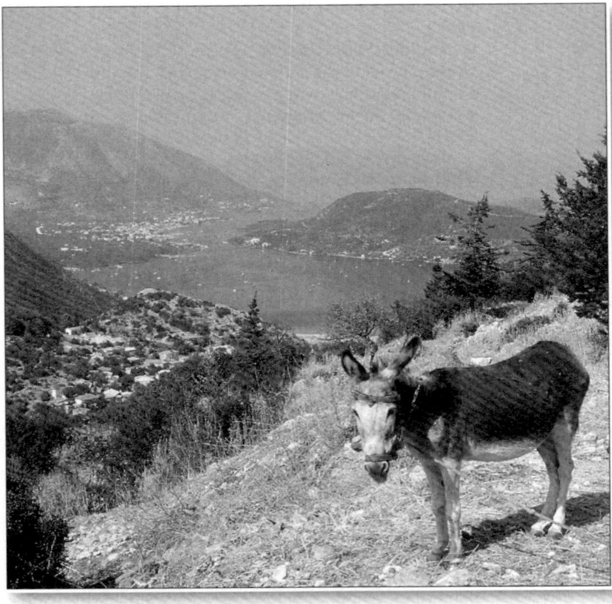

Perigiáli

Schmaler Kiesstrand mit Blick auf vorgelagerte Inseln. 200 m lang und 5 m breit, hinter dem Strand Bäume, teils schattig, klares Wasser, kein Seegras und keine Felsen im Wasser, steiler abfallend, NS gut besucht, HS voll.

- **Service:** keine Einrichtungen, sauber
- **Anfahrt:** Bus, Parkplatz neben Hotel Longas Beach, von dort über einen steilen Fußweg

Blick von Fternó auf die Bucht von Vlichó und nach Nidrí

Nidrí Nord

Hinter dem schmalen, meist überfüllten Strand ziehen sich Büsche und Bäume, Hotels und Tavernen entlang. 300 m lang und 5 m breit, vorne sonnig. Der Blick fällt auf die vorgelagerten Inseln. Sand und Kies, teils Seegras, keine Felsen im Wasser, steil abfallend, Bootsanlegesteg.

● **Service:** einfach zu erreichen für Leute mit Gehbehinderung, Strandsäuberung, Supermarkt, Telefon im Dorf, Hotels, Pensionen, Liegen und Schirme, Crazy Banana, Wasserski, Jetski, Paragliding, Ring, Segelboote, Wakeboard
● **Anfahrt:** markiert mit „Dennis Watersport", Bus

Nidrí/ Strand neben dem Hafen

Nördlich des Hafens zieht sich ein Strand bis zum Kap, an dem ein Bach ins Meer mündet. Hinter dem Strand Schilf und Bäume, vorne sonnig. Hübscher Blick auf die vorgelagerten Inseln, 100 m lang und 5 m breit, Sand mit Steinchen, kein Seegras, keine Felsen im Wasser, flacher abfallend, sehr voll.

● **Service:** einfach zu erreichen für Leute mit Gehbehinderung, Strandsäuberung, Supermarkt, Telefon, Tavernen, Hotels, Liegen und Schirme, Tretboote, Crazy Banana, Wasserski, Jetski, Surfbretter, Paragliding, Ring, Kanu, Motorboote
● **Anfahrt:** Bus

Desími

Lange Bucht mit Blick auf die Insel Meganísi. 200 m lang und 5-10 m breit, vorne sonnig, hinter dem Strand teils Schatten durch Bäume, Kies und grauer Sand, klares Wasser, wenig Seegras und Felsen, flacher abfallend.

● **Service:** einfach zu erreichen für Leute mit Gehbehinderung, Kiosk, Strandsäuberung, zwei Campingplätze, Telefon, Dusche, WC, Taverne, Tretboote, Wasserski, Crazy Banana, Ring, Kanu, Motorboote
● **Anfahrt:** Parkplatz

Mikrós Gialós

Schöne Kiesbucht mit Blick auf die grüne Insel Arkouli. Seitlich des Strandes liegt ein kleiner Hafen. 300 m lang und 15-20 m breit, sonnig, hinter dem Strand kleine Bäume, dahinter die Straße an der Tavernen liegen, türkisblaues Wasser, kein Seegras, wenig Felsen, steil abfallend, NS gut besucht, HS voll.

● **Service:** einfach zu erreichen für Leute mit Gehbehinderung, Strandsäuberung, Supermarkt, Telefon, WC, Taverne, Camping, Pensionen, Liegen und Schirme, Tretboote, Kanu, Motorboote
● **Anfahrt:** Parkplatz, von Póros aus zu erreichen

Lefkáda

DIE INSEL MEGANÍSI

Praktische Tipps

Verkehrs-mittel

Auf der Insel benötigt man ein Fahrzeug oder man geht zu Fuß. Die Inselkarte erhält man überall gratis. Mietfahrzeuge werden nicht angeboten.
- **Fähren:** Fünfmal täglich fahren Fähren von Nidrí aus, teils nach Spartochóri, teils nach Vathí.
- **Taxi:** Tel. 51368, Handy 0977815999
- **Tankstelle:** in Katoméri

Unterkunft

- **Studios Stratos,** Spartochóri, Chrisoula, Tel. 51611, der Besitzer lebt im Winter in Köln, Tel. 02241-82607, geräumige DZ mit Bad, Balkon und Küchenecke, Meerblick, 50-55 €.
- **Hotel Meganísi,** Katoméri, Tel. 51240, Fax 51639, DZ, Bad, Balkon, AC, Bar, Schwimmbad, mit Frühstück 44-64 €.

Essen und Trinken

- **Taverne Roof Garden,** Spartochóri, herrliche Aussichtsterrasse, einfache griechische Speisen, Preise o.k.
- **Taverne Risko,** Vathí, italienische Küche, sehr beliebt, Preise o.k.

Einkaufen

In allen drei Inseldörfern kann man sich im Tante-Emma-Laden mit dem Nötigsten versorgen. Die Geschäfte sind nur morgens und abends geöffnet.

Nützliche Adressen

- **Arzt:** in Katoméri, Tel. 26450-51304
- **Apotheke:** in Katoméri
- **Polizei:** in Spartochóri, Tel. 26450-51406
- **Information:** im Rathaus von Katoméri, Tel. 51450, 51329

- **Geld:** Es gibt keinen Bankautomaten, in der Taverne Rosegarden oder bei Risko in Vathí wird Geld gewechselt.
- **Reisebüro:** in Vathí, Risko, Tel. 51134.
- **Wäscherei:** in Vathí bei Risko
- **Internet:** in Vathí bei Risko, Vathí-blues@hotmail.com, oder bei Panman, Tel. 51051, E-Mail: panman1@otenet.gr

Über die Insel

Auf Meganísi gibt es drei Dörfer: die beiden Häfen Vathí und Spartochóri sowie das Binnendorf Katoméri. Der Tourismus spielt sich v.a. über Ausflugsboote an den Häfen ab.

In **Spartochóri** haben sich unten an den Anlegestellen zahlreiche Tavernen etabliert, die nur tagsüber von Ausflüglern besucht werden. Ein Treppenfußweg führt hoch ins Dorf. Dort befindet sich am Ortseingang die Taverne Roof Garden mit toller Aussicht. Das Dorf selbst bietet außer dem schönen Blick wenig Attraktionen.Von Spartochóri führt eine kleine Straße zum Strand und zur schlichten **Kirche Ag. Ioánnis. Katoméri** liegt inmitten von Olivenhainen auf einem Hügel. Eine Windmühlenruine ragt unweit des Dorfes aus den Bäumen. Auch hier gibt es nicht viel zu sehen. Der hübsche Hafen **Vathí** ist bei Seglern sehr beliebt. Die größten Sehenswürdigkeiten auf Meganísi sind die **Meereshöhlen** an der Westküste. Man erreicht sie nur per Ausflugsboot von Nidrí aus.

Strände

Ag. Ioánnis

Der Blick fällt auf Lefkáda. Der schmale Strand ist vorne sonnig, hinter dem Strand spenden Bäume Schatten. Hinten steht eine kleine Kapelle. 300 m lang und 5 m breit, Kies, klares Wasser, wenig Seegras, wenig Felsen im Wasser, steiler abfallend, relativ ruhig, wenn Badeboote anlegen, ist es mit der Ruhe jedoch vorbei, Bootsanlegesteg.
- **Service:** Taverne, Dusche, WC, Telefon
- **Anfahrt:** über eine Straße von Spartochóri aus, Parkplatz

Klontiri

Weißer Kies bildet eine Landnase, sonnig, hübsch, 200 m lang und 5-10 m breit. Der Blick fällt auf die vorgelagerte Insel Thilia und Lefkáda. Keine Felsen, wenig Seegras, flach abfallend, klares Wasser, Ziel von Badebooten aus Nidrí.
● **Service:** keine Einrichtungen, keine Strandsäuberung
● **Anfahrt:** über eine Piste von Ag. Ioánnis aus, Parkplatz

Sparto-chóri Spilia

Hübsche Bucht, neben der Hafenbucht von Spartochóri, 150 m lang, 10-15 m breit, weißer Kies, klares Wasser, wenig Seegras, kaum Felsen, sonnig, gut besucht.
● **Service:** Strandsäuberung, Taverne, Motorboote, Supermarkt im Dorf rund 500 m entfernt
● **Anfahrt:** Parkplatz

Pasoumaki

Felsenumrahmte, schöne Bucht mit zwei Kiefern und Blick auf Lefkáda und Skorpios. 50 m lang und 10 m breit, grauer und roter Kies, klares Wasser, kein Seegras, keine Felsen im Wasser, steiler abfallend, HS gut besucht, NS ruhig.
● **Service:** keine Einrichtungen, sauber
● **Anfahrt:** Parkplatz, Straße von Vathí aus

Fanari

Blick auf das vorgelagerte Kap und auf Lefkáda. Beliebtes Ziel der Ausflugsboote aus Nidrí, daher oft voll. 100 m lang, 5-20 m breit, Sand, feiner Kies, sonnig, klares Wasser, kein Seegras, keine Felsen im Wasser, flach abfallend.
● **Service:** einfach zu erreichen für Leute mit Gehbehinderung, Kiosk, keine Strandsäuberung
● **Anfahrt:** Straße von Katoméri aus, Parkplatz

DER SÜDEN

Tipps für die Region

Verkehrs-mittel

● **Fähren:** Von Vasilikí fahren im Sommer bei ruhigem Seegang täglich Fähren nach Fiskárdo (Kefaloniá) und Fríkes (Itháki), Infos unter Tel. 31520.
● **Taxi:** Taxistand in Vasilikí, Tel. 39333, 31300, 33210, Handy 093-2626513
● **Mietfahrzeuge:** gute Mietfahrzeuge in Vasilikí bei Christos & Alex, Cars & Bikes, Tel. 31580, Fax 31780
● **Tankstellen:** bei Marandochóri und in Vasilikí

Boots-ausflüge

Von Vasilikí aus wird ein Tagesausflug nach Fiskárdo, Itháki, Meganísi und Skorpios angeboten. Lohnend ist auch ein Ausflug an der Westküste der Insel entlang. Dabei umrundet man das Kap Doukáto, legt eine Pause am Pórto Katsíki ein und läuft den Strand Gremní an. Erst nach einer ausgiebigen Badepause geht es wieder zurück. Außerdem fährt das Badeboot stündlich von Vasilikí zum Strand Agiofili.

Nützliche Adressen

- **Arzt:** in Vasilikí, Tel. 31065
- **Apotheke:** in Vasilikí
- **Polizei:** in Vasilikí, Tel. 31012
- **Geld:** Im Postamt in Vasilikí können Bargeld und Reiseschecks gewechselt werden. Geldwechsel ist auch in den Reisebüros möglich. Am Hafen steht ein Bankautomat.
- **Reisebüro:** Samba Tours Vasilikí, Tel. 31520, Fax 31522, sambatours@otenet.gr
- **Internet:** Das Reisebüro bietet Zugang zum Internet.
- **Wäscherei:** Cleanaway, in Vasilikí vorne am Hafen, Tel. 31568
- **Reiten:** Ein deutsch-griechisches Ehepaar bietet Reitunterricht für Anfänger und Fortgeschrittene, auch Ausritte, 15 € pro Stunde, Tel. 31607.
- **Surfurlaub:** in Póndi und Vasilikí im mehreren Hotels pauschal zu buchen, z.B. im Hotel Club Vass, im Hotel Porto Fico oder im Surfhotel, Tel. 31740 oder 31798.

Sívota und Éfgiros

Sívota ist eine landschaftlich **reizvolle Bucht** mit einem kleinen, bei Seglern beliebten Hafen. Éfgiros dagegen liegt im Landesinneren an einem Berghang. Immer mehr Bewohner verlassen das schöne, **einfache Bauerndorf** – viele Häuser stehen bereits leer.

Unterkunft

- **Kastri Camping,** bei Marandochóri, Tel. 31900, E-Mail: kastri@otenet.gr, schattige Stellplätze, ruhig und außerhalb gelegen, einfacher ausgestattet.
- **Villa Nepheli,** Sívota, Herr *Avrami,* Tel. 31773, schönes Haus mit Blick auf die Bucht, 4er-Apartment 55-100 €.

Essen und Trinken

- **Taverne To Agnadio,** an der Hauptstraße oberhalb von Sívota, tolle Aussicht auf die Bucht.
- **Café Liotrivi,** am Hafen von Sívota, schön gemacht, im sanierten Gemäuer befinden sich alte Mühlsteine, es gibt nur Getränke und Kleinigkeiten, Preise o.k.

Vasilikí und Póndi

Vasilikí ist das touristische Zentrum im Süden der Insel. Der einstmals romantische, kleine Fischerhafen ist heute ziemlich verbaut. Von den traditionellen, holzverkleideten Häusern ist kaum mehr etwas zu sehen. Vasilikí ist mit Póndi, das am ande-

Lefkáda

ren Ende der Bucht liegt, praktisch zusammengewachsen. In Póndi entstanden in den letzten Jahren zahlreiche Hotels, in denen man Surfurlaub pauschal buchen kann. Die Bucht von Vasilikí ist ein **beliebtes Surfgebiet.** Vormittags weht der Wind meist schwächer, so dass sich Anfänger aufs Meer wagen können, während nachmittags oft ein stärkerer Wind aufzieht, bei dem die Profis auf ihre Kosten kommen. Am Hafen von Vasilikí legen die Fähren nach Kefaloniá und Itháki ab. Der **große Fähranleger** liegt rund 500 m neben dem alten Fischerhafen, an dem sich unter Bäumen Taverne an Taverne reiht.

Unterkunft

● **Rooms Politou Niki,** am südlichen Ende von Vasilikí am Strand, Tel. 31455, im Winter in Athen, Tel. 210-9410690, Handy 093-2736024, hübscher Garten, DZ oder 3er, Bad, Küche, wenige Zimmer mit Meerblick, ruhige Lage, sehr beliebt, 30-45 €.
● **Villa Delfini,** Vasilikí, angenehmes Haus oberhalb von Politou Niki, Tel. 31584, Handy 093-7261361, ruhige Lage, sehr beliebt, einfache, aber große DZ mit Bad und Balkon, teils Meerblick, Gemeinschaftsküche, nette Besitzerin aus der Schweiz.
● **Camping Vasilikí Beach,** liegt direkt am Strand und beherbergt viele junge Surfer, Tel. 31308, Fax 31458.

●**Akrogiali Studios,** liegen direkt am Strand von Vasilikí, Tel./Fax 31451, im Winter 22410-25476, DZ, Bad, Balkon, Küchenecke, hübscher Garten, neues ansprechendes Gebäude, 36-59 €, Juni bis September.
●**Apartments Nikos Argyros,** nette, kleine DZ, Küche, Bad, Balkon, Meerblick, Moskitonetze an den Fenstern, *Nikos* spricht gut englisch, Parkplatz 100 m entfernt, 20-55 €, 4er 50-90 €, Tel. 31733, Handy 0972461613.

Sívros und Ag. Ilías

Kerasia-Quelle

Oberhalb von Sívros lohnt die Kerasia-Quelle einen Besuch: ein schönes Fleckchen mit kleinem **Wasserfall** und vielen Farnen. Man kann die Quelle per Fahrzeug oder aber über einen hübschen Fußweg in rund 15 Minuten vom Dorfplatz aus erreichen.

Zur Kirche Ag. Paraskeví

Ag. Ilías ist ein Bergdorf in karger Landschaft. Auf den Terrassen oberhalb des Dorfes wird Wein angebaut. Eine landschaftlich reizvolle, aber schlechte Piste führt von hier hoch zur Kirche Ag. Paraskeví, die meist verschlossen ist. Lohnend ist v.a. die Aussicht von einem kleinen Plateau neben einem Turm kurz vor der Kirche. Die steht 50 m weiter in einer Mulde bei einigen uralten Eichenbäume in der ansonsten kahlen Landschaft. Die Piste führt weiter hoch in die **beeindruckende Berglandschaft** und trifft oben auf eine kleine, vom Militär angelegte Straße. Das Militär untersagt den Urlaubern leider, die Aussicht länger zu genießen: das Passieren der Straße ist erlaubt, nicht aber das Halten am Straßenrand (siehe auch Kariá und Englouví).

Lefkáda

Strände

Sívota

In der landschaftlich schönen, tief eingeschnittenen Bucht von Sívota befindet sich ein bei Seglern beliebter Hafen, aber auch zwei kleine Strände. Der nördliche ist sonnig, 50 m lang und 5 m breit. Feiner Kies, kein Seegras, Felsen im Wasser, steiler abfallend. Der Blick fällt auf den Hafen. Der südliche ist 50 m lang, 5 m breit, teils sonnig. Hinter dem Strand spenden Bäume Schatten, Kies, kein Seegras, teils Felsen im Wasser, flacher abfallend.
- **Service:** in der Bucht Tavernen, Telefon, WC, Pensionen, Supermarkt
- **Anfahrt:** Eine Straße führt zum Scheitelpunkt der Bucht und zum südlichen Strand. Nach links zweigt eine Piste zum nördlichen Strand ab, Parkmöglichkeit.

Amoussa

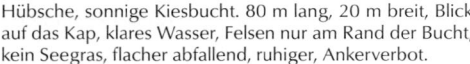

Hübsche, sonnige Kiesbucht. 80 m lang, 20 m breit, Blick auf das Kap, klares Wasser, Felsen nur am Rand der Bucht, kein Seegras, flacher abfallend, ruhiger, Ankerverbot.
- **Service:** Kiosk, Taverne, Telefon, WC, Liegen, Schirme
- **Anfahrt:** Parkplatz, Straße von Marandochóri aus

Agiofili

Hübsche Bucht, die nur vom Wasser her erreichbar ist. 100 m lang und 20 m breit, feiner Kies, sonnig, türkisblaues Wasser, kaum Seegras, keine Felsen im Wasser, während der Saison sehr gut besucht.
- **Service:** Liegen und Schirme, Strandsäuberung
- **Anfahrt:** stündlich mit dem Boot von Vasilikí

Vasilikí Süd

Zwei kleinere Strände liegen hinter dem Kap südlich des Hafens. Hinten ziehen sich Hotels und Pensionen den Hang hoch. 50 m lang und 5-10 m breit, feiner Kies, steiler abfallend, im tiefen Wasser felsig, kein Seegras, klares Wasser, sonnig, gut besucht bis voll.
- **Service:** sauber, Tavernen, Supermarkt, Telefon in 500 m
- **Anfahrt:** hinter den Stränden läuft die Uferstraße entlang, Parkplatz und Bus in 500 m Entfernung am Hafen

Vasilikí und Póndi

1-2 km lange Bucht, hinter dem Strand Pensionen und Tavernen mit Bäumen, ansonsten Gras und Schilf, 10-15 m breit, sonnig, Kies, teils wurde Sand aufgeschüttet, klares Wasser, teils Seegras, keine Felsen im Wasser, steiler abfallend, Blick auf Kefaloniá, NS gut besucht, HS voll. Östlich des Strandes liegt der Fähr- und Fischerhafen von Vasilikí.
- **Service:** einfach zu erreichen für Leute mit Gehbehinderung, Strandsäuberung, Supermarkt, Telefon, WC, Tavernen, Liegen und Schirme, Surfbretter. Auf einer Plattform seitlich der Bucht bei Póndi: Wasserski, Crazy Banana, Ring, Paragliding und Wakeboard
- **Anfahrt:** Parkplatz, am Hafen Bushaltestelle

DIE STEILKÜSTE IM SÜDWESTEN

Tipps für die Region

Verkehrs-mittel

- **Taxi:** in Ag. Pétros, Tel. 33210, 33311.
- **Tankstelle:** Die nächstgelegenen Tankstellen befinden sich in Vasilikí und an der Straße zwischen Ag. Nikítas und Kalamítsi im Norden.

Einkaufen

Bei Komili, Drágano und Atháni bieten Bauern ihre Waren **am Straßenrand** an: Man kann hier Honig, Olivenöl, Kräuter und Wein aus der Region kaufen. Es gibt nur wenige Tante-Emma-Läden.

Nützliche Adressen

Im Notfall wendet man sich am besten an das Krankenhaus in Lefkáda-Stadt.

Gremní und Pórto Katsíki

Die Dörfer dieser Region bieten wenig Interessantes. Dafür ist die Landschaft umso attraktiver und ein Besuch lohnt sich auf jeden Fall. An der Westküste befinden sich **die schönsten Strände der Insel.** Der schönste ist vielleicht der Strand Gremní. Man erreicht das türkisblau schimmernde Wasser am weißen Sandstrand nur per Boot oder nach einem schönen Spaziergang. Vom oben liegenden Parkplatz führt ein kleiner Treppenweg zwischen den Felsen nach unten. Man muss über rund 300 Treppenstufen hinuntersteigen und nach dem Bad auch wieder hoch ...

Viel bequemer, aber auch mit einer stattlichen Anzahl von Treppenstufen verbunden, ist ein Besuch des Strandes von Pórto Katsíki, einem der reizvollsten Flecken an der Steilküste. Das hat sich herumgesprochen und so ist man hier selten alleine. Der Parkplatz und die Strandtavernen liegen oben auf den Felsen. Von hier führt ein gut befestigter Fußweg über Treppen und eine Brücke auf das Felsenkap, von dem man eine herrliche Aussicht auf die Küste hat. Unterhalb der teilweise

Lefkáda

209ko Foto: vb

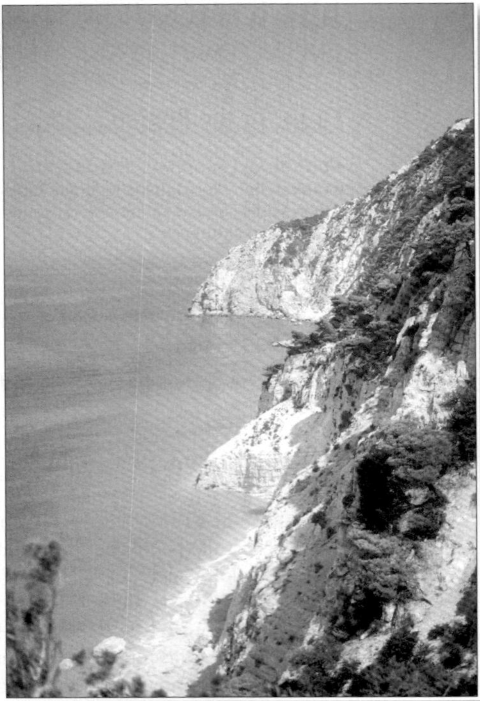

überhängenden Felswände zieht sich der schmale Sandstrand entlang. Dort ist etwas Vorsicht geboten: Es kommt immer wieder vor, dass Teile der Felswände abbrechen. Vor noch nicht allzu langer

Die Westküste beim Strand Gremní

Zeit verschüttete ein Felsbruch nach einem Erdbeben einen ganzen Strandabschnitt. Glücklicherweise passierte das im Winter, als sich niemand am Strand aufhielt.

Das Kap Doukáto

Sehr schön ist auch ein Abstecher zum Kap Doukáto ganz im Süden. Die Straße ist bis zum verlassenen Kloster Moní Ag. Nikólaou asphaltiert. Dann geht sie in eine holperige Piste über. Um den Seefahrern den Weg ums Kap zu erleichtern, steht hier ein **Leuchtturm,** den ein netter Herr aus Atháni betreut. Er kommt zwei- bis dreimal pro Woche gegen Abend aufs Kap und freut sich über Besucher. Die Sonnenuntergänge sind hier besonders malerisch. Die Felsen am Kap ragen fast 60 m beinahe senkrecht aus dem Wasser.

In antiker Zeit befand sich dort, wo heute der Leuchtturm steht, ein **Apollon-Tempel,** von dem W. Dörpfeld einige spärliche Reste fand. An diesem Tempel wurden Menschenopfer dargebracht. Sie mussten von den Felsen ins Meer springen. Dem **Mythos** nach sprang hier zuerst die Göttin *Aphrodite* ins Meer, um sich vom Liebeskummer, den ihr *Adonis* bescherte, zu befreien. Im Laufe der Jahrhunderte fand sie viele Nachahmer. Die Heilung des Liebeskummers endete dabei meist mit dem Tod. Auch *Sappho,* die bekannte Dichterin von der Insel Lesvos, soll sich hier aus Liebeskummer von den „Leukadischen Felsen" gestürzt haben (was Wissenschaftler jedoch stark bezweifeln). Nicht alle Springer suchten den **Freitod.** Mehrere Quellen überliefern, dass in der Antike Verbrecher vom Kap springen mussten. *Apollon,* der Gott der Weissagung, sollte über sie urteilen. Man band ihnen Federflügel und Vögel an den Leib, die den Aufprall dämpfen sollten. Überlebte ein Springer, so hatte *Apollon* ihn freigesprochen. Man fischte ihn aus dem Wasser und er wurde nicht länger verfolgt.

Lefkáda

Strände

Pórto Katsíki

Eine der Hauptattraktionen der Insel ist dieser Strand mit seinen weißen, bizarren Felsen. Drei Buchtabschnitte, die zusammen 500 m lang und 5-15 m breit sind, sonnig, Sand, türkisblaues Wasser, steiler abfallend, kein Seegras und nur seitlich Felsen im Wasser, NS voll, HS sehr voll.
●**Service:** Strandsäuberung, WC, Taverne, Kiosk, Telefon am Parkplatz, Liegen und Schirme
●**Anfahrt:** per Badeboot von Vasilikí oder über Atháni, Parkplatz in der HS überfüllt, Treppen hinab zum Strand

Gremní

Langer Sandstrand unter weißen Felswänden, die teils mit Kiefern bewachsen sind. Das Wasser ist türkisblau. Einer der schönsten Strände der Insel. Kilometerlang, 10-30 m breit, feiner Sand, teils mit Steinen, kein Seegras, wenig Felsen im Wasser, steiler abfallend, sonnig, gut besucht, regelmäßig Badeboote, die Besucher verteilen sich gut.
●**Service:** Strandsäuberung, Liegen und Schirme, ein Strandverkäufer bringt während der HS Getränke.
●**Anfahrt:** über eine schlechte Piste, die am Ortsausgang von Atháni beginnt, Parkplatz am Pistenende, dann führt ein Treppenweg mit ca. 300 Stufen durch die Felswand hinunter zum Strand, Badeboot von Vasilikí oder Ag. Nikítas.

Gialós Athániou

Hinten felsige Hänge, teils mit Kiefern bewachsen. Kilometerlang und 10-20 m breit, sonnig, Sand und Kies am Strand, Kies und Steine im Wasser, kein Seegras, steiler abfallend, klares Wasser, ruhiger.
●**Service:** einfach zu erreichen für Leute mit Gehbehinderung, Kiosk, Telefon, WC, Strandsäuberung, Liegen und Schirme
●**Anfahrt:** über eine Straße von Atháni, Parkplatz

Gialós Nord

Vorgelagert liegt eine Insel, hinter dem Strand erheben sich steile Erosionshänge, auf denen teils lichter Kiefernwald wächst. Kilometerlang und 20 m breit, sonnig, am Strand Sand, im Wasser Kies und Steine, klares Wasser, kein Seegras, Felsen im Wasser, steiler abfallend, ruhig, Plastikschuhe können nicht schaden.
●**Service:** Dusche, WC, Taverne, Liegen und Schirme, Strandsäuberung, in größerer Entfernung zur Taverne keine Einrichtungen
●**Anfahrt:** Straße von Atháni, nach Norden führt eine Piste am Strand entlang weiter, Parkplatz

DER NORDWESTEN

Tipps für die Region

Verkehrs-mittel

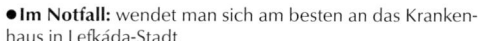

- **Bus:** regelmäßig Busse nach Ag. Nikítas
- **Taxi:** in Ag. Nikítas, Tel. 934830
- **Tankstelle:** Tankstellen befinden sich an der Straße zwischen Ag. Nikítas und Kalamtsi sowie in Spanochori.

Aktivitäten

- **Bootsausflüge:** In Ag. Nikítas werden Ausflüge zu den Stränden der Westküste angeboten, Handy 0945062120.
- **Reiten:** bietet die Engländerin *Janet* in Apólpena an, Tel. 26190, Handy 0938816164, Ausritte zum Strand Ag. Ioannis, Reitunterricht 15 € pro Stunde.

Nützliche Adressen

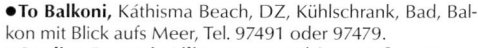

- **Im Notfall:** wendet man sich am besten an das Krankenhaus in Lefkáda-Stadt.
- **Geld:** In Ag. Nikítas wird im Supermarkt Geld gewechselt. Die nächste Bank mit Automaten findet man in Lefkáda-Stadt.

Unterkunft

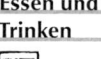

- **To Balkoni,** Káthisma Beach, DZ, Kühlschrank, Bad, Balkon mit Blick aufs Meer, Tel. 97491 oder 97479.
- **Studios Pantasis Filippas,** Ag. Nikítas, große DZ, 30-64 €, schöner Blick aufs Meer, Küchenecke, Bad, Balkon, neues Haus, Fußpfad zweigt von der Hauptgasse beim Café Mr. Gel ab, Tel. 97327 in Winter in Athen 210-9322467.

Essen und Trinken

- Die **Taverne Poseidon** und das **Restaurant Bel Vedere** in Ag. Nikítas sind sehr beliebt bei den Gästen, Preise gehoben. Ebenfalls gut essen kann man in der Strandtaverne Jorelas, griechische Küche, Preise o.k.
- Káthisma, **Taverne To Balkoni** (siehe auch Unterkunft) liegt oberhalb vom Strand mit sehr schöner Aussicht, gute griechische Küche, Preise o.k.

Kalamítsi und Ag. Nikítas

Kalamítsi liegt an einem dem Meer abgewandten Hang. Am Dorfrand hat man von der Taverne Panorama dennoch einen schönen Blick aufs Wasser. Die Attraktion ist der Strand Káthisma unterhalb des Dorfes.

Mehr los ist im benachbarten **Ag. Nikítas.** Das ehemals pittoreske Dörfchen ist heute leider ziemlich verbaut. Dank des Denkmalschutzes sind kei-

Lefkáda

ne allzu hässlichen Gebäude entstanden, aber der kleine Fischerort hat viel von seinem Charme verloren. Skurrile Felsen umrahmen die kleine Bucht. Einen schönen Strand erreicht man über einen Fußweg, der vom Kap an einer Windmühle vorbei auf die andere Seite des Hügels führt. Schön ist die türkisblaue Färbung des Meeres, die in einer Linie in tiefes Dunkelblau übergeht.

Chortáta, Exánthia und Drimónas

Chortáta, Exánthia und Drimónas sind **ruhige Bergdörfer,** die hoch oben am Hang liegen. Exánthia wurde schon zu byzantinischer Zeit gegründet und ist eine der ältesten Siedlungen der Re-

Ein Strand bei Kalamítsi

gion, weist aber keine Sehenswürdigkeiten auf. In Chortáta bietet es sich an, eine Pause in der schön gelegenen Dorftaverne einzulegen, die ihre Tische unter einer alten Platane aufgestellt hat.

Strände

Avali Süd

Ruhige Buchten mit schönen Felsen. 200 m lang, 5-20 m breit, Sand, türkisblaues Wasser, kein Seegras, teils Felsen im Wasser, steiler abfallend, manchmal Wind mit großen Wellen, dann muss man auf die Felsen achten, ruhig, obwohl es nicht erlaubt ist, häufig FKK.
● **Service:** keine Einrichtungen
● **Anfahrt:** über die Teerstraße die zum Avali-Strand führt, (Achtung: zuletzt durch einen Erdrutsch unpassierbar), bei einer Gabelung, an der der Avali-Strand rechts markiert ist, links halten. In der letzten Rechtskurve parken. Dort beginnt ein schmaler, nicht einfach zu begehender Pfad der durch Schilf und verwilderte Gärten, über Treppen und kleine Felswändchen zum Strand hinunterführt.

Avali-Beach

Der Blick fällt auf ein schilfbewachsenes, steiles Kap. 100 m lang und 5-15 m breit, sonnig, Sand mit großen Steinen, türkisblaues Wasser, teils Felsen, kaum Seegras, flacher abfallend, HS ruhiger, NS leer.
● **Service:** keine Einrichtungen
● **Anfahrt:** Straße vom Dorf Kalamítsi aus, Achtung: zuletzt durch einen Erdrutsch unpassierbar, auf den letzten 200 m Piste, Parkplatz

Káthisma Süd

Dem Strand vorgelagert sind bizarre Felseninseln, hinten liegen kahle, steile Hänge. Kilometerlang, 5-10 m breit, sonnig, Sand mit Steinen, teils Felsen und Seegras im türkisblauen Wasser, flacher abfallend, leer, naturbelassen.
● **Service:** keine Strandsäuberung, keine Einrichtungen
● **Anfahrt:** über einen Fußweg vom Káthisma Hauptstrand südwärts oder über eine Piste, die vom Avali-Strand nach Norden führt, Parkplatz

Káthisma Haupt- strand

Felsige, kahle Kaps umgeben den langen weißen Sandstrand, hinter dem sich steile, kahle Hänge erheben. Kilometerlang und 5-40 m breit, türkisblaues Wasser, teils Seegras, keine Felsen im Wasser, flach abfallend, sonnig, NS gut besucht, HS voll.
● **Service:** einfach zu erreichen für Leute mit Gehbehinderung, Strandsäuberung, WC, Dusche, Taverne, Telefon, Volleyballnetz, Liegen und Schirme
● **Anfahrt:** Straße von der Hauptstraße zwischen Kalamítsi und Ag. Nikítas, Parkplatz

Lefkáda

Ag. Nikítas Süd/Milos

Schöner weißer Sandstrand hinter einem kahlen Kap, auf dem Windmühlenruinen stehen. 500 m lang und 30 m breit, flach abfallend, sonnig, türkisblaues Wasser, keine Felsen, kein Seegras, schönes Farbspiel im Wasser, NS ruhig, HS gut besucht, wenn das Badeboot fährt.
- **Service:** keine Einrichtungen
- **Anfahrt:** per Boot von Ag. Nikítas aus oder über einen Fußweg, der am Strand von Ag. Nikítas an der linken Buchtseite beginnt. Zuerst geht es über steile Treppen hoch, dann auf einem Trampelpfad über das Kap hinüber.

Ag. Nikítas

Kleine, von hübschen Felsen umgebene Bucht vor dem Dorf. 100 m lang und 5 m breit, Sand mit Steinen. Kleine Felseninseln sind vorgelagert, der Blick fällt auf die bewaldeten Hänge des Kaps hinter dem Strand Jorelos. Teils Felsen im türkisblauen Wasser, wenig Seegras, steiler abfallend, NS voll, HS sehr voll.
- **Service:** Strandsäuberung, Supermarkt, WC, Tavernen, Bar, Telefon, Hotels, Liegen und Schirme, Tretboote, Ausflugsboote zu anderen Stränden, Bootsanlegesteg
- **Anfahrt:** Straße nur bis an den oberen Dorfrand, dort Parkplatz und Bushaltestelle, die letzten 300 m bis zum Strand sind Fußgängerzone.

Ag. Nikítas/ Taverne Jorelos

Hinter dem Strand führt die Straße am mit Kiefernwald bewachsenen Hang entlang. 1 km lang und 10-30 m breit, sonnig, Sand, türkisblaues Wasser, teils Seegras, Felsen nur am südlichen Ende des Strandes, steiler abfallend, NS gut besucht, HS voll.
- **Service:** Strandsäuberung, Telefon, WC, Taverne, Privatzimmer, Liegen und Schirme
- **Anfahrt:** Parkplatz, Bushaltestelle

Skála Gialiou

Hinter dem Strand erhebt sich ein steiler Hang mit Kiefern und anderen Bäumen, am Strand selbst sonnig, Sand, auch Steine und Felsen, 50 m lang und 10 m breit, türkisblaues Wasser, teils Felsen, teils Seegras, steiler abfallend, ruhig.
- **Service:** keine Einrichtungen, keine Strandsäuberung
- **Anfahrt:** Straße bis 200 m oberhalb des Strandes, dort Parkplatz, danach eine schlecht befahrbare Piste

Kaminia

Der Blick fällt auf die Nehrung mit den Windmühlen, im Hintergrund das Festland. 100 m lang und 5-10 m breit, Sand mit Steinen, sonnig, teils Seegras und Felsen im türkisblauen Wasser, steiler abfallend, HS gut besucht, NS ruhig.
- **Service:** keine Strandsäuberung, keine Einrichtungen
- **Anfahrt:** markiert, Parkplatz

DAS ZENTRALE BERGLAND

Tipps für die Region

Verkehrs-mittel

- **Taxi:** in Kariá, Handy 0932573303
- **Tankstellen:** an der Hauptstraße bei Lazaráta und in Kariá.

Einkaufen

In Kariá werden Teppiche und Handarbeiten angeboten. Im Tante-Emma-Laden kann man sich mit Lebensmitteln versorgen.

Nützliche Adressen

- **Arzt:** in Kariá, Tel. 26450-41206
- **Apotheke:** in Kariá
- **Polizei:** in Kariá, Tel. 26450-41208

Kariá

In Kariá befindet sich **der schönste Dorfplatz** der Insel. Das lebendige, alte Bauerndorf liegt am Hang oberhalb einer kleinen Hochebene mit herrlicher Aussicht auf die Umgebung. Abends treffen sich die Dorfbewohner am Platz, tagsüber die Ausflügler. Am frühen Morgen singen die Bäuerinnen beim Füttern der Hühner und die Esel klappern durchs Dorf. Am Rand erheben sich Windmühlenruinen, aus den Gärten ragen Blumen auf die Gassen und zwischen den einzelnen Gehöften liegen auf Terrassen angelegte kleine Felder. Im Bergland Lefkádas wird an vielen Stellen Wein angebaut. Unten auf der Hochebene hat man in den letzten Jahren einen kleinen Stausee angelegt. Früher wuchs auf der Ebene Getreide, heute liegen viele Felder brach.

Am oberen Dorfrand befindet sich gegenüber des Hotels das **Stickereimuseum,** das in einem schönen Haus untergebracht ist. Ausgestellt sind Stickereien und Webereien, Webstühle und Hausratgegenstände. Es liegen auch Erläuterungen auf Deutsch aus.

- **Geöffnet:** täglich 9-21 Uhr, Eintritt 2,50 €, Tel. 41590

Lefkáda

Unterkunft

● **Privatzimmer,** an der Hauptstraße, Tel. 41670, vier kleine DZ teilen sich zwei Bäder, großer Eingangsbereich mit Sitzecke, Spüle, Campingkocher, Balkon, 20-25 €.
● **Hotel Kariá Village,** Tel. 41030, Fax in Athen 210-6440156, hübsche, ruhige Anlage mit schöner Aussicht, schöne DZ mit Bad und Balkon, 36-56 €.

Essen und Trinken

Am Dorfplatz trifft man auf mehrere, hübsche Tavernen:
● **Pizzeria Karampoulias,** leckere Kartoffeln mit Käse, gute Pizza, der Salat eignet sich nur für Majonäseliebhaber, Preise o.k.
● **Die Taverne nebenan,** die ungefähr im Zentrum des Platzes ihre Tische aufgestellt hat, ist ebenfalls zu empfehlen: einfache, aber gute griechische Küche, Preise o.k.

Die Hochebene am Profítis Ilías

Hinter Kariá führen mehrere Straßen hinauf auf eine weitere Hochebene, aus der die einzelnen Gipfel emporragen. Leider hat das Militär diese Hochebene als ideales Plätzchen für **Kasernen und militärisches Gerät** entdeckt, so dass man als Tourist nicht überall Zutritt hat. Die übergroßen militärischen Gerätschaften verschandeln teils auch die schöne Berglandschaft. Trotzdem lohnt sich der Weg. Die Aussicht auf das bergige Festland ist einfach atemberaubend.

Über die kleine Straße, die in Kariá am Hotel vorbei nach oben führt, gelangt man zunächst zu einem Steinbruch. Dahinter zweigt eine schlecht befahrbare Piste zum Berggipfel des Profítis Ilías ab. Dort erreicht man die kleine **Kirche Profítis Ilías.** Der Blick ist überwältigend. Der Zutritt zum Kirchplatz ist erlaubt, während die meisten anderen Gipfel hier militärisches Sperrgebiet sind.

Englouví

Man kann so auch von oben ins Dorf Englouví gelangen. Eine herrliche Aussicht bietet sich von der Kirche Ag. Donatos aus, die oberhalb des Ortes an der Hangkante steht. Hinter der kleinen Kapelle kann man die spärlichen Ruinen eines römischen Turms erkennen. Hier sollen die Römer in

Lefkáda

frühchristlicher Zeit den Bischof *Donatos* ermordet haben. Englouví ist ein herrliches, kleines Bergdorf – auf 730 m Höhe **das höchstgelegene Dorf** der Insel. Heute leben überwiegend ältere Menschen hier. Auf den Terrassenfeldern rund um Englouví werden vor allem Trauben und Linsen angebaut.

Vafkerí und die Klöster in den Bergen

Ebenfalls lohnend ist ein Besuch des kleinen Dorfes Vafkerí. Bei einem Spaziergang durch die hübschen Felder und Wälder dieser Gegend kann man das verlassene Kloster **Moní Ag. Asomáton** erreichen. Die Anlage zerfällt allmählich, aber die Kirche wird noch in Stand gehalten. Das Kloster wurde im 16. Jh. gegründet, ebenso wie das Dorf Vafkerí.

In den Bergen trifft man noch auf weitere verlassene Klosteranlagen. So befindet sich beim Weiler Platístoma das Kloster Evangelistria, von dem nur noch die **Kirche Kokkini Eklisia** erhalten ist. Auch bei Pinakochóri steht eine Klosterruine: Das im 17. Jh. gegründete **Moní Ag. Ioánnis Theologos** wurde zuletzt renoviert und war nicht zugänglich. In der Kirche befinden sich Fresken aus dem 17. und 18. Jh. Zwei weitere Klöster in den Bergen erreicht man am einfachsten von Nikiána aus (siehe „Ostküste/Zwischen Nikiána und Perigiáli").

Essen und Trinken

●**Taverne Platanos,** Vafkerí, einfache Taverne mit hübscher Terrasse im Garten, einfache griechische Kost, Feta und Olivenöl aus dem Dorf werden angeboten, Preise o.k.

Rundwanderung bei Vafkerí und Englouví

●**Route:** Vafkerí – Moní Ag. Asomáton – Englouví – Vafkerí
●**Strecke:** über eine breitere Piste und eine Straße, Höhenunterschied: 250 m
●**Landschaft:** an Weinfeldern vorbei, durch Eichenwald und an mit Ginster bewachsenen Hängen entlang
●**Dauer:** 2 Stunden, 30 Minuten
●**Ausrüstung:** Sonnenschutz, Wasser
●**Organisation:** In Englouví gibt es ein Cafenion, in dem man eine Pause einlegen kann. In Vafkerí gibt es eine Taverne. Die Tour lässt sich am besten als Abendspaziergang unternehmen, dann liegen Teile der Strecke im Schatten. Man sollte aber mindestens 3,5 Stunden vor Einbruch der Dunkelheit losgehen.
●**Anfahrt:** Die Wanderung beginnt an der Straße beim Dorf Vafkerí. Dort ist in einem kleinen Tal das Kloster mit einem Schild markiert. Hier sollte man parken.

Zum Moní Ag. Asomáton

Man startet am Schild „Monastery of the taxiarches" und folgt dem Weg durch das Tal nach oben. An einer Gabelung geht man geradeaus weiter und biegt nicht mit dem Hauptweg nach links ab. Der Weg wird schmaler. Rechts im Tal liegt eine kleine **Kirche.** Kurz darauf trifft der Pfad wieder auf die breite Piste, in die man nach rechts

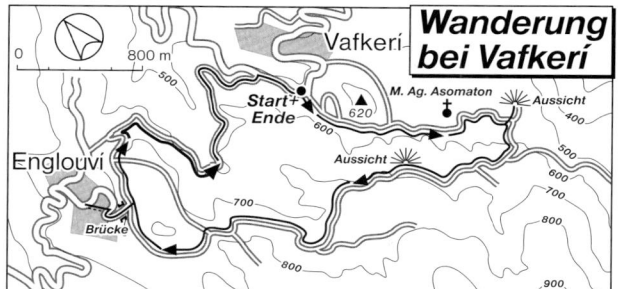

einbiegt. Man erreicht einen kleinen Pass, an dem man auf **Weinfelder** trifft. Hier gabelt sich die Piste und man hält sich halb rechts. Der Weg führt nun durch einen schönen, mit Efeu überrankten Eichenwald. Nach 15 Minuten zweigt in einer Rechtskurve nach links ein Fußpfad ab. Er führt an alten Mauern entlang zur Klosterruine. Die Kirche wurde renoviert, der Rest des Klosters liegt in Trümmern. Man verlässt das Kloster wieder über denselben Weg und folgt der Piste weiter hangaufwärts.

Nach Englouví

Nach einer Viertelstunde windet sich der von Ginsterhecken gesäumte Weg nach rechts. Am linken Wegesrand zweigt bei einigen Steinen ein schmaler Trampelpfad ab, der durch die Hecken nach 50 m zu einem schönen **Aussichtspunkt** führt. In der Ebene liegt Nidrí, von Bergen und Hügeln umgeben. Zurück auf der Piste geht es weiter den Hang hinauf. Man erreicht bei einer Gabelung einen Felsen mit einem aufgemalten **roten Punkt** und **roten Pfeilen,** die den Weg nach links weisen. Hier geht es aber nach rechts hoch. Kurz darauf mündet von links ein Weg ein. Die Piste steigt nun langsam an und führt am Hang entlang, der über und über mit **Ginster** bewachsen ist. Man hat eine schöne Aussicht auf das Festland.

Lefkáda

Der Blick fällt nach Norden in Richtung Lefkáda-Stadt. Nach 20 Minuten mündet von links ein Weg ein. Man geht aber geradeaus weiter und sieht die **Radarstation** des Militärs in den Bergen, auf die man zugeht. Ein weiterer Weg mündet von links ein. Nach 15 Minuten gabelt sich dann die Piste. Nach links führt sie weiter um den Hügel herum in ein **Tal.** Dort biegt man scharf nach links ab und geht über die **Brücke.** Der Weg trifft bei den ersten Häusern von Englouví auf eine kleine Straße, der man wenige Meter nach rechts folgt. An einem Haus zweigt nach links ein **Treppenweg** ab. Er führt geradewegs auf den kleinen Platz von Englouví hoch. Hier befindet sich das **Cafenion.**

Rückweg — Man folgt zunächst dem Weg, über den man zum Platz hochgekommen ist, wieder hinunter und geht zurück zur Brücke, die man überquert. Dann biegt man in die Piste nach links ein. Etwa fünf Minuten nachdem man die Brücke passiert hat, folgt man dem Weg, der nach rechts weiterführt. Die Piste windet sich in **Serpentinen** den Hang hinunter, der teilweise mit **Macchia,** teils mit **Wald** und mit **Olivenhainen** bewachsen ist. Dann geht die Piste in eine Straße über. Nach 25 Minuten trifft man auf die Hauptstraße. Man folgt ihr noch wenige Minuten nach rechts hoch und erreicht dann den Ausgangspunkt dieser Tour am Ortseingang von **Vafkerí.**

100ko Fotos: vb

KEFALONIÁ

DIE INSEL IM ÜBERBLICK

- **Einwohner:** 30.000
- **Fläche:** 780 km²
- **Höhe:** 1628 m
- **Tel.-Vorwahl:**
  26740 (Nordosten)
  26710 (Südwesten)
- **PLZ:** 28000, Argostóli: 28100

Landschaft Kefaloniá ist eine **Insel der Gegensätze.** Um Sámi herum präsentiert sie sich üppig grün – aus Olivenwald ragen Zypressen hervor. Bei Kondogouráta an der Bucht von Livádi oder an der Steilküste bei Assos kennzeichnen dagegen Gelb- und Brauntöne den spärlichen Bewuchs zwischen den schroffen Felsen. Flache, lange Sandstrände ziehen sich an der Küste bei Skála entlang, steile Felswände rahmen dagegen den Petani-Beach und den Mýrthos-Beach ein. Hügelige Felder mit rotem, schwarzem oder hellgrauem Boden sind genauso zu finden wie dichte Tannenwälder an steilen Berghängen. Im Oktober und November überziehen Millionen von rosablühenden Alpenveilchen und wilde Krokusse die Insel. Man findet bizarre Erosionsfelsen bei Lixoúri, Eichenwälder in der Bergen bei Drakopouláta, Macchia und Dornengestrüpp im Gebirge, Weinfelder bei Valsamáta, Walnussbäume bei Digaléto, Kiefern auf der Festung von Assos und Olivenwälder um Fiskárdo.

Natur- phänomene Die Insel gibt viele Rätsel auf, von denen noch nicht alle entschlüsselt werden konnten. Mysteriös bleibt der **Fels Kounopetra.** Zeitzeugen berichten, dass er viele Jahre heftig wackelte, ohne dabei umzufallen, bis er beim Erdbeben 1953 schließlich zur Ruhe kam. Eine wissenschaftliche Erklärung für seine Bewegung konnte bis heute nicht geliefert werden.

Gelöst ist mittlerweile das Rätsel um die **Meerwassermühlen bei Argostóli.** Dort fließt das Wasser nicht vom Land ins Meer, sondern umgekehrt: Das Meerwasser versickert in Felsspalten

auf dem Land. Das Salzwasser fließt von dort unter der Insel hindurch und vermischt sich mit Süßwasser, das von oben durch Felsenschächte auf den salzigen Wasserstrom trifft. Der Druck, den das abfallende Süßwasser erzeugt, lässt einen Teil des Brackwassers in Felsschächten ansteigen. Dieses Wasser tritt unweit von Sámi oberhalb des Meeresspiegels wieder an die Oberfläche. Dort durchfließt es einige Höhlen, erreicht schließlich die Melissani-Höhle und mündet bei Karavómilos wieder ins Meer. Viele Jahre war unbekannt, wohin das versickerte Salzwasser bei Argostóli verschwand. Erst Versuche, die österreichische Geologen mit Farbstoffen unternahmen, brachten 1963 die Lösung.

Die **Schlangen von Markópoulo,** die alljährlich die Marienkirche zum Klosterfeiertag besuchen, sind auch ein solches Rätsel. Einen wissenschaftlichen Beweis gibt es nicht, aber die Vermutungen von Biologen gehen dahin, dass die geruchsempfindlichen Tiere durch Düfte angelockt werden. Die harmlosen Katzennattern riechen den Weihrauch und da sie sich Mitte August in der Paarungszeit befinden, reizt sie dieser Geruch und zieht sie an.

Tourismus Der Massentourismus hat auf Kefaloniá noch nicht richtig Fuß gefasst. Im Juli und August muss man die Insel zwar mit vielen Urlaubern teilen, aber auch dann finden sich noch ruhige Ecken, wenn man ein bisschen sucht. Im September kann man sich an einsamen Stränden sonnen. Azurblauer Himmel ist im Herbst allerdings nicht garantiert und wenn es regnet, rauscht eine ganze Sintflut vom Himmel. Im Sommer ist das Wetter zwar schön, aber die Bewohner sind dann mit ihren Geschäften befasst. Wer Kontakt zu den Griechen sucht, hat es in der Nebensaison leichter.

Kefaloniá

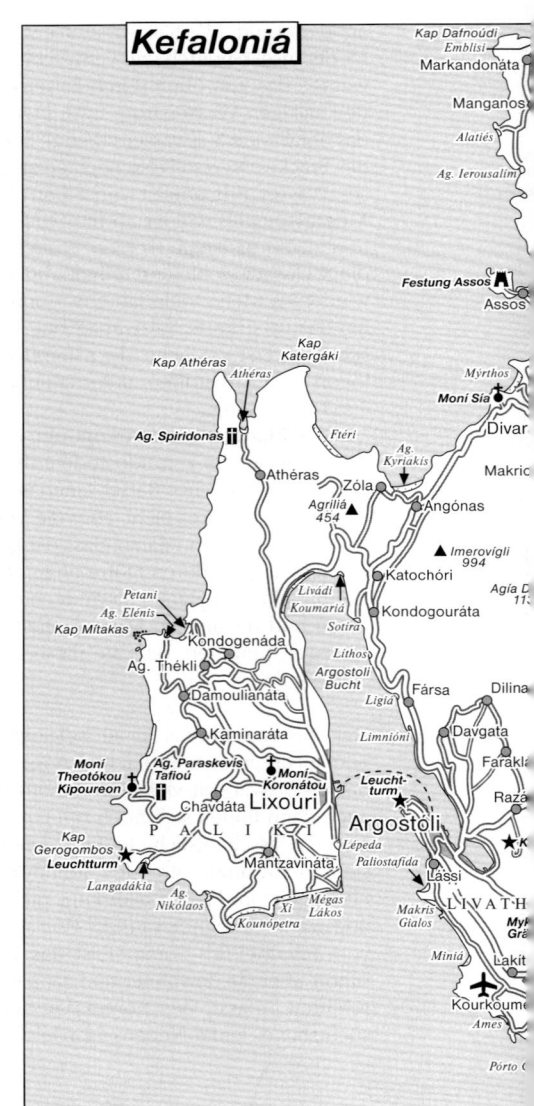

Kefaloniá

ARGOSTÓLI

Ortsbild   Argostóli wurde während des Erdbebens 1953
völlig zerstört. Nach der Katastrophe baute man
Holzhütten, denn für mehr reichte die Aufbauhilfe
nicht. Erst viele Jahre später hatten die Bewohner
genügend Geld für neue Häuser. Die Stadt besteht aus **Betonskelettbauten** – aus gutem
Grund. Die Seismologen verbreiten nach wie vor
wenig Optimismus: Mit Erdbeben muss weiterhin
gerechnet werden. Skelettbauten haben sich dabei gut bewährt. Das Stadtbild ist nicht romantisch, aber auch nicht hässlich. Die meisten Häuser sind zwei bis vier Stockwerke hoch. Es herrscht
eine **angenehme Atmosphäre.** Parallel zur Uferpromenade verläuft die Fußgängerzone. Am Hafen unweit des Busbahnhofs findet man die Agora,
den Markt. In den Läden und an den Ständen
herrscht reges Leben und auf der Straße Chaos.

Ⓢ	1	Supermarkt
Ⓑ	2	Bushaltestelle
✚	3	Krankenhaus
•	4	Wäscherei
Ⓢ	5	Zeitungsladen
Ⓞ	6	Internet Café
🏠	7	Hotel Tourist
🏠	8	Hotel Olga

Argostóli

Lassi · Lassís

Soudias · Andreou Metaxa · Georgiou Vergoti · Lithostroto · Siteboron · Vironos · So. Kosmatou · Post · 5 · 6 · 7

Georgiou Vergoti · Ciprou · Devoseos · Adoni Tritsi · Agora/ Markt

1 Ⓢ 2 Ⓑ

Adoni Tritsi

Póros, Skála, Sámi, Fiskárdo, Lixoúri

★ 23, Sámi, Fiskárdo, Lixoúri

Erste Orientierung

Argostóli ist eine angenehme Provinzstadt, die sich an einer **geschützten Bucht** entlangzieht und in der man sich leicht zurechtfindet. Am südlichen Ende des Zentrums wird die Bucht von einer alten Steinbrücke überspannt wird, die noch von den Engländern gebaut wurde und heute leider nur für Lkws gesperrt ist. Das Zentrum bildet der **Valianou-Platz.** Dort beginnt eine Palmenallee, die nordwärts führt. Nördlich von Argostóli ragt das Kap Ag. Theodoron hervor. Am Meer entlang findet man sowohl im Norden als auch im Süden nett gemachte Spazierwege. Die **Uferstraße** führt als Einbahnstraße in nördlicher Richtung. Parallel zieht sich die Fußgängerzone entlang. Nach Süden gelangt man über die **Odos G. Vergoti,** die noch weiter im Landesinnern parallel zur Küste verläuft. Beim Hauptplatz beginnt eine Straße, die in die oberen Stadtviertel und nach Lássi führt. Den Ort erreicht man auch über die Küstenstraße, die nach Norden zum Leuchtturm und um das Kap Ag. Theodoron herum verläuft.

Kefaloniá

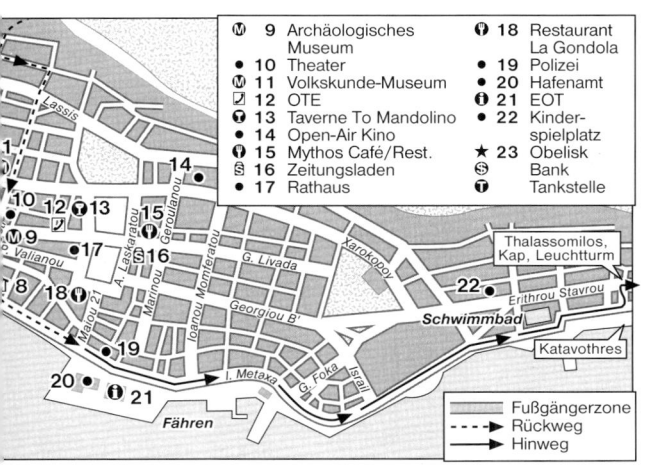

Ⓜ	9	Archäologisches Museum	❶	18	Restaurant La Gondola
•	10	Theater	•	19	Polizei
Ⓜ	11	Volkskunde-Museum	•	20	Hafenamt
☑	12	OTE	❶	21	EOT
❶	13	Taverne To Mandolino	•	22	Kinderspielplatz
•	14	Open-Air Kino	★	23	Obelisk
❶	15	Mythos Café/Rest.	Ⓢ		Bank
Ⓢ	16	Zeitungsladen	Ⓣ		Tankstelle
•	17	Rathaus			

Lassis

1

❶ 10 ☑ 12 ❶ 13 ❶ 15 • 14

Ⓜ 9 • 17 Ⓢ❶16

Valianou

8 18 ❶

• 19

20 • ❶ 21

A. Laskaratou   Mannou   Geroulanou   Ioannou Metaxa   G. Livada   Xarokopou   Georgiou B'

Mannou 21   I. Metaxa   Foka   Israil

Fähren

Thalassomilos, Kap, Leuchtturm

22 •   Erithrou Stavrou

Schwimmbad

Katavothres

	Fußgängerzone
- - - ▸	Rückweg
▸	Hinweg

Sehenswertes

**Archäo-
logisches
Museum**

Ausgestellt sind behauene Steine aus der Steinzeit, Tonfiguren und Tongefäße aus einer Höhle bei Póros (6000-2400 v. Chr.), Funde, die bei Krani gemacht wurden (1200-1000 v. Chr.) sowie Funde aus Mykenischen Gräbern, die 1200-1000 v. Chr. entstanden sind. Aber auch Exponate aus klassischer, hellenistischer und römischer Zeit kann man bewundern. Bei Sámi wurden z.B. in der Melissani-Höhle ein Tonrelief einer Panfigur (3./4. Jh. v. Chr.), Goldschmuck, ein Spiegel, ein Bronzekopf (3. Jh. n. Chr.) und ein Marmorkopf gefunden. Ein Mosaik mit Delfinen aus Valtsa bei Lixoúri (2. Jh. n. Chr.) und ein dorisches Kapitell vom Tempel bei Skála sind ebenfalls zu besichtigen.

● **Geöffnet:** Di-So 8.30-15 Uhr, Eintritt 3 €, Tel. 28300

**Volks-
kunde-
museum**

Im Volkskundemuseum ist eine Sammlung von Spitzen, Handarbeiten und Trachten ausgestellt. Gezeigt werden v.a. Gegenstände des städtischen Bürgertums aus dem 19. Jh., aber auch Fotos von Argostóli vor dem Erdbeben sowie Ikonen und Holzschnitzereien aus zerstörten Kirchen.

● **Geöffnet:** Mo-Sa 9-14 Uhr, Eintritt 3 €, Tel. 28835

**Meerwas-
sermühlen
Katavothres**

Wie schon erwähnt, versickert auf dem Kap hinter Argostóli Salzwasser in Felsspalten auf dem Land (siehe „Überblick/Naturphänomene"). In früheren Jahren war die **Strömung des Wassers** so stark, dass es sich lohnte, vor den Felsspalten kleine Kanäle anzulegen und die Energie des Wassers über Mühlen zu nutzen. Die Engländer errichteten im 19. Jh. Kornmühlen. Später wurde sogar Strom erzeugt. Das Erdbeben zerstörte aber 1953 die

Die Katavothres bei Argostóli

Mühlräder. Anschließend stellte man fest, dass zwar immer noch Salzwasser in den Felsspalten versickerte, aber lange nicht mehr so viel wie vor dem Beben. Die Mühlen, die heute hier stehen, wurden aus optischen Gründen errichtet. Sie drehen sich so langsam, dass es sich nicht mehr lohnt, sie zur Energiegewinnung zu nutzen. Die Anlage wurde unlängst Opfer von Vandalismus.

Leuchtturm am Kap Ag. Theodori

Anfang des 19. Jh. stiftete der englische Gouverneur *Napier* einen Leuchtturm im neoklassizistischen Stil. Der kleine Rundbau war von dorischen Säulen umgeben. Nach dem Erdbeben 1953, das den alten Turm zerstörte, wurde ein **Betonnachbau** auf einem vorgelagerten Felsen mitten im Meer errichtet. Aus der Ferne sieht der Leuchtturm, den man über einen kleinen Damm errei-

302ko Foto: vb

Kefaloniá

chen kann, sehr ansprechend aus. Das Gebäude wurde vor kurzem renoviert. Ein Besuch lohnt v.a. der schönen Aussicht wegen.

Drapano-Brücke und Obelisk

Zu Beginn des 19. Jh. ließen die Engländer eine Brücke über die Bucht von Argostóli bauen. Das Wasser ist hier nur 30-500 cm tief. Die ursprüngliche Holzbrücke wurde noch zu englischer Zeit durch eine Steinbrücke ersetzt, in deren Mitte sich ein kleiner Platz befindet. Gegen Abend hieven Fischer auf der Brücke ihre zappelnde Beute an Land. Daneben ließ der englische Colonel *de Bosset* einen Obelisken erbauen – ein beliebtes Fotomotiv.

Spaziergang rund um Argostóli

●**Route:** Hafen Argostóli – Katavothres – Leuchtturm am Kap – Monumento Caduti – Argostóli
●**Strecke:** über Straßen, Pisten und Fußwege mit schöner Aussicht
●**Landschaft:** an der Küste entlang durch Kiefernwald und Macchia
●**Dauer:** 1,5 bis 2 Stunden
●**Ausrüstung:** Unterwegs trifft man auf Tavernen.
●**Hinweis:** Besonders schön ist dieser Spaziergang am Abend. Wer sich rund 1,5 Stunden vor Sonnenuntergang auf den Weg macht, kann die Abendstimmung vom Aussichtspunkt auf dem Bergrücken erleben.
●Mit **Stern*** gekennzeichnete Sehenswürdigkeiten werden oben ausführlicher beschrieben.

Vom Hafen zum Kap

Man startet am Hafen, dort wo die Fähre nach Lixoúri abfährt, und folgt der Uferstraße in nördlicher Richtung. Nach fünf Minuten erreicht man einen Bootshafen. Man folgt der Straße, die hier nach links an einem gelben Haus hochführt und biegt in die erste Straße ein, die kurz darauf nach rechts abzweigt. Sie führt durch Kiefernwald an der Küste entlang. Bald beginnt neben der Straße ein Fußweg, über den man die **Wassermühle** und die **Tavernen Thalassomilos** in schön renovierten Gebäuden erreicht. Wenige Minuten später gelangt man zu den **Katavothres***. Die Straße führt weiter auf das Kap zum **Leuchtturm***. Der Blick fällt auf Lixoúri.

Kefaloniá

Der Obelisk in Argostóli

Zum Monumento Caduti

Man kehrt wieder zu den Meerwassermühlen zurück und folgt der Straße noch 50 m weiter. Dann zweigt am Straßenrand ein Fußweg ins Landesinnere ab, der durch Kiefernwald den Hang hochführt und beim Denkmal Monumento Caduti auf eine kleine Straße mündet. Das Denkmal erinnert an die Männer der **italienischen Division Acqui,** die im Herbst 1943 von den Truppen der deutschen Wehrmacht erschossen wurden.

Rückweg

Kurz hinter dem Denkmal zweigt eine Piste nach rechts von der Straße ab. Man folgt dieser Piste, die am Grat des Bergrückens entlang durch die Macchia führt. Nach einer viertel Stunde liegt rechts des Weges ein kleiner **Platz mit herrlicher Aussicht** aufs Meer. Von hier oben kann man gut den Sonnenuntergang genießen. Dann folgt man weiter dem Weg auf dem Bergrücken. Nach fünf Minuten erreicht man eine Gabelung, an der man sich links hält. Dann erreicht man am Ortsrand von Argostóli die Odos Ioánnis Tsigante, der man ein kleines Stück nach links folgt. Kurz darauf biegt man nach rechts in einen steil abfallenden Weg ein und überquert die stark befahrene Odos Lássi. Man kommt am **Volkskunde-Museum*** und am **Archäologischen Museum*** vorbei und erreicht nach 25 Minuten die Uferpromenade in Argostóli, in die man nach links einbiegt, um wieder zum Ausgangspunkt der Tour zu gelangen.

Sehenswürdigkeiten am Stadtrand

Ruinen von Krani

Eine der vier Städte der Antike, Krani, lag auf einem Hügel unweit von Argostóli. An der Straße zwischen Argostóli und Sámi sind die Ruinen der alten Stadt markiert. Zu sehen gibt es nicht viel. Die Reste des dorischen **Demeter-Tempels** sind spärlich. Von der Stadt blieben nur einige **Zyklopenmauern** übrig. Der ganze Hügel ist mit Dornen bewachsen, so dass es nicht einfach ist, hinaufzusteigen.

Kirche Ag. Barbara

Die Höhlenkirche Ag. Barbara liegt unterhalb der alten Straße nach Sámi. Das Gebäude ist offen, an der Höhlenwand wächst Frauenhaarfarn. Zu bewundern gibt es außer Ikonen nicht viel, aber die Kirche ist ein **stimmungsvoller Ort.** Von der Straße führt ein Pfad hinunter ins Tal und unter der alten Eisenbrücke hindurch zur Kirche. Auf der anderen Seite der Brücke beginnt oben ein Pfad, der zum Kirchturm hochführt. Von dort oben ist die Aussicht auf Argostóli morgens am schönsten.

Strände

In der Bucht von Argostóli gibt es keine guten Bademöglichkeiten. Auch beim Kap findet man keine schönen Strände. Auf der Westseite der Halbinsel liegen einige kleine, sonnige Kiesbuchten, an denen es keine touristischen Einrichtungen gibt. Sie sind trotzdem gut besucht und von der Straße aus einsehbar. Kurz vor Lássi erreicht man den ersten größeren Strand namens Kalámia.

Kalámia

Der Blick fällt auf Lixoúri, auf Inseln und ein Kap mit weißen Felsen. 100 m lang und 10 m breit, grauer Sand, sonnig, klares Wasser, kein Seegras, seitlich Felsen, flach abfallend, Fluglärm, stets sehr voll. Weiter südlich folgen schöne Felsenkaps mit kleinen Buchten, grauer Sand, sonnig, flach abfallend, sehr voll.
● **Service:** Strandsäuberung, Kiosk, Liegen und Schirme
● **Anfahrt:** über einen Pfad, Straße in 300 m Entfernung, kein Parkplatz, kein Bus

Praktische Tipps

Anreise, Schiffsverbindungen

● **Flüge:** In den letzten Jahren wird der Inselflughafen im Sommer von Charterflugzeugen auch von Deutschland aus angeflogen. Täglich fliegt ein Linienflugzeug nach Athen. Es besteht keine Busverbindung zum Flugplatz.
● **Fähren:** Per Schiff ist die Insel gut angebunden, zahlreiche Häfen werden angelaufen. Haupthafen ist Sámi. Dort gibt es täglich mehrere Fährverbindungen mit Pátras und Itháki. Die Fähre nach Zákynthos fährt zweimal täglich am Hafen von Pesáda ab. Am Hafen von Póros legen täglich Fähren nach Kylíni ab. Von Fiskárdo aus starten kleine Fähren nach Lefkáda und Itháki. Von Argostóli fährt stündlich die Fähre nach Lixoúri (Pers. 1 €, Auto 3,40 €). Die kleinen Fähren im Norden laufen bei schlechtem Wetter nicht aus, während die Fahrpläne der großen Fähren zuverlässig sind.

Kefaloniá

Sonstige Verkehrsmittel

●**Bus:** Die Busverbindungen auf der Insel sind nicht allzu gut. Einfach erreicht man den Hafen von Sámi und Lássi von Argostóli aus. Póros und Fiskárdo werden von Bussen täglich angefahren. Pesáda ist per Bus nicht zu erreichen. Busfahrpläne bekommt man am Busbahnhof in Argostóli.
●**Taxi:** am zentralen Platz in Argostóli, Tel. 24305, 28505, Handy 0944758920, Preise: z.B. Argostóli – Hafen Pesáda 12 €, Argostóli – Flughafen 10 €
●**Mietfahrzeug:** Reliable, Autos und Mofas, Tel. 23613, Fax 24452, Sunbird, Odos A. Tritsi 139, Tel. 23723, Fax 25484, Neptune Car & Bikes, Odos I. Metaxas 66, Tel. 24092,
●**Tankstellen:** an der Uferpromenade unweit der Agora und an der Brücke

Unterkunft

●**Hotel Tourist,** Tel./Fax 23034, am Hafen, nette DZ, Bad, Ventilator, TV, Telefon, teils Balkon mit Meerblick, 40-80 € mit Frühstück.
●**Hotel Olga,** Tel. 24981, Fax 24985, gepflegtes Haus, DZ, Bad, Balkon, AC, TV, Telefon, Aufzug, ohne Frühstück 38-50 €, mit Frühstück 50-70 €.
●**Campingplatz am Kap,** Tel. 23487, landschaftlich schön gelegen, viele Bäume, Diskothek, nur während der HS geöffnet.

Essen und Trinken

●**Mythos Bar und Restaurant,** griechische Küche mit internationalem Einschlag, gute Weine, Preise für das Gebotene o.k., empfehlenswert, die Stühle könnte man aber als Folterwerkzeuge benutzen ...
●**Thalassomilos,** Vinaries, Weinstube in einem herrlichen, renovierten Gebäude bei den Meerwassermühlen. Es gibt Kleinigkeiten zu essen, lecker das *sambon-tiropita* (Blätterteig mit Schinken und Käse). Dazu kann man Inselweine probieren, die auch im Glas ausgeschenkt werden und preiswert sind. Es werden auch Weine zum Mitnehmen verkauft.
●**La Gondola,** italienisches Restaurant am Platz, guter Service, gute Küche, Preise gehoben.
●**To Mandolino,** Taverne am Platz, hier werden am späten Abend volkstümliche Kantaten gesungen, in der NS nur am Wochenende geöffnet, sehr beliebt, Reservierung ratsam, Tel. 23148.

Einkaufen

In Argostóli kann man Waren für den täglichen Bedarf gut einkaufen. Unweit der alten Brücke, stadtauswärts findet man einen größeren **Supermarkt.** Am günstigsten ist Lidl, an der Straße zwischen Argostóli und Peratáta. Gemüse und Lebensmittel werden auf der **Agora** relativ günstig angeboten, aber da vieles eingeführt werden muss, ist Obst und Gemüse auf Kefaloniá nicht gerade billig. Bei der Agora befindet sich auch die leckere Bäckerei Spathis. Kleidungsgeschäfte, Fotoläden, Zeitungen und Bücher, Regenschirme, Sportartikel und einige Souvenirs findet man in der **Fußgängerzone,** die parallel zur Uferstraße verläuft und am Archäologischen Museum beginnt. Souvenirgeschäfte gibt es (noch) nicht sehr viele. Wein kann man in der Thalassomilos (siehe Restaurants) probieren und kaufen, aber auch in der Fußgängerzone kann man fündig werden.

Aktivitäten

- Das **Open-Air-Kino** ist ein beliebter Treffpunkt der griechischen Jugend.
- **Ausflüge:** Fast alle Reisebüros bieten die gleichen Ausflüge an: Inselrundfahrt per Bus, Ausflüge nach Itháki, Ausflüge nach Zákynthos, ein Tagesausflug nach Olympia und Ausflüge nach Lefkáda.

Nachtleben

Kefaloniá ist keine Insel für Nachtschwärmer. Im Zentrum am Platz und in den angrenzenden Straßen wird am Abend Unterhaltung geboten, die allerdings mehr auf griechische Teenies zugeschnitten ist. In der Odos V. Georgíou gibt es eine Bar.

Nützliche Adressen

- **Krankenhaus:** am Stadtrand von Argostóli, ausgeschildert, 24 Stunden täglich geöffnet, Tel. 26710-23230, 22434, 24641-6. Nicht weit davon entfernt findet man das Kinderkrankenhaus, Tel. 26710-28550.
- **Ärzte:** Eine Zahnärztin ist unter Tel. 26710-23220 zu erreichen.
- **Polizei:** am Hafen, Tel. 26710-22200; dort ist auch die Touristenpolizei untergebracht, die Touristen nicht nur in Not hilft, sondern auch Auskünfte gibt, Tel. 26710-22815.
- **EOT:** Touristenbüro von Kefaloniá, am Hafen, Tel. 22248, Fax 24466, Mo-Fr 8-14.30 Uhr. Ein Besuch lohnt sich!
- **Hafenamt:** Tel. 22224
- **Geld:** Man findet mehrere Banken mit Automaten in der Stadt, z.B. an der Hafenpromenade oder bei der Fußgängerzone.
- **Reisebüros:** Büro KTEL am Busbahnhof, Tel. 22276, Fax 23364, Myrthos Travel, Filoxenos Travel
- **Wäscherei:** Laundry Express Self Service, tägl. 9-22 Uhr, Odos Lássis 46b, Waschen mit Münzen, die es im Supermarkt gegenüber gibt, Waschpulver muss man mitbringen.
- **Internetcafé:** Der Computerladen von Herrn *Amourgis* hat vormittags und am frühen Abend geöffnet, Odos Minoos 3, in einer Gasse zwischen dem Hafen und der Fußgängerzone hinter der Kirche Ag. Spiridounas versteckt gelegen, sehr angenehm, Tel./Fax 25530, xlixis@otenet.gr.

Am späteren Abend kann man leider nur in Kneipen wie dem Bad Boys Club (in einer Ecke der Platzes) ins Netz.

Kefaloniá

LÁSSI UND DIE HALBINSEL LIVATHOS

Tipps für die Region

Verkehrs-mittel

- **Fähren:** in den Sommermonaten von Pesáda nach Zákynthos 2-mal tägl., Person 4 €, Auto 20 €, kein Bus
- **Mietfahrzeuge:** Zahlreiche Fahrzeugvermieter bieten in Lássi ihre Dienste an. Auch am Flughafen werden Fahrzeuge vermietet. In Lássi: Cbr-Cars; Holiday Autos; Auto Europe, Tel. 24078, Fax 22001; Sunbird, Tel. 24424 oder Minetos Spiros rent a bike, Tel. 26286, 83144.
- **Tankstellen:** bei Argostóli, in Svonáta und in Peratáta

Aktivitäten

- **Gokart:** 300 m nördlich vom Kalámia-Strand bei Lássi in Richtung Kap Ag. Theodoron befindet sich eine größere Gokartbahn

Nachtleben

Am **Kap Ag. Theodoron** zwischen Argostóli und Lássi trifft man auf einige Clubs und während der HS wird dort eine Diskothek betrieben. Für echte Nachtschwärmer bietet Kefaloniá derzeit nicht viel.

Nützliche Adressen

- **Krankenhaus:** Im Notfall wendet man sich am besten an das Krankenhaus in Argostóli.
- **Flughafen:** beim Dorf Minia, Tel. 41510-11
- **Fährhafen:** in Pesáda, Infos über die Fähren nach Zákynthos unter Tel. 91280

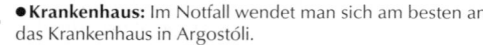

●**Geld:** Die nächsten Bankautomaten findet man in Argostóli. Ein Wechselschalter befindet sich im Flughafen. Er ist nur geöffnet, wenn Flugzeuge ankommen. Geldwechsel ist auch in den Reisebüros in Lássi möglich.

●**Reisebüros:** In Lássi gibt es mehrere Reisebüros, z.B. ETAM Travel, Tel. 25651, Fax 25021 oder Kokolis Travel, Tel. 24476, Fax 24869, E-Mail: kokolis@otenet.gr

Lássi

Der einzige Ort, der auf Kefaloniá vom Massentourismus geprägt wird, ist Lássi. Zahlreiche größere Hotelanlagen reihen sich an der Küste entlang.

Kourkoumeláta und Lakíthra

Das alte Dorf Kourkoumeláta wurde 1953 durch das Erdbeben zerstört. Die Reederfamilie *Vergotis* ließ mit ihrem Geld den ruinierten Ort wieder aufbauen. Auch Lakíthra durfte sich 1953 an Spendengeldern erfreuen. Sie kamen aus Frankreich. Bei Lakíthra fand Lord *Byron,* der sich 1823 mehrere Monate in Metaxáta aufhielt, ein Plätzchen, das ihn zum Dichten anregte. Die Gastronomen des Dorfes wissen dies zu schätzen: Es gibt ein „Café Lord Byron". Ein Nachteil beider Orte ist die Nähe zum Flughafen, den man gut hören kann.

Kefaloniá

Essen und Trinken

●**Café Marina,** in Kourkoumeláta, **Byron's Cafébar,** in Lakíthra, mit schöner Aussicht

Der Strand Makrís Gialós bei Lássi

Metaxáta und Mazarakáta

Das Haus, in dem **Lord Byron** 1823 in Metaxáta wohnte, wurde beim Erdbeben zerstört. An der Stelle, an der das Gebäude gestanden hat, erinnert heute eine Gedenktafel an den Dichter.

In Metaxáta und im nahe gelegenen Mazarakáta hat man **Mykenische Grabanlagen** aus der Zeit um 1200-1140 v. Chr. gefunden. Letztere lohnen einen Abstecher. Um sie zu erreichen, fährt man auf der Straße von Metaxáta nach Peratáta. Auf halbem Weg zweigt eine Straße nach Pesáda ab. In die entgegengesetzte Richtung führt ein Weg zu den Gräbern, die ausgeschildert sind. Zu sehen gibt es mehrere Schacht- und Kammergräber. Die in den Fels geschlagenen Kammern mit zahlreichen Gräbern am Boden kann man betreten. Sie wurden Anfang des 20. Jh. entdeckt. Die über 80 Gräber wiesen zahlreichen Grabbeigaben auf, die z.T. im Archäologischen Museum in Argostóli ausgestellt sind.

Moní Andreas Milapidia

Die Legende erzählt, dass hier im 6. oder 7. Jh. eine Marienikone an einem Apfelbaum hängend gefunden wurde. Daraufhin entstand das Marienkloster Panagía Milapidia. 1264 wurde es erstmals in Chroniken erwähnt. 1587 zerstörte ein Erdbeben die alte Klosteranlage. Die heutige Klosterkirche wurde um 1600 aus den Ruinen der alten Klosterkirche gebaut. Im 17. Jh. bekam das Kloster eine Reliquie, nämlich die Fußsohle des Apostels *Andreas,* geschenkt, die seither als Schatz behütet wird. Es werden daher die Gottesmutter und der Apostel *Andreas* verehrt. Das Erdbeben von 1953 hatte hier eine eher erfreuliche Folge: Der Putz in der Kirche fiel ab und darunter kamen alte Fresken zum Vorschein. Heute ist diese Kirche als Museum zugänglich. Zu sehen gibt es schöne Fresken und Ikonen. Die meisten stammen aus dem 17.

und 18. Jh., aber auch Freskenteile aus dem 13. Jh. sind zu sehen. Die Nonnen, die diese Anlage bewohnen, nutzen eine andere Kirche zum Gebet.

●**Geöffnet:** Mo-Sa 9-13 und 17.30-20 Uhr, Eintritt 1,50 €

Peratáta und die Festung Ag. Geórgios

Hinter dem Dorf Peratáta erhebt sich der Burgberg von Ag. Geórgios. Hier oben befand sich lange Jahre die Hauptstadt der Insel. Ein Besuch der Festung lohnt sich. Man genießt von oben eine schöne Aussicht auf das Umland. Die äußere Burgmauer ist bis zu 25 m hoch und 600 m lang. In der Festung lebten bis zu 15.000 Menschen, aber von den meisten Gebäuden ist heute nicht mehr viel zu sehen. Es wächst Kiefernwald. In der Festung befindet sich ein hufeisenförmiger Mauerring, in dem sich der höchste Punkt des Berges

Kefaloniá

erhebt. Ebenfalls lohnend ist ein Bummel durch das Dorf am Eingang der Festung. Am hinteren unteren Dorfrand liegt die schöne Kirchenruine der Friedhofskirche Ag. Nikólaos mit alten Bischofsgräbern. Sie wurde 1504 erbaut, brannte 1726 aber ab, so dass weitere Baumaßnahmen folgen mussten. Heute liegt der Bau in Trümmern und wird von Pflanzen erobert.

Legende und Geschichte der Festung

Eine Legende erzählt, dass sich im 7. Jh. Piraten auf Kefaloniá niederließen. Sie versteckten sich in einem Wald auf dem Berg, auf dem heute die Festung steht, und terrorisierten von dort die Zivilbevölkerung. Die Bauern der Umgebung machten daraufhin kurzen Prozess: Sie brannten den Hügel kahl und errichteten oben eine kleine Kirche für den Schutzheiligen der Bauern, den heiligen *Georg*. Seither trägt der Berg seinen Namen.

Noch während Byzantinischer Zeit entstand auf dem Berg eine Festungsanlage. Diese hinderte die Normannen im 11. Jh. allerdings nicht daran, Kefaloniá zu erobern. Die Normannen bauten die Festung aus und vermutlich verlegten sie schon die Inselhauptstadt von Pale hier hoch. In späteren Jahren beherrschten die Familien Orsini und de Tocchi von hier die Insel. 1262 wurde die Festung erstmals urkundlich erwähnt. 1479 eroberten die Osmanen Kefaloniá und ließen sich hier nieder. Um 1500 belagerten die Venezianer, unterstützt von spanischen Truppen, zwei Monate lang die Festung und es gelang ihnen, die Osmanen wieder zu vertreiben. 1504 ließen die Venezianer die Festung ausbauen und verstärken – ein sinnvolles Unternehmen, wie sich bald herausstellte, denn die Osmanen unternahmen noch weitere Eroberungsversuche, blieben dabei aber erfolglos.

Die Festung umfasst eine Fläche von 16.000 m². Innerhalb der Mauern befanden sich neben öffentlichen Gebäuden auch Privathäuser. Im Laufe der Jahre entstand eine Siedlung vor dem Festungseingang, die Exo Borgo genannt wurde. Reste dieses Dorfs werden heute noch bewohnt. Ag. Geórgios blieb bis 1757 Hauptstadt. Dann verlegten die Venezianer die Verwaltung nach Argostóli. Nach und nach wurde die Burg verlassen und zerfiel.

●**Geöffnet:** Mai-Oktober Di-Sa 8.30-19 Uhr, So 8.30-15 Uhr, Eintritt frei

Unterkunft

●**Studios Aloe,** Strand Ag. Tomas, Tel. 69728, 68250, ruhige Lage, schöne Anlage am Meer, gepflegte DZ, Bad, Balkon, 35-65 €.

Essen und Trinken

●**Piano Bar Astraios,** bei der Festung Ag. Geórgios, Terrasse mit schöner Aussicht

Strände
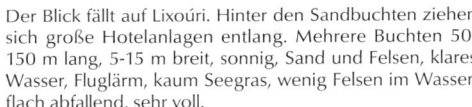

Lássi und Paliostafida

Der Blick fällt auf Lixoúri. Hinter den Sandbuchten ziehen sich große Hotelanlagen entlang. Mehrere Buchten 50-150 m lang, 5-15 m breit, sonnig, Sand und Felsen, klares Wasser, Fluglärm, kaum Seegras, wenig Felsen im Wasser, flach abfallend, sehr voll.
●**Service:** Strandsäuberung, Supermarkt und Telefon an der Straße, Wassersport für Cluburlauber am Strand Paliostafida, Tavernen, Bars, Liegen und Schirme
●**Anfahrt:** kein Parkplatz, Bus

Makris Gialós

Der Blick fällt auf den Nachbarstrand. Hinten zieht sich eine Böschung mit Bananenbäumen u.a. Gewächsen hoch. 500 m lang, 10-20 m breit, sonnig, Sand mit Felsen, türkisblaues Wasser, wenig Seegras, wenig Felsen im Wasser, flach abfallend, Fluglärm, sehr voll.
●**Service:** Strandsäuberung, Supermarkt, Tavernen, Bar, Telefon, Volleyballnetz, Dusche, WC, Liegen und Schirme, Tretboote, Crazy Banana, Wasserski, Jetski, Ring, Paragliding
●**Anfahrt:** Parkplatz, Bus

Kefaloniá

Platís Gialós

Der Strand liegt unterhalb eines bewaldeten Hangs und geht in den Strand Makris Gialós über. 100 m lang, 20 m breit, Sand, türkisblaues Wasser, kein Seegras, wenig Felsen, flach abfallend, Blick auf Felsenkap und Hotelstrand.
●**Service:** einfach zu erreichen für Leute mit Gehbehinderung, Strandsäuberung, Supermarkt, Hotel, Telefon, Taverne, Liegen und Schirme, Wassersport am Strand Makris Gialós
●**Anfahrt:** über eine steile Straße, unten keine Parkmöglichkeiten, Bus und Parkplatz 200 m entfernt

Minia und Buchten hinter dem Flughafen
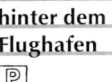

Die Buchten ziehen sich in kahler Landschaft an der Küste entlang. 200-500 m lang, 10-20 m breit, sonnig, Fluglärm, Sand, etwas Seegras, wenig Felsen, flach abfallend, Blick auf weiße Felswände und die Halbinsel von Lixoúri, ruhig.
●**Service:** keine Einrichtungen, einfach zu erreichen für Leute mit Gehbehinderungen
●**Anfahrt:** Straße führt hinter dem Flugplatz an der Küste entlang, Parkplatz

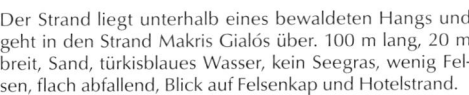

Ames

Der Blick fällt auf ein felsiges Kap. Hinter dem Strand befinden sich Felsen, am Hang auch Schilf. Das Umland ist kahl. 150 m lang und 5-15 m breit, sonnig, roter Sand, teils Seegras teils Felsen im Wasser, Fluglärm, flacher abfallend, gut besucht.
● **Service:** Strandsäuberung, Dusche, Kiosk, Telefon, Hotel 500 m entfernt, Liegen und Schirme
● **Anfahrt:** Parkplatz

Ai Chelis

Der Blick fällt auf eine bizarre Felseninsel, um den Strand herum liegen kahle Hänge. 150 m lang und 20-30 m breit, sonnig, grauer Sand, klares Wasser, kein Seegras, kaum Felsen, flach abfallend, Fluglärm, HS gut besucht, NS ruhig.
● **Service:** Strandsäuberung, Dusche, Kiosk, Volleyballnetz, Liegen und Schirme
● **Anfahrt:** Parkplatz, dann Treppe

Avithos

Der Blick fällt auf eine hübsche Felseninsel. Hinter dem Strand befinden sich kahle, steile Hänge, teils mit Gestrüpp und Agaven bewachsen. 300 m lang, 10 m breit, sonnig, roter Sand, klares Wasser, kein Seegers, kaum Felsen im Wasser, HS gut besucht, NS ruhig.
● **Service:** Kiosk, Strandsäuberung, Telefon, Dusche, WC, Liegen und Schirme, Hotel 500 m entfernt
● **Anfahrt:** Parkplatz, dann Treppe

Pórto Spartias

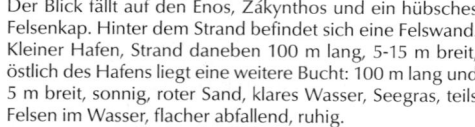

Der Blick fällt auf den Énos, Zákynthos und ein hübsches Felsenkap. Hinter dem Strand befindet sich eine Felswand. Kleiner Hafen, Strand daneben 100 m lang, 5-15 m breit, östlich des Hafens liegt eine weitere Bucht: 100 m lang und 5 m breit, sonnig, roter Sand, klares Wasser, Seegras, teils Felsen im Wasser, flacher abfallend, ruhig.
● **Service:** Volleyballnetz, Taverne, Hotel, WC
● **Anfahrt:** Parkplatz

Ag. Thomas

Zwei kleine Sandbuchten und flache Felsplatten, von denen aus man über Leitern ins Wasser gelangen kann. Hinten ein steiler Hang mit Gras, Schilf und Agaven bewachsen, sonnig, klares Wasser, teils Felsen, teils Seegras, steiler abfallend, NS gut besucht, HS voll, Bootsanlegesteg.
● **Service:** Strandsäuberung, Dusche, WC, Taverne, Telefon, Pension, Liegen und Schirme
● **Anfahrt:** Parkplatz

DER INSELSÜDEN

Tipps für die Region

Verkehrs-mittel

- **Fähren:** Am Hafen von Póros legen täglich Fähren nach Kylíni ab, Person 6,30 €, Auto 43 €, Infos Tel. 26740-72284, Fax 72069.
- **Taxi:** in Lourdáta: Tel. 31042; in Skála: Tel. 83330, 83231; in Póros: Tel. 72909, 72230, Handy 0944476275
- **Mietfahrzeuge:** in Lourdáta: Cbr-Cars, Budget, Neptune Cars, Tel. 31311, Sunbird, Tel. 31333; in Skála: Cbr-Cars, Tel. 83357, Sunbird, Tel. 83313, Rent a bike, Tel. 26286, 83144; in Póros: Sunbird, Tel. 72517, Eurodollar Reliable, Tel. 72120, Póros rent a car, Tel. 72236
- **Tankstellen:** in Mousáta, Vlachata, Platies, Astoupádes, Skála und Póros

Aktivitäten

- **Reiten:** In Valsamáta bietet *Mrs. Alicon* aus England Reitunterricht und Ausritte an, Handy 0946614972.
- **Tennis:** in Skala, Tennisplatz am Strand bei der Taverne Aiolos

Nützliche Adressen

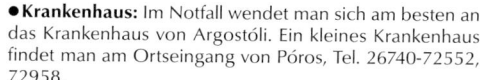

- **Krankenhaus:** Im Notfall wendet man sich am besten an das Krankenhaus von Argostóli. Ein kleines Krankenhaus findet man am Ortseingang von Póros, Tel. 26740-72552, 72958.
- **Ärzte:** in Skála, Tel. 26710-83222, Handy Dr. *Mellios* 0977884322; in Valsamáta, Tel. 26710-86222; in Digaléto, Tel. 26740-81257
- **Apotheken:** in Póros und Skála
- **Polizei:** in Chionáta, Tel. 26710-81216; in Skála, Tel. 26710-83100; in Póros, Tel. 26740-72210
- **Geld:** Nur in Póros gibt es eine Bank und einen Automaten. Geldwechsel ist in Lourdáta bei den Autovermietern oder im Supermarkt möglich. In Skála kann man in den Reisebüros wechseln.
- **Reisebüros:** in Lourdáta: Neptune Travel, Tel. 31311, 24092; in Skála: Skalina Tours, Tel. 83275, Fax 83475, skalina@kef.forthnet.gr, www.Kefaloniaforthnet.gr; in Póros: Póros Travel, Tel. 72284, Fax 72069, Sarafis Travel, Tel. 72555, Fax 72557, Makis Tours, Tel. 72365, Fax 72117, makis@otenet.gr
- **Internetcafé:** in Poros: Mythos Net Café, am Platz, Tel. 72115, www.mythosbar.da.ru; in Skála: Café Marabou, liegt zurückversetzt an der Straße, die vom Platz landeinwärts führt, Tel. 83211; in Peratáta: Café Cozi, an der Hauptstraße, täglich 11-22 Uhr geöffnet, Tel. 69558

Kefaloniá

Lourdáta

Lourdáta liegt am Fuße des höchsten Inselberges Énos (Megas Soros). Das Dorf hat sich zu einem Urlaubsort entwickelt. Im Zentrum steht der alte Brunnen unter einer Platane. Durch seine windgeschützte Lage gehört Lourdáta zu den wärmsten Ecken der Insel.

Moní Sisíon

Das Kloster Moní Sisíon soll von *Franz von Assisi* gegründet worden sein, der 1218 auf Kefaloniá strandete. Aus dem Wort *Assisi* wurde *Sisíon.* Im 15. Jh. machten Piraten den Mönchen das Leben schwer, so dass das Klösterchen aufgegeben wurde. In 16. Jh. übernahmen orthodoxe Mönche die Anlage. Sie wurde 1953 beim Erdbeben zerstört. Danach erbaute man 100 m weiter oben eine neue Kirche. Sie stellt keine Attraktion dar, aber die alte **Kirchenruine,** die in einem Pinienhain liegt, ist einen Besuch wert.

Unterkunft

●**Pension Paradise,** *Nikólaos Petroutsos,* am westlichen Ende des Strandes, Tel. 31023, ruhige Lage, nur über eine Piste zu erreichen, DZ, Küche, Bad, Balkon, 30-50 €.

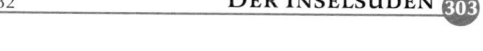
●**Pension Thalassino Trifilli,** Tel. 31114, Fax 31484, www.trifilli.com, nette kleine DZ, Bad, Balkon, schöner, schattiger Garten, nette Atmosphäre, oft ausgebucht, mit Frühstück 30-50 €.

●**Pension Elena,** Vlacháta, rund 100 m von der Hauptstraße entfernt an der Straße nach Lourdáta gelegen, schöne Aussicht auf die Küste, einfache DZ, Bad, Balkon, Küchenecke, 23-35 €, Tel. 31186.

Kateliós

In Kato Kateliós sind in den letzten Jahren zahlreiche Hotels und Pensionen entstanden.

Elf Muttertiere der **Meeresschildkröten** *Caretta caretta* kamen im Jahr 2000 am Strand Moúnda an Land und bauten 26 Nester.

Unterkunft

●**Jimmy's Rooms,** Tel. 81363, ruhige Lage, am Strand, einfache DZ, Bad, Balkon, meist mit Meerblick, 30-40 € ohne Frühstück, 3er 40-50 €.

●**Pension Hercules,** Tel. 81367, Fax 81438, am Strand, DZ, Küche, Bad, Balkon, teils Meerblick, 20-30 €, 3er 25-40 €.

Skála

1957 fand man in Skála eine **Villa aus römischer Zeit,** von der noch die Grundmauern und der Boden mit schönen Mosaiken erhalten sind. Es handelt sich um das Privathaus eines wohlhabenden Bürgers aus dem 3. Jh. n. Chr, das aus fünf geschlossenen Räumen und einem offenen, von Mauern umgebenen Hof bestand. Vermutlich gab es auch ein römisches Bad, das bei Bauarbeiten 1822 zerstört wurde. Im 1. Raum befindet sich ein Mosaik des Künstlers *Krateros*. Es stellt den Jüngling *Phthonos* dar, wie er von vier wilden Tieren in Stücke gerissen wird. Das Mosaik im 2. Raum bil-

Kefaloniá

Die Ruine des alten Klosters Moní Sisíon

det eine Opferszene ab. Im 4. Raum befinden sich geometrische Muster. Im 3. Raum sind die Mosaiken zerstört. Die Villa brannte im 4. Jh. ab und in frühchristlicher Zeit wurde in diesen Raum eine Kapelle hineingebaut. Sie stand bis ins 9./10. Jh. und brannte dann ebenfalls ab. In spätbyzantinischer Zeit erbaute man an gleicher Stelle eine weitere Kapelle, von der noch Mauerreste zu sehen sind. Im 5. Raum sind keine Mosaiken erhalten. Das Areal ist eingezäunt und überdacht.

●**Geöffnet:** Mai-Oktober täglich 8-20 Uhr, Eintritt frei

DER SCHLANGENKULT IN MARKÓPOULO

Das Dorf Markópoulo liegt wie ausgestorben am Hang über Kateliós. Ein sterbendes Dorf, das wohl schon lange aufgegeben worden wären, gäbe es da nicht die Schlangen der Gottesmutter.

Früher stand in Markópoulo ein Nonnenkloster. Die Legende erzählt, dass die Nonnen einen Piratenangriff fürchteten und um göttliche Hilfe baten. Sie wünschten sich, in Schlangen verwandelt zu werden, um den Piraten nicht in die Hände zu fallen. Als die Piraten das Kloster schließlich überfielen, fanden sie Schlangen in der Kirche und flüchteten vor Schreck.

Vom alten Kloster ist nichts mehr übrig. Die heutige Marienkirche wurde nach dem Erdbeben von 1953 erbaut. Aber die Schlangen kommen immer noch hierher. Dass es sich dabei nicht um verwandelte Nonnen handelt, scheint heute allen Beteiligten klar zu sein. Die Tiere werden als Glücksbringer angesehen. Die Gläubigen erwarten ihre Schlangen alljährlich zu den Marienfeiertagen. Sie sind nur zwischen dem 6. und dem 15. August in der Kirche anzutreffen. Dann erwacht das Dorf zum Leben, denn viele Pilger besuchen die Kirche, um die Schlangen zu berühren. Das bringt Glück, glauben sie. Es handelt sich um ungiftige Katzennattern. Wenn die Schlangen nicht erscheinen, geschieht großes Unglück auf der Insel, davon sind viele Menschen überzeugt. 1943, als die Deutsche Wehrmacht Kefaloniá besetzte, und 1953, als das Erdbeben die Insel ins Elend stürzte, blieben die Schlangen der Kirche fern.

Nördlich von Skála liegen neben der Kirche Ag. Geórgios die spärlichen Reste eines **Apollon-Tempels** aus dem 6. Jh. v. Chr. Ein dorisches Kapitell, das von diesem Tempel stammt, ist im Archäologischen Museum von Argostóli ausgestellt.

Die **Landschaft** um Skála herum ist spärlich bewachsen. Reizvoll ist die Küste zwischen Skála und Póros. Hier ragen bizarre Felseninseln aus dem flachen Wasser.

Unterkunft

●**Pension Grouzes,** neben der römischen Villa am Strand, Tel. 83327, DZ, Bad, Balkon, Teppichboden, beliebt, oft voll, AC, 45-65 €.

Póros

Póros liegt **landschaftlich reizvoll.** Das Dorf, das sich zur Hotelstadt entwickelt hat, zieht sich an zwei von Felsen umgebenen Buchten entlang. In der südlicheren Bucht befindet sich der Hafen, von dem die Fähren nach Kylíni ablegen. Einige bizarre Felseninseln liegen hier im Meer. In der nördlichen Bucht befindet sich das Dorfzentrum. Ein meist wasserloser Fluss, der landeinwärts eine reizvolle Felsenschlucht gebildet hat, mündet hier ins Meer. Das breite Bachbett ist von alten Platanen umgeben. Nördlich davon beginnt eine Art Hotelvorstadt. Sie zieht sich hinter dem Strand entlang. Die Küste ist in nördlicher Richtung ruhig, unerschlossen und landschaftlich schön. Während der Schulferien ist Póros lebendig, in der NS wirkt der Ort wie ausgestorben.

Kefaloniá

Essen und Trinken

●**Taverne Romantza,** am südlichen Ende des Platzes zwischen den Felsen, griechische Küche, beliebt, Preise o.k.

Proni

In Póros befand sich der Hafen der **antiken Stadt** Proni, die im Landesinneren hoch oben auf einem Hügel lag. Von Proni ist heute nicht mehr viel übrig, ein Besuch lohnt kaum.

30foto Foto: vb

Mykeni-sches Grab In den 90er-Jahren wurde unterhalb von Proni, bei Tzanáta, ein Grab aus mykenischer Zeit ausgegraben. Es handelt sich dabei um ein Kuppelgrab, in dem vermutlich eine Königsfamilie beigesetzt war, – die **prachtvollste mykenische Grabanlage,** die man bisher auf den Ionischen Inseln gefunden hat. Das Tholos-Grab hat einen Durchmesser von 6,8 m. Die Wände des bienenhausförmigen Baus sind noch bis zu einer Höhe von 4 m erhalten. Die Deckenkuppel fehlt. Die Anlage wurde von Archäologen zu ihrem Schutz überdacht. Man erreicht den Kuppelraum über einen schmalen Gang. Die Gräber sind im Boden eingelassen. Hier fand man mehrere Personen in unterschiedlicher Weise bestattet, u.a. ein Kind, das sitzend in einer Amphore beigesetzt war. Das Grab wurde über einen Zeitraum von 300 Jahren genutzt. Die Kuppel wurde um 1350 v. Chr. erbaut. Einige der in den Boden eingelassenen Gräber sind älter und man vermutet, dass es noch einen Vorgängerbau gab. Das Kuppelgrab wurde zu venezianischer

Póros von oben

Zeit als Notunterkunft genutzt. Vermutlich wurde damals die Kuppel zerstört. Bei seiner Entdeckung im 20. Jh. war das Grab bereits ausgeraubt. Gleich neben dem Tholos-Grab fand man aber ein unscheinbares Kammerngrab mit den Knochen von 72 Menschen. Hier waren noch Grabbeigaben vorhanden. Diese Funde sind in Argostóli im Archäologischen Museum ausgestellt.

●**Geöffnet:** Di-So 8.30-15 Uhr, Eintritt frei

Moní Theotókou Atrou

Oberhalb von Póros liegt in fast 500 m Höhe das sehenswerte Moní Theotókou Atrou, das im 13. Jh. erstmals urkundlich erwähnt wurde. Man genießt von hier eine herrliche Aussicht auf die Küste und auf Póros. Das alte Kloster ist von einer Mauer umgeben. In Zentrum ragt ein turmartiges, ruinöses Gebäude empor. Im Inneren kann man noch die alte Weinkelter finden. Im lang gestreckten Bau daneben werden in einfachen Zimmern Pilger untergebracht, die zum Klosterfeiertag am 8. September anreisen. Hinter den Gebäuden befindet sich ein Platz mit herrlicher Aussicht. Am Eingang der Anlage wohnt in einem neu errichteten Klostergebäude der einzige Mönch, der noch hier oben lebt. Er bekommt fast täglich Besuch von *Nikola,* der nach dem Rechten sieht, die Touristen empfängt und durch die Anlage führt.

Kefaloniá

Wanderung zum Kloster Moní Theotókou Atrou

●**Route:** Póros – Moní Theotókou Atrou – Póros
●**Strecke:** breite, teils sonnige Piste (gegen Abend Schatten), Höhenunterschied: über 400 m
●**Dauer:** 1 Stunde, 45 Minuten
●**Ausrüstung:** Wasser, Verpflegung, Sonnenschutz, „anständige" Kleidung
●**Anfahrt:** An der Straße von Póros nach Tzanáta zweigt nach 1,2 km eine Piste nach rechts ab. Das Kloster ist markiert.
●**Hinweis:** In diesem Klösterchen wird man nett willkommen geheißen. Eine Spende ist angebracht.

Verlaufen kann man sich kaum. Die Piste führt zunächst an einem Haus vorbei und steil in Serpentinen aufwärts. Bei einer Gabelung geht es nach links weiter. Bald schon hat man eine schöne Aussicht auf Póros, die Küste und das Festland. Der Hang ist mit Macchia bewachsen. Auffällig sind die Erdbeerbäume am Wegesrand. Nach einer halben Stunde erreicht man einen Sendemast. Weiter oben führt die Piste durch Wald. Nach weiteren 30 Minuten erreicht man das Klösterchen. Man folgt dem gleichen Weg wieder den Hang hinunter.

Wanderung am Berg Pyrovouni

- **Route:** Tzanáta – Mykenisches Grab – Aussichtsplateau am Pyrovouni – Mykenisches Grab – Tzanáta
- **Strecke:** breite, teils sonnige Pisten und Trampelpfade, Höhenunterschied: knapp 400 m
- **Landschaft:** durch Felder, Olivenhaine und Macchia, oben schöne Aussicht auf die Küste
- **Dauer:** 1 Stunde, 30 Minuten hin und zurück
- **Ausrüstung:** Wasser, Verpflegung, Sonnenschutz, lange, dünne Hosen
- **Anfahrt:** In Tzanáta zweigt eine Piste von der Hauptstraße ab. Hier ist das Mykenische Grab markiert. Wenn man von der Hauptstraße aus startet, benötigt man gut 30 Minuten länger als vom Grab aus. Am Mykenischen Grab kann man parken.

Man folgt der Piste, die zum Grab führt, weiter, überquert eine Brücke und folgt dem Hauptweg. Bei einer Gabelung neben einem Gebäude geht es nach halbrechts. Die Piste steigt an, links unten befindet sich ein Viehstall. Kurz danach zweigt man nach rechts hoch ab. Bei der folgenden Gabelung geht es erneut rechts weiter. Der Weg zieht sich den Hang hinauf und endet weit oben. Hier zweigen nach rechts den Berg hinauf mehrere Trampelpfade ab, die sich dann den linken Hügel hochziehen. So erreicht man ein schönes Aus-

sichtsplateau mit Blick auf Póros am Berg Pyrovouni. Auf dem selben Weg geht es wieder abwärts.

Ag. Nikólaos und Digaléto

Auf dem Weg zwischen Póros und Sámi erreicht
man den Weiler Ag. Nikólaos. Hinter dem Dorf
befindet sich der kleine **Avithos-See,** der lange
Zeit zu den Inselphänomenen gehörte, da es nicht
möglich war, sein Tiefe zu messen. Der Quellsee
liegt inmitten von Olivenhainen und wird zur Be-
wässerung der umliegenden Felder genutzt.

Digaléto liegt auf einer Passhöhe, die schon zu
antiker Zeit besiedelt war. Am Ortsende in Richtung Sámi findet man gleich neben der Straße auf
einem Plateau die spärlichen Ruinen der **Festung
von Sordatos,** die in antiker Zeit als Wachposten
der Stadt Proni diente. Digaléto ist ein einfaches
Bauerndorf geblieben. Zahlreiche Walnussbäume
überragen die verstreuten Häuschen. Es ist der
Ort, der dem Gipfel des Énos am nächsten liegt.
Ein markierter Wanderweg führt hinter dem Dorf
bei der Kirche Ag. Nikólaos hoch auf den Berg
(siehe unten).

Kefaloniá

307ko Foto: vb

Die Berge und die Hochebene Omalon

Das Bergmassiv Énos (Ainos) ist an seinem höchsten Gipfel, dem **Megas Soros,** 1628 m hoch. Die steilen Berghänge erheben sich unmittelbar hinter dem Strand von Lourdáta.

Im 8. Jh. v. Chr. entstand hier oben ein **Zeus-Tempel.** Damals war es noch mühevoll und gefährlich den Gipfel zu erklimmen. Schon zu antiker Zeit war das Bergmassiv bewaldet. Auf Münzen aus dem 4. Jh. v. Chr. sind Tannenzapfen abgebildet.

Die **Kefaloniá-Tanne,** *Abies cephalonica,* ist eine alte Tannenart, die nur noch hier wächst. In den letzten Jahren versuchen Botaniker, sie auch in anderen Gebieten der Erde zu verbreiten, um sie vor dem Aussterben zu bewahren. Die Venezianer nannten den Énos *Monte Negro,* „schwarzer Berg". Sie nutzten das Holz für den Schiffsbau und forsteten den Wald immer wieder auf. 1590 brach ein **Großfeuer** aus. Trotzdem waren im 18. Jh. noch rund 70 km² der Insel mit Tannen bewaldet. Dann wurde 1797 den Bauern erlaubt, ihre Felder bis an den Waldrand auszudehnen – mit katastrophalen Folgen, denn im Herbst wurden die Felder abgebrannt, wobei der nahe gelegene Wald Feuer fing. Er brannte drei Monate lang und die Natur hat sich seither nicht mehr richtig von dem Feuer erholt. Es brannten derart große Waldflächen ab, dass sich das Klima veränderte: Die Sommermonate sind heute wärmer, die Wintermonate kälter. Der englische Gouverneur *Napier* ließ 1824 Wege in die Gipfelregion des Énos bauen und den Wald neu aufforsten. 1962 wurden die Gipfelregionen und die Nordhänge am Énos und am Roúdi, an denen noch Tannen wachsen, zum **Nationalpark** erklärt. Aber auch in jüngster Zeit brannte es wieder. Das Feuer zerstörte glücklicherweise nur einen kleinen Teil des Waldes.

Am Énos kommen 350 verschiedene **Pflanzenarten** vor. In der Gipfelregion fallen jährlich 1200-

1600 mm Niederschlag (zum Vergleich: in deutschen Städten fallen 500-800 mm pro Jahr). Zwischen Dezember und März liegt sogar Schnee. Auch die letzten **Wildpferde** der Insel leben am Énos. Sie sind stark vom Aussterben bedroht. Das Kefaloniá-Pony gehört zu den griechischen Bergpferdchen. Die Tiere leben bei der Kirche Zoodochos Pigi. Dort werden sie in den letzten Jahren im Winter gefüttert.

Von den Bergen hat man eine tolle Aussicht auf das Umland. Zwischen dem Nationalpark am Énos und dem kleinen Nationalpark am Roúdi hat sich die **NATO** auf einem Berggipfel niedergelassen. Auch die Militärs scheinen den Rundumblick zu schätzen. In den letzten Jahren wurden am Enos mithilfe von EU-Geldern **Picknickplätze** eingerichtet und Fußpfade angelegt.

● Eine **Tankstelle** findet man in Razáta unweit von Argostóli. Die Nächste Möglichkeit zu tanken hat man erst wieder in Sámi.

Höhenwanderung am Berg Énos
● **Route:** Eingang Nationalpark – Gipfel Megas Soros – Eingang Nationalpark
● **Strecke:** über bequeme Pisten und einen schmalen Pfad, Höhenunterschied: 550 m
● **Landschaft:** schöne Tour mit herrlichen Aussichtspunkten durch den Wald im Nationalpark
● **Dauer:** 3,5-4 Stunden
● **Organisation:** Wasser, Verpflegung, Sonnenschutz, gute Schuhe, lange Hosen, Jacke oder Pullover
● **Anfahrt:** An der Straße zwischen Argostóli und Sámi markiert ein Schild „Énos 15 km". Diese Straße geht unterhalb des militärischen Sperrgebietes in eine Piste über, die gut befahrbar ist und zur Eingangspforte des Nationalparks führt. Hier parken.
● **Hinweis:** Man sollte den Énos nur an wolkenfreien Tagen besteigen. Achtung: Am Gipfel ist es 10-15°C kühler als an der Küste. Das letzte Stück des Weges führt über einen schmalen Fußpfad. Er ist zwar einfach zu begehen, man befindet sich aber in steilem Felsengelände ohne Geländer. Kinder sollte man sichern.

Kefaloniá

Die Piste steigt hinter dem Eingang leicht an und führt durch den herrlichen **Tannenwald** des Nationalparks. Nach 40 Minuten erreicht man einen **Picknickplatz** mit Schaukeln neben einer Farnwiese. Eine Dreiviertelstunde später gabelt sich die Piste am Grat: Rechts führt der Weg zu den **Sendemasten.** Diese Stelle halten viele Urlauber für den Gipfel. Der höchste Punkt der Insel, der Megas Soros, liegt aber südlicher. An der Gabelung geht man also nach links weiter und erreicht nach fünf Minuten einen **Picknickplatz** mit herrlicher Aussicht. Man folgt weiter der Piste. Kurz darauf sieht man links des Weges ein großes Schild, das den Fußweg „Chionistra – Megas Soros" markiert. Die schönen Fußpfade am Énos wurden über das EU-Programm „Life" finanziert und erst vor wenigen Jahren mühevoll angelegt. Sie sind sehr gut markiert. Man folgt nun dem Pfad „Γ", der mit einem großen **gelb-grünen Quadrat** markiert ist. Er führt eine halbe Stunde durch felsiges Gelände auf den Gipfel, von dem man einen tollen Rundblick hat. Auf dem gleichen Weg geht es wieder zuück.

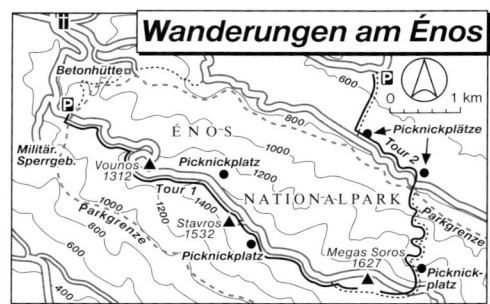

Wanderung von Digaléto auf den Berg Énos

●**Route:** Steinbruch bei Digaléto – Megas Soros – Steinbruch bei Digaléto

●**Strecke:** über steile, steinige, meist schattige Fußpfade, Höhenunterschied 1150 m, einfach zu finden

●**Landschaft:** schöne, aber anstrengende Tour durch dichten Wald am steilen Hang, oben felsig mit schöner Aussicht

●**Dauer:** 4-6 Stunden ohne Pausen, je nach Kondition

●**Organisation:** viel Wasser, Verpflegung, Sonnenschutz, gute Schuhe, lange Hosen, Jacke oder Pullover, gut sind Stöcke, um die Knie zu entlasten.

●**Anfahrt:** An der Hauptstraße zwischen Sámi und Póros ist in Digaléto „Enos" bzw. „Ainos" markiert. Man folgt dieser kleinen Straße aus dem Dorf hinaus. 1-2 km weiter gabelt sie sich unweit der Kirche Ag. Nikolaos kurz vor einem Steinbruch (ΛΑΤΟΜΕΙΟ). An der Gabelung steht ein Schild. Hier beginnt der Wanderweg.

●**Hinweis:** Man sollte den Énos nur an wolkenfreien Tagen besteigen. Achtung: Am Gipfel ist es 10-15°C kühler als an der Küste. Die Tour erfordert gute Kondition, die Wege sind steil, die zu überwindende Höhe ist groß. Zu vergleichen mit einer Tageswanderung in den Alpen. Für kleinere Kinder ungeeignet.

An der Straße beginnt der **Weg „A"** des EU-„Life"-Projekts. Der steinige, sonnige Weg ist leicht zu finden. Nach 20-30 Minuten erreicht man den ersten **Picknickpavillon** an einer breiten Piste. Man

Kefaloniá

Picknickplatz am Berg Énos

folgt dieser Piste, die relativ eben am Hang entlang führt nach links. Der Weg ist mit großen, **gelb-weißen Quadraten** markiert. Nach 20 Minuten erreicht man einen weiteren **Picknickplatz.** Hier zweigt ein **Fußpfad** von der Piste ab. Man passiert die Grenze des Nationalparks, indem man ein **Gatter** durchquert. Der Pfad steigt nun sehr steil im Wald an. Nach 1-1,5 Stunden (je nach Kondition) erreicht man einen weiteren im **Wald** gelegenen **Picknickplatz.** Nach weiteren 15-25 Minuten kommt man zu einer Piste. Man überquert sie und folgt weiter dem steilen Pfad den Berg hoch. Er führt nun bald durch **felsiges Gelände** und nach weiteren 15-20 Minuten ist der **Gipfel** erreicht. Man folgt dem selben Weg wieder abwärts bis zum Ausgangspunkt der Tour.

Rundwanderung am Berg Roúdi

- ●**Route:** Kirche Ag. Eleftheros – Hauptstraße am Pass – Nationalpark am Berg Roúdi – Ag. Eleftheros
- ●**Strecke:** über bequeme, sonnige Pisten und eine kleine Straße, Höhenunterschied: 500 m
- ●**Landschaft:** schöne Tour mit herrlichen Aussichtspunkten durch den Nationalpark am Berg Roúdi
- ●**Dauer:** 3 Stunden
- ●**Organisation:** Wasser, Verpflegung, Sonnenschutz (!)
- ●**Anfahrt:** An der Straße zwischen Argostóli und Sámi markiert ein Schild „Énos 15 km". Dieser Straße folgt man, bis links bei einem Ziegenpferch die Kapelle Ag. Eleftheros sichtbar wird. Hier parken.
- ●**Hinweis:** Diese Tour führt auf langen Abschnitten durch die Sonne. Frühmorgens ist es noch schattiger.

Zum Parkeingang

Zunächst folgt man der Straße, über die man zuvor hochgefahren ist, abwärts. Man hat eine schöne Aussicht nach Valsamáta und auf das Kloster Moní Ag. Gerasímou. Nach einer Dreiviertelstunde trifft man auf die **Hauptstraße am Pass.** Man wendet sich nach rechts. Kurz vor der Straße beginnt eine Piste. Sie führt durch Macchia und an Erdbeerbäumen vorbei zum **Eingang** des Nationalparks Roúdi, den man in 15 Minuten erreicht.

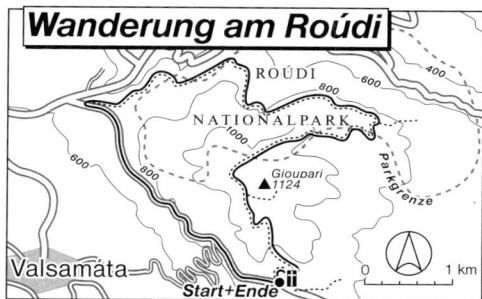

Auf den Berg Roúdi

Nun windet sich die Piste am Nordhang des Berges Roúdi am Waldrand entlang. Man hat eine herrliche Aussicht auf die Berge, auf Sámi, die Inseln Itháki und Lefkáda und auf das griechische Festland. Dann führt der Weg durch den **Wald.** Bei einer Gabelung nach 50 Minuten hält man sich rechts. Der Weg gabelt sich erneut nach einer halben Stunde, hier folgt man der Piste nach links und verlässt den Nationalpark. Die Vegetation wird karg, der Weg führt durch die Sonne und zieht sich nach links. Der Blick fällt auf Argostóli und Lixoúri. Nach 20 Minuten zweigt nach links der Weg zum nahe gelegenen **Gipfel** ab. Wenn man weiter geradeaus geht, erreicht man nach wenigen Minuten den einzigen Baum weit und breit. Diese Ecke eignet sich für eine Pause, aber eine Bank gibt es nicht.

Rückweg

Nun windet sich die sonnige Piste 20 Minuten den Hang hinunter. Dann erreicht man die **Kirche Ag. Eleftheros,** den Ausgangspunkt dieser Tour.

Kloster Moní
Ag. Gerasímou und Valsamáta

Das Kloster Moní Ag. Gerasímou ist der **wichtigste Wallfahrtsort** auf der Insel. Jährlich kommen tausende Pilger hierher und bitten den heiligen *Gerasimos* um Hilfe. Der Heilige wurde 1507 bei

Kefaloniá

Korinth geboren. Nach einer Pilgerreise nach Jerusalem ließ er sich auf Kreta und Zákynthos nieder, bevor er 1560 nach Kefaloniá kam. Er lebte zunächst mehrere Jahre bei Lássi in einer Höhle als Eremit. Nach einigen Jahren zog er in die Ber-

Wandern am Berg Roúdi

ge. Zu jener Zeit befand sich hier eine kleine Marienkirche. Er starb 1579 und wurde 1622 vom Patriarchen heilig gesprochen. Im Kloster werden seine Gebeine aufbewahrt. Diese Reliquien sollen schon zahlreiche Wunderheilungen vollbracht haben. Die Gläubigen versammeln sich am 15./16. August und am 20. Oktober zum Klosterfest. Dabei werden die Gebeine und die Marienikone in einer großen Prozession von der Kirche zu einem nahe gelegenen Brunnen, den der Heilige selbst gebaut haben soll, getragen. Das Kloster wurde beim Erdbeben 1953 beschädigt. Die neue Klosterkirche wurde in den 80er-Jahren gebaut. Sie ist die größte Kirche der Insel. Die Platane im Hof soll über 300 Jahre alt sein.

Unweit des Klosters trifft man auf das Dorf **Valsamáta.** Die Bauern leben vom Wein. Es werden auch organisierte Ausflüge zu Weinproben in die Umgebung des Klosters angeboten. Wer gerne in Ruhe noble Tröpfchen kostet, sollte sich auf eigene Faust auf Weinprobe begeben. In Griechenland gilt die 0,5-Promillegrenze für Alkohol im Straßenverkehr.

●**Anfahrt:** Zum Kloster und ins Dorf fahren dreimal täglich Linienbusse.

Strände

Trapezaki

Hinter dem Strand zieht sich ein mit Gestrüpp bewachsener Hang entlang. 150 m lang, 5-15 m breit, sonnig, Sand mit Steinen, klares Wasser, wenig Seegras, Felsen nur am Buchtrand, flach abfallend, gut besucht, kleiner Hafen.
●**Service:** Strandsäuberung, Snackbar, Liegen und Schirme, Taverne und WC am Kap
●**Anfahrt:** Parkplatz am Kap

Kamina

Hinten steile, teils mit Schilf bewachsene Hänge. Mehrere Strände, zu Fuß kann man 2-3 km bis Lourdáta am Strand entlang gehen, 5-10 m breit, sonnig, Sand, klares Wasser, wenig Seegras, teils Felsen, flach abfallend, HS voll, NS gut besucht, kleiner Hafen.
●**Service:** Dusche, WC, Taverne, Liegen und Schirme, Tretboote, Strandsäuberung
●**Anfahrt:** Parkplatz am Kap zum Trapezaki-Strand

Kefaloniá

Lourdáta West/ Lithrias

Hinter dem Strand ziehen sich Hänge mit Gestrüpp und Schilf entlang. 200 m lang, 20 m breit, sonnig, hinter Felsennasen weitere Strände, zu Fuß kann man bis Kamina am Strand entlanggehen, Sand, türkisblaues Wasser, kein Seegras, wenig Felsen, flach abfallend, HS voll, NS gut besucht.
● **Service:** Strandsäuberung, WC, Taverne, Pension, Liegen und Schirme
● **Anfahrt:** Parkmöglichkeit, zu erreichen über die Straße, die an der Platane im Dorf Lourdáta nach rechts abzweigt

Lourdáta Ost/Hauptstrand

Hinter dem Strand liegen Felder, von denen immer mehr mit Tavernen und Hotels bebaut werden. Noch liegen kleine Holzboote am Strand, aber die Stimmung wandelt sich. 1 km lang, 20 m breit, sonnig, Sand mit Steinen, Blick nach Zákynthos, türkisblaues Wasser, keine Felsen, kein Seegras, flach abfallend, im Zentrum voll, am Rand ruhiger.
● **Service:** Strandsäuberung, im Zentrum Tavernen, Hotels, Telefon, Supermarkt, Dusche, WC, Liegen und Schirme
● **Anfahrt:** Parkplatz

Sisíon

Kiefern am Hang, feiner Kies, 300 m lang, 10 m breit, sonnig, klares Wasser, Seegras, teils Felsen im Wasser, die man bei hoher Brandung schlecht sieht, steiler abfallend, Blick nach Zákynthos, leer.
● **Service:** keine Einrichtungen
● **Anfahrt:** beim Kloster Moní Sisíon geht die Straße in eine Piste über, die nicht befahrbar ist. Man muss 10 Minuten zu Fuß weitergehen, Parkplatz beim Kloster

Koroni

Die steilen Hänge oberhalb des schönen Strandes sind kahl. Im Tal befindet sich 50 m entfernt eine gefasste Quelle. Wo das Wasser ins Meer plätschert, wachsen Oleanderbüsche und fliegen Libellen. 200 m lang und 20-30 m breit, sonnig, Sand, teils mit Steinen, wenig Schatten.
● **Service:** keine Einrichtungen
● **Anfahrt:** Hinter Platíes gabelt sich die Straße, der man rechts hinunter folgt. Man hält sich weiter rechts. In einer scharfen Linkskurve zweigt vor einem hellgelben Haus eine Piste nach rechts ab. Auf dieser schlecht befahrbaren Piste hält man sich zweimal links. Nach 4 km erreicht man den Strand. Man benötigt einen Jeep oder ein geländegängiges Mofa und gute Fahrkenntnisse, Parkplatz

Kateliós

Hinter dem Strand befinden sich kahle Hügel, Blick auf Zákynthos, kleiner Hafen, dort nicht einladend, etwas weiter entfernt ist der Strand besser. 500 m lang, 5 m breit, sonnig, Sand, im Wasser auch Steine, viel Seegras, flacher abfallend, HS gut besucht, NS ruhig.
● **Service:** Liegen und Schirme, Tavernen, WC, Telefon, Hotels, Supermarkt
● **Anfahrt:** Parkplatz, Bushaltestelle

Kaminia/ Moúnda

Achtung: an diesem Strand brüten **Schildkröten!** Man sollte hier nicht mit einem Fahrzeug am Strand entlangfahren. Kilometerlang, 20-60 m breit, Sand, sonnig, teils Felsen im Wasser, wenig Seegras, hinten befinden sich Dünen, Büsche und Agaven, flacher abfallend, NS leer, HS ruhiger.
- **Service:** einfach zu erreichen für Leute mit Gehbehinderung, zwei Hotels, Strandtaverne, dort Liegen und Schirme
- **Anfahrt:** Betonweg von Ratzakli aus, Parkmöglichkeit

Skála Süd

Am südlichen Ende hübsche Felsen und kleine Felseninseln. 1 km lang, 40 m breit, Sand, sonnig, kein Seegras, steiler abfallend, hinter dem Strand führt eine Staubpiste entlang, die von der Hauptstraße im Kiefernwäldchen abzweigt, NS ruhig, HS gut besucht.
- **Service:** Tavernen, WC, Dusche, Hotels, Liegen und Schirme, Strandsäuberung, einfach zu erreichen für Leute mit Gehbehinderung
- **Anfahrt:** Parkplatz und Bushaltestelle am Hauptstrand

Skála Hauptstrand

Hinter dem Strand zieht sich ein Kiefernwald den Hügel hoch bis ins Dorfzentrum. 1-2 km lang, 15-30 m breit, sonnig, Sand, keine Felsen, wenig Seegras, teils flacher, teils steiler abfallend, NS gut besucht, HS voll.
- **Service:** einfach zu erreichen für Leute mit Gehbehinderung, hinter der Straße liegen Bars, Tavernen, Hotels, Supermarkt, Telefon. Liegen und Schirme, Tretboote, Crazy Banana, Ring, Kanu, Motorboote, Paragliding, Wasserski, Volleyballnetz, Strandsäuberung, Dusche, WC
- **Anfahrt:** Parkplatz, Bus

Skála Nord

Hinter dem langen Strand ist es kahl. Kilometerlang und 10-20 m breit, sonnig, ruhiger, viel Seegras, keine Felsen, steiler abfallend.
- **Service:** einfach zu erreichen für Leute mit Gehbehinderung, keine Einrichtungen
- **Anfahrt:** Parkmöglichkeiten

Zwischen Skála und Póros

Zwischen Skála und Póros führt die Straße an der Küste entlang. Viele kleine Inseln und Felsen liegen im Wasser. Diese Ecke ist bei Wind nicht zum Schwimmen geeignet, da man die Felsen, die dicht unter der Wasseroberfläche liegen, nicht erkennen kann. Bei ruhigem Wetter kann man hier gut Schnorcheln.

Póros Süd

Hinter dem Strand liegt der Dorfplatz mit Blumentrögen und Bänkchen, von dort führen Treppen zum Strand hinunter. 200 m lang und 5-10 m breit, Kies, im Wasser Sand, sonnig, steiler abfallend, kein Seegras, keine Felsen im Wasser, Bootsanlegesteg, NS gut besucht, HS voll.

Kefaloniá

●**Service:** Strandsäuberung, Tavernen, WC, Supermarkt, Hotels, Telefon, Liegen und Schirme, auf dem Platz oben Volleyballnetz und Basketballfeld
●**Anfahrt:** Parkplatz am Dorfrand, Bus

Póros Nord

Einige Bäume geben nachmittags Schatten, ansonsten sonnig. Der Blick fällt aufs Festland. Hinter dem Strand befindet sich das Dorf Póros. 100 m lang und 20 m breit, Kies, klares Wasser, Seegras, keine Felsen im Wasser, steiler abfallend, gut besucht.
●**Service:** einfach zu erreichen für Leute mit Gehbehinderung, Strandsäuberung, Supermarkt, Hotels, Telefon, Tavernen, WC, Liegen und Schirme
●**Anfahrt:** Parkplatz, Bus

Ragia

Am nördlichen Ende erhebt sich eine Felswand hinter dem Strand, an dem sich viele Häuser entlangziehen. Kilometerlang und 5-10 m breit, ruhig, Kies, klares Wasser, kaum Felsen, viel Seegras, steiler abfallend, am Horizont ist das Festland sichtbar.
●**Service:** Hotels, Tavernen, WC, Telefon, nur wenige Liegen und Schirme
●**Anfahrt:** Parkplatz, Bus bis Póros-Zentrum

DIE INSELMITTE

Tipps für die Region

Verkehrs-mittel

●**Fähren:** Der Haupthafen von Kefaloniá ist Sámi. Von dort fahren täglich mehrere Fähren nach Pátras (Auto 45 €, Person 11 €), nach Váthi auf Itháki (Auto 19 €, Person 4,50 €) und nach Píso Aetós auf Itháki, (Auto 9 €, Person 1,70 €, hierher besteht keine Busverbindung auf Itháki). Informationen zu den Fähren Tel. 22813, 23405 oder 22055, Fax 23110 oder 22635.
●**Taxi:** in Sámi: Tel. 22308, in Ag. Efimía, Tel. 61359
●**Mietfahrzeuge:** in Sámi: Karavómilos Filippatos Fotis Cars & Scooters, Tel. 23066, im Winter Tel. 22809, empfehlenswert! Außerdem Sunbird, Rent a car & motorbike Bitistatos, Tel. 22239, 22631; Ag. Efimía: Gerolimatos Cars, Tel. 61036, Fax 61516, Car Rental, Tel. 61591, Fax 61590.
●**Tankstellen:** in Sámi, Karavómilos, Ag. Efimía, an der Hauptstraße unterhalb von Makriótika und bei Nifi

Einkaufen

In **Sámi** findet man gut ausgestattete Supermärkte und einen guten Buch- und Zeitungsladen am Kirchplatz. Hier wird die deutsche Ausgabe des Buches „Corellis Mandoline" verkauft (siehe „Sámi").

Nützliche Adressen

● **Krankenhaus:** Ein kleines Krankenhaus findet man am Ortseingang von Sámi, es ist 24 Stunden am Tag geöffnet, Tel. 26740-22222, 22807.

● **Arzt:** in Makriótika, Tel. 26740-61229

● **Polizei:** in Sámi, Tel. 26740-22100, 22005; Ag. Efimía, Tel. 26740-61204

● **Geld:** Am Hafen von Sámi befindet sich eine Bank mit Automat. Außerdem ist Geldwechsel in den Reisebüros oder bei der Post möglich.

● **Reisebüros:** mehrere Reisebüros am Hafen von Sámi, z.B. Blue Sea Travel, bluemare@otenet.gr, Tel. 22813, Fax 23110, Ausflüge, Geldwechsel, Schiffstickets, Zimmer

● **Wäscherei:** in Sámi, am Platz neben der Kirche, Mo-Sa 8-13 und 16-20 Uhr, Tel. 22087

● **Internet:** Snackbar Melissani, in Sámi am Strand neben dem Campingplatz, bietet neben Ping-Pong, Billard und Elektronikspielen auch Zugang zum Internet an.

● **Reiten:** In Zerváta, rund fünf Kilometer von Sámi entfernt, bietet die deutsche Reitlehrerin *Cornelia Schimpfky* Ausritte auf Haflingerpferden an, Handy 0977533203, www.kefaloniathewaytogo.com/alternativepastimes

Sámi und Umgebung

Inmitten einer wasserreichen Landschaft liegt Sámi, der Haupthafen der Insel. Auch Sámi wurde 1953 beim Erdbeben zerstört und danach neu aufgebaut. Rund um den Ort gibt es viele Attraktionen. Angenehm ist, dass es keine hässlichen Großhotels gibt. Der Kiesstrand scheint internationale Touristikunternehmen bisher nicht zu locken. Die Temperaturen liegen hier niedriger als an der Südküste und es fällt auch mehr Regen.

Im Frühjahr 2000 rückte Sámi in den Mittelpunkt des Interesses vieler Urlauber: Hier wurde das Buch **„Corellis Mandoline"** mit *Nicholas Cage* und *Penelope Cruz* in den Hauptrollen verfilmt. Für die Dreharbeiten verschwand das halbe Dorf hinter hübschen Kulissen. Scharen von Urlauber besuchten den Drehort und sahen bei den Dreharbeiten zu. Man hofft auf der Insel natürlich, dass der Film die Besucherzahlen steigen lässt. Leider ist heute nichts mehr von den Kulissen übrig geblieben, so dass man die Szenen im Film kaum zuordnen kann.

Kefaloniá

Eine Siedlung gab es hier schon zu mykenischer Zeit. *Homer* erwähnt Sámi und während der klassischen Antike gehörte Same, wie die Siedlung damals hieß, zu den vier alten Städten der Insel. Die **Reste der Festung** der antiken Stadt kann man auf den Hügeln Kástro und Ag. Fanedes besichtigen. Zahlreiche Funde aus der Umgebung sind heute im Archäologischen Museum von Argostóli ausgestellt.

Rakospito werden von den Einheimischen die **römischen Thermen** aus dem 3. Jh. n. Chr. genannt, die man unweit des OTE-Telefonamtes fand. In dieser Ecke wurde in den 50er-Jahren der römische Bronzekopf und ein Mosaik entdeckt, die sich heute im Museum von Argostóli befinden. Neben der Straße, die zum Kástro hochführt, fand man ein kleines **römisches Kammergrab.**

Die Stadtmauer der antiken Stadt hatte 22 Tore. Heute ist auf dem **Kástro-Hügel** noch ein Stadttor erhalten. Mehr zu sehen ist von der antiken Stadt bei der **Kapelle Ag. Fanedes.** Neben der neuen

Der Strand von Sámi

Kirche liegt eine Kirchenruine, die vermutlich aus byzantinischer Zeit stammt. Betritt man die Ruine durch das alte Tor, so erreicht man die 5 m hohen Reste eines antiken Wachturms.

Von der neuen Kirche führt ein Fußpfad den Hang hinunter zur Ruine der alten **Kirche Ag. Nikólaos.** In ihrem Inneren sind alte Freskenreste zu erkennen. Über der Kirchenruine wurde ein Schutzdach errichtet, das allerdings z.T. wieder eingestürzt ist. Ein schöner Pfad führt oberhalb der Kirche am Hang entlang zu einer Quelle.

Kloster Theotókou Agrilion

Das Kloster Theotókou Agrilion wurde beim Erdbeben 1953 zerstört. Nur noch eine Turmruine ist von der alten Anlage übrig. Sie steht auf einem kahlen Plateau, von dessen hinterem Ende man eine herrliche Aussicht auf die Bucht von Antisamos hat. Das neu erbaute Klösterchen, das noch bewohnt wird, liegt seitlich des Platzes.

Drogarati-Höhle

Die Drogarati-Höhle ist eine sehenswerte **Tropfsteinhöhle** mit guter Akustik, weswegen hier immer wieder Konzertaufführungen stattfinden. Es traten u.a. *Maria Callas* und *Mikis Theodorakis* auf. Die Höhle wurde vor 300 Jahren gefunden, nachdem ein Erdbeben den heutigen Eingangsschacht einbrechen ließ. Leider sind viele Tropfsteine in den letzten Jahren beschädigt worden und es wird sehr lange dauern, bis die Natur diese Schäden wieder beheben kann: die Tropfsteine wachsen in 100 Jahren nur 1 cm.

● **Geöffnet:** Mai-Oktober 8.30-16 Uhr, im Winter nach Vereinbarung, Eintritt 3,50 €, die Höhle ist gut ausgeleuchtet.

Melissani-Höhle

Die **Hauptattraktion der Insel** ist die Melissani-Höhle. Eine Fläche von 2400 m² wird vom Höhlensee eingenommen, der bis zu 36 m tief ist. Das Wasser besteht aus einer Mischung von Süß- und Salzwasser (siehe „Überblick/Naturphänomene"). Die Decke der Höhle ist schon vor langer Zeit vermutlich durch ein Erdbeben eingestürzt. Am

Kefaloniá

frühen Nachmittag fallen die Sonnenstrahlen ins Wasser. Dann schimmert der See in türkisblauen Farbtönen und das Licht bricht sich, so dass die Tropfsteine von unten beleuchtet werden – eine beeindruckende Szenerie. Im See liegt eine kleine Insel, die sich aus den Teilen der herabgestürzten Decke gebildet hat. Auf diesem Inselchen befand sich im 3. Jh. v. Chr. ein Pan-Heiligtum. Die Funde befinden sich im Archäologischen Museum von Argostóli. Die Gläubigen dieser Zeit hatten einen gefährlichen Weg zurückzulegen, denn sie müssen durch das Deckenloch in die Höhle gelangt sein. Erst 1963 wurde der Tunnel mit der Treppe gebaut, über den man die Höhle heute problemlos erreichen kann. Durch den Höhlensee wird man per Ruderboot befördert.

●**Geöffnet:** täglich von Sonnenauf- bis -untergang, das beste Licht hat man am frühen Nachmittag, Eintritt 4,40 €

See von Karavómilos Das Wasser, das die Melissani-Höhle durchfließt, mündet beim See von Karavómilos ins Meer. Dort

In der Höhle Melissani bei Sámi

befindet sich ein kleiner Park mit einer Ausflugstaverne und einer Wassermühle.

Livathinata und Palio Karavómilos
Gut geeignet für Spaziergänge ist die Gegend um Pouláta. Hier liegen zwischen Olivenwäldern und Zypressenhainen die **Ruinendörfer** Livathinata und Palio Karavómilos. Auch zahlreiche **Tropfsteinhöhlen** sind in der Umgebung zu finden. Sie sind jedoch nicht für Touristen erschlossen und wer sie auf eigene Faust zu ergründen versucht, bringt sich in große Gefahr.

Unterkunft

● **Camping Karavómilos,** Tel. 22480, Fax 22932, schöner, ruhiger Platz am Strand, große Bäume, viel Schatten.
● **Rooms am Strand,** unweit des Campingplatzes, von der Straße nach Karavómilos dem Schild „Snackbar Melissani" folgen, freundlicher Schäferhund wacht, DZ mit Bad, Balkon, Küchenecke 30-45 €, Tel. 22321.
● **Hotel Sámi Beach,** Tel. 22802, 22824, Fax 22846, www.samibeach.gr, am Strand, Swimmingpool, Tennis, TV, AC, DZ, Bad, Balkon, mit Frühstück 65-90 €.

Essen und Trinken

● **Taverne To Delfini,** am Hafen von Sámi, griechische Küche, beliebt, Preise o.k.

Rundwanderung um Pouláta

● **Route:** Pouláta – Palio Karavómilos – Livathinata – Pouláta
● **Strecke:** über bequeme Pisten, kleine Straßen und einen Pfad
● **Landschaft:** sehr schöne Tour, die an Zypressen und Olivenbäumen vorbeiführt, teils rote, stellenweise schwarze, aber auch hellgraue Böden sind mit großen weißen Kieselsteinen übersät
● **Dauer:** 1 Stunde, 15 Minuten
● **Organisation:** Wasser, Verpflegung, Sonnenschutz
● **Anfahrt:** Man parkt im Dorf Pouláta beim kleinen Café an der Kreuzung.
● **Hinweis:** Der Weg führt an einer nicht erschlossenen Höhle vorbei. Der Höhleneingang ist das eingestürzte Dach. Daher ist es für Laien nicht möglich, die Höhle zu betreten. Ein Zaun sperrt den Eingang ab. Es reizt natürlich, möglichst weit nach vorne zu gehen, um in die Höhle hinunter zu schauen. Davor sei jedoch gewarnt: Wer die Höhle nicht kennt, gerät leicht in Gefahr hinunterzufallen!

Kefaloniá

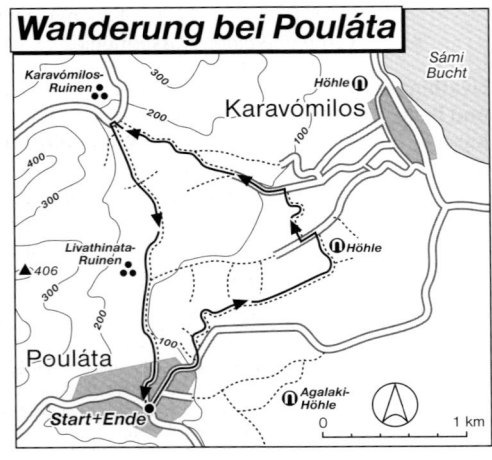

Wanderung bei Pouláta

Sámi Bucht

Karavómilos-Ruinen

Höhle
Karavómilos

Livathinata-Ruinen

▲406

Höhle

Pouláta

Agalaki-Höhle

Start+Ende

0   1 km

Nach Palio Karavómilos

Man folgt der Dorfstraße, die vor dem **Café** den Hang hinunterführt. Kurz hinter dem Ortschild zweigen zwei Wege nach links ab. Dem zweiten Weg folgt man und biegt nach wenigen Metern auf einen Erdweg nach rechts ab. Er windet sich zunächst durch einige Kurven und verläuft dann geradlinig zwischen **Olivenfeldern** und **Zypressenhainen** durch eine abwechslungsreiche Landschaft. Nach einer viertel Stunde gabelt sich der Weg an einem **weißen Häuschen.** Man hält sich links und trifft auf eine eingezäunte Baumgruppe. Zwischen den Bäumen befindet sich der Eingang der oben erwähnten **Höhle.** Der Weg zieht sich nach links und trifft nach wenigen Minuten auf eine kleine Straße, der man man nach links folgt. Dann zweigt bei einer geschwungenen **Betonmauer** nach rechts ein Weg ab, der schmaler wird und durch Macchia führt. Der Pfad windet sich nach rechts und dann nach links, führt auf ein kleines **Eisentor** zu und schwenkt kurz davor nach rechts. Man erreicht eine Straße, der man nach links folgt. Nach kurzer Zeit geht die Straße in

zwei Erdwege über. Man folgt dem rechten und hält sich bei der folgenden Gabelung links. So erreicht man nach zehn Minuten den kleinen Platz am Dorfeingang von **Palio Karavómilos.**

Nach Livathinata

Am Platz zweigt ein Weg scharf nach links ab. Er führt in einer Viertelstunde immer geradeaus weiter nach Livathinata. Bevor man diesem Weg folgt, sollte man es aber nicht versäumen einen Abstecher nach rechts ins Dorf zu machen, wo zwischen **alten Mauern Blumen** wachsen. Auch Livathinata liegt in Trümmern. Hier lohnt die **Kirchenruine** einen Blick. Sie liegt rechts oberhalb des Weges, kurz vor einer Gabelung.

Nach Pouláta

Hier geht man geradeaus weiter und biegt nicht nach links ab. Der Weg führt geradeaus am Hang entlang durch **Olivenhaine.** Nach zehn Minuten erreicht man das Dorf Pouláta mit dem Café im Zentrum.

Ag. Efimía und Umgebung

Das kleine Dorf Ag. Efimía bekam, nach dem Erdbeben 1953 Aufbauhilfe aus Frankreich. Am Ortsrand wurden **Ruinen** aus römischer und frühchristlicher Zeit gefunden. Allzu sehenswert sind diese Mauerreste für den Laien nicht.

Das nahe gelegene **Drakopouláta** wurde bei den Erdbeben zwar beschädigt, aber nicht zerstört. Es ist eines der wenigen Dörfer auf Kefaloniá, das fast nur aus alten Häusern besteht.

Zwischen Drakopouláta und Makriótika zweigt eine Piste von der Straße ab, die sich am Berg hochzieht. Sie führt zum **Kloster Moní Theotókou Thermaton,** das vermutlich um 1100 gegründet wurde. Um 1500 lebten 42 Mönche im Kloster. 1953 wurde die Anlage zerstört. Erst 1970 entstand der Neubau der heutigen Anlage. Vor dem Kloster erstreckt sich ein schöner Kermeseichenwald. Dort hat man Picknickbänke aufgestellt.

Kefaloniá

Unterkunft

●**Rooms for Rent,** Ag. Efimía, Pension am Rand der Bucht mit Blick auf das Meer, Parkplatz vorhanden, Tel. 61039.

Essen und Trinken

●**Taverne Paradise Beach,** oberhalb des Strandes von Ag. Efimía, Terrasse unter Kiefern an der Steilküste, gute Gerichte, beliebt, Preise o.k.

●**Taverne Finikas,** Ag. Efimía, griechische und italienische Küche, beliebt, Preise gehoben.

Wanderung zum Kloster Moní Theotókou Thermaton

●**Route:** Markata – Ruinen von Tarkasata – Moní Theotókou Thermaton – Markata

●**Strecke:** teils sonnige Piste, Höhenunterschied: 300 m

●**Landschaft:** kahle Hänge, Macchia, kleine Eichenwälder und Viehweiden

●**Dauer:** 2 Stunden

●**Ausrüstung:** Wasser und Verpflegung, Sonnenschutz, „anständige" Kleidung

●**Anfahrt:** Eine kleine Teerstraße führt von Ag. Efimía nach Drakopouláta und weiter nach Markata und Makriótika. Zwischen Drakopouláta und Markata zweigt eine Piste von der Straße ab. Das Kloster ist markiert. Hier parkt man.

Ins Ruinendorf Tarkasata

Man folgt der Piste rund 35 Minuten aufwärts. Kurz hinter einem Viehstall gabelt sich die Piste. Man folgt ihr nach links (nach rechts ist hier das

312bo Foto: vb

Kloster markiert). Kurz darauf zweigt eine Piste nach rechts ab, die man ignoriert. Nach zehn Minuten erreicht man die Ruinen des verlassenen Dorfes. Rechts liegen an der Straße die Reste der Kirche. Dieser kleine Weiler ist nach dem Erdbeben 1953 verlassen worden.

Zum Kloster

Nun geht man wieder zurück zur Gabelung und folgt der Piste, an der das Kloster ausgeschildert ist. Man bleibt auf dem ansteigenden Hauptweg und erreicht nach 20 Minuten den Klostereingang: Rechts des Weges befindet sich ein großes, schwarzes Metallrolltor, das man wieder verschließen sollte, denn auch hier gibt es gefräßige Ziegen, die sich gerne über die Blumen im Klosterhof hermachen. Die Piste führt noch 200 m weiter, dann sind Picknickbänke und Klösterchen erreicht. Neben der Piste werden zwei Hirsche in einem Gehege gehalten. Der Rückweg erfolgt über dieselbe Piste.

Dilináta und Davgáta

Dilináta ist ein ursprüngliches Dorf geblieben. Ein Besuch lohnt sich alleine wegen der herrlichen Aussicht auf Argostóli, die man vom Dorfplatz aus genießen kann.

Im Dorf **Davgáta** befindet sich ein sehenswertes Naturkundemuseum. Ausgestellt sind Steine und Fossilien von Kefaloniá. Es wird über die Wassermühlen und den Salzwasserstrom, der unter der Insel entlangfließt, informiert. Außerdem gibt es Querschnitte der Höhlen Ag. Theodori, Zervati und Melissani zu sehen. Auch seltene Pflanzenarten und Tiere, die auf der Insel leben, werden vorgestellt. Die Ausstellung ist auf Griechisch und auf Englisch beschriftet.

● **Geöffnet:** Mo-Fr 9-13.30 Uhr, in der HS auch 18-20 Uhr, Eintritt 1,50 €

Kefaloniá

Picknickplatz am Kloster Moní Theotókou Thermaton

Unterkunft

• **Privatzimmer:** Zimmer mit schöner Aussicht auf Argostóli kann man im Dorf Dilináta finden, z.B. am Dorfeingang, Tel. 84513, DZ mit Balkon und Küche 30-70 € oder bei *Dimitra Soupiona,* Tel. 84302, 84320, für 25-60 € DZ, Bad, Balkon, Küche, das 4er 30-65 €, man spricht nur Griechisch.

Strände

Antísamos

Hinter dem Strand führt eine Piste entlang, hinter der in einem eingezäunten Olivenhain Schafe weiden. Der Blick fällt auf Itháki, das Meer wirkt wie ein Bergsee. Umgeben wird die schöne Bucht von macchiabewachsenen Hängen. 1 km lang und 10 m breit, sonnig, keine Bebauung, weißer Kies, klares Wasser, wenig Seegras, wenig Felsen, steiler abfallend, gut besucht

• **Service:** sauber, einfach zu erreichen für Leute mit Gehbehinderung, Telefon, Kiosk, Liegen und Schirme

• **Anfahrt:** Parkplatz

Sámi Hauptstrand

Hinten ein nicht befahrbarer Weg mit Bäumen, dahinter Häuser in Gärten. Der Blick fällt auf Itháki und die Berge. Das Meer sieht aus wie ein großer See. 1km lang, 10-15 m breit, etwas Schatten, Sand und Kies, klares Wasser, kaum Felsen, wenig Seegras, steiler abfallend, HS gut besucht, NS ruhig, östlich des Strandes liegt der Fährhafen, an der Uferpromenade zum Dorf hin stehen Eukalyptusbäume und Parkbänke.

• **Service:** Strandsäuberung, Supermarkt im Dorf, Volleyballnetz, Telefon, Dusche, Campingplatz, Hotel, Taverne,

313ko Foto: vb

WC, Cafe-Bar mit Billard, Pingpong und Kinderspielplatz, Liegen und Schirme
- **Anfahrt:** Parkplatz und Bus im Dorfzentrum

Sámi West

Geht in den Hauptstrand Sámi über, 1km lang, 10-20 m breit, teils sonnig, teils Schatten durch Bäume, Blick auf das Dorf und Itháki, Kies, klares Wasser, etwas Seegras, kaum Felsen, steiler abfallend, ruhiger, am westlichen Ende ein kleiner Hafen.
- **Service:** sauber, keine Einrichtungen
- **Anfahrt:** Fußweg

Karavó-milos – Ag. Paraskeví

Zwischen Karavómilos und Ag. Paraskeví liegen neben der Straße einige kleine Buchten, weißer Kies, sonnig, von Felsen umrahmt, relativ ruhig, von der Straße aus einsehbar.
- **Service:** keine Einrichtungen
- **Anfahrt:** Parkmöglichkeiten entlang der Straße

Ag. Paraskeví

Der Blick fällt auf Itháki und das Kap östlich von Sámi, hinter dem Strand wachsen Olivenbäume. 5-10 m breit, 200 m lang sonnig, weißer Kies, klares Wasser, wenig Seegras, steiler abfallend, gut besucht.
- **Service:** Strandsäuberung, Taverne, WC, Telefon, Liegen und Schirme, Wasserski, Crazy Banana, Wakeboard, Ring, Kanu, Motorboote
- **Anfahrt:** Parkplatz, Bus selten

Ag. Paraskeví – Ag. Efimía

Zwischen Ag. Paraskeví und Ag. Efimía liegen mehrere kleine Buchten, sonnig, weißer Kies, steiler abfallend, HS gut besucht, NS ruhig.
- **Service:** keine Einrichtungen

Ag. Efimía

Die Straße führt an der Uferpromenade oberhalb einer Mauer entlang, kleine Treppchen führen zum Strand. Hinter dem Hafen in nördlicher Richtung führen an einer Mauer mehrere Treppen zu kleinen sonnigen Kiesstränden oder auf flache Felsplatten, auf denen man gut liegen kann und von denen man einfach ins Wasser kommt. 100 m lang und 2-5 m breit, sonnig, Blick auf Itháki, feiner Kies, klares Wasser, teils Felsen im Wasser, teils Seegras, flacher abfallend, seitlich ein kleiner Hafen, gut besucht.
- **Service:** Supermarkt, Taverne, Hotels, WC, Telefon
- **Anfahrt:** Parkmöglichkeiten, Bus selten

Ein etwas größerer Strand, sonnig, Kies, ohne Einrichtungen, unterhalb der hübschen Taverne Paradise Beach.

Kefaloniá

**Mýrthos-
Beach**

Dieser Strand stellt eine der Hauptattraktionen der Insel dar und ist sehr beliebt. Hinter dem Strand erheben sich weiße Felswände mit Echo und spärliche bewachsene Geröllhänge. Der Blick von oben auf die Bucht ist auf vielen Werbeplakaten abgedruckt. 1 km lang und 40-60 m breit, sonnig, Sand mit Steinchen, türkisblaues Wasser, wenig Seegras, Felsen nur am nördlichen Buchtrand, steiler abfallend, NS gut besucht, HS voll.
● **Service:** einfach zu erreichen für Leute mit Gehbehinderung, Strandsäuberung, Kiosk, WC, Telefon, Liegen und Schirme
● **Anfahrt:** Parkplatz, kein Bus

Ag. Kyriakís

Schöne, von Felskaps umrahmte Bucht, 2 km lang, teils felsig. Zum Baden ist ein kleines Strandstück in der Mitte geeignet: sonnig, 100 m lang, Sand, flach abfallend ohne touristische Einrichtungen. Oder am östlichen Buchtende bei der Strandtaverne: 200 m lang und 5-10 m breit, Sand mit etwas Kies, türkisblaues Wasser, stellenweise Felsen und etwas Seegras im Wasser, steiler abfallend, sonnig, HS relativ ruhig, NS leer, kleiner Hafen im Westen.
● **Service:** einfach zu erreichen für Leute mit Gehbehinderung, sauber, einfacher Kiosk mit Terrasse mit Schilfdach, Dusche
● **Anfahrt:** markiert, hinter dem Strand führt eine Piste ans östliche Ende der Bucht zum Kiosk, Parkplatz, kein Bus

Vouti

Bizarre Felseninseln sind dem Strand vorgelagert. Der Blick fällt auf die Felsenküste bei Assos. 100 m lang und 5-10 m breit, sonnig, Sand mit Kies, türkisblaues Wasser, teils Felsen und Seegras im Wasser, steiler abfallend, ruhig.
● **Service:** keine Einrichtungen, keine Strandsäuberung
● **Anfahrt:** Parkplatz, zu erreichen über eine Piste die in Zola in der untersten Kurve von der kleinen Straße abzweigt, Trampelpfad ca. 50 m

**Koumaria,
Ag. Sotira,
Ligiá**

Die Strände in den kleinen Buchten im Golf von Argostóli sind nicht so schön wie die dem Meer zugewandten. Sie werden überwiegend von Einheimischen genutzt. Zum Baden kommen nur Koumaria, Ag. Sotira oder Ligiá in Frage.

DER NORDEN

Tipps für die Region

Verkehrs-mittel

● **Fähren:** Von Fiskárdo starten kleine Fähren nach Lefkáda (Nidrí und Vassiliki, Person 4,70 €, Auto 21,50 €) und Itháki (Fríkes). Informationen über das Reisebüro Nautilus Travel.
● **Taxi:** in Fiskárdo: Tel. 41327, 41143, Handy 0932672265
● **Mietfahrzeuge:** Die Preise der Mietfahrzeuge waren in keinem anderen Ort auf Kefaloniá so hoch wie in Fiskárdo. Mofas bei *Nikos* am Hafen, Tel. 411401, Autos bei Litsos, rent a car, Tel. 41401, Fax 41161.
● **Tankstellen:** findet man in Vasilikádes und in Ag. Efimía.

Aktivitäten

● **Tauchen:** Fiskárdo Diving Center, Tel. 41477, Handy 0932479532
● **Motorboote und Segelboote:** werden im Café Libéo vermietet, Tel. 41179. Für größere Boote ist der entsprechende Bootsführerschein vorzulegen.

Nützliche Adressen

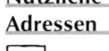

● **Arzt:** in Vasilikádes (ausgeschildert), Tel. 26740-51203
● **Apotheke:** in Vasilikádes unweit der Praxis an der Hauptstraße
● **Polizei:** in Fiskárdo, Tel. 26740-41460
● **Geld:** In Fiskárdo gibt es vor der Bank einen Automaten. Geldwechsel ist im Reisebüro, im Postamt und in der Bank möglich. In Assos kann kein Geld gewechselt werden.
● **Reisebüros:** in Fiskárdo: Pama Travel, Tel. 41033, Fax 41032, pamatrav@otenet.gr; Nautilus Travel, Tel. 41440, Fax 41470
● **Internetcafé:** Im Reisebüro Pama Travel kann man im Internet surfen.

Assos

Die **Halbinsel,** auf der die Festung Assos aus Kiefernwald emporragt, ist schon von weitem zu sehen. Die Hauptstraße führt auf halber Höhe mit herrlicher Aussicht an der schroffen Westküste entlang.

Zum Schutz der Bevölkerung gegen plündernde Piraten und Osmanen ließen die Venezianer 1593 mit dem Bau der Festung beginnen. Es wurde fast die ganze Halbinsel ummauert. Bis 1968 war sie noch bewohnt. Heute ist die Festung verlassen.

Kefaloniá

Die Menschen leben jetzt im kleinen Dorf Assos am Hafen. Auch dieser Ort hat stark unter dem Erdbeben gelitten. Am Hafen erinnert eine Gedenktafel an die französische Aufbauhilfe. Noch heute sind im hinteren Dorfteil die Ruinen der alten Häuser zu sehen, die damals zerstört wurden. Das Dorf Assos ist **malerisch** – am Hafen kann man in einem herrlichen Café relaxen, kleine Boote dümpeln in der Bucht, Blumen zieren das Dorf, Kriegerdenkmäler stehen am Platz, den eine alte Kanone und ein Anker schmücken. Assos ist überwiegend das Ziel von Ausflüglern, wie man schon am beeindruckend großen Parkplatz erkennen kann. Die Festung ist nur zu Fuß zu erreichen.

Auf dem Weg zur Festung kommt man an der **Kirche Panagía Plakoula** vorbei. Sie wurde 1873 errichtet. Das Ikonenrelief, das neben dem Eingang der Kirche eingemauert ist, wurde unten am Meer gefunden. Die erste Kirche, die man der Ikone erbaut hatte, wurde 1867 durch ein Erdbeben zerstört.

In der **Festung** trifft man auf die Ruinen der Zitadelle und neben der Treppe auf die Überreste

der katholischen Kirche San Marco, die 1604 errichtet wurde. Auch Teile des Gefängnisses, das bis 1815 in Betrieb war, sind noch zu erkennen. Unten zwischen den Feldern liegt die von Gräbern umgebene Kirche Profítis Ilías aus dem Jahr 1889. Im unteren Teil des weitläufigen Geländes weiden Schafe und Ziegen unter Olivenbäumen.

Unterkunft

● **Schöne Apartments,** Tel./Fax 51563, im Winter in Athen, Tel. 210-6522594, DZ, Bad, Balkon, Küche 45-65 €, 4er 55-82 €.

Rundwanderung auf der Festung Assos

● **Route:** Parkplatz Assos – Panagía Plakoula – Festungseingang – Aussichtspunkt – Friedhofskirche – Festungstor hinter dem Gefängnis – Parkplatz Assos
● **Strecke:** breitere Pisten und schmale Fußwege, Höhenunterschied:150 m
● **Landschaft:** Kiefernwald, im Festungsareal Olivenhaine und Macchia
● **Dauer:** ca. 2 Stunden
● **Ausrüstung:** Wasser, Verpflegung, Sonnenschutz
● **Anfahrt:** Parkplatz am Ortseingang von Assos

Zum Festungseingang

Man folgt der breiten Piste, die durch Kiefernwald vom Parkplatz aus nach oben zur **Kirche Panagía Plakoula** und weiter den Berg hoch bis zum Eingang der alten Festung führt.

In der Festung

Durch das Haupttor gelangt man auf einen breiten Weg, dem man nach rechts folgt. Er endet am höchsten Punkt der Festung auf einem Aussichtspunkt mit einer **Turmruine.** Nun geht man wieder zurück zum Eingang, vor dem Trampelpfade links hoch zur Mauer und über den **Festungseingang** führen. Von hier hat man eine schöne Aussicht auf das Dorf. Dann folgt man dem Hauptweg den

Kefaloniá

Hang hinunter. Zunächst kommt man an einer Zisterne vorbei. Links des Weges liegt die Ruine des **alten Gefängnisses.** Weiter abwärts passiert man eine Baustelle, einen alten Brunnen und Viehställen, bevor der Weg sich zwischen Feldern und Olivenhainen hindurch nach rechts zur **Friedhofskirche Profítis Ilías** zieht. Am Eingang der meist verschlossenen Kirche hängen Kirchenglocken, die 1790 von der Stadt Venedig gestiftet wurden. Man folgt nun dem Weg, der an der Kirche geradeaus weiterführt. Bei einer Gabelung geht es geradeaus weiter. Dann macht der Weg eine scharfe Linkskurve und auf der anderen Talseite eine scharfe Rechtskurve. Links liegt ein Brunnen zwischen Olivenbäumen. Der Weg führt zur **Festungsmauer an der Nordseite.** Hier fällt der Fels steil ins Meer ab. Die Aussicht ist grandios. Nach einer Pause kehrt man wieder zurück zum Brunnen. Danach zweigt in der Kurve vom Hauptweg ein Pfad nach halb rechts ab. Er führt an einer hübschen **Ruine** vorbei und mündet bald schon auf einen etwas breiteren Weg, dem man nach links folgt und über den man wieder auf den Hauptweg trifft. Nun folgt man dem Hauptweg zurück zum alten **Gefängnis.** Kurz vor dem Gefängnis zweigt ein Pfad nach rechts ab. Hier befindet sich ein Tor in der Festungsmauer, hinter dem ein alter Fußweg beginnt.

Rückweg   Auf den ersten 100 m ist der Weg nicht einfach zu finden. Viele Pfade führen den Hang hinunter. Sie treffen weiter unten aufeinander. Dann beginnt der alte Weg, der sich am sonnigen, mit wenigen Kiefern bewachsenen Südhang entlangzieht. Von hier hat man eine herrliche Aussicht auf die Bucht Ag. Kyriakí. Kurz bevor der Weg auf die Piste mündet, über die man hochgekommen ist, zweigt rechts ein schmaler Fußweg zu einem **Aussichtspavillon** ab. Hinter dem Pavillon führt der schmale Pfad weiter durch den Wald abwärts. Kurz vor dem Parkplatz mündet er erneut auf die Piste.

Fiskárdo

Der kleine Hafen von Fiskárdo hat sich zur Urlauberstadt entwickelt. Die Neubauten wurden zwar dem Ortsbild angepasst, aber das Dorf hat sich verändert. Im Sommer ist es fest in englischer Hand. Man sieht nur noch wenige Fischerboote im Hafen dümpeln, dafür aber zahlreiche **Segelboote und Jachten.** Von hier legt regelmäßig die Fähre zu den Nachbarinseln Lefkáda und Itháki ab. Die Landschaft, die den kleinen Hafenort umgibt, ist leicht hügelig und mit Macchia, Oliven und Zypressen überzogen.

Der Name *Fiskárdo* geht auf den Normannen **Robert Guiskard** zurück, der im 11. Jh. Kefaloniá eroberte. Er starb, als er 1085 auf seinem Schiff hier vor Anker lag. Vermutlich wurde *Guiskard* auf der Halbinsel beim Leuchtturm in einer dreischiffigen Basilika beigesetzt. Eine Ruine des ehemaligen Gotteshaus existiert noch.

Zu venezianischer Zeit wurde auf dem Kap der kleine **Leuchtturm** erbaut. Ein neuerer Turm, der unweit aus den Büschen ragt, verrichtet heute seine Arbeit.

Gleich neben der Schule befindet sich ein kleines **Museum,** das über die Lebensgewohnheiten der vom Aussterben bedrohten Mönchsrobben informiert. 1998 lebten in den Gewässern im Norden Kefaloniás 25 Exemplare. Wer das seltene Glück haben sollte, eine Robbe zu Gesicht zu bekommen, sollte dem scheuen Tier nicht allzu dicht auf die Pelle rücken.

● **Geöffnet:** HS: täglich 10-17, NS: Mo-Fr 10-14 Uhr, Spendenbox, Eintritt frei, Informationen auch über Tel./Fax 41182, www.fnec.gr

Unterkunft

● **Stella Apartments,** www.stella-apartments.gr, Tel. 41211, Fax 41262, ruhige Lage, Blick auf das Kap mit dem Leuchtturm, schöne DZ, Bad, Balkon, Küchenecke, hübscher Garten, Telefon, Radio, Gemeinschaftsraum mit Fernseher, 51-73 € ohne Frühstück, Frühstück pro Person 4,50 €, 5-Personenzimmer 100-150 €.

Kefaloniá

●**Hotel Nicolas,** www.greekhotel.com/kefalonia/fiskardo, Tel./Fax 41307, schöne DZ, Bad, Balkon, Blick auf den Hafen von Fiskárdo, Kühlschrank, TV, unten Taverne, 68-100 € mit Frühstück

Essen und Trinken

●**Alto mare,** am Hafen, Café mit leckeren Snacks, empfehlenswert, hohe Preise.
●**Tselenti,** am Platz, schönes altes Gebäude, nette Musik, Preise gehoben.

Varí, Komitáta und Neochóri

Die Dörfer des Nordens wurden bei den Erdbeben 1953 nur leichter beschädigt, weswegen man hier noch schöne alte Steinhäuser vorfindet. In Varí haben sich in der Kirche Panagía Kougiana schöne volkstümliche Fresken erhalten. Eine kleine, sehr urige Taverne wirbt im Dorf um Besucher.

Hoch oben, weit von der Küste entfernt, trifft man auf die Dörfer Komitáta und Neochóri. Den Besuchern bietet sich von hier eine wunderschöne Aussicht nach Itháki.

Essen und Trinken

●**Ursprüngliche Dorftaverne,** in Varí, einfache Speisen, Preise o.k.

Strände

Ag. Sofía

Zwei weiße Kieselstrände, je 80 m lang und 5-10 m breit, Häuser, Ruinen und Boote am Strand, steiler abfallend, wenig Seegras, teils Felsen im Wasser. Am ersten Strand geben eine Mauer und ein Baum Schatten, der zweite Strand ist sonnig, Blick auf Itháki, NS ruhig, HS gut besucht.
●**Service:** keine Strandsäuberung, keine Einrichtungen
●**Anfahrt:** Straße von Komitata aus, Parkmöglichkeiten
Es führen noch einige schlecht befahrbare Pisten zu kleinen Kieselbuchten an der Ostküste hinunter.

Foki

Hinter dem Strand ein hübscher Olivenhain mit alten Bäumen. Felsenumrahmte schöne Bucht mit Blick auf Itháki, auf dem Kap Zypressenwald. 50 m lang und 5-10 m breit, Kies, flacher abfallend, etwas Seegras, ein Trampelpfad führt aufs Kap, NS gut besucht, HS voll.
●**Service:** keine Strandsäuberung, keine Einrichtungen
●**Anfahrt:** Parkmöglichkeiten nur an der Straße

315ko Foto: vb

Emblisi

Schöne sonnige Bucht, weiße flache Felsenplatten umrahmen den Kiesstrand. 200 m lang und 10-15 m breit, die Kaps sind mit Macchia bewachsen. Hinter der Bucht stehen alte Olivenbäume, flacher abfallend, wenig Seegras, Felsen nur am Buchtrand, klares Wasser, Blick nach Lefkáda, NS gut besucht, HS sehr voll. Ankerverbot wegen Starkstromkabel.
- **Service:** Strandsäuberung, Taverne mit WC in 800 m Entfernung, Liegen und Schirme
- **Anfahrt:** Parkplatz, rund 20 Minuten zu Fuß von Fiskárdo

Alaties

Reizvolle Küste mit bizarren Felsen, der Strand selbst ist nur 10 m lang, 5 m breit und besteht aus Sand und feinem Kies, gut geeignet zum Schnorcheln, kein Seegras, flach abfallend, sonnig, bei der Taverne Terrassen mit Bäumen, klares Wasser, NS ruhig, HS voll.
- **Service:** Taverne, WC, Umkleidekabine, Strandsäuberung
- **Anfahrt:** markierte Piste zur Taverne, Parkplatz

Ag. Jerusalim

Zwei Strände, hinter denen sich steile, mit Macchia bewachsene Hänge hochziehen. Vorgelagert ist eine kahle Felseninsel. Je 50 m lang und 10-20 m breit, weißer Kies, klares Wasser, etwas Seegras, keine Felsen im Wasser, seitlich Beton-Pier mit Holzbooten, sonnig, flacher abfallend, HS gut besucht, NS ruhig
- **Service:** Taverne, Privatzimmer, WC
- **Anfahrt:** Parkplatz

Kefaloniá

Strand Ag. Sofía bei Komitáta

DIE HALBINSEL PALIKÍ UND LIXOÚRI

Tipps für die Region

Verkehrs-mittel

- **Fähre:** Sehr gut ist die Verbindung zwischen Argostóli und Lixoúri. Das Schiff fährt jede Stunde, 6-23 Uhr, Person 1 €, Auto 3,40 €.
- **Taxi:** in Lixoúri, Tel. 91524.
- **Mietfahrzeuge:** in Lixoúri, bei Hertz, Odos Ev. Typaldou-Basia, Tel. 25114; Rent a Car Ertsos, Tel./Fax 92933. Mofas und Autos werden auch von verschiedenen Reisebüros angeboten.
- **Tankstellen:** am Stadtrand von Lixoúri

Einkaufen

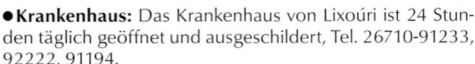

Einen guten **Buch- und Zeitungsladen** findet man am zentralen Platz in Lixoúri. In einem größeren **Supermarkt** im nördlichen Ortsteil kann man Waren für den täglichen Gebrauch kaufen. In Lixoúri werden wenig Souvenirs angeboten.

Nützliche Adressen

- **Krankenhaus:** Das Krankenhaus von Lixoúri ist 24 Stunden täglich geöffnet und ausgeschildert, Tel. 26710-91233, 92222, 91194.
- **Arzt:** in Thékli, Tel. 26710-9708; in Chavdata, Tel. 26710-95011
- **Zahnärzte:** in Lixoúri, Tel. 26710-93633 oder 92715
- **Apotheke:** In Lixoúri findet man mehrere Apotheken.
- **Polizei:** in Lixoúri Tel. 26710-91207
- **Geld:** Es gibt mehrere Banken mit Automaten in Lixoúri. Auch in den Reisebüros wird Geldwechsel angeboten.
- **Reisebüros:** in Lixoúri: AD Travel, Tel. 93142, Fax 92663, Rallatos Travel, Tel. 92511, Fax 92512, rallatos@hol.gr, Perdikis Travel, Tel. 91097, Fax 92503
- **Segeln:** Mesadis, Rent a Sailingboat, Tel. 91541
- **Internetcafé:** Factory Café unweit der National Bank, etwas zurückversetzt von der Straße neben TAKTAK, Tel. 92740, kalim66@hot.gr.

Lixoúri

Lixoúri ist die zweitgrößte Stadt der Insel. Die 6000 Einwohner sind Nachkommen der Bevölkerung der antiken Stadt Pale, die etwas weiter nördlich auf einem Hügel lag. Von Pale ist heute nicht mehr viel zu sehen. Lixoúri wurde 1867 und 1953 durch Erdbeben zerstört, weshalb heute nur noch wenige alte Gebäude stehen. Das Stadtbild ist nicht gerade schön. Der Ort wird durch einen im Sommer meist ausgetrockneten Fluss in zwei Hälften geteilt. Das Zentrum mit dem Platz liegt im Süden. Die einzige Attraktion ist das Museum in der **Villa Iakovatos.** Die großzügige Villa im neoklassizistischen Stil hat dank guter Bauweise das letzte Erdbeben überstanden. Das Museum beherbergt eine Bibliothek mit rund 20.000 Büchern, Fotos der Spenderfamilie und alte Ikonen.

● **Geöffnet:** Di-Fr 8-13 Uhr, Sa 9.30-12.30 Uhr, Eintritt frei

Unterkunft

● **Pension Apolafsi,** am Strand südlich von Lixoúri, Fam. *Mouralatou,* Tel. 91691, Fax 91572, www.apolafsi.gr, DZ mit Frühstück und Studios ohne Frühstück 35-48 €, Swimmingpool, Taverne

Essen und Trinken

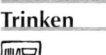

● **Novita,** am Hafen, eines der besten Restaurants der Insel, guter Service, guter Wein, Preise gehoben, aber für das Gebotene o.k.

Zwischen Xi und Kounopetra

Der südliche Teil der Halbinsel Palikí wird von kleinen Erosionsfelsen in teils bizarren Formen geprägt. Sie sind spärlich mit Gräsern oder gar nicht bewachsen. An der Südküste fallen diese Felsen sehr reizvoll zum Meer ab. Hier zieht sich ein schmaler Streifen mit rotem Sand vor den weißlichen Felsen entlang. Der **Fels von Kounopetra** war in früheren Jahren eines der Inselphänomene, weil er unaufhörlich wackelte. Nach dem Erdbeben von 1953 senkte sich der Boden und der Fels kam zur Ruhe. Schön ist der kleine Hafen am Kap von Kounopetra.

Géro Gómbo und das Moní Kipoureon

Eine schlechte Piste führt zum Leuchtturm Géro Gómbo. Die Landschaft ist kahl und felsig. Hinter dem Turm beginnt die unwegsame Felsküste.

Kefaloniá

Malerisch sind die Sonnenuntergänge am Kloster Moní Panagía Kipoureon. Es wurde im 18. Jh. von einem Mönch, der im benachbarten Kloster Moní Ag. Paraskeví Tafion lebte, gegründet. Von jenem Kloster sind heute nur noch ein paar Ruinen erhalten. Auch das Moní Kipoureon wurde durch das Erdbeben 1953 zerstört. 1964 baute man zunächst die Kirche wieder auf. Erst in den letzten Jahren wurde von dem einzigen Mönch, der die Anlage bewohnt, ein ganzer Klosterkomplex angefügt. Eine wertvolle Ikone von *E. Tzanes* aus dem Jahr 1663 wird dort aufbewahrt.

Kondogenáda

Auf dem Weg zum beliebten Strand Petani kann man einen Abstecher nach Kondogenáda machen. Das Dorf zieht sich wie ein Amphitheater den Hang hoch. Ganz oben erhebt sich die Ruine einer Windmühle, die man erreicht, indem man dem Schild *„nice view"* folgt. Von hier aus fällt der Blick nach Lixoúri und auf das gegenüberliegende Lássi. Nach Norden kann bis nach Livadi schauen.

Essen und Trinken

●**Taverne To Keli,** einfache Ausflugstaverne, direkt neben der Kirche auf einer Terrasse mit sehr schöner Aussicht.

Livadi und Atheras

Das nördliche Ende der Bucht von Argostóli wird Livadi genannt. Im Winter und nach Regenfällen ist die ganze Ebene in einen Sumpf verwandelt. Am Strand stehen die Ruinen eines alten Gefängnisses. Hier wurden zuletzt von der Militärjunta Anfang der 70er-Jahre politische Gefangene unter miserablen Bedingungen gefangen gehalten. Heute dienen Teile der Gebäude als Viehstall.

Atheras und der Strand bei der Kirche Ag. Spiridonas gehören zu den ruhigsten Ecken der Insel.

Strände

Atheras

Der Blick der abgelegenen, tief eingeschnittenen Bucht fällt auf eine kahle Felseninsel und die malerische Kirche Ag. Spiridonas am Buchtrand. 250 m lang und 5 m breit, hinter dem Strand eine 20 m breite Fläche mit Erde, vorne grauer Sand mit Steinen, klares Wasser, keine Felsen aber Seegras, flach abfallend, ruhig.
- **Service:** einfach zu erreichen für Leute mit Gehbehinderung, keine Strandsäuberung, Cafébar, WC, HS: Liegen und Schirme, kleiner Hafen.
- **Anfahrt:** Parkplatz

Petani

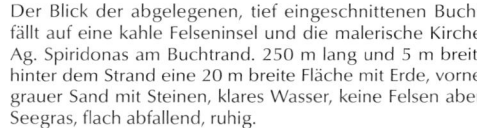

Der zweite Vorzeigestrand der Insel. Von steilen Felswänden umgebene Bucht mit türkisblauem Wasser. 600 m lang und 10-20 m breit, sonnig, Sand, Steine und Felsen, teils auch im Wasser, etwas Seegras, steiler abfallend, Blick auf hübsches, weißes Felsenkap und eine weiße Felseninsel am Kap, NS gut besucht, HS voll.
- **Service:** Strandsäuberung, Telefon, Taverne, WC, Pension, Liegen und Schirme
- **Anfahrt:** Parkplatz

Langadakia

Von bizarren Felsen umrahmte, sonnige Bucht in kahler Umgebung, kleine Felseninselchen sind vorgelagert. 50 m lang und 10-20 m breit, Kies, klares Wasser, auch Felsen im Wasser, Seegras, steiler abfallend, gut besucht.
- **Service:** keine Einrichtungen, keine Strandsäuberung
- **Anfahrt:** Parkplatz, Strand ist als Gerogombo markiert

Ag. Nikólaos

Ein kleiner Bach mündet neben einer Kirche ins Meer. Der sonnige Sandstrand ist hier voller Seegras, zahlreiche Boote liegen im Meer, hinten liegen Gemüsefelder. Schöner ist der Strand etwas südlicher bei der Taverne Remezzo. Er ist 150 m lang und 20 m breit, liegt bei einem flachen Kap, hinter dem Strand wachsen Schliff und Sträucher, sonnig, Sand, teils mit Steinchen, klares Wasser, Seegras, teils Felsen im Wasser, steiler abfallend, HS gut besucht, NS ruhig.
- **Service:** einfach zu erreichen für Leute mit Gehbehinderung, Taverne, WC, kleiner Hafen, im Hinterland Pensionen
- **Anfahrt:** Parkplatz, markiert ist die Taverne Remezzo

Kouno-petra

Optisch sehr schön. Der Blick fällt auf das Kap mit dem Hafen. Auf der anderen Seite Erosionsfelsen hinter dem Strand, hier fällt der Blick auf den Berg Énos. 1 km lang und 5 m breit, Sand, sonnig, erst am späten Nachmittag etwas Schatten durch die Felsen, klares Wasser, keine Felsen im Wasser, teils Seegras, flacher abfallend, NS leer, HS ruhiger, kleiner Hafen am Kap.
- **Service:** Taverne, WC, Hotelanlage 1 km entfernt, sauber
- **Anfahrt:** Parkplatz, die Taverne Meltemi ist markiert

Kefaloniá

Xi

Die bizarre Insel Vargianni ist vorgelagert, seitlich liegen Erosionsfelsen. Der Blick fällt auf den Berg Énos. 1 km lang und 5 m breit, rotbrauner Sand, sonnig, klares Wasser, keine Felsen im Wasser, viel Seegras, flach abfallend, HS voll, NS gut besucht.
●**Service:** einfach zu erreichen für Leute mit Gehbehinderung, Strandsäuberung, Dusche, WC, Umkleidekabine, Kiosk, Telefon, Taverne, Großhotel, Liegen und Schirme
●**Anfahrt:** Parkplatz, markiert, Bus von Lixoúri

Megas
Lákos

Hinter dem roten Sandstrand befindet sich ein 2 m hoher Erosionsfelsen, oben mit Gestrüpp bewachsen. Kilometerlang und 5-10 m breit, klares Wasser, kein Seegras und keine Felsen im Wasser, flach abfallend, Blick auf eine Insel, gut besucht oder voll, in größerer Entfernung zum Hotel ruhiger.
●**Service:** einfach zu erreichen für Leute mit Gehbehinderung, Strandsäuberung, Dusche, Telefon, Kiosk, 100 m entfernt eine Taverne mit WC, Großhotel, dort auch Schirme und Liegen
●**Anfahrt:** Parkplatz, Straße von Soulouri aus

Lepeda

Hübscher roter Sandstrand mit kleinen Felsenhalbinseln. Hinter dem Strand Häuser in üppig grünen Gärten am Hang. Der Blick fällt auf den Énos. 500 m lang, 5-30 m breit, klares Wasser, sonnig, teils flacher, teils steiler abfallend, Bootsanlegesteg, HS sehr voll, NS gut besucht.
●**Service:** Dusche, Umkleidekabine, Taverne, WC, Volleyballnetz, Telefon, Strandsäuberung, einfach zu erreichen für Leute mit Gehbehinderung, Liegen und Schirme
●**Anfahrt:** Parkplatz

ITHÁKI

DIE INSEL IM ÜBERBLICK

- **Einwohner:** 3000
- **Fläche:** 93 km²
- **Höhe:** 809 m

- **Tel.-Vorwahl:** 26740
- **PLZ:** 28300

Odysseus　　In mykenischer Zeit herrschte König *Odysseus* von Ithaka aus über ein großes Reich – laut griechischer Mythologie. Daher interessieren sich Archäologen schon seit langem für die Insel. Nachgewiesen ist, dass Itháki zu jener Zeit bewohnt war, aber spektakuläre Funde hat man bisher nicht gemacht.

Praktische Tipps

**Anreise,
Schiffsver-
bindungen**

Die nächsten Flughäfen befinden sich auf Kefaloniá, in Preveza und in Pátras. Die Schiffsverbindungen von Vathí nach Pátras (Person 11,40 €, Auto 44,40 €) und Kefaloniá (Person 4,40 €, Auto 18,80 €) sind gut und zuverlässig. Eine weitere Fährverbindung besteht von Fríkes nach Fiskardo (Kefaloniá) und nach Lefkáda (Person 3,40 €, Auto 18 €). Diese Fähren fahren nur bei ruhiger See. Der Hafen von Píso Aetós hat keinen Busanschluss, Píso Aetos – Sámi (Kefaloniá) Person 1,80 €, Auto 9 €. Infos erhält man über das Reisebüro Polyctor Tours (s.u.).

**Sonstige
Verkehrs-
mittel**

- **Bus:** Zweimal täglich fährt der Bus zwischen Vathí, Stavrós, Fríkes und Kióni hin- und her. Am Wochenende fährt kein Bus.
- **Taxi:** Taxis sind teuer. Taxistände: am Hafen von Vathí, Tel. 33030, in Stavrós, Tel. 31396, Handy 094-5215220
- **Mietfahrzeuge:** Die Preise für Mietfahrzeuge liegen ziemlich hoch und während der HS sind alle Fahrzeuge ausgebucht. AGS ist der einzige Autovermieter, Vathí, Tel. 32702, Fax 33551, Mofas bei *Spiros Lourantos,* Rent a Scooter, Vathí, Tel. 33243, Rent a Bike, Vathí, Tel. 32840.
- **Tankstellen:** in Vathí und zwischen Stavrós und Fríkes

Einkaufen

Große Supermärkte gibt es auf Itháki nicht, man kauft im **Tante-Emma-Laden** oder beim **Händler an der Straße.** In Vathí gibt es mehrere **Souvenirgeschäfte.** Das nette Souvenirgeschäft Calypso hat auch die Karten von Road Edition im Angebot.

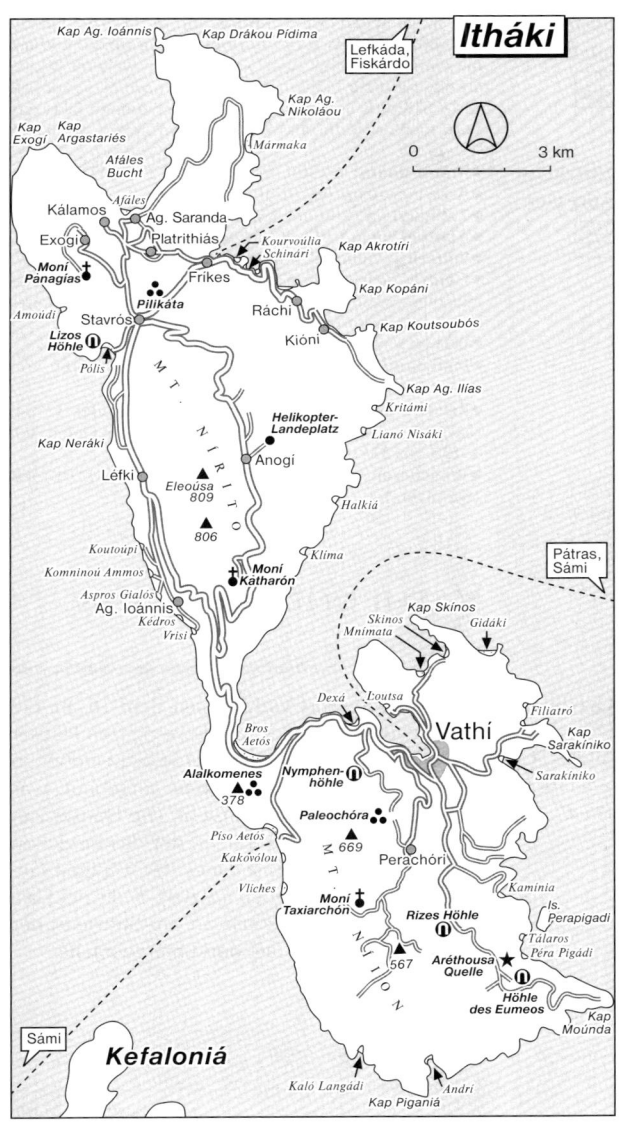

Boots-ausflüge

●Ausflüge bietet Mana Korina an, Tel. 32870, Handy 0944802747. Hübsch ist der Bootsausflug rund um Itháki mit einem Abstecher nach Kefaloniá. Ein weiterer Bootsausflug führt zur Höhle von Meganísi, nach Nidrí auf Lefkáda, Skorpios und Madouri. Am Wochenende fährt das Boot auch von Vathí aus über Kióni zum Strand von Afáles.

Nützliche Adressen

●**Krankenhaus:** in Vathí, Tel. 26740-32222, 33175
●**Arzt:** in Stavrós, Tel. 26740-31207
●**Zahnarzt:** in Vathí, Tel. 26740-33444
●**Apotheken:** In Vathí gibt es zwei.
●**Polizei:** in Vathí, Tel. 26740-32205, 32202
●**Geld:** In Vathí gibt es einen Geldautomaten nahe des Hafens und zwei Banken. Geldwechsel ist in Fríkes im Reisebüro, in Kióni im Tourist Shop Amfitriti möglich.
●**EOT,** in Vathí, Tel. 32702
●**Hafenamt:** in Vathí, Tel. 32909, Infos zu Fähren von Fríkes: Tel. 33120, 32104
●**Reisebüros:** in Vathí: Delas Tours, am Hafen, Tel. 32104, Fax 33031, delas@otenet.gr; Polyctor Tours, am Hafen, Tel. 33120, Fax 33130, polyctor@otenet.gr
●**Wäscherei:** Laundry Polifimos, Mo-Sa 7.30-13.30 und 18-21 Uhr, Tel. 32032

VATHÍ UND DER SÜDEN

Vathí

Ortsbild

Das hübsche Dorf Vathí ist seit dem 16. Jh. die Hauptstadt der Insel. Aber die wenigsten Häuser sind älter als 50 Jahre: Vathí wurde beim Erdbeben 1953 zerstört und danach neu aufgebaut, was man der Siedlung nicht ansieht. Die Häuser ziehen sich um die breite Bucht, der das Inselchen Lazaretto vorgelagert ist. Eines der wenigen Gebäude, die dem Erdbeben trotzten, ist die neoklassizistischen Villa Drakoulis an der Stirnseite der Bucht. Heute ist ein Café dort untergebracht.

Seite 345: Blick auf Exogí

Die Bucht von Vathí

Sehens- Im **Archäologischen Museum** sind zahlreiche
wertes   Fundstücke vom Berg Aetós ausgestellt. Dort wur-
             de ab dem 7. Jh. v. Chr. der Gott Apollon verehrt.
             Präsentiert werden u.a. Bronzegefäße, Münzen,
             Keramiken, Murmelketten aus dem 8. Jh. v. Chr.
             und Bronzefiguren, die an Dreifüßen festgemacht
             waren, aus dem 8.-6. Jh. v. Chr.

● **Geöffnet:** Di-So 8.30-15 Uhr, Eintritt frei

Im **Nautischen- und Folkloremuseum** werden
Trachten, Porzellan, Spitzen, Stickereien, Möbel,
Musikinstrumente, Schifffahrtbücher, Kapitäns-
uniformen, Zeichnungen von alten Schiffen und
Hausratsgegenstände aus vergangenen Zeiten
ausgestellt.

● **Geöffnet:** täglich 8-15 Uhr, Eintritt 0,75 €

Unterkunft ● **Dimitrios Maroudas,** Tel./Fax 32751, sehr einfache DZ,
  Gemeinschaftsbad und -küche 18-28 €, DZ mit Bad und
Küche, teils mit Blick auf die Bucht 40-60 € ohne Frühstück.
● **Designer-Hotel Perantzada 1811 Art Hotel:** Odos Odis-
sea Androutsou 821, arthotel@otenet.gr, Tel. 33946,
23914, Fax 33493, die Anlage ist modern künstlerisch gestaltet, jedes Zimmer in individuellem Design, mit AC, Restaurant, Fitness, DZ pro Tag 118-205 €.

Ithaki

Essen und Trinken

- **Taverne o Nikos,** gute griechische Küche, schauen Sie an der Theke nach, welche Gerichte gerade im Angebot sind, die Speisekarte ist nur eine allgemeine Richtlinie, sehr beliebt, oft voll, Preise gehoben, aber für das Gebotene o.k.
- **Sirenes,** an einem kleinen Platz im Dorf gelegen, griechische und italienische Gerichte, sehr lecker, Preise o.k.
- **Taverne Kochyli,** liegt am Wasser, gute griechische Küche, empfehlenswert sind *Melitsana TsouTsou* und *Kebab Yiaourtoulou,* Preise o.k.
- **Taverne O Vrachos,** gegenüberliegende Buchtseite auf dem Weg zum Strand Loutsa mit schönem Blick auf Vathí, griechische Küche, Preise o.k.

Ziele in der Umgebung

Loutsa

Seitlich der Bucht liegt in 2 km Entfernung vom Dorfzentrum der Strand Loutsa. Dahinter kann man auf einem Hügel die spärlichen Reste einer **kleinen Festung** besichtigen. Mehrere alte Kanonen weisen aufs Meer.

Arethousa-Quelle

Im Süden der Insel befindet sich die Arethousa-Quelle. Hier soll der Schweinehirt *Eumäos* die **Schweine von Odysseus getränkt** haben. Die Quelle liegt in einem felsigen, trockenen Tal. Wasser kann man nur mittels einer Flasche hochziehen. Der schmale, sonnige Fußweg ist gut ausgetreten und einfach zu finden. Der Höhenunterschied beträgt rund 300 m. Der Pfad zur Quelle führt durch trockenes, mit Phrygana bewachsenes Gebiet. Weiter unten befindet sich ein sonniger Kiesstrand. Man benötigt für den Spaziergang ca. 2 Std. Ausgangspunkt ist ein Schild am Wegrand einer Schotterpiste, die zunächst als Straße beginnt und von Vathí zur Rizes Cave und weiter zum Kap Moúnda an die Südostspitze der Insel führt. Ein Schild markiert den Fußpfad zur Quelle.

Nymphen-höhle

Die sehenswerte **Tropfsteinhöhle** war in den letzten Jahren wegen archäologischer Ausgrabungen für Touristen nur selten zugänglich. Auch diese Höhle wird mit *Odysseus* in Verbindung gebracht.

Hier soll er seine Schätze versteckt haben. Informationen erhält man im Archäologischen Museum in Vathí.

Berg Aetós   *Heinrich Schliemann* suchte auf diesem Berg vergeblich nach dem Palast des *Odysseus.* Erst in den letzten Jahren fanden Forscher Spuren, die darauf hinweisen, dass es in dieser Gegend schon zu mykenischer Zeit eine Siedlung gab. Einfacher zu belegen war, dass hier in antiker Zeit eine Stadt existierte. Die Reste der **Stadtmauer,** deren älteste Teile aus dem 8. Jh. v. Chr. stammen, sind gut zu erkennen. Auch **Tempelreste** wurden hier gefunden. Ein Spaziergang auf den Berg Aetós lohnt vor allem wegen der Aussicht auf Kefaloniá.

Bei der Kapelle am Pass beginnt ein Pfad, der teils mit blauen Punkten, blauen Pfeilen, aber auch mit Steinmännchen markiert ist. Er führt an den Resten einer Festungsmauer vorbei zum **Gipfel.**

Paleochora   In **Paleochora** befand sich zu byzantinischer und
und   venezianischer Zeit die Hauptstadt der Insel. Im
Perachóri   16. Jh. wurde Vathí gegründet und Paleochora verlor schnell an Einfluss. Heute ist es ein verlassenes Ruinendorf. Ein hübscher Fußweg führt von der Marienkirche in Perachóri hierher. Man trifft auf sehenswerte Ruinen alter Kirchen mit Freskenresten, die teils noch aus byzantinischer Zeit stammen. Die Fresken waren jahrelang schutzlos der Witterung ausgesetzt. Jetzt werden die alten Kirchen renoviert.

Perachóri ist von Weinbergen umgeben. Von den Tavernen aus hat man eine schöne Aussicht nach Vathí hinunter. Im unteren Dorfteil finden sich Ruinenreste von Gebäuden aus venezianischer Zeit.

Von Perachóri führt eine Piste hoch ins Bergland zum verlassenen **Kloster Moní Taxiarches.** Das Kloster wurde 1645 gegründet und bereits Anfang des 20. Jh. verlassen. Das Erdbeben 1953 zerstörte den größten Teil der Anlage. Heute findet hier

Itháki

am 1.5. ein Fest statt, sonst trifft man hier meist keine Menschenseele.

Essen und Trinken

●In Perachóri lohnt es sich in der **Taverne O Venos** am oberen Dorfende eine Rast einzulegen, wegen der herrlichen Aussicht von der Terrasse, einfache, griechische Speisen. Abends ist bei den Griechen die etwas tiefer gelegene **Taverne Kalioras** mit griechischer Küche sehr beliebt.

Strände

Sarakíniko

Kahle Hügel umgeben die Buchten, hinter dem Strand befindet sich ein Olivenhain, oben am Hang Apartments. 80 m lang, 5-10 m breit, daneben eine Bucht, in der Boote liegen, Kies, klares Wasser, kein Seegras, am Buchtrand Felsen im Wasser, steiler abfallend, sonnig, gut besucht.
●**Service:** einfache Taverne am Hafen, keine Einrichtungen
●**Anfahrt:** wenig Parkmöglichkeiten, zu Fuß über den Steinstrand der Hafenbucht, dann über einen Fußweg über das Felsenkap zum Strand

Filiatró

Hinter dem weißen Kiesstrand befindet sich ein Campingplatz unter Olivenbäumen. Kahle Umgebung, 150 m lang, 10 m breit, klares Wasser, kein Seegras, keine Felsen im Wasser, steiler abfallend, sonnig, NS gut besucht, HS voll.
●**Service:** Campingplatz, einfach zu erreichen für Leute mit Gehbehinderungen, Strandsäuberung, Liegen und Schirme, Tretboote, Kanus, Bar, WC, Dusche
●**Anfahrt:** Parkplatz, kein Bus

Gidáki

Schöner Strand, der nur vom Meer her zu erreichen ist. Sand, Kies, sonnig, hinter der Bucht auch Bäume, türkisblaues Wasser, Strandtaverne, relativ ruhig, ein Badeboot fährt vom Hafen am Platz in Vathí ab.

Skínos

Landschaftlich schön gelegener Kiesstrand, hinten eine 1 m hohe Mauer und ein Kiefernhain, z.T. Schatten, hinter der Bucht steht eine Villa auf privatem Grund, Strand öffentlich zugänglich, Kies, türkisblaues Wasser, keine Felsen, kein Seegras im Wasser, steiler abfallend, relativ ruhig.
●**Service:** keine Einrichtungen, sauber
●**Anfahrt:** über die Straße, die zum Strand von Mnímata und zur Villa führt, dann über einen Fußpfad am Anlegesteg vorbei zum Strand

Mnímata

100 m lang und 5 m breit, Kies, hinter dem Strand stehen Bäume, die Schatten geben, klares Wasser, kein Seegras, wenig Felsen im Wasser, steiler abfallend, Bootsanlegesteg, Blick auf die Berge von Itháki, gut besucht bis voll.
- **Service:** keine Einrichtungen, sauber
- **Anfahrt:** Parkplatz

Loutsa

Der Blick fällt auf eine macchiabewachsene Insel und auf die Berge von Itháki. 50 m lang und 5-10 m breit, sonnig, hinten Olivenbäume, Sand und Kies, teils Seegras, kaum Felsen im Wasser, flach abfallend, gut besucht bis voll.
- **Service:** Bootsanlegesteg, WC, Taverne, Umkleidekabine
- **Anfahrt:** der Buchtstraße folgen, Parkplatz

Dexa

Nette Bucht. Hinter dem Kiesstrand befindet sich ein Olivenhain. Dort kann man im Schatten der Olivenbäume auf Sandboden liegen. Blick auf eine Insel, hübsche Kaps mit einer restaurierten Windmühle, gegenüber liegen die Berge, 200 m lang, 2-3 m breit, klares Wasser, teils Seegras, kaum Felsen, steiler abfallend, gut besucht bis voll.
- **Service:** Strandsäuberung, Motorboote, Tretboote, Kanus, Kajaks, WC, Strandbar
- **Anfahrt:** von Vathí aus zu Fuß in knapp 30 Minuten oder per Bus, Parkmöglichkeiten nur am Straßenrand

Bros Aetós

Direkt hinter dem schmalen Strand führt die Straße entlang. 150 m lang, 5 m breit, Kies, Steine, klares Wasser, teils Seegras, teils Felsen im Wasser, sonnig, wenige Bäume, am Buchtrand Seeigel, steiler abfallend, relativ ruhig.
- **Service:** keine Strandsäuberung, Tretboote, Wasserski, Ring, Crazy Banana
- **Anfahrt:** Bus, Parken nur am Straßenrand möglich

Píso Aetós

Der Blick fällt auf Kefaloniá. Der Strand liegt unterhalb eines spärlich bewachsenen Hanges, 500 m neben der Hafenbucht. 150 m lang und 5 m breit, Kies, Ankerverbot wegen Starkstromkabel, teils Seegras, teils Felsen im Wasser, steiler abfallend, sonnig.
- **Service:** am Hafen Supermarkt, Kiosk, Telefon, seitlich Taverne mit schattigen Terrassen und WC
- **Anfahrt:** kein Bus, Parkplatz, danach Pfad

Itháki

DIE INSELMITTE

Ag. Ioánnis und Moní Katharón

Der Weiler **Ag. Ioánnis** besteht nur aus wenigen Häusern. Die Attraktion ist der unterhalb gelegene Strand Aspros Gialós.

Das **Moní Panagía Kathariotissa,** wie das Kloster richtig heißt, liegt in herrlicher Lage hoch über der Küste. Den schönsten Blick hat man unweit des Campanile hinunter nach Vathí. Die Kirche wurde 1696 erbaut, das Kloster 1703 gegründet. Beim Erdbeben 1953 erlitt die Anlage starke Schäden. Schatz des Klosters ist die Marienikone. Ein Mönch lebt noch hier und empfängt Besucher.

● **Geöffnet:** täglich von Sonnenaufgang bis Sonnenuntergang, 13-16 Uhr geschlossen, Wickelröcke liegen aus

Léfki und Anogí

Anogí ist **eines der ältesten Dörfer** der Insel. Hierherauf zogen die Menschen im Mittelalter, um sich vor den Piraten in Sicherheit zu bringen. Die Umgebung ist felsig. Am Dorfrand erhebt sich der hübsch geformte, 8 m hohe Fels Araklis. Die Hauptattraktion ist die Marienkirche, die schon zu byzantinischer Zeit errichtet wurde. Die meisten der sehenswerten Fresken wurden im 16./17. Jh. gemalt. Die Ikonen stammen aus dem 15./16. Jh.

Im 16. Jh. gründeten Bewohner von Anogí an der Westküste den Ort **Léfki,** da sie an den Westhängen der Berge gute Ackerflächen fanden. Toll sind die Sonnenuntergänge, die man abends von hier beobachten kann.

Unterkunft ● **Pension Rita Paxinou,** Léfki, Tel./Fax 31785, DZ, Bad, Kühlschrank, teils mit Balkon, hübsche Aussicht nach Kefaloniá, beliebt, 15-50 € ohne Frühstück, 4er 30-95 €.

Stavrós und die Polisbucht

Auch **Stavrós** wurde im 16. Jh. gegründet. Hierher zogen sowohl Leute aus Anogí wie auch aus Exogí. Im Dorfzentrum erstreckt sich ein hübscher Dorfplatz mit einer Büste von Odysseus und einem kleinen Park.

Unterhalb von Stavrós erstreckt sich die Polis-Bucht. In der **Lizos-Höhle** am Rande der Bucht fanden Archäologen Gegenstände aus mykenischer Zeit, die im Archäologischen Museum von Pilikata ausgestellt sind. Die Höhle wurde über viele Jahrhunderte genutzt. Sie stürzte bei einem Erdbeben im 4. Jh. v. Chr. ein.

Unterkunft

●**Privatzimmer Sobolas,** Stavrós, an der Hauptstraße, zu erfragen im Souvenirgeschäft, Tel. 31245, 31712, Fax 31638, kleine DZ, Bad, Balkon, ohne Küche 30-60 €, mit Küche 40-70 €.
●**Rooms Villa Elias,** Stavrós, auf dem Weg zum Museum, Tel. 31751, poppynik@otenet.gr, ruhige Lage, einfache große DZ mit Bad und Küchenecke, 30-50 €.

Essen und Trinken

●**Taverne Polyphemus,** Stavrós, netter Garten, Gerichte, die den Touristen meist zusagen, Preise o.k.

Fríkes, Ráchi und Kióni

Vom kleinen **Fischerhafen** Fríkes legen Fähren nach Fiskárdo und Lefkáda ab. Der Hafen wurde in den letzten Jahren vergrößert. Im 16. Jh. ließen sich die ersten Bewohner aus Exogí hier nieder.

Ráchi liegt auf einem Bergrücken mit **schöner Aussicht** auf Kióni. Unten bei der Kirche Ag. Nikólaos wurde eine Meerwasserentsalzungsanlage gebaut. Da es aber billiger ist, Trinkwasser per Schiff anzuliefern, verrottet die Anlage allmählich.

Kióni ist das schönste Dorf auf Itháki. Es wurde im 16. Jh. gegründet, aber auch hier stehen nur noch wenige alte Häuser. Am südlichen Dorfrand führt ein Fußweg zu drei **Windmühlenruinen,** die auf einem Kap liegen.

Itháki

Unterkunft

• **Rooms Karatzis,** Ráchi, altes Steinhaus am Pass oberhalb Kióni mit herrlicher Aussicht auf die Bucht, liegt aber außerhalb und ist sehr warm, Tel./Fax 31679, DZ, Bad, teils mit Küchenecke 25-45 €.

• **Captain's Apartments,** Kióni, schöne Lage mit Blick auf die Bucht, www.captains-apartments.gr, Tel. 31481, Fax 31090, die einzelnen Apartments sind recht unterschiedlich, Bad, Küche, Balkon, Telefon, TV, 2er 40-45 €, 3er 45-65 €, 4er 50-75 €.

• **Argiris Rooms,** Kióni, hinter dem Dorf an der Uferstraße Tel. 31580, einfache DZ mit Bad, schöner Blick, kleiner Balkon, große Gemeinschaftsterrasse, 20-30 €, mit Küchenecke 24-35 €.

Stränden

Aspros Gialós, Ag. Ioánnis

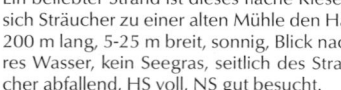

Ein beliebter Strand ist dieses flache Kieselkap, hinter dem sich Sträucher zu einer alten Mühle den Hang hochziehen. 200 m lang, 5-25 m breit, sonnig, Blick nach Kefaloniá, klares Wasser, kein Seegras, seitlich des Strandes Felsen, flacher abfallend, HS voll, NS gut besucht.

• **Service:** Liegen und Schirme, Strandsäuberung
• **Anfahrt:** Straße von Léfki aus, Parkplatz an der Windmühle, dann Treppenweg

Polis

Lang gezogene Bucht mit Blick auf Kefaloniá. 200 m lang und 10 m breit, sonnig, seitlich des Strandes befindet sich ein kleiner Fischerhafen, Kies und Steine, Seegras, seitlich teils Felsen im Wasser, steiler abfallend, große Bäume am Kiosk, NS ruhig, HS gut besucht.
● **Service:** WC, Kiosk, Umkleidekabine
● **Anfahrt:** Piste von Stavrós, Parkplatz

Kourvoulia und Schinari

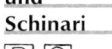

Schöne kleine Buchten, von bizarren Felsen umrahmt. Je 50 m lang und 5-10 m breit, Kies, steiler abfallend, sonnig, wenig Schatten, kein Seegras, keine Felsen, HS voll, NS gut besucht.
● **Service:** sauber, keine Einrichtungen
● **Anfahrt:** Parken am Straßenrand, Bus

Ráchi/Ag. Nikólaos

Zwei Kiesbuchten mit Blick auf Lefkáda. Die nördliche ist sonnig, 80 m lang, 10 m breit, ein Olivenbaum gibt Schatten, klares Wasser, kein Seegras, Felsen nur am Buchtrand, steil abfallend, NS ruhig, HS gut besucht. Die andere Bucht ist 150 m lang, 5 m breit, Kies und Steine, klares Wasser, kaum Seegras, teils Felsen, flacher abfallend, gut besucht. Hinter dem Strand spenden Bäume am Hang Schatten.
● **Service:** keine Einrichtungen
● **Anfahrt:** Nordbucht: Trampelpfad von der Hauptstraße ausgeschildert, Bushhaltestelle, Parkplatz am Straßenrand. Die andere Bucht ist über eine Piste, die am Ortseingang von Kióni von der Straße abzweigt, zu erreichen. Parkmöglichkeit in einer Kurve, hier zweigt ein Trampelpfad ab.

Kióni

Hinter dem Hafen führt eine schmale Straße weiter südwärts, über die man zahlreiche kleine Kieselbuchten erreichen kann, meist gut besucht oder voll.

Kióni-Friedhof

Hübsche kleine Kiesbucht mit Booten. 50 m lang, 5-10 m breit, Badeschuhe können nicht schaden, Bäume spenden Schatten, klares Wasser, teils Seegras, teils Felsen im Wasser, flacher abfallend, Blick auf Kióni, Bootsanlegesteg, NS gut besucht, HS voll. Vom Strand führt ein Fußpfad auf das vorgelagerte Kap zu Windmühlenruinen.
● **Service:** sauber, Taverne mit WC
● **Anfahrt:** über Betonweg von Kióni bis zur Wendeplatte, dann Fußweg, kein Parkplatz

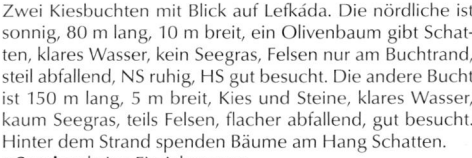

Ithaki

DER INSELNORDEN

Platrithías und Pelikata

Bei der Streusiedlung Platrithías markiert ein Weg-
zeiger die **„Schule des Homer".** Das Schild weist
auf den hübschen Ort, an dem sich die Reste der
frühchristlichen Kirche Ag. Athanassios befinden.
Ob Homer jemals hier war, ist zweifelhaft. Archäologen machten Funde aus der Zeit um 2700 v.
Chr. Im 2. Jahrtausend bestand hier eine Siedlung,
von der jedoch nichts mehr zu erkennen ist.

In Pelikata befindet sich das zweite **Archäologi-
sche Museum** der Insel. Gezeigt werden Gegenstände aus mykenischer Zeit, die man in der Umgebung gefunden hat, sowie Keramikgefäße und
Dreifüße aus der Bronzezeit (3000-2000 v. Chr.).
Letztere wurden als Preise bei Sportwettkämpfen
vergeben. Ein schönes Fundstück ist der beidseitig
bemalte Teller aus dem 17. Jh. v. Chr. Im Museum
sind außerdem die Funde aus der Lizos-Höhle aus
dem 9. und 8. Jh. v. Chr. zu bewundern.

● **Geöffnet:** Di-So 8.30-15 Uhr (teils flexibel gehandhabt),
Eintritt frei

Kalamos und Exogí

Auch **Exogí** bot den Menschen im Mittelalter
Schutz vor den Piraten. Die blaue Kuppel der Kirche Ag. Marina überragt das kleine Dorf, das
schon wegen der Aussicht einen Besuch wert ist.
Zwischen Ruinen führen alte Pflasterwege durch
grüne, verwilderte Gärten. Am Friedhof trifft man
auf eigenartige Pyramiden. Die erste ließ C. Papadopoulos 1933 über dem Grab seiner Mutter errichten. Auch sein eigenes Grab ziert eine Pyrami-
de. Oberhalb des Dorfes kann man das **Kloster
Moní Pernarakia** besuchen. Es steht seit dem
2. Weltkrieg verlassen; deutsche Besatzungstrup-
pen erschossen den letzten Mönch.

Kalamos ist ein beinahe verlassener Weiler am Hang. Obstbäume und verwilderte Gärten bestimmen das Bild. „Volkskunstmonumente" wie ein Obelisk aus Mühlsteinen, eine alte Olivenölpresse, Plastiken und bäuerliches Gerät sind z.T. mit Widmungen versehen, z.B.: „An die Generation, die auf Itháki das Land kultivierte". Am Ende der Straße erreicht man das schöne Brunnenhaus mit einem Gedicht von *Raftopoulos*. Das verfallene Gebäude neben dem Brunnenhaus ist bis 1953 als Hotel genutzt worden. Es wurde beim Erdbeben stark beschädigt und zerfällt seither. Der Garten ist romantisch verwildert.

Wanderung um Exogí

● **Route:** Kreuzung Platrithías – Kalamos – Exogí – Kreuzung Platrithías
● **Strecke:** über die Straße, eine sonnige Piste und herrliche, alte Wege; Höhenunterschied 200 m
● **Landschaft:** durch Olivenhaine und an verwilderten Gärten entlang, lohnend!
● **Dauer:** rund 2 Stunden
● **Ausrüstung:** Wasser, gute Schuhe, lange Hose
● **Anfahrt:** von Stavrós aus am Museum vorbei in Richtung Exogí, dann aber an der Gabelung, bei der die Straße nach Exogí links abzweigt, halb rechts in Richtung Kalamos halten.
● **Hinweis:** Diese Tour lässt sich am besten als Abendspaziergang unternehmen. Im Dorf oben gibt es ein sehr einfaches Cafenion.

Zum Brunnenhaus von Kalamos

Man folgt der kleinen Straße, an der „Kalamos" markiert ist. Nach 300 m zweigt man an einer Gabelung links ab und trifft auf die oben erwähnten **„Volkskunstmonumente".** Nach weiteren 300 m trifft man auf die nächste Gabelung, an der man sich rechts hält. Die kleine Straße führt zwischen verwilderten Gärten hindurch und endet an der hübschen Hotelruine beim alten **Brunnenhaus.**

Nach Exogí Hinter dem Brunnenhaus beginnt ein leicht ansteigender Weg, der nach wenigen Minuten auf eine

Mauer zuführt (evtl. geschlossenes Gatter wieder schließen). Bei einer Gabelung geht man nach links weiter. Der folgende Pfad ist teils überwuchert, aber einfach zu finden. Rechter Hand sieht man oberhalb der Steinmauer eine **Hausruine.** Kurz darauf trifft man auf eine Piste, der man nach rechts folgt. An der nächsten Gabelung hält man sich links. Die Piste führt durch ein Gatter und den Berg hinauf. Dann trifft sie auf eine andere Piste, der man nach links folgt. Der Weg führt weiter nach oben und der Blick wird frei auf die Bucht von Afáles. Es folgen zwei dicht hintereinander liegende Gatter. Das abgeteilte Stück Piste wird manchmal als **Pferch** benutzt, steht aber im Sommer tagsüber leer. Dann fällt die Piste wieder ab. Nach wenigen Metern beginnt hinter einem weiteren Gatter der gut erhaltene alte Pflasterweg, der steil nach rechts den Berg hochführt. Büsche spenden Schatten. Bei einer Gabelung geht es rechts weiter. Nun kreuzt ein Pfad, der waagerecht am Hang entlangläuft. Hier geht es weiter den Berg hoch zu einem Gatter. Rechts liegt wenige Meter weiter oben eine kleine **Kirche.** Der Pflasterweg führt an der Kirche vorbei und trifft bei einem **Haus mit Schwimmbad** auf die Straße. Gegenüber setzt sich der Pflasterpfad fort. Er führt zwischen alten Ruinen hindurch an einem großen Feigenkaktus vorbei. Ein Pfad zweigt nach links ab. Man folgt weiter dem Weg, der geradeaus den Hang hochführt und bald wieder auf die Straße trifft. Auch hier setzt sich der Weg auf der gegenüberliegenden Straßenseite fort. Er trifft bei einem Haus mit auffällig **blau gestrichenen Fensterläden** auf eine Betonstraße. Der Treppenweg setzt sich weiter fort und gabelt sich, man biegt rechts ab. Nach wenigen Metern windet sich der Weg nach links über Treppen hoch und trifft bald schon wieder auf die Straße, auf die man nach rechts einbiegt. Dann zweigt nach rechts ein alter Weg von der Straße ab. Er führt an einem **Weinberg** vorbei mit herrlicher Aussicht zu den beiden

Pyramiden. Hinter den Pyramiden trifft der Weg auf einen Parkplatz neben der Friedhofskirche **Ag. Nikólaos.**

Durchs Dorf Exogí abwärts

Nun folgt man nach links der Straße abwärts. In einer Kurve liegt die **Kirche Panagía.** Kurz darauf trifft man auf die Hauptkirche des Dorfes, **Ag. Marina.** Unterhalb des Kirchplatzes zweigt eine Betonstraße nach links ab, über die man nach wenigen Metern das verfallene **Haus O Moros** erreicht. Es wurde im 18. Jh. von einem Juristen erbaut. Ein auffälliges Gesicht ziert die Fassade. Es

Itháki

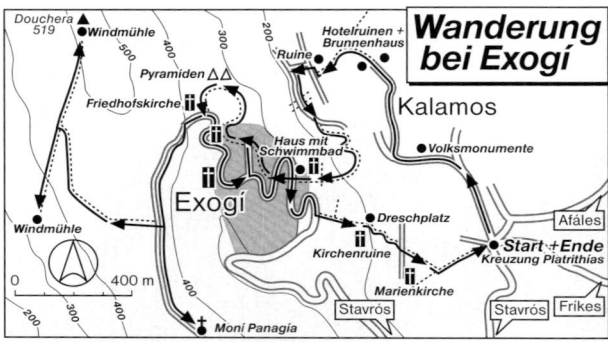

geht nun wieder zurück zur Hauptstraße. In der ersten Linkskurve liegt rechts ein sehr einfaches **Cafenion.** Man folgt der Straße den Berg hinab, am Haus mit Schwimmbad vorbei, bis nach einer Links- und einer Rechtskurve links ein alter Pfad abzweigt, der mit zwei Punkten und einem Strich rot markiert ist. Nach wenigen Metern trifft man auf diesem Pfad auf ein Gatter. Der Pfad zieht sich nach rechts. Rechter Hand sind die **Ruinen** einer Kirche zu erkennen, linker Hand liegt ein kreisrunder **Dreschplatz.** Der Weg führt durch ein Gatter und windet sich über Stufen im Zickzack den Hang hinab. Links des Weges liegen zwischen Olivenbäumen einige **Ruinen.** Man muss ein weiteres Gatter durchqueren, bevor man auf einen breiteren Weg trifft. Der Fußpfad setzt sich auf der gegenüberliegenden Seite fort. Rechts oben liegt in einem lichten Olivenhain eine weiße **Marienkirche.** Der Pfad wird nun enger und führt in ein kleines Tal hinunter, wo er sich gabelt. Nach rechts geht es zur **Quelle Melan's water.** Abwärts geht es über einen teils überwucherten, aber doch gut erkennbaren Fußpfad, der unten auf eine Betonstraße trifft. Folgt man dieser nach rechts, gelangt man wieder zum Ausgangspunkt der Tour.

Wanderung auf die Berge hinter Exogí

● **Route:** Exogí – Windmühlen – Kloster Moní Panagía – Exogí
● **Strecke:** breite Piste, schmale, teils überwucherte Fußwege; Höhenunterschied 200 m
● **Landschaft:** Zypressenwäldchen, Phrygana, verwilderte Felder
● **Dauer:** 2 Stunden
● **Ausrüstung:** Sonnenschutz, Wasser, Verpflegung, lange Hose
● **Organisation:** Tour am besten als Abendspaziergang unternehmen, dann liegen Teile des Weges im Schatten
● **Anfahrt:** Die Wanderung beginnt oben in Exogí bei der Friedhofskirche.

Zu den Windmühlen

Hinter der Friedhofskirche von Exogí geht die Straße in eine leicht ansteigende Piste über, der man folgt. Nach 15 Minuten steht am rechten Pistenrand ein Schild, das die Wanderung mit rotem Punkt und „Ag. Andreas" markiert. Hier beginnt ein schmaler Fußpfad, der durch die stacheligen Kräuter der Phrygana allmählich den Hang hochführt. Man hat einen schönen Blick auf Exogí. Nach 15 Minuten gabelt sich der Pfad. Links sieht man in etwa 200 m Entfernung eine **Mühle,** auf die man nun zugeht. Von dort hat man einen schönen Blick auf die Nachbarinsel Kefaloniá. Dann geht man wieder zurück zur Gabelung und folgt dem Pfad, der von dieser Seite aus geradeaus am Hang entlang weiterführt. Man kommt an Terrassen vorbei und erreicht die **Ruinen** eines Hauses. Die bis zu dieser Stelle gute Markierung hört hier auf. Von der Hausruine aus kann man die **zweite Mühle** und ein Gemäuer, das in ca. 200 m Entfernung halb rechts liegt, sehen. Man geht auf die Mühle zu. Einige unscheinbare Pfade führen in Richtung des Gemäuers. Die Mühle, auf die man weiter zugeht, verschwindet aus dem Blickfeld, wird aber nach fünf Minuten wieder sichtbar. Von der Mühle hat man einen wunderschönen Blick auf die Inseln nördlich von Itháki und auf Kefaloniá. Nun geht man wieder zurück zur Hausruine,

Itháki

folgt dem Pfad abwärts zur Gabelung und geht von dort wieder hinunter zur Staubpiste.

Zum Kloster

Man folgt der Piste den Hang hoch. Sie führt auf das verlassene Marienkloster zu. Am Rande des Klosterhofs stehen Kiefern, die zu einer Pause einladen. Dann folgt man der Piste wieder den Hang hinunter zur Friedhofskirche von Exogí.

Strände

Afáles

Eine schöne Bucht mit türkisblauem Wasser. Der Blick fällt auf Felseninseln und steile Felswände. In der Bucht sind die schönsten Strandabschnitte nur vom Meer her zu erreichen. 100 m lang und 5-10 m breit, sonnig, Sand und Steine, teils Felsen im Wasser, steil abfallend, ruhig.
- **Service:** keine Einrichtungen
- **Anfahrt:** markiert, Parkplatz, Treppenweg

Mármaka Nord

Rundgeschwungene Bucht, 300 m lang, 10 m breit, vorgelagert eine kleine Insel mit einer Kirche, Lagunensee hinter dem Strand, sonnig, Kies, klares Wasser, kein Seegras, Felsen am Buchtrand, steil abfallend, ruhig.
- **Service:** keine Einrichtungen
- **Anfahrt:** schlechte Piste von Ag. Saránda aus, Parkplatz

Mármaka Süd

Hinter dem Strand stehen große Eukalyptusbäume, dahinter liegt eine sonnige Wiese, vorgelagert ist eine kleine Insel mit einer Kapelle, 100 m lang, 5 m breit, Kiesel, klares Wasser, teils Seegras, teils auch Felsen im Wasser, Plastikschuhe empfehlenswert, flach abfallend, ruhig.
- **Service:** keine Einrichtungen
- **Anfahrt:** schlechte Piste von Ag. Saránda aus, Parkplatz

500ko Foto: vb

ZÁKYNTHOS

DIE INSEL IM ÜBERBLICK

- **Einwohner:** 35.000
- **Fläche:** 402 km²
- **Höhe:** 756 m
- **Tel.-Vorwahl:** 26950
- **PLZ:** 29000, Zante: 29100

ZANTE

Das Ortsbild

Zante war eine der schönsten Städte der Region, bevor sie 1953 bei einem starken Erdbeben und dem anschließenden Großbrand völlig verwüstet wurde. Nur drei Gebäude überstanden das Katastrophenjahr. Heute sind ausschließlich Neubauten aus den 50er- und 60er-Jahren in Zante zu finden, was man den Häusern aber nicht unbedingt ansieht. Zahlreiche Gebäude wurden in **neoklassizistischen Stil** wieder aufgebaut, Plätze und Straßen an den ursprünglichen Orten angelegt.

Erste Orientierung

Es ist nicht schwer, sich in Zante zurechtzufinden. Die Stadt liegt am Fuße eines steilen Hügels, auf dem sich die Reste der mittelalterlichen Festung befinden. Sie zieht sich 2 km am Meer entlang, ist aber nur 200-400 m breit. Das Zentrum der Stadt bilden der **Solomos-Platz** und der **St.-Markus-Platz,** die beinahe ineinander übergehen. Sie befinden sich hinter dem nördlichen Ende des Hafens. Über die **Uferpromenade** quält sich von Süden her der Verkehr ins Zentrum. Am nördlichen Stadtrand zeigt die Promenade ihr schöneres Gesicht. Die Stadt dehnte sich in den letzten Jahren v.a. nach Süden aus, denn die Erosionsfelsen, die im Norden dichter ans Meer rücken, brechen immer mal wieder ab und verschütten den Hang.

Vom Zentrum führt eine kleine Straße am Ufer entlang nach **Kryoneri** und zum **Kap Akrotirio.**

Seite 365: Wandern bei Kerí: Blick auf die Felseninsel Mizíthres

Auf der Rückseite des Kaps steigt die Straße an. Hier, am Stadtrand, stehen Häuser und Villen im Grünen. Sie ziehen sich bis **Bóchali,** einer Art Vorstadt, die sich vor dem Eingang zur alten Festung auf dem Hügel erstreckt. Auch dieses Viertel liegt im Grünen. Von hier aus hat man eine tolle Aussicht auf die Stadt. Bóchali ist auch über eine Straße direkt vom Zentrum aus zu erreichen. Die südlicheren Stadtteile von Zante sind einfacher und ärmlicher.

Spaziergang durch Zante und Bóchali

Die im Folgenden mit **Stern*** gekennzeichneten Sehenswürdigkeiten werden weiter hinten im Kapitel detaillierter beschrieben.

Man startet am Hafen und überquert den Solomos-Platz. Zunächst trifft man auf eine **Bronzefigur,** die Jugendstilfiguren ähnelt. Diese „Freiheitsstatue" wurde 1960 errichtet und erinnert an alle Griechen, die in Kriegen, in denen sich das Land seine Unabhängigkeit erkämpfte, den Tod fanden. Rechts am Platz liegt die **Kirche Ag. Nikólaos*.** Gleich daran anschließend trifft man auf das **Bibliotheksgebäude*.** Auf dem Platz erinnert eine Statue an den Dichter *Solomos*. Am oberen Ende befindet sich links das **Zákynthos-Museum*.** Man folgt der Fußgängerzone am OTE-Telefonamt vorbei und erreicht den St.-Markus-Platz. Dort liegen das **Solomos-Museum*** und die **Kirche Ag. Markos*.**

Man biegt vor der Kirche nach rechts ab und trifft kurz darauf auf die Odos Kapodistriou, in die man nach rechts einbiegt und so zur **Kirche Mitropolis** gelangt. Diese wurde nach dem Erdbeben neu gebaut. Die zweite Straße, die nach links abzweigt, ist die Odos Louka Karer. Sie führt an der **Kirche Kyria ton Angelon*** vorbei und trifft auf die stärker befahrene Odos Koliva, die man überquert und der man nach rechts folgt. Kurz darauf biegt man nach links in die Odos Martzoki-

Zákynthos

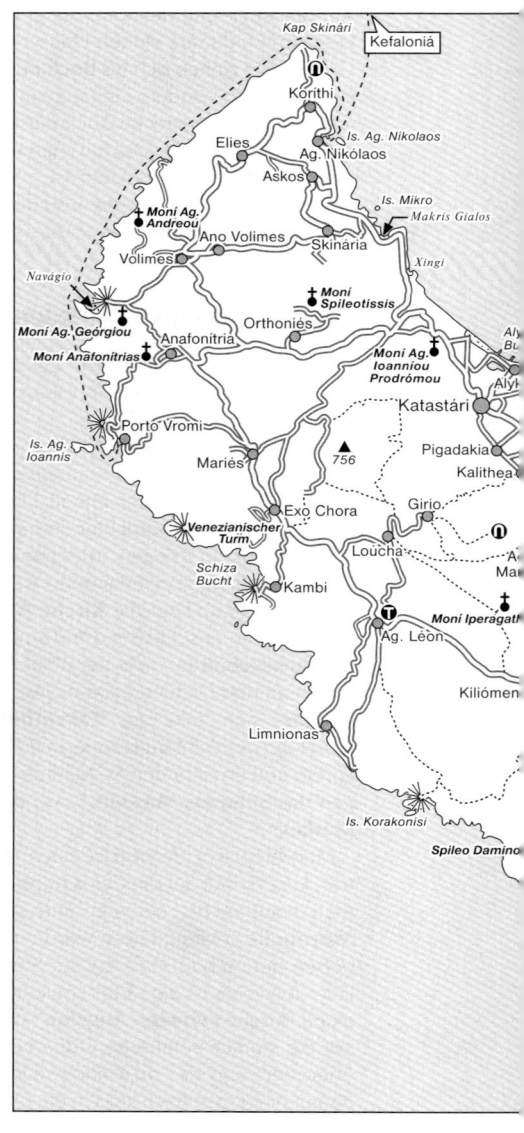

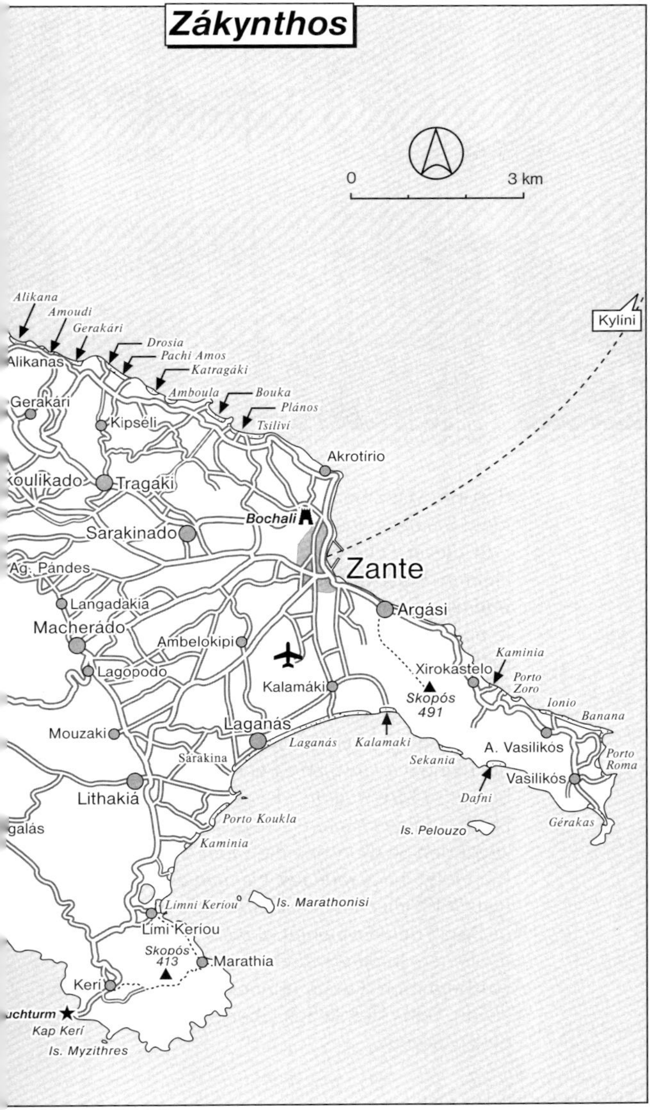

Zákynthos

0   3 km

Kylini

Alikana
Amoudi
Gerakári
Drosia
Pachi Amos
Alikanás   Katragáki
Gerakári   Amboula   Bouka
                               Plános
Kipséli   Tsiliví
oulikado   Tragáki   Akrotirio

Bochali

Sarakinado   Zante

Ag. Pandes   Argási
Langadakia   Kaminia
Macherádo   Ambelokipi   Porto
                                      Zoro
Lagopodo   Xirokastelo   Ionio   Banana
              Kalamáki   Skopós
                                491
Mouzaki   Laganás   A. Vasilikós   Porto
              Sarakina   Laganás Kalamaki   Roma
                                      Sekania
Lithakiá   Dafni   Vasilikós
galás   Porto Koukla   Is. Pelouzo   Gérakas
              Kaminia

              Limni Keriou° Is. Marathonisi
          Limi Keriou
              Skopós
              413   Marathia
Keri
uchturm ★
Kap Keri
Is. Myzithres

Zákynthos

don ein. Man überquert eine kleine Kreuzung und biegt bei der zweiten Kreuzung nach links ab.

In dieser Ecke der Stadt findet man noch die kleinen **Holzhäuser,** die nach dem Erdbeben überall gebaut wurden, da sie billig waren und viele nur die Aufbauhilfe zum Neubau ihrer Häuser hatten. Inzwischen ist Zákynthos dank des Tourismus eine wohlhabende Insel und die Holzhäuschen verschwinden allmählich aus dem Stadtbild.

Am Ende der kleinen Straße geht es nach rechts hoch und man trifft an einer kleinen Kirche auf die belebte Odos Filikon, der man nach links folgt. Nach wenigen Metern zweigt auf der gegenüberliegenden Straßenseite die Odos Therimanou ab. Man folgt ihr geradeaus, bis man auf den Kalvos-Platz trifft. Hier stand früher die Kirche Ag. Nikólaos. Nach dem Erdbeben ist nicht viel von ihr übrig geblieben. In dieser Kirche lag der Dichter *A. Kalvos* begraben. Heute erinnert eine **Gedenktafel** an ihn. Seine sterblichen Überreste liegen im Solomos-Museum.

Blick von Bóchali auf Zante

Man geht oben am Platz entlang und trifft auf eine kleine Kreuzung. Nach rechts hoch zweigt die Odos Stratouli ab. Man geht aber geradeaus weiter und trifft nach wenigen Metern auf die Odos Argassari. Dieser folgt man zunächst nach rechts, schwenkt aber kurz darauf wieder nach links. Hier münden zwei Straßen ein. Man biegt in die obere ein, die zu der **Kirche Pikridiotissa** auf eine Aussichtsterrasse führt.

Man folgt der Straße, die bald in einen Weg übergeht, weiter den Hang hoch. Der Weg führt nach Bóchali. Man erreicht die Hauptstraße oberhalb der **Taverne Panorama*,** wendet sich nach links und erreicht die **Venezianische Festung*.**

Nach einem Festungsbesuch, für den man eine Stunde einplanen sollte, folgt man der kleinen Straße abwärts auf den **Platz von Bóchali.** Tavernen und Cafés bieten sich für eine Pause an. Die Aussicht auf die Stadt ist beeindruckend. Auch die **Kirche Panagía Chrysopigis** lohnt einen Blick.

Der Abstieg zur Stadt erfolgt über einen schmalen, steilen **Fußpfad,** der durch Kiefernwald zum Amphitheater führt. (Man kann auch der Piste, die oberhalb der Taverne Panorama von der Straße abzweigt, bis zum Kalvos-Platz folgen.) Um zum Fußpfad zu gelangen, geht man an der Kirche von Bóchali vorbei. Die kleine Straße führt zu einigen Häusern, die weiter unten am Hang stehen. Zwischen zwei Häusern zweigt nach rechts ein schmaler Weg ab, der von Gartenzäunen flankiert wird. Am Ende der Zäune beginnt der Fußweg. Relativ weit unten zweigt nach rechts ein Trampelpfad ab, der am **Amphitheater** endet. Man folgt dann dem Pfad weiter den Hang hinunter und trifft an einem Hauseingang auf eine kleine Treppe, die zur Straße hinunterführt.

Die nächste Querstraße geht man nach links hinunter und trifft auf die Odos Therianou, der man nach rechts folgt. Am Ende der Odos Therianou erreicht man den **Kalvos-Platz.** Man schlendert über den Platz und trifft unten schon bald auf

Zákynthos

BYZANTINISCHE MALEREI, DER KRETISCHE STIL UND DIE IONISCHE SCHULE

Die Malerei nimmt in der orthodoxen Kirche eine zentrale Stellung ein. Das Bild ist nicht Schmuck, sondern ein Mittel den Geist des Heiligen zu vergegenwärtigen. Der Maler wird nach orthodoxer Auffassung **göttlich inspiriert** und ist daher in der Lage, ein Bild zu schaffen, das Himmel und Erde verbindet. Wenn sich der Gläubige in ein solches Bild versenkt, soll er Kontakt mit dem Jenseits bekommen.

Daher entwickelte sich im **Byzantinischen Reich** eine symbolische Malerei, die keinen Wert auf die realistische Darstellung des Objekts legt. Die Heiligen werden perspektivisch verzerrt mit entrücktem Blick gemalt.

Als 1453 Byzanz von den muslimischen Osmanen erobert wurde, flüchteten viele orthodoxe Maler nach Kreta, das seit 1204 von den katholischen Venezianern regiert wurde. Während sich die orthodoxe Kirche und Sakralmalerei im Osmanischen Reich fremden Einflüssen verschloss, waren auf Kreta bald schon Einflüsse der venezianischen Kunst zu finden. Im 16. Jh. entwickelte sich die **Kretische Schule.** Ihre bekanntesten Vertreter waren *M. Damaskinos* und *E. Tzanes.*

Als dann 1669 auch Kreta an die Osmanen fiel, flüchteten diese Maler auf die Ionischen Inseln in venezianisches Gebiet, wo sich ein neues Zentrum der orthodoxen Sakralmalerei bildete. Im 18. Jh. setzte sich ein neuer Stil durch: die **Ionische Schule.** Den Anfang bildeten die Maler *P. Doxaras* und *S. Plakotos,* es folgten *N. Doxaras, N. Koutouzis* und *N. Kantounis.* Ihre Malerei lässt barocke Einflüsse aus Venedig erkennen.

1830 kam es zur Neugründung Griechenlands auf einem Gebiet, das lange Jahre unter osmanischer Herrschaft gestanden hatte. Das Zentrum der orthodoxen Kirche etablierte sich also dort, wo kein Einfluss von außen zugelassen wurde. Das junge Land war auf der Suche nach einer nationalen Identität und griff auf byzantinische Traditionen zurück. So setzte sich im 19. Jh. der byzantinische Stil in der **orthodoxen Malerei Griechenlands** durch. Die Ionischen Inseln wurden erst 1864 in den griechischen Staat eingegliedert. Inzwischen kann man sehen, dass sich die konservativ orientierte Richtung der orthodoxen Kirche auf dem Festland auch auf den Ionischen Inseln wieder durchsetzt. Neue Sakralmalerei wird wieder in byzantinischem Stil ausgeführt.

die belebte Odos Tertzeti, die man überquert und der man nach rechts folgt. Man biegt in die zweite Querstraße nach links ein und kommt am **Rathausplatz** heraus, einer Verbreiterung der Odos 21. Maiou. Diese Straße eignet sich für einen Einkaufsbummel; nach links führt sie wieder zum Ausgangpunkt St.-Markus-Platz.

Sehenswertes

Zákynthos-Museum

Interessant ist die Ausstellung für denjenigen, der sich für die kunstgeschichtliche Entwicklung der sakralen Malerei in Griechenland interessiert, denn auf den Ionischen Inseln gab es eine Weiterentwicklung, die u.a. auch den Einfluss von Venedig erkennen lässt.

Im EG sind **Ikonen und Altarwände** aus zerstörten Kirchen, z.B. aus der 1683 in Zante erbauten Kirche Pantokrátoras ausgestellt. Interessant sind Fotos, die den Zustand von Altarwänden und Kirchen vor und nach dem Erdbeben zeigen. Im Halbgeschoss sind Ikonen aus dem 17./18. Jh. ausgestellt. Im 1. OG werden alte Marmorbruchstücke aus hellenistischer, römischer und byzantinischer Zeit präsentiert. Beeindruckend ist ein Freskenraum, in dem die Klosterkirche Ag. Andreas bei Volímes nachgebaut wurde. Die aus dem 17. Jh. stammenden Fresken wurden von den Wänden der Originalkirche abgelöst. Beeindruckend sind auch die Fresken aus der Apsis der zerstörten Kirche Saviour, die in der venezianischen Festung stand. Diese Fresken stammen aus dem 12. Jh. In zwei Räumen sind Ikonen der Kretischen Schule aus dem 15.-17. Jh. ausgestellt. Dann folgen Räume mit Werken von *N. Koutouzis* (1741-1813) und *N. Katounis* (1767-1834), die der Ionischen Schule zugerechnet werden. Am Ende des Rundgangs trifft man auf ein großes, eindrucksvolles Modell, das Zante vor dem Erdbeben 1953 darstellt.

Zákynthos

● **Geöffnet:** Di-So 8-14.30 Uhr, Eintritt 3 €

Solomos-Museum

In diesem Museum findet man **persönliche Gegenstände** berühmter Menschen, die auf Zákynthos lebten. Im EG befinden sich die **Sarkophage** der Dichter *A. Kalvos* und *D. Solomos.* Der Text der griechischen Nationalhymne ist ein Gedicht von *Solomos,* der auf der Insel aufwuchs.

●**Geöffnet:** täglich 9-14 Uhr, Eintritt 2,30 €

Nautisches Museum

Ausgestellt werden Fotos und Modelle von Schiffen sowie weitere Gegenstände der Seefahrt.

●**Geöffnet:** tägl. 9-14, 18-21.30 Uhr, in Bóchali, Tel. 28249

Bibliothek

Im neoklassizistischen Gebäude der Bibliothek wird heute die **Erdbebenkatastrophe** dokumentiert. Viele Fotos zeigen die Stadt, wie sie unmittelbar nach der Katastrophe aussah. Im EG befindet sich das Kino und eine **Ausstellung zum Widerstand** der Griechen gegen die Besatzungsmächte im 2. Weltkrieg.

●**Geöffnet:** Mo-Mi 12-19.30 Uhr, Do-Fr 9-13 Uhr

Platz und Kirche St. Markus

Der zentrale Platz der Stadt befindet sich vor der Kirche St. Markus, auch Ag. Markos oder San Marco genannt. Er geht über die breite Odos Dimokratias in den Solomos-Platz über. Die Kirche St. Markus wurde 1518 erbaut und nach dem Erdbeben im alten Stil neu aufgebaut. Sie ist eine **römisch-katholische Kirche,** in der aber auch eine Ikone mit Votivtäfelchen zu finden ist, was eigentlich nur in orthodoxen Kirchen Brauch ist.

Kirche Ag. Nikólaos

Die Kirche, die heute am Hafen von Zante steht, ist eine gelungene Rekonstruktion des alten Gotteshauses, das nach dem Erdbeben als Ruine zurückblieb. Es wurde 1560 von der Fischergilde auf

Die Kirche Ag. Nikólaos

einer **kleinen Insel** errichtet. Da die Trümmer, die zahlreiche Erdbeben in den letzten Jahrhunderten verursachten, immer ins Meer gekippt wurden, entstand in Laufe der Zeit ein großer Platz, der die ehemalige Insel mit der alten Küste verbindet – der Solomos-Platz. 1583 war der auf der Insel verehrte heilige *Dionysios* hier *papás* (Pfarrer).

Kirche Kyria ton Angelon

Die Kirche mit den schönsten Steinmetzarbeiten ist die kleine 1687 von der Gilde der Barbiere gestiftete Marienkirche Kyria ton Angelon. Sie wurde 1953 beim Erdbeben stark beschädigt. Die Renovierung ist hervorragend gelungen. Um die Kirche herum befindet sich ein kleiner Park, der leider in den nächsten Jahren zugebaut werden soll. Am Portal sind neben Sonne, Mond und Sterne auch die Gottesmutter mit Kind und zwei Engel dargestellt. Am Seitenportal sind der Doppeladler, das Wappen des byzantinischen Königshauses und der Erzengel Michael zu sehen.

502ko Foto_vb

Zákynthos

501ko Fotox xb

Kirche Ag. Dionysios

In den letzten Jahren wird neben dieser Kirche, die das religiöse Zentrum der Insel bildet, ein Kloster erbaut. Um 1950 am südlichen Ende des Hafens errichtet, überstand die Kirche das starke Erdbeben. Ihr schlanker, hoher Turm ist eines der prägenden Merkmale der Stadt. Das Kircheninnere wurde erst in den letzten Jahren ausgemalt. In der Kapelle rechts befindet sich der Sarkophag mit den Gebeinen des heiligen *Dionysios.* Er ist mit einer Klappe ausgerüstet, so dass die Gläubigen die Gebeine des Heiligen küssen können.

Die Venezianische Festung in Bóchali

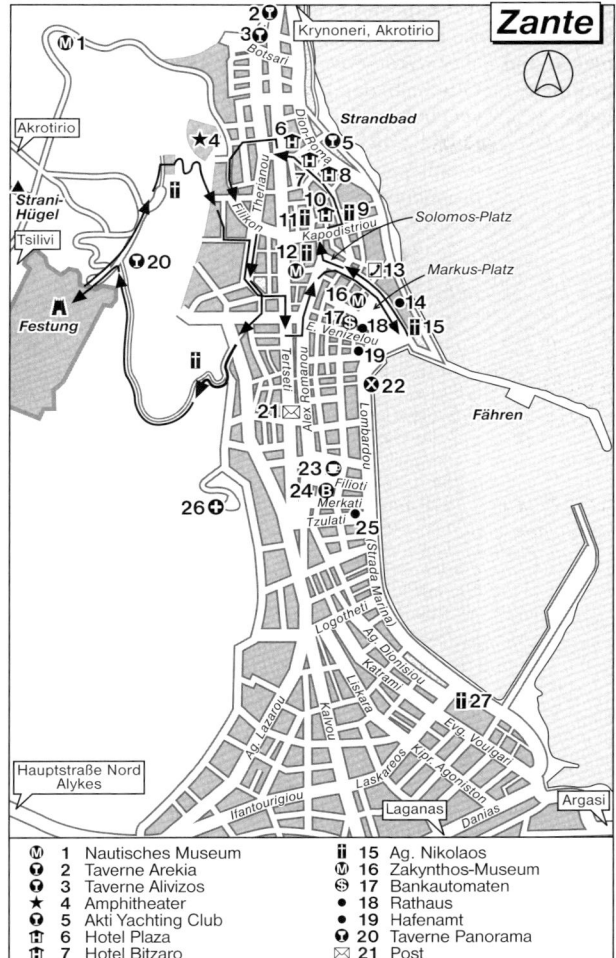

Ⓜ	1	Nautisches Museum
♀	2	Taverne Arekia
♀	3	Taverne Alivizos
★	4	Amphitheater
♀	5	Akti Yachting Club
🏨	6	Hotel Plaza
🏨	7	Hotel Bitzaro
🏨	8	Hotel Reparo
⛪	9	Kyria ton Angelon
🏨	10	Pension Zouridis
⛪	11	Mitropolis
Ⓜ	12	Solomos-Museum
⛪		Ag. Markos od. San Marco
☑	13	OTE
●	14	Bibliothek & Kino

⛪	15	Ag. Nikolaos
Ⓜ	16	Zakynthos-Museum
Ⓢ	17	Bankautomaten
●	18	Rathaus
●	19	Hafenamt
♀	20	Taverne Panorama
✉	21	Post
✖	22	Taxi und Pferdekutschen
○	23	Internetcafé
Ⓑ	24	Busbahnhof
●	25	Polizei
✚	26	Krankenhaus
⛪	27	Ag. Dionysios
➜		Rundgang

Zákynthos

Kirche Stavromenos und Brunnenhaus

Am **Kap Akrotirio** nördlich der Stadt erhebt sich die hübsche Kirche Stavromenos aus dem 16. Jh. Hier werden oft Taufen und Hochzeiten gefeiert. Oberhalb der Kirche befindet sich ein kleiner Leuchtturm. Die Felsen, die sich auf dem Weg zur Kirche erheben, werden Kokkinos Vrachos genannt. Vor diesen Felsen liegt das venezianische Brunnenhaus, von dem früher die Schiffe mit Süß-

Rundgang durch die Venezianische Festung

Zum Ergründen der venezianischen Festung sollte man sich Zeit nehmen. Von den einzelnen Gebäuden ist nicht viel übrig, aber die Aussicht auf das Umland macht den Besuch zu einem Erlebnis.

Am höchsten Punkt des Hügels befand sich zu antiker Zeit die Stadt Psophida. Erdbeben haben dazu geführt, dass ältere Siedlungsreste spärlich sind. Die Mauern, deren Reste man hier vorfindet, wurden im 17. Jh. von den Venezianern erbaut. 1812 brachten die Engländer ihr Militär auf der Festung unter. Dabei wurden viele ältere Gebäude zerstört. Seit 1984 graben Archäologen im Festungsareal. Sie fanden Belege dafür, dass der Berg durchgehend von prähistorischer bis in die byzantinische Zeit bewohnt war.

Man betritt die Festung durch drei Tore. Am dritten Tor kann man das Wappentier der Venezianer, den geflügelten Löwen erkennen. Nun folgt man nach rechts der Festungsmauer. Von der Kirche Ag. Ioánnis Theológos ist nicht mehr viel übrig. Man hat aber eine schöne Aussicht auf Bóchali. Dann erreicht man kurz vor der Eckbastion die Reste eines Brunnens und der Kirche Yperagias Theotókou Lavrentenas. 1478 erstmals erwähnt, wurde sie im 19. Jh. völlig zerstört. Man folgt weiter der Mauer am städtischen Brunnen vorbei und sieht dann zwischen den Bäumen die Ruine des Doms San Salvatore (Pantokrátoras) liegen. Diese Kirche wurde zu byzantinischer Zeit erbaut. Sie hatte einen kreuzförmigen Grundriss. Teile der Gemäuer stammen aus dem 12. Jh. Gleich neben der Kirche kann man die Ruinen eines Offiziersgebäudes der Engländer erkennen. Man folgt weiter der Festungsmauer den Berg hoch und erreicht eine weitere Bastion. Dahinter trifft man auf die Ruinen des Klosters San Francesco. Das Areal wurde von den Engländern neu bebaut. Nun geht man

wasser versorgt wurden. Das Viertel ist auch nach dem Brunnen benannt: **Kryoneri** heißt so viel wie „kaltes Wasser". Schön ist ein Abendspaziergang an der Uferpromenade entlang nordwärts. Am Kap findet man Steinmäuerchen und Bänke mit herrlichem Blick auf die Stadt, die Skopos-Halbinsel, nach Kylíni und zum Énos auf Kefaloniá.

auf das einzige noch gut erhaltene Gebäude zu: Das venezianische Pulvermagazin ist von einer Mauer umgeben, die vor Feuer schützen sollte. Direkt davor stand der Sitz des Burgherren. Er wurde wohl schon im 6. Jh. erbaut und diente diesem Zweck, bis 1767 ein starkes Erdbeben das Gebäude zerstörte. Geht man geradeaus weiter, so kommt man auf ein kleines Tor in der Burgmauer zu, das zum öffentlichen Magazin führt. Hier befinden sich schöne Steinreliefs an der Außenseite der Festungswand.

Nun folgt man der Festungsmauer am Pulvermagazin vorbei zur Südspitze. Dieser Teil der Festung ist nicht bewaldet. Man hat eine schöne Aussicht über den Flughafen bis nach Laganás. Dann geht man wieder zurück, am Pulvermagazin und am Tor vorbei und folgt der Festungsmauer abwärts. Hinter einem runden Aussichtsposten in der Mauer erreicht man die Ruine einer englischen Kaserne. Gleich dahinter liegt im Wald die Ruine der Kirche Ag. Ioánnis Prodromos aus dem 15. Jh. Eine Apsis, der Türstock und Mäuerchen, die den Grundriss der Kirche erkennen lassen, sind noch erhalten. Man geht zurück zur Festungsmauer. Das gut erhaltene Pulvermagazin am unteren Ende der Mauer wurde restauriert. Gleich daneben lag einst die Kirche Ag. Barbara. Dahinter erhebt sich das Gefängnis. Am Pulvermagazin vorbei gelangt man auf eine Bastion, von der aus man eine schöne Aussicht auf die Stadt hat. Einige rostige Kanonen liegen am Boden. Dann geht man am Gefängnis vorbei und erreicht die Festungstore und Vorhöfe, über die man die Festung wieder verlassen kann.

● **Geöffnet:** Di-So 8-18 Uhr, im Winter bis 14.30 Uhr, im Sommer bis 20 Uhr, Eintritt 3 €, bis 16 Jahre frei

Zákynthos

Bóchali und Strani- Hügel

Von Bóchali aus hat man die schönste Aussicht auf die Stadt. Die Villen des **Vororts** liegen auf der Rückseite des Hügels zwischen üppig grünen Gärten. An der Hangkante vorne haben sich Tavernen und Cafés niedergelassen. Erstmals wurde dieses Viertel im 16. Jh. urkundlich erwähnt. Auf der Rückseite des Hügels trifft man auf einen weiteren Aussichtspunkt, den Lofos Strani. Von der Straßenkreuzung im Zentrum von Bóchali folgt man der Straße nur wenige Meter in Richtung Tsiliví. Nach 20 m zweigt nach rechts ein Weg ab, der an Parkbänken vorbei zum Denkmal für den Dichter *Solomos* und zum Aussichtsplateau führt. *Solomos* schrieb hier oben die „Hymne an die Freiheit", die später zum Text der griechischen Nationalhymne erwählt wurde. Ein Holzklotz aus dem Baum, unter dem Solomos sich inspirieren ließ, befindet sich im Solomos-Museum.

Praktische Tipps

Anreise, Schiffsver- bindungen

Der Flughafen befindet sich nahe Zante unweit von Laganás, Tel. 28322, 28611. Es gibt keine Busverbindung dorthin, Taxi 6 €. Von Zante fährt mehrmals täglich eine Fähre nach Kylíni, 5,10 €/Person, 24,50 €/Auto einfach, Informationen Tel. 26230-92013, 92666, Fax 92115. Auch nach Pátras besteht eine Fährverbindung. (Fähren nach Kefaloniá siehe „Skinári")

Sonstige Verkehrs- mittel

●**Bus:** Die Busverbindungen im Süden der Insel sind gut. Laganás, Tsiliví, Kalamáki, Argási und Alykés erreicht man einfach. Schlecht sind die Verbindungen zu den Bergdörfern und zum Hafen von Skinári. Am Busbahnhof werden Busfahrpläne kostenlos verteilt. Auch unter: www.ktel.org.
●**Taxi und Pferdekutschen:** Einen Taxistand findet man am Hafen und am Solomos-Platz. Am Hafen bieten auch Pferdedroschken ihre Dienste an. Auf der ganzen Insel kann man über das Radiotaxis bestellen, Tel. 48400.
●**Mietfahrzeuge:** Das größte Angebot ist in Laganás zu finden. Die Preise sind sehr unterschiedlich: Mofas 7,50-14 €, Kleinstwagen 30-50 € pro Tag. Anbieter: Sakis Cars & Moto, Platia Ag. Markou, Tel. 23928, relativ preisgünstig; Sky Rental, Odos Makri, Mofas und Autos, Tel. 26278; Ionian Rentals, Odos L. Zoi 34, Tel. 48946; Odos Makri, Tel. 48946, Autos und Mofas
●Die **Straßenbeschaffenheit** ist auffällig schlecht.

●**Tankstellen:** am Stadtrand in Richtung Argási, Laganás und Alykés.

Unterkunft

●**Pension Zouridis,** Odos L. Karer, Tel. 44691, kleine DZ, Bad, teils Balkon, teils Gemeinschaftsküche, teils mit eigener Küche, Aufzug, Ventilator, Heizung, ganzjährig geöffnet, unten gibt es ein großes Wohnzimmer, zu dem Gäste Zutritt haben, 30-50 €.

●**Hotel Reparo,** Odos Róma/Odos Voultsou, Tel. 23578, Fax 45617, gepflegtes Hotel an der Uferpromenade, DZ, Bad, Balkon, teils Meerblick, AC, TV, 45-80 € mit Frühstück.

●**Hotel Bitzaro,** Odos Róma 46, Tel./Fax 23644, gepflegtes Haus, DZ, Bad, Balkon, Meerblick, TV, AC, 52-64 € ohne Frühstück.

●**Hotel Plaza,** Odos Kolokotroni 2, liegt an der Uferpromenade, Tel. 45059, Fax 45733, DZ, Bad, Balkon mit Meerblick, AC, TV, Telefon, 35-50 € ohne Frühstück, Frühstück 5 € pro Person.

●**Pension Joanna,** in Kryoneri, Tel. 41970, 44842, ruhige Lage, DZ, Küche, Bad, Meerblick, Balkon, AC, TV, 27-50 €.

●**Pension Mávra Xenos,** hinterm Kap in Akrotirio, oberhalb der Piano-Bar, Tel. 23119, einfache DZ, Bad, Balkon, schöner Blick, 20-35 €, mit Küche 25-45 €.

●**Pension Vasilikí Xenos,** liegt hinterm Kap in Akrotirio, Tel. 44436, Fax 27956, einfache DZ, Bad, Balkon, Küche, ruhig gelegen, schöne Aussicht, 25-40 €.

Essen und Trinken

●**Restaurant Panorama,** Bóchali, schöne Aussichtsterrasse, sehr gute griechische und internationale Küche, guter Service, gehobene Preise, aber für das Gebotene o.k., empfehlenswert.

●**Alivizos,** s. Stadtplan, Taverne, in der am späten Abend *Kantates* gesungen werden, die italienisch beeinflusste Volksmusik der Insel, gute griechische Küche, Preise gehoben.

●**Arekia,** s. Stadtplan, urige Taverne mit einfachen, preiswerten griechischen Speisen. Man sitzt auf Bänken, die Wände sind mit Teppichen bekleidet, es gibt Wein vom Fass und am späten Abend werden *Kantates* gesungen. Hier treffen sich gute Musiker, die Atmosphäre ist eher die einer Kneipe als die eines Restaurants.

●**Taverne Akrotiri,** auf der Rückseite des Kaps in Akrotirio, in einem Garten gelegen, sehr gute griechische Küche, Preise o.k., Tel. 45712.

●**Aresti Piano Bar,** am Kap, gute internationale Küche, guter Service, Preise gehoben, aber für das Gebotene o.k., häufig Livemusik, meist Schlager auf dem Keyboard.

●**Taverne Akti Yachting Club,** neben dem Strandbad, Terrasse direkt am Meer, kleine Auswahl, gute griechische Küche, Preise o.k.

Zákynthos

Einkaufen

In der **Odos 21. Maiou** reiht sich ein Laden an den anderen. Hier findet man neben einem Zeitungsladen mit internationaler Presse auch stilvolle Souvenirgeschäfte und Geschenkboutiken wie z.B. das Celini. Auch in der **Odos El. Venizelou** trifft man auf Geschäfte. Hier befindet sich z.B. eine gute Bäckerei und mehrere Läden, die die süßen Inselspezialitäten Mandolato und Pasteli anbieten. Einen größeren **Supermarkt** findet man unweit des Busbahnhofs.

Aktivitäten

●Ein **Kino** wird im Gebäude der Bibliothek betrieben. Im Sommer finden die Veranstaltungen open air statt.
●Im neuen **Amphitheater** finden im Sommer (mit schöner Aussicht auf Stadt und Meer) zahlreiche Konzerte und andere Veranstaltungen statt.
●Als **Bademöglichkeit** bietet sich das Strandbad an. Geöffnet: täglich 8-20 Uhr. Schöner sind die Bademöglichkeiten außerhalb der Stadt.

Nachtleben

An der Straße zwischen Zante und Argási haben sich zahlreiche Bars und Clubs etabliert, die zum Ziel für Nachtschwärmer werden können. Viele fahren aber auch nach Laganás, dem Zentrum des Nachtlebens auf Zákynthos.

Ausflüge

Zahlreiche Ausflüge werden angeboten, z.B. eine Inselrundfahrt per Bus, eine Inselumrundung per Boot (sehr beliebt), Griechischer Abend in Kambi, ein Bootsausflug nach Kerí und Marathonisi oder Bootsausflüge zum Schiffswrackstrand (sehr hübsch), ein Tagesausflug nach Kefaloniá (lohnend) oder nach Olympia (anstrengend aber lohnend für Urlauber mit geschichtlichem Interesse).

Nützliche Adressen

●**Krankenhaus:** am Stadtrand, ausgeschildert, Tel. 26950-42514, 42515
●**Apotheken:** Viele Apotheken sind leicht zu finden.
●**Polizei:** Odos Lomvardou 62, am Hafen, Tel. 26950-22200, 22221. Die **Touristenpolizei,** die nicht nur im Notfall hilft, sondern die auch kostenlose Informationen zur Verfügung stellt, ist im gleichen Gebäude zu finden, Tel. 26950-27367.
●**Hafenbehörde:** Odos El. Venizelos 1, Tel. 28117-8, Fax 48370
●**Geld:** zahlreiche Banken und Bankautomaten, z.B. am Solomos-Platz
●**Reisebüros:** Das Büro Cavo Grosso, Tel. 48308, mit Zweigniederlassungen in Laganás, Argási, Tsiliví, Alykés und Alikanás bietet Ausflüge an. Ähnliche Angebote machen Zante Tours, Odos Lomvardou 18, Tel. 45327 oder Spring Tours, Odos Lomvardou 50, Tel. 48004, Fax 26315.
●**Internetcafé:** Das Internetcafé am Busbahnhof ist ziemlich verqualmt, Tel. 26650, Fax 27593, tops@in.gr

ARGÁSI UND DER OSTEN

Tipps für die Region

Verkehrs-mittel

● **Mietfahrzeug:** in Argási: Ionian Rentals, Tel. 41121, Albatross Rent a Car & Bikes, Tel. 42056, weitere Anbieter in Vassilikós
● **Tankstelle:** in Argási und Vassilikós

Nützliche Adressen

● **Krankenhaus:** in Zante
● **Arzt:** in Argási, Tel. 26950-45500
● **Apotheke:** in Argási
● **Geld:** kein Bankautomat, Geldwechsel in Argási nur in Reisebüros
● **Internetcafé:** Mousehouse an der Hauptstraße in Argási, Tel. 49510, mousehouse13@hotmail.com

Zákynthos

Der Strand von Ag. Nikólaos bei Vasilikós

Aktivitäten

- **Mini Car und Gokart:** in Argási
- **Reptile House & Farm,** an der Straße zwischen Zante und Argási, hier werden Schlangen u.a. Reptilien gezeigt, Besitzer ist ein griechisch-australisches Ehepaar, Eintritt für den Zoo oder die Erlebnisfarm 5 €, Kinder 3 €, für beides 7,50 €, Kinder 4 €, im Winter nur am Wochenende, im Sommer täglich 10-19 Uhr, Tel. 27865.

Unterkunft

- **Pension am Strand Pórto Zóro,** Tel. 35304, Fax 35087, einfache DZ, Bad, TV, Kühlschrank, Ventilator, teils Balkon mit Meerblick, 30-45 € mit Frühstück, 3er-Zimmer 35-50 €

Argási und der Berg Skopos

Argási ist fest in touristischer Hand. Die einzige Sehenswürdigkeit ist die Ruine einer Brücke aus venezianischer Zeit. Hinter dem Ort erhebt sich der markante Berg Skopos. Er ist von Argási aus über einen Fußweg zu erreichen. Oben trifft man bei schöner Aussicht auf das Umland auf die Reste des Klosters Moní Panagía Skopiotissa.

Die Küste bei Vasilikós und Gérakas

Im Osten von Zákynthos trifft man auf beliebte Sandstrände. Hier brüten aber auch die Unechten Karettschildkröten *Caretta caretta,* und zwar zeitgleich mit der Badesaison. Ihre Anzahl ist in den letzten Jahren rund um Zákynthos stark gesunken, was unbestritten mit der Entwicklung des Massentourismus zusammenhängt. Tierschützer erhielten viele Jahre lang wenig Gehör und insbesondere die Geschäftsleute, die mit den Touristen ihr Geld verdienen, wehrten sich vehement gegen den Tierschutz. 1990 wurde trotz des Widerstandes ein **Meeresnationalpark** eingerichtet. Seither müssen Geschäftsleute und Urlauber mit Einschränkungen rechnen und die meisten tun sich auch nicht schwer damit, den Anweisungen der Parkwächter Folge zu leisten. Viele Gäste informieren sich am Informationsstand in Gérakas und unterstützen Projekte der Tierschützer.

- **Informationen:** www.earthseasky.org

Strände

Argási

Hinter dem schmalen Strand ziehen sich Tavernen, Bars und Cafés unter Bäumen entlang. 1 km lang und 5-10 m breit, Sand, sonnig, teils Seegras, teils Felsen im Wasser, flach abfallend, sehr voll.
●**Service:** Dusche, WC, Telefon, Strandsäuberung, einfach zu erreichen für Leute mit Gehbehinderung, Supermarkt, Telefon, Hotels, Liegen und Schirme, Volleyballnetz, Tretboote, Crazy Banana, Wasserski, Jetski, Paragliding, Ring, Bootsanlegesteg
●**Anfahrt:** Bus, kaum Parkmöglichkeiten

Kaminia

Hinter dem Strand ziehen sich steile Hänge hoch. Dort ragen Hotelanlagen aus dem Wald. 200 m lang und 20 m breit, vorne Sand, sonnig, teils Seegras, Felsen am Buchtrand, flach abfallend, sehr voll.
●**Service:** einfach zu erreichen für Leute mit Gehbehinderung, Strandsäuberung, Dusche, WC, Strandbar, Liegen und Schirme, Bootsanlegesteg
●**Anfahrt:** Parkplatz

Pórto Zóro

Hinter dem Strand erhebt sich ein grüner Hang, es gibt eine Pension. 200 m lang und 10 m breit, sonnig, Sand, wenig Seegras, wenig Felsen im Wasser, flach abfallend, HS voll, NS gut besucht.
●**Service:** Strandsäuberung, WC, Taverne, Liegen und Schirme
●**Anfahrt:** Parkplatz

Iónio

Hinter dem Strand erheben sich spärlich bewachsene Hänge, oben an der Hangkante Tavernen mit Bäumen. Sehr lang, 10-20 m breit, sonnig, Sand, klares Wasser, wenig Seegras, keine Felsen im Wasser, flacher abfallend, voll.
●**Service:** Strandsäuberung, Liegen und Schirme, Taverne, Dusche, WC, Telefon, Volleyballnetz, Supermarkt 200 m entfernt
●**Anfahrt:** Parkplatz

Banana/ Relax Beach

Hinter dem Strand kahle Hügel, oben am Hang Kiefernwald, 20-30 m breit, kilometerlang, geht in den Iónio Beach über, sonnig, Sand, klares Wasser, kein Seegras, keine Felsen im Wasser, flach abfallend, sehr voll.
●**Service:** Strandsäuberung, Dusche, WC, Taverne, Liegen und Schirme, Tretboote, Kanu, Wasserski, Paragliding, Crazy Banana, Ring, Jetski, Volleyballnetz
●**Anfahrt:** Parkplatz

Zákynthos

Ag. Nikólaos/ Koukis

Die Strände gehen ineinander über. Das Hinterland ist relativ kahl. Auf dem felsigen Kap steht die Kirche Ag. Nikolaos. Koukis ist 150 m lang, 10-15 m breit, Ag. Nikolaus ist 250 m lang, 20-30 m breit, Sand, sonnig, klares Wasser, wenig Felsen, wenig Seegras, flach abfallend, sehr voll.
● **Service:** Hotels, Strandsäuberung, Supermarkt, Bar, Taverne, Liegen und Schirme, Tretboote, Crazy Banana, Wasserski, Jetski, Paragliding, Kanu, Ring
● **Anfahrt:** Parkplatz, Bushaltestelle

Pórto Róma

Hinter dem Strand befindet sich eine Böschung mit Phrygana. Der Blick fällt auf den Hafen, das Kap und den Hotelstrand Mávratzis. 200 m lang, 5 m breit, sonnig, grober Sand, klares Wasser, etwas Seegras, kaum Felsen im Wasser, flach abfallend, NS gut besucht, HS voll.
● **Service:** Strandsäuberung, Taverne, WC, Liegen und Schirme
● **Anfahrt:** Bushaltestelle, Parkplatz

Gérakas, Dáfni, Sekánia

Schildkrötenstrand, vom 1.6 bis 31.10 ist nachts der Aufenthalt an den Schildkrötenständen verboten. Man findet oberhalb des Strandes von Gérakas einen Informationsstand über die Meeresschildkröten *Caretta caretta*. Wer den Schildkröten helfen will, sollte ihre Brutplätze meiden.

505ko Foto: vb

Der Strand von Laganás in der Nebensaison

LAGANÁS
UND DIE SÜDLICHE EBENE

Tipps für die Region

Verkehrs-mittel

●**Mietfahrzeug:** Am Flughafen findet man mehrere Fahrzeugvermieter. Das größte Angebot der ganzen Insel hat man in Laganás. Auch in Kalamáki werden Fahrzeuge verliehen. In Límni Keríou: Rent Moto Pigasos, Tel. 27150, Pegasus Moto &Car, Tel. 22463,26243.
●**Tankstelle:** in Límni Keríou, in Lithakiá, zwischen Lithakiá und Agalás unweit der Gabelung in Richtung Kiliómeno, an der Hauptstraße zwischen Laganás und Zákynthos-Stadt unweit des Flughafens, in Kalamáki und in Laganás.

Aktivitäten

●**Gokart:** Gokart for small Drivers, in Laganás
●**Reiten:** bei Nana Horse Riding, unweit von Kalamáki, Tel. 23195, 45390, Reitkappen vorhanden, außerdem: Kalamáki Zante Horse Center, Tel. 52546, Handy 0937984074, beide sind ausgeschildert, Reitstunde 15 €.
●**Rundflüge:** Air-Zákynthos I'NTL bietet Rundflüge über der Insel an. Informationen: Tel. 51505-7, 52488, Fax 51506. Die Flugzeuge starten vom Flughafen aus.
●**Wassersport:** ist nach der Einrichtung des Nationalparks in Laganás verboten. Per Bus kann man an den Strand Ag. Nikólaos oder Tsiliví fahren. Für Wassersportler ist der Transfer kostenlos.
●**Tauchen:** Límni Keríou Diving Center, Tauchausflüge, Tauchlehrgänge, Infos: Tel./Fax 48768 oder Tel. 43276

Nachtleben

In Laganás wird mehr als genug an geräuschvoller Unterhaltung geboten.

Nützliche Adressen

●**Krankenhaus:** in Zante
●**Ärzte:** In Laganás praktizieren 4-5 Ärzte, die Praxen sind ausgeschildert, man kann sich in der Apotheke erkundigen.
●**Flughafen:** unweit von Laganás, Tel. 28322, 28611
●**Geld:** Bankautomaten an der Hauptstraße in Laganás, außerdem bieten Reisebüros Geldwechsel an.
●**Reisebüro:** Keri Tourist Center am Hafen von Límni Keríou bietet Geldwechsel, Ausflüge, Zimmervermittlung, Motorboote und Mietfahrzeuge an.
●**Wäscherei:** Bougada, an der Hauptstraße in Laganás, täglich 9-20.30 Uhr, Tel. 52227, 28583
●**Internetcafé:** Cyberzone, Hauptstraße in Laganás, mit AC, Tel. 29466, cyberzone-laganas@hotmail.com

Zákynthos

Die Bucht von Laganás

Alte Fotos beweisen, was man vermutet: Früher war die Bucht von Laganás eine Traumbucht. Heute gleicht der Traum manchmal einem Albtraum, so voll ist der Strand. Das Dorf **Laganás** ist unruhig, denn zahlreiche Urlauber setzen auf geräuschvolle Unterhaltung mit „Wein und Gesang".

Am Strand von Laganás brüteten in früheren Jahren die meisten Karettschildkröten. Heute werden die Tiere durch den Massentourismus massiv gestört. Dass zum Schutz der Schildkröten ein **Meeresnationalpark** eingerichtet worden ist und es daher verboten ist, mit Speedbooten durch die Bucht zu rauschen, nimmt man hier nur zähneknirschend zur Kenntnis.

Unterkunft

● Der **Campingplatz Laganás** liegt außerhalb in einem Olivenhain; es gibt dort ein Schwimmbad, ein Restaurant und einen Supermarkt.
● Am Ende der Hauptstraße am Strand befindet sich ein Infostand, der auch **Zimmer** vermittelt.

Das Landgut von Sarakina

Unweit von Lithakiá befindet sich die **romantische Ruine** des Landgutes von Sarakina. Sie liegt inmitten von Olivenhainen auf einem kleinen Hügel und ist ausgeschildert. Das schlossartige Gebäude ist ein gutes Beispiel dafür, wie die Adligen früher ihre Landhäuser erbauten.

Im Mittelalter hatten sich in dieser Ecke der Insel Sarazenen niedergelassen, die die Bevölkerung der Umgebung beraubten. Im 16. Jh. siedelte die **Familie Loutzis** von den Peloponnes nach Zákynthos über und fand hier ein neues Domizil. Die Venezianer, die damals die Insel beherrschten, erhoben Familien, die sie tatkräftig unterstützten, in den Adelstand. Selbiges widerfuhr *Georg Loutzis*.

Neben dem Landgut der Familie befindet sich die **Kirche Ag. Ioánnis Prodromos,** in der Mitglieder der Familie beigesetzt wurden. Zerstört

wurde das Anwesen 1953 bei den starken Erdbeben. Seither zerfallen die Gebäude. Die altrosa getünchten Wände sind von Efeu überwuchert.

Macherádo und Umgebung

Macherádo lohnt einen Besuch für all diejenigen, die sich für Kirchen interessieren. Am Dorfrand findet man die **Ypapandis-Kirche** aus dem 16. Jh. mit schönen Steinreliefen an der Fassade. Ihr Steinglockenturm mit Durchgang ist der höchste Turm dieser Art, der auf Zákynthos zu finden ist.

Hauptziel der Urlauber ist die **Kirche Ag. Mávra** aus dem 19. Jh. Ihr spitzer, schlanker Kirchturm überragt die Ebene. Die Wandmalereien im Ionischen Stil sind von barocken Gemälden beeinflusst. Die Ikone stammt aus dem 16. Jh.

Moní Eleftherotria Aus der Ferne sieht das 1961 gegründete Kloster Moní Eleftherotria am Rande des Dorfes wie eine mittelalterliche Burg aus, die in Weiß und Rot erstrahlt und aus den Olivenhainen hervorragt. Im Kloster leben heute dreizehn Nonnen, die Touristen freundlich empfangen. In der Kirche befindet sich die alte Altarwand aus der Marienkirche von Pigadákia, die beim Erdbeben zerstört wurde. In der Kapelle neben der Hauptkirche lagert eine Reliquiensammlung mit Knochen und Zähnen von verstorbenen Heiligen. Auch eine Sammlung von Steinen aus heiligen Stätten haben die Nonnen angelegt und zeigen sie stolz den Besuchern.

●**Geöffnet:** täglich 8-12 und 16-20 Uhr. Wenn die Kirchtür nicht offen steht, kann man auch am Portal daneben klingeln. „Anständige" Kleidung ist erwünscht. Während der Saison liegen Wickelröcke aus.

Zu Dörfern der Umgebung Zwischen den Dörfern **Lagopodo** und Macherádo wachsen mehr als 40 verschiedene Orchideenarten. Botaniker werden v.a. im April und Mai fündig, denn dann blühen die meisten.

Zákynthos

Oberhalb des neuen Dorfes **Langadakia** liegen die sehenswerten Ruinen des alten Ortes, der bei dem Erdbeben 1953 zerstört wurde. Die alten Gemäuer werden langsam von Pflanzen erobert.

Hinter Macherádo windet sich die Straße hoch ins Bergland nach **Kiliómeno.** Die Straße bietet eine herrliche Aussicht auf die Ebene.

Essen und Trinken

● **Taverne Kasteli,** an der Straße zwischen Macherádo und Kiliómeno, tolle Aussicht.

Límni Keríou, Marathiá und Kerí

Hinter dem Strand von **Límni Keríou,** an dem sich eine Tauchschule etabliert hat, befindet sich ein von Schilf umgebener See. Hier quillt neben Wasser auch Pech aus den Quellen, die den See speisen. Pech wurde früher für den Schiffsbau benötigt und war ein begehrter Rohstoff. Die Pechquellen vom Límni Keríou wurden schon im 5. Jh. v. Chr. genutzt. Heute lohnt sich die Pechgewinnung hier nicht mehr. Eine Pechquelle wurde gefasst und man kann sie sich ansehen. Sie ist als „Herodoto's Spring" an der Straße markiert.

Hinter Límni Keríou liegt an der steilen Küste versteckt **Marathiá,** eine ruhige Streusiedlung mit kleinen Kiesstränden und schöner Aussicht auf die vorgelagerte Schildkröteninsel.

Die Hauptstraße führt hoch ins **Bergdorf Kerí.** Beim Leuchtturm hinter dem Dorf bietet sich einer der schönsten Ausblicke auf die Steilküste. Die beiden bizarren Felseninseln große und kleine Myzíthra liegen den steilen Kalkwänden vorgelagert im Meer. In hübscher Lage befinden sich Ausflugstavernen, die von Urlaubern zum Sonnenuntergang aufgesucht werden. Auch wer Ruhe sucht, wird hier fündig: Zu Fuß erreicht man wunderschöne Aussichtspunkte an der wilden Küste.

Unterkunft

● **Villas Cavo Marathiá,** Tel. 22120, Fax 42957, www.vcm.gr, stilvolle Unterkunft, ruhige Lage, Besitzer sind ein deutsch-griechisches Ehepaar, schöne DZ, Bad, Küchenecke, Balkon, schöne Aussicht, Schwimmbad, Terrasse, 80-90 €, größere Maisonette 120-150 €, jeweils mit Frühstück für 2 Personen.

● **Villa Panorama,** Límni Keríou, Tel./Fax 28940, Handy 0972240640, www.villapanorama.gr, DZ, Bad, Balkon mit Meerblick, TV, AC, Küche 25-55 €, 3er 29-60 €, 4er 41-88 €.

● **Studios Drakis,** Límni Keríou, Tel. 48750, neben Villa Panorama, auch von hier schöne Aussicht.

● **Campingplatz Tartaruga,** Tel. 51967, Fax 53023, unweit der Straße nach Límni Keríou, schöner, ruhiger Platz, tolle Aussicht, viele Bäume, Kieselstrand, sehr beliebt, ganzjährig geöffnet, wird von einem Österreicher betrieben.

Essen und Trinken

● **Cafébar Mythos,** Límni Keríou, oberhalb des Hafens am Hang, schön gemacht, Preise gehoben.

Das Kloster Moní Eleftherotria

Rundwanderung zum Leuchtturm von Kerí

- **Route:** Kerí – Mykenisches Grab – Aussichtspunkt bei den Myzíthres – Leuchtturm – Kerí
- **Strecke:** über Pisten und eine kleine Straße
- **Landschaft:** durch Kiefernwälder zu einem schönen Aussichtspunkt
- **Dauer:** 1 Stunde, 30 Minuten
- **Ausrüstung:** Wasser, Sonnenschutz
- **Anfahrt:** Man startet am Dorfplatz in Kerí.
- **Hinweis:** Die Tour führt zu einem Aussichtspunkt an der Oberkante einer steil abfallenden Felswand. Vorsicht! Es gibt kein Geländer!

Zum Aussichtspunkt

Am Dorfeingang zweigt von der Hauptstraße kurz vor dem Platz nach links eine kleine Straße ab. Hier ist auf einem Schild das **Mykenische Grab** markiert, das man nach einer viertel Stunde erreicht. Es ist ein einfaches, kleines Grab, das man am linken Wegrand leicht übersieht. Kurz darauf biegt man in einer Linkskurve nach rechts in einen Weg ein, an dem ein grünes Schild „Kavakavi-Skalis Trail 15" markiert. Durch Kiefernwald trifft man bald auf ein grünes Schild, das „Faros" markiert. Nach 25 Minuten erreicht man eine scharfe Rechtskurve. Hier sind die Felsen nur mit niedriger Phrygana bewachsen. Trampelpfade führen an die Hangkante. Der Abstecher lohnt, denn unterhalb der Felswand liegen die **Myzíthres-Felseninseln.**

Zum Leuchtturm

Man folgt dem Weg noch ein Stück weiter, bis er unweit einiger Tavernen auf die Straße trifft. Hier folgt man der Straße nach links hoch zum Leuchtturm. Hinter dem Parkplatz geht man einen der Pfade den Hang hinunter und hält sich relativ weit links. Ein Maschenzaun sperrt den Abhang vorne ab. Am Ende des Zauns befinden sich **Felsennadeln,** die man über einen Pfad erreicht. Man muss eine tiefe Spalte von 30 cm Breite überqueren und gelangt zu einem herrlichen Aussichtspunkt. Der Pfad führt nach unten weiter, an Kiefern entlang, von denen man nochmals auf die Myzíthres sieht. Auch hier ist Vorsicht geboten, das Gelände ist

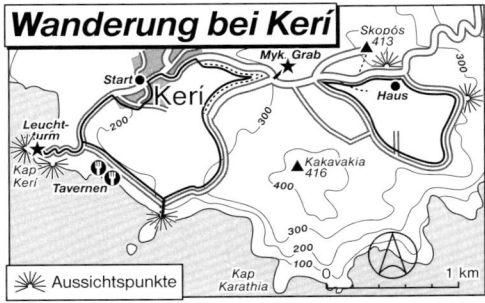

nicht abgesichert. Schließlich führt er an alten **Ruinen** vorbei auf die **Felsspitze.** Vom hier fällt der Blick nach Norden an der Felsenküste entlang. Dann folgt man wieder einem der vielen Pfade hoch zum Parkplatz.

Zurück nach Kerí

Man geht die Straße abwärts in Richtung Kerí. Am Dorfrand zweigt ein Weg nach rechts ab. Man trifft auf die ersten Häuser. Im Dorf biegt man zunächst nach rechts und kurz darauf nach links ab. So gelangt man zur Hauptstraße, der man noch wenige Meter nach rechts folgt, bevor man den Dorfplatz wieder erreicht.

Rundwanderung um Kerí

- **Route:** Mykenisches Grab bei Kerí – Aussichtspunkt beim Skopos – Mykenisches Grab bei Kerí
- **Strecke:** über teils sonnige Pisten
- **Landschaft:** an Feldern vorbei, durch Macchia und Kiefernwälder zu einem schönen Aussichtspunkt mit Blick auf die Insel Marathonisi
- **Dauer:** 1 Stunde
- **Ausrüstung:** Wasser Verpflegung, Sonnenschutz
- **Anfahrt:** Man fährt kurz vor dem Platz in Kerí die kleine Straße hoch, an der das Mykenische Grab markiert ist. Die Straße geht in eine Schotterpiste über. Gleich hinter dem Mykenischen Grab gabelt sich die Piste. Nach rechts weist ein grünes Schild mit der Aufschrift „Karakavi-Skalis Trail 15". Hier parkt man.

Zákynthos

Zum Aussichtspunkt beim Berg Skopos
Man folgt nicht dem Weg „Trail 15", sondern geht auf der Hauptpiste nach links weiter. Der Weg ist mit roten Punkten markiert. Es zweigen je zwei Wege nach rechts und links ab. Man geht aber weiter geradeaus, bis man auf eine Gabelung trifft, an der man sich rechts hält. Nach einer viertel Stunde liegt rechts des Weges ein **Bauernhaus** und daneben ein schöner Aussichtsplatz, der sich für eine Pause anbietet. Man kann von hier die **Insel Marathonísi** sehen.

Zurück nach Kerí
Der Weg fällt nun ab und gabelt sich. Man verlässt die roten Punkte und geht nach rechts weiter. Der Weg führt durch die Sonne aufwärts. Nach zehn Minuten hält man sich links. Ein **Blick zurück** lohnt sich, denn man hat eine schöne Aussicht auf Marathonisi und die Südküste. Dann windet der Weg

sich um den Berg in den **Kiefernwald** hinein. Man geht immer geradeaus weiter am Hang eines kleinen **Hochtals** entlang und trifft nach 25 Minuten wieder auf die Piste, über die man die Tour begann. Man biegt nach links ein und erreicht kurz darauf den Ausgangspunkt der Tour.

Die Höhle bei Agalás

Hinter Agalás befindet sich die **Höhle Spileo Damenou**, die aus zwei übereinander liegenden kleinen Höhlen besteht. Eine Straße führt zum Parkplatz bei einer Taverne, an der ein Fußweg beginnt. Über diesen Weg erreicht man die Höhle in fünf Minuten. An der linken Seite führt ein Kletterweg hoch zur oberen Höhle. Beide Löcher sind nicht allzu spektakulär. Eine Taschenlampe ist nicht notwendig, da die Höhlen nicht tief sind.

Strände

Kalamáki

Schildkrötenstrand, 1.6.-31.10. nächtlicher Aufenthalt verboten, Brutplätze am besten meiden.

Laganás

Fast immer überfüllt, Tavernen, Bars und Läden reihen sich nahtlos aneinander, kilometerlang, 30-40 m breit, sonnig, Sand, flach abfallend, keine Felsen, kein Seegras. Der Strand ist einer der Schildkrötenstrände und gehört zum Naturschutzpark, aber Geschäftsleute und Massentourismus haben hier erfolgreich die Schildkröten vertrieben. Wegen der Schildkröten ist Wassersport jedoch verboten.
●**Service:** Dusche, WC, einfach zu erreichen für Leute mit Gehbehinderung, Hotels, Supermarkt, Tavernen, Bars, Telefon, Strandsäuberung, Schirme und Liegen
●**Anfahrt:** Bus, kein Parkplatz

Zákynthos

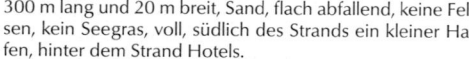

Laganás Süd

300 m lang und 20 m breit, Sand, flach abfallend, keine Felsen, kein Seegras, voll, südlich des Strands ein kleiner Hafen, hinter dem Strand Hotels.
- **Service:** Liegen und Schirme, Tretboot, Telefon, Taverne, WC, einfach zu erreichen für Leute mit Gehbehinderung
- **Anfahrt:** Parkplatz

Lithakiá

Hinter dem Strand befindet sich eine Mauer, dahinter die Straße, oben liegt eine Bar. Hübscher Blick auf die vorgelagerten Inseln. 1 km lang und 5 m breit, Sand, viel Seegras, sonnig, steiler abfallend, keine Felsen im Wasser, NS gut besucht, HS voll.
- **Service:** Taverne, Pension, Telefon, Supermarkt, Liegen und Schirme, Motorboot, Tretboot, Kanu, Strandsäuberung
- **Anfahrt:** wenig Parkmöglichkeiten

Pórto Koúkla

Öffentlich zugänglicher Hotelstrand, dahinter befindet sich ein terrassierter, mit Schilf bewachsener Hang, 5 m breit, Sand mit Steinen, flach abfallend, teils Felsen im Wasser, viel Seegras, Blick auf die vorgelagerten Inseln, NS gut besucht, HS voll, ruhige Atmosphäre.
- **Service:** Liegen und Schirme, Tretboote, Bar, WC, Bootsanlegesteg
- **Anfahrt:** Parkplatz am Hotel

Pórto Kerí

Neben dem Hafen Pórto Kerí, 50 m lang, 2-5 m breit, Sand, flach abfallend, sonnig, hinten eine Mauer, hinter der die Straße entlangläuft. Nach Norden wird der Strand breiter, dort Sand mit Kieselsteinen, Tamarisken geben Schatten, hinter dem Kiesstrand liegt im Tal der von Schilf umgebene See, NS ruhig, HS voll besucht.
- **Service:** Tavernen, Cafés, Pensionen, Supermarkt, Telefon, Tauchkurse, Volleyballnetz im Wasser, am breiteren Strandabschnitt Liegen und Schirme, Tretboote, Kanus, Motorboote
- **Anfahrt:** Bushaltestelle, Parkplatz

Marathiá

An der Küste hinter Límni Keríou trifft man auf mehrere kleinere Kieselbuchten, sonnig, NS ruhig, HS gut besucht.
- **Service:** oben an der Straße eine Taverne mit WC
- **Anfahrt:** Parkmöglichkeiten nur am Straßenrand

DIE NORDOSTKÜSTE: TSILIVÍ, ALYKÉS, SKINÁRI

Tipps für die Region

**Verkehrs-
mittel**

- **Fähren:** Vom Hafen von Ag. Nikólaos bei Skinári kann man 2-mal täglich nach Kefaloniá gelangen, 4 €/Person, 20 €/Auto einfach. Nur 1-2-mal täglich fährt ein Bus vom Hafen Ag. Nikólaos nach Zante. Das Taxi muss telefonisch bestellt werden (Tel. 48400) und kostet nach Zánte 20 €. Am Hafen werden keine Mietfahrzeuge angeboten.
- **Mietfahrzeug:** In Tsiliví vermieten Junior, Tel. 22053, 27602, Blue Bird, Tel. 27361, Ionian Rentals, Tel. 44801 oder Holiday Autos Fahrzeuge, in Alykés: viele Vermieter, z.B. Budget, in Alikana: Ionian Rentals, Tel. 83983.
- **Tankstellen:** in Tsiliví, bei Plános, bei Pachi Ammos, bei Tragáki, bei Ag. Nikolaos am Hafen und zahlreiche an der Hauptstraße bei Sarakinádo auf dem Weg nach Katastári

Aktivitäten

- **Reiten:** Yannis Horses, in Kato Gerakári, Tel. 62121, Ausflüge zu Pferd für Anfänger und Fortgeschrittene, auf Wunsch werden auch Reitkappen angeboten.
- **Flug mit einem Miniwasserflugzeug:** Go Fly, nördlich von Alykés, Handy 0946062120, Flüge finden nur bei schönem Wetter statt.
- **Mini Golf** und **Mini Cars:** beim Astoria Hotel in Alykés
- **Mountainbikes:** werden in der Wäscherei Jet Centre angeboten
- **Bootsausflüge:** Bootsfahrten zu den blauen Grotten (7 €) und zum Schiffswrack-Beach (9 €) werden vom Hafen Ag. Nikólaos angeboten. Die gleiche Tour wird in Koríthi beim Leuchtturm offeriert (14 € für beides). Die Glasbodenboote fahren alle 5-10 Minuten von 9 bis 18 Uhr. Lohnend!

**Nützliche
Adressen**

- **Arzt und Apotheke:** findet man in Tsiliví (ausgeschildert) und in Katastári, Tel. 26950-83208
- **Polizei:** in Katastári, Tel. 26950-83217
- **Geld:** Geldautomaten gibt es in Tsiliví. Geldwechsel ist in Reisebüros möglich.
- **Wäschereien:** Big Blue, in Tsiliví, an der Straße in Richtung Plános; Jet Centre, beim Hotel Letsos in Alykés, täglich 9-21.30 Uhr
- **Internetcafés:** in Alikanás: am Strand beim Hotel Valais, Tel. 83223, valaissa@otenet.gr; in Tsiliví: Almanac Internetcafé, www.almanac.gr; Magdalenas Café (unweit von Holiday Autos)

Zákynthos

Tsiliví

An der Nordküste reiht sich ein Strand an den anderen und viele Pensionen liegen in den Olivenhainen locker verstreut. In Tsiliví hat sich eine Hotelstadt gebildet, mit zahlreichen Tavernen, Reisebüros und Souvenirläden.

Unterkunft

●**Apartments Jannis Sofos,** am Kap südlich von Tsiliví, Tel. 22146, gepflegte Anlage, Apartments mit schöner Aussicht auf die Bucht, 25-50 €.
●**Camping Zante,** 2 km von Plános entfernt, Tel. 61710, Fax 63030, Bar, Kiesstrand, schattig, ruhig gelegen.

Essen und Trinken

●**The Balkony of Zante,** oberhalb von Tsiliví am Kap, griechische Küche, toller Blick, Preise gehoben.

Kipséli und Gerakári

Einen Abstecher lohnen die Dörfer Kipséli und Gerakári. Die alten Häuser liegen auf grünen, von Olivenbäumen bewachsenen Hügeln. Herrlich ist die Aussicht von Ano Gerakári aus. Dort thront die Kirche Ag. Nikólaos oben auf der Kuppe. Vom Kirchplatz hat man eine tolle Aussicht.

Strand Navágio – der Schiffswrack-Beach

Unterkunft

● **Camping Paradise,** Meso Gerakári, Tel. 61888, ruhig gelegen, Minimarkt, Taverne.
● **Pension Dimitris Vorrisis,** bei Meso Gerakári, Tel. 61645, Studios mit Blick auf das Meer und nach Kefaloniá, ruhige Lage, Kinderspielplatz.
● **Giorgakis o Kalogeros,** bei Meso Gerakári, Handy 0945302758, Zimmer und Studios im Olivenhain, von den oberen Blick auf das Meer.

Essen und Trinken

● **Taverne in Ano Gerakári,** neben der Kirche Ag. Nikólaos, tolle Aussicht.

Alykés

Beliebt ist Alykés v.a. bei Strandurlaubern. Früher wurde hier in der Nähe in flachen Wasserbecken Salz gewonnen. Hinter der Strandsiedlung überspannt eine steinerne Bogenbrücke, die noch von den Engländern errichtet wurde, den Fluss, der bei Alykés ins Meer mündet.

Unterkunft

● **Camping Alykés,** Tel. 83233, liegt am nördlichen Dorfrand; Bar, Küche.

Moní Ag. Ioánnis Prodromou

Nördlich von Katastári liegt neben der Hauptstraße das Kloster Moní Ag. Ioánnis Prodromou, das im 16. Jh. gegründet wurde. Das schöne alte **Wehrkloster** wurde zum Zeitpunkt der Recherchen renoviert und war daher nicht zugänglich.

Die nördliche Ostküste

Eine kleine Straße führt oberhalb der Küste entlang nach Koríthi. Man trifft auf mehrere Kiesstrände. Der unangenehme Duft, der sich an diesem Küstenabschnitt manchmal verbreitet, wird von **Schwefelquellen** an der Küste verursacht. Oberhalb der Straße liegen einige beinahe **verlassene Bauerndörfer** zwischen Olivenbäumen, Zypressen und Macchia. Der kleine Weiler **Mikroni-**

Zákynthos

si liegt auf einem Felsenkap. Nur wenige Häuser finden hier Platz. Ein alter Wachturm wird heute von einem Bauern als Speicherraum genutzt.

Unterkunft

●**Rent Studios,** Mikronisi, Tel. 31225, Handy 0977894033, www.zanteweb.gr/climatistudios&alphaapartments, DZ, Bad, Balkon, AC, Küchenecke, ruhige Lage, liegt 300 m von Mikronisi entfernt, 23-40 €.

Koríthi, Skinári und Ag. Nikólaos

Die Dörfer Skinári und Koríthi bestehen überwiegend aus alten **Hausruinen.** Neu sind dagegen die Häuser am Hafen von Ag. Nikólaos bei Skinári. Hier legen die Fähren nach Kefaloniá ab. Es werden auch **Bootsausflüge** zu den blauen Grotten, den Felsentoren am nördlichen Kap und zum Strand Navágio organisiert. Die gleichen Ausflüge werden hinter Koríthi, unweit des Leuchtturms angeboten. Bei einer bunten Windmühle bietet sich ein herrlicher Blick nach Kefaloniá.

Unterkunft

●**Pension Panorama,** südlich des Hafens von Ag. Nikólaos, Tel. 31013.
●Oberhalb des Strandes von Makris Gialós befindet sich ein einfacher **Campingplatz.**

Strände

Tsiliví

Beliebte Sandbucht, am Kap kleine Felseninseln. Hinter dem Strand reihen sich Tavernen, Bars und Hotels aneinander. 1-2 km lang und 10-25 m breit, sonnig, klares Wasser, wenig Seegras, keine Felsen im Wasser, flach abfallend, sehr voll.
●**Service:** einfach zu erreichen für Leute mit Gehbehinderung, Strandsäuberung, Supermarkt, Dusche, WC, Telefon, Liegen und Schirme, Volleyballnetz im Wasser, Tretboote, Kanu, Crazy Banana, Wasserski, Jetski, Paragliding, Ring, Bootsanlegesteg
●**Anfahrt:** Bushaltestelle, Parkplatz

Plános

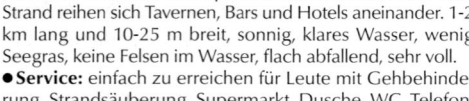

Der Blick fällt auf das Felsenkap, hinter dem Strand eine Taverne, Tamarisken und Schilf. 200 m lang, 5-10 m breit, sonnig, Sand, Seegras, teils Felsen im Wasser, flach abfallend, klares Wasser, sauber, NS ruhiger, HS gut besucht.
●**Service:** Liegen und Schirme, Tretboote, Taverne, WC, Supermarkt
●**Anfahrt:** Parkplatz

Boúka

Liegt in der gleichen Bucht wie der Plános-Strand. Hinten befindet sich eine Mauer, dahinter Schatten spendende Bäume. 100 m lang und 5 m breit, Sand und Steine, flach abfallend, klares Wasser, NS ruhig, HS gut besucht.
- **Service:** Liegen und Schirme, Tretboote
- **Anfahrt:** Parkplatz

Amboula

Hinter dem Strand liegt eine hügelige Landschaft mit Olivenbäumen. 150 m lang, 5-10 m breit, Kies, Steine, teils Felsen und Seegras, flach abfallend, NS ruhig, HS gut besucht.
- **Service:** Strandsäuberung, Telefon, Dusche, Taverne, WC, Supermarkt, Liegen und Schirme, Tretboote, Kanu, Crazy Banana, Wasserski, Jetski, Ring
- **Anfahrt:** Parkplatz

Pachi Amos und Drosiá

Ein schmaler Sandstreifen wird immer wieder durch kleine Felsen unterbrochen, hinten teils Schilf, teils Bäume, wenig Schatten, kilometerlang, 5 m breit, Sand mit Felsen, klares Wasser, teils viel Seegras und Felsen im Wasser, flach abfallend, NS ruhig, HS gut besucht.
- **Service:** einfach zu erreichen für Leute mit Gehbehinderung, Taverne, Dusche, WC, Unterkünfte, Supermarkt und Telefon 500 m entfernt, Liegen und Schirme, kleiner Hafen
- **Anfahrt:** Parkplatz

Psarou

Hinter dem Strand befinden sich mit Schilf bewachsene Hügel. 200 m lang und 5-10 m breit, Sand, sonnig, teils Felsen und teils Seegras, flach abfallend, ruhiger.
- **Service:** Telefon, WC, Snackbar, sauber
- **Anfahrt:** Parkplatz

Gerakári

5 m breiter Sandstreifen, sonnig, klares Wasser, flach abfallend, kein Seegras, teils Felsen im Wasser, ruhig.
- **Service:** keine Einrichtungen
- **Anfahrt:** Parken am Straßenrand

Amoudi

100 m lang und 5-10 m breit, Sand und Felsen, etwas Seegras, flach abfallend, sonnig, NS gut besucht, HS voll.
- **Service:** Strandsäuberung, Liegen und Schirme, Hotel
- **Anfahrt:** Bus, Parkplatz

Alikanás

Hinter dem sonnigen Strand befindet sich ein Hang, der mit Schilf und Gras bewachsen ist. 150 m lang und 5-10 m breit, Sand, teils Seegras, teils Felsen im Wasser, flach abfallend, NS gut besucht, HS voll.
- **Service:** Taverne, WC, Bar, Telefon, Supermarkt, Liegen und Schirme, Kanus
- **Anfahrt:** Parkmöglichkeit

Zákynthos

Alykés

Die Umgebung ist kahl. Hinter dem Strand zieht sich eine Mauer entlang, dahinter die Straße. Teils Dünen, kilometerlang, 10-20 m breit, sonnig, Sand, klares Wasser, wenig Seegras, keine Felsen, flach abfallend, die Strände Ag. Kyriakí, der Hauptstrand und der Strand beim Camping-Platz gehen ineinander über, am nördlichen Ende ist die Bucht ruhiger, dort aber Kies oder Sand mit Steinen, sehr voll.
●**Service:** einfach zu erreichen für Leute mit Gehbehinderung, Strandsäuberung, Dusche, WC, Tavernen, Telefon, Hotels, Liegen und Schirme, Crazy Banana, Paragliding, Jetski, Ring, Tretboot, Kanu, Wasserski, Motorboote
●**Anfahrt:** Parkplatz, Bushaltestelle

Xingi

Schöne von steilen Felswänden umrahmte Bucht, nachmittags etwas Schatten, vorgelagert kleine Felsinseln, unangenehmer Geruch durch nahe gelegene Quellen mit schwefelhaltigem Wasser. 50 m lang, 10 m breit, Sand, Kies, türkisblaues Wasser, teils Seegras, einige Felsen im Wasser, steil abfallend, NS gut besucht, HS voll.
●**Service:** keine Einrichtungen, WC und Taverne oben auf dem Kap in 1 km Entfernung, Imbiss direkt oberhalb des Strandes an der Straße
●**Anfahrt:** von der Straße zweigt eine Piste zum Parkplatz ab, dann steiler Pfad

Makris Gialós

Eine Felswand befindet sich hinter dem Strand, seitlich der Bucht liegen Wasserhöhlen in den Felsen. 200 m lang und 10 m breit, sonnig, nachmittags auch Schatten, Sand und feiner Kies, klares Wasser, wenig Seegras, teils Felsen im Wasser, steil abfallend, NS gut besucht, HS voll.
●**Service:** Kiosk, Taverne und WC ca. 100 m entfernt, Liegen und Schirme, Tretboote, Jetski, Ring, Kanu, Wasserski, Bootsanlegesteg, einfach zu erreichen für Leute mit Gehbehinderung, Strandsäuberung
●**Anfahrt:** Parkplatz

Ag. Nikólaos

Hinter dem Strand befindet sich eine Mauer. Oben wachsen alte Tamariskenbäume, die am Nachmittag den Strand verschatten. Zwischen den Bäumen stehen Bänkchen, dahinter führt die Straße entlang, gleich nebenan befindet sich der kleine Hafen. Der neue Fährhafen liegt 500 m weiter südlich. 80 m lang und 5-10 m breit, überwiegend sonnig, Kies, kein Seegras keine Felsen, steiler abfallend, ruhiger.
●**Service:** Kiosk, Tavernen, Telefon, WC
●**Anfahrt:** Parkplatz, Bus (selten)

DIE BERGDÖRFER

Tipps für die Region

**Verkehrs-
mittel**

● Die **Busverbindungen** sind schlecht, **Taxis** muss man telefonisch bestellen, Tel. 48400, und oft muss man lange warten. **Mietfahrzeuge** werden nicht angeboten.
● **Tankstellen:** in Ag. Léon, Volímes und am Hafen Ag. Nikólaos

Einkaufen

In Volímes und Anafronítria bieten Händler **Teppiche, Stickereien** und andere **Souvenirs** am Straßenrand an. Ein größerer Teil der Ware sind Industrieprodukte. Es werden aber auch Handarbeiten angeboten. In Kambi und anderen kleineren Dörfern bieten Bauern **Wein** und **Honig** am Straßenrand an. Für Waren des täglichen Bedarfs stehen kleine **Tante-Emma-Läden** zur Verfügung, die mittags teils geschlossen sind. Gut und günstig bieten die **Bäckereien** in Volímes und in Ag. Léon ihre Backwaren an. Dort bekommt man auch Kaffee und Erfrischungsgetränke.

**Nützliche
Adressen**

● **Arzt:** in Volímes, Tel. 26950-31201
● **Krankenhaus:** in Zante
● **Polizei:** in Volímes, Tel. 26950-31204
● **Geld:** Kein Geldautomat. Bei den Postämtern in Volímes und Katastári werden Reiseschecks und Bargeld gewechselt.

Kiliómeno

Kiliómeno ist ein nettes Dorf. Im Zentrum befindet sich die sehenswerte Kirche Ag. Nikólaos. Auf dem Kirchplatz steht ein alter Brunnen, wie er auf Zákynthos üblich ist. Der abseits stehende Kirchturm wurde 1893 erbaut, aber nie fertig gestellt – ihm fehlt die Spitze. Daher befindet sich oben eine kleine Plattform. Auch um die Glockenetage herum läuft ein hübscher Balkon mit schmiedeeisernem Geländer. Man kann den Turm während der Saison besteigen. Weniger Meter weiter unten liegt an der Straße die Taverne Alitzerini, die 1630 gegründet wurde und einen Besuch wert ist.

**Essen und
Trinken**

● **1 Alitzerini,** Kiliómeno, Tel. 48552, urige Taverne mit Musik, nur abends, in der NS nur am Wochenende geöffnet

Zákynthos

Ag. Léon, Korakonisi und Límnionas

Das Bergdorf **Ag. Léon** ist für die meisten Urlauber eher Durchgangsstation, denn große Sehenswürdigkeiten fehlen.

Über schlechte Pisten ist die **Küste bei Korakonisi** zu erreichen. Wer mit Jeep oder Geländemotorrad unterwegs ist und Strapazen nicht scheut, erreicht einen Aussichtspunkt, dem eine kleine Insel mit einem Felsentor vorgelagert ist.

Einfacher zu erreichen, aber dafür sehr beliebt ist die **Felsküste bei Límnionas.** Eine nette Ausflugtaverne bewirtet im Sommer die Ausflügler.

Loúcha und das Moní Iperagáthou

Loúcha ist eines der **ursprünglichsten Bauerndörfer** in den Bergen. Die alten Gemäuer werden überwiegend von älteren Menschen bewohnt. Hinter dem Ort erstreckt sich ein schönes Hoch-

Berglandschaft bei Loúcha

tal, in dem u.a. Wein angebaut wird. Man trifft auf Zypressenwäldchen, Nuss- und Olivenbäume, Felder und Wiesen.

Hinter dem Tal führt ein Feldweg zum verlassenen Kloster **Moní Iperagáthou.** Es ist meist verschlossen, aber man kann den Klosterhof durch die Ruinen seitlich erreichen. Eine Tafel informiert über die jüngere Geschichte: „Hier war die erste Station der Alliierten Soldaten auf den Ionischen Inseln, die während der deutschen Besatzung aufgebaut worden ist." Die alliierten Soldaten versteckten sich hier vom 26. April 44 bis sie die Insel unter Kontrolle hatten.

Essen und Trinken

●**Taverne von Loúcha,** hübsche Terrasse, angeboten werden Kleinigkeiten, Preise o.k.

Klippen bei Kambi

Sehr beliebt sind die **Sonnenuntergänge** an den Klippen bei Kambi. Mehrere Tavernen laden zu diesem abendlichen Naturschauspiel ein. Auf dem Weg zum Felsenkap liegen unterhalb der Straße **Mykenische Gräber,** die aber schon ausgeraubt waren, als man sie entdeckte. Oben am Kap hat man den schönsten Blick von der Taverne Cross. Hinter der Taverne steht ein großes **Kreuz** mit einer unbeschrifteten Marmortafel. Laut Taverneninhaberin erinnert es an die Kriegsopfer aus dem 2. Weltkrieg.

Essen und Trinken

●**Taverne Cross,** Kambi, tolle Aussicht, einfache griechische Küche, gute Bifteki, Preise o.k.

Venezianischer Wachturm und Kato Lakkos bei Exo Chora

Exo Chora ist ein nettes kleines Dorf. Einen Abstecher lohnt der **Venezianische Wachturm,** zu dem man über eine holperige Schotterpiste gelangt. Man folgt zunächst der kleinen Straße, an der der

Zákynthos

Turm im Dorfzentrum von Exo Chora markiert ist. Sie geht in eine Piste über, auf der man sich rechts hält. Bald trifft man auf ein verwirrendes Schild. Zum ruhig gelegenen Turm geht es nach links weiter, zum Kato Lakkos nach rechts. Vom Wachturm hat man eine schöne Aussicht auf die Küste. Rundherum wachsen junge Kiefern, die noch keine zwei Meter hoch sind, denn in den letzten Jahren haben Brände dafür gesorgt, dass der alte Kiefernwald auf den Bergen verschwand.

Kato Lakkos ist eine frühere Höhle, deren Decke eingestürzt ist. Zurück blieb ein 5-10 m tiefes „Loch" von 30 m Durchmesser, das mit Brombeerhecken überwuchert ist. Ein Pfad führt hinunter, aber wegen der Dornen kommt man nicht allzu weit.

Rundwanderung um Mariés und Exo Chora

- **Route:** Mariés – Kato Lakkos – Exo Chora – Mariés
- **Strecke:** über Pisten und kleine Straßen
- **Landschaft:** durch Kiefernwälder, Wein- und Olivenfelder
- **Dauer:** 2 Stunden
- **Ausrüstung:** Wasser, Sonnenschutz; in Exo Chora gibt es ein „Tante-Emma-Laden-Café"
- **Anfahrt:** Man startet am unteren Dorfende von Mariés.

Zum Kato Lakkos

Das Dorf Mariés verlässt man in Richtung Exo Chora. Hinter den letzten Häusern zieht die Straße sich nach links. Hier zweigt nach rechts ein kleines Sträßchen ab, das sich nach wenigen Metern gabelt. Man hält sich links. Die Straße führt zwischen Olivenfeldern am Dorfrand entlang und schwenkt dann nach rechts, bevor sie sich erneut gabelt. Man hält sich wieder links. Dann geht die Straße in einen Weg über und führt durch Kiefernwald und an Zypressen und Olivenbäumen vorbei. Nachdem links die ersten Weinfelder auftauchen, schwenkt der Weg nach rechts und man trifft auf eine Piste, der man nach links folgt. Sie führt durch Wein- und Olivenfelder. Auf dem

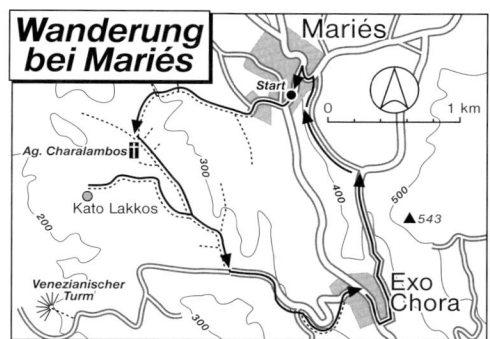

Hauptweg kommt man nach 20 Minuten zu einer Gabelung. Der Weg nach rechts führt zum Kato Lakkos, den man in einer viertel Stunde erreicht.

Nach Exo Chora

Nach diesem Abstecher kehrt man zurück zu der kleinen Gabelung und hält sich hier halb rechts. Die Piste führt durch jungen Kiefernwald und geht nach etwa einer viertel Stunde in eine Straße über. Nach rechts zweigt der Weg zum Venezianischen Festungsturm ab, man folgt aber der Straße nach links. Sie geht in eine Piste über und steigt an. In einer Kurve trifft man auf ein grünes Schild, das „Exo Chora - Kato Vruska" markiert. Hier zweigt nach rechts ein Weg ab, dem man folgt. Man erreicht die ersten Häuser, hält sich bei einer Gabelung links und trifft auf eine Straße, in die man nach rechts einbiegt. Nach wenigen Metern erreicht man die Hauptstraße, über die man schon bald zum Dorfplatz von Exo Chora gelangt.

Zurück nach Mariés

Man folgt nun der Hauptstraße südwärts. Nach wenigen Minuten zweigt am Dorfrand nach links eine kleine Teerstraße ab. Sie führt in einem Tal mit Feldern den Berg hoch und schwenkt nach ca. 20 Minuten nach rechts. Am Kiefernwald zweigt eine Piste nach links ab, der man folgt. Sie führt zunächst aufwärts, aber sobald der Weg wieder

Zákynthos

eben wird, hat man eine schöne Aussicht. Man geht geradeaus weiter, bis der Weg am Dorfrand von Mariés in eine Betonstraße übergeht. Man folgt ihr nach rechts abwärts durch ein kleines Tal an den ersten Häusern vorbei. Sie führt kurz darauf auf die Hauptstraße, in die man nach links einbiegt. Wenige Minuten später zweigt nach rechts die kleine Straße ab, an der die Tour begann.

Mariés und Pórto Vrómi

Eine der beiden Buchten von Pórto Vrómi ist von Mariés aus erreichbar, die andere von Anafronítria. Die Buchten sind nicht miteinander verbunden. An der südlichen, die man von Mariés aus erreicht, steht eine Tafel am Strand, die erklärt, dass hier **Maria Magdalena** ihren Fußabdruck hinterließ. Im Dorf Mariés steht ihr zu Ehren eine Kirche, die im 15. Jh. errichtet wurde. In Pórto Vrómi findet man neben dem kleinen Hafen einen Strand.

Am Aussichtspunkt von Pórto Vrómi

Auch in der Nordbucht von Pórto Vrómi, gibt es einen kleinen Hafen. Auf der Anfahrt von Anafronítria kommt man an einem schönen Aussichtspunkt vorbei, der auf hohen Klippen neben einer S-Kurve liegt. Hier kann man in Ruhe schöne Sonnenuntergänge erleben.

Moní Spileotissa bei Orthoniés

Hinter Orthoniés befindet sich das 1588 gegründete Klösterchen Moní Spileotissa. 1953 wurden beim Erdbeben Teile der Anlage zerstört. Damals lebten 21 Mönche hier. Heute bewohnt noch ein älterer Herr die Anlage, der Besucher freundlich empfängt, wenn er nicht gerade auf den Feldern arbeitet. Die Marienikone wurde in einer Höhle am Berghang gegenüber gefunden. Hinter dem hübschen Klösterchen befinden sich eine alte Windmühle und ein Dreschplatz.

Anafronítria und Umgebung

In Anafronítria verwandeln zahlreiche **Teppichverkäufer und Souvenirshops** das ganze Dorf in eine Art Supermarkt. Viele Ausflugsbusse kommen hierher.

Moní Anafronítria   Am Dorfrand liegt das Kloster Moní Anafronítria, das im 15. Jh. gegründet wurde. Es ist eine der wenigen Anlagen, die durch das große Erdbeben nicht zerstört wurden. Die dreischiffige Basilika mit Holzdecke, die Mönchszellen und der rechteckige Wehrturm, der die Anlage überragt, wurden vor kurzem renoviert. Im Sommer ist die Anlage jetzt wieder für Urlauber zugänglich. Das Kloster hat Festungscharakter; im Wehrturm sind sechs Schießscharten zu erkennen. Als der **heilige Dionysios** hier lebte, gewährte er dem Mörder seines Bruders Asyl und rettete ihn dadurch vor der Todesstrafe.

Zákynthos

Moní Ag. Geórgios

Eine kleine Straße führt von Anafronítria nach Norden zum Kloster Moní Ag. Geórgios, das im Sommer fest in touristischer Hand ist, denn die meisten Busse legen auf ihrer Rundfahrt hier eine Pause ein. Die Anlage wurde im 16. Jh. erbaut, trug aber beim Erdbeben 1953 starke Schäden davon. Die Wohngebäude, die daraufhin neu aufgebaut werden mussten, gruppieren sich um den hübschen Innenhof, über dem sich der Wehrturm erhebt. Das Kloster wurde in früheren Jahren mehrmals Opfer von Überfällen, woraufhin es festungsartig ausgebaut wurde. Der **heilige Gerasimos,** der sich später auf Kefaloniá niederließ, lebte mehrere Jahre in dieser Anlage. Das Kloster liegt unmittelbar neben einem Pinienhain. Ein Weg führt von dort zu einem hübschen Dreschplatz mit Pavillon. Es leben vier Mönche im Kloster.

Aussichtspunkt

Etwas weiter nördlich erreicht man den Aussichtspunkt, von dem aus man den schönsten Blick auf den **Schiffswrack-Strand Navágio** hat. Der Strand ist nur vom Meer aus zu erreichen. Weiße, steile Felswände umrahmen die traumhaft schöne Bucht. In den 20er-Jahren erlitt ein Schiff vor dieser Küste Schiffbruch. Es soll sich um einen italienischen Frachter handeln, der damals mit Schmugglerware unterwegs war. Unweit des Aussichtspunkts wird eine Ausflugtaverne betrieben.

Volímes und das Moní Andreas

Auch in Volímes bieten zahlreiche Teppichverkäufer und Souvenirshops ihre Ware feil. Der Ort ist von steinigen Feldern und kahlen Hügeln umgeben. Die Landschaft wirkt trocken und staubig. Einen Besuch wert ist die **Ruine** des Moní Ag. Andreas. Aus der Anlage wurden in den letzten Jahren die Fresken der Kirche abgelöst. Sie befinden sich heute im Museum von Zákynthos Stadt. Am Portal ist die Jahreszahl 1641 zu erkennen. Im Hof trifft man auf Säulenreste und einen alten Brunnen. Das Kloster wurde Ende des 16. Jh. von *Theodoris* und seinen Enkeln *Kallinikos* und *Anastasios Yiannoulis* errichtet. Neben der Anlage liegt ein kleiner Wald und ein Wiese. Hinter dem Kloster führt ein Pfad zu einem Aussichtspunkt.

Strände

Límnionas

Fjordartige Bucht in bizarrer Felsenwelt. Seitlich liegt eine Wasserhöhle. Das Kap ist mit Kiefern bewaldet, am Meer ist es felsig und sonnig. Man kann von einer betonierten Fläche ins Wasser gelangen, Plastikschuhe sind notwendig. Die Felsen sind scharfkantig und glitschig. Am Buchtende befindet sich ein sehr kleiner Strand. Geeignet zum Schnorcheln, NS gut besucht, HS voll.
- **Service:** Taverne, WC, Parkplatz
- **Anfahrt:** Straße von Ag. Léon, Parkplatz

Pórto Vrómi

Am Ende eines tief eingeschnittenen Fjords, umgeben von steilen mit Kiefern bewachsenen Hängen und Kalkfelsen, 50 m lang, 10 m breit, Kies, sonnig, flach abfallend, im Wasser teils Steine, NS ruhig, HS voll.
- **Service:** Taverne, WC, Bootsanlegesteg, Bootsausflüge, Kanus, Tretboote, Strandsäuberung
- **Anfahrt:** Straße von Mariés aus, Parkplatz

Navágio/ Schiffs- wrack- Beach

Hinter der nur vom Meer zugänglichen Bucht erheben sich weiße, senkrecht abfallend Felswände, seitlich befindet sich im Wasser eine Höhle, ein Schiffswrack liegt am Strand. Die landschaftlich faszinierende Bucht liegt nur mittags in der Sonne. 400 m lang, 50 m breit, grober weißer Sand, türkisblaues Wasser, kein Seegras, keine Felsen im Wasser, steil abfallend, morgens leer, ab 11.30 Uhr legen viele Boote an, dann sehr voll. Wer den Strand in Ruhe erleben möchte, sollte mit den kleinen Booten von Ag. Nikólaos oder vom Leuchtturm bei Koríthi um 9-10 Uhr starten und den Strand gegen 12 Uhr wieder verlassen.
- **Service:** keine Einrichtungen
- **Anfahrt:** per Boot

Zákynthos

ANHANG

LITERATURTIPPS

- *Lawrence Durrell:* **Schwarze Oliven. Korfu – Insel der Phäaken,** rororo Taschenbuch. Durrell beschreibt seinen Aufenthalt auf Korfu in den 1930er-Jahren.
- *Gerald Durrell:* **Meine Familie und anderes Getier,** Ullstein, ISBN 3-548-23735-5. Der jüngere Bruder von Lawrence Durrell beschreibt seine Kindheitserinnerungen an das Korfu der 1930er-Jahre.
- *Gerald Durrell:* **Vögel, Viecher und Verwandte,** Rowohlt Verlag. Fortsetzung von „Meine Familie und anderes Getier".
- *Hubert Eichheim:* **Griechenland,** C.H. Beck Verlag. Der Autor arbeitete am Goethe-Institut in Athen und gibt einen guten Einblick in die griechische Gesellschaft heute. Eine angenehme Urlaubslektüre.
- *Louis de Bernières:* **Corellis Mandoline,** Fischer Verlag, ISBN 5-596-13657-1. Ein hervorragendes Buch, ein Roman mit historischem Hintergrund über die Insel Kefaloniá. Es wurde vor kurzem verfilmt. Sehr lesenswert, ideal als Urlaubslektüre. (Der Film zeigt wunderschöne Bilder von Kefaloniá, ist aber ansonsten etwas kitschig geraten.)
- *Hilary Whitton Paipeti:* **Companion Guide to the Corfu Trail,** ISBN 960-91329-2-8, nur im Buchhandel auf Korfu erhältlich, 7,50 €. Englischsprachiger Wanderführer durch Korfu. Beschreibung des Korfu-Nord-Süd-Wanderwegs, der ohne das Buch nur schwer zu finden ist. Mit hilfreichen Karten. Wir haben Teile dieses Nord-Süd-Trails abgewandert und fanden die Touren sehr schön. 2003 soll eine überarbeitete Auflage erscheinen. Informationen auch über www.travelling.gr/corfu-trail, corfiotm@otenet.gr, Tel. 0030-26610-52833.

KLEINE SPRACHHILFE GRIECHISCH

Diese kleine Sprachhilfe kann nur einige wichtige Begriffe und Redewendungen vermitteln. Wer mehr lernen möchte, sollte auf den Kauderwelsch Band 4 „Griechisch – Wort für Wort" aus dem REISE KNOW-HOW Verlag zurückgreifen.

Das griechische Alphabet

In der dritten Spalte steht, wie die Buchstaben ausgesprochen werden, „th" wie im Englischen:

A, α	Alfa	a	N, ν	Ny	n
B, β	Betta	w	Ξ, ξ	Xi	x
Γ, γ	Gamma	gh, j	O, o	Omikron	o
Δ, δ	Delta	th, weich	Π, π	Pi	p
E, ε	Epsilon	e, ä	P, ρ	Rho	r
Z, ζ	Zeta	s, weich	Σ, σ	Sigma	s, hart
H, η	Ita	i	T, τ	Tau	t
Θ, θ	Theta	th, hart	Y, υ	Ypsilon	i
I, ι	Jota	i	Φ, φ	Phi	f
K, κ	Kappa	k, kj	X, χ	Chi	ch
Λ, λ	Lambda	l	Ψ, ψ	Psi	ps
M, μ	My	m	Ω, ω	Omega	o

Manchmal kommen in der griechischen Sprache auch **Buchstabenfolgen** wie diese vor:

ΜΠ, μπ	b		OY, ου	u
NT, ντ	d		ΓΚ, γκ	g
TZ, τζ	j, dsch		ΓΓ, γγ	ng
TΣ, τσ	ch, z, ts		AI, αι	ä
EY, ευ	ef		OI, οι	i
AY, αυ	af		EI, ει	i

Notwendiges

			besetzt	piasméno
			frei	elefthero
Hallo (Du/Sie)	ja su/ja sas		Ich will ...	thélo
Guten Morgen	kali méra		Ich möchte ...	tha íthela
Guten Tag	kali spéra		Ich nehme ...	pärno
Gute Nacht	kali níchta		groß	megálo
Ja	nä, ne		klein	mikró
Nein	óchi		schön	oräa
(Ich) bitte	parakaló		gut	kaló
(Ich) danke	efcharistó		schlecht	kakó
Einverstanden	endáxi		Was ist das?	ti íne aftó?
nichts	típota		Wohin gehst Du?	pu pas?
Ich suche	psáchno		Wohin gehen Sie?	pu páte ?
Entschuldigung	signómi		Wie heißt Du?	pos se léne?
Es hat (gibt) nicht ...	then échi ...		Wie heißen Sie?	pos sas léne?
geschlossen	klistó		Von wo bist du?	apó pu íse?
geöffnet	anichtó		Von wo sind Sie?	apó pu íste?

Anhang

Von welchem Ort (Stadt)?	apó pió méros?
Ich verstehe	then sas
Sie nicht	katalavéno
Ich verstehe wenig	katalavéno
Griechisch	líga eliniká

Zahlen

0	midén
1	éna
2	dío
3	tría
4	tééßera
5	pénde
6	éxi
7	eftá
8	ochtó
9	enjá
10	déka
11	éndeka
12	dódeka
13	deka tría
14	deka tééßera
15	deka pénde
16	deka éxi
17	deka eftá
18	deka ochtó
19	deka enjá
20	íkosi
30	triánta
40	saránda
50	penínda
60	exínda
70	efdomínda
80	ochdónda
90	enenínda
100	ekató
200	dia kóßia
300	tria kóßia
900	enja kóßia
1000	chílja
2000	dío chiljádes
wieviel...?	pósso...?

Wochentage

Montag	Deftéra
Dienstag	Tríti
Mittwoch	Tetárti
Donnerstag	Pémbti
Freitag	Paraskeví
Samstag	Sáwato
Sonntag	Kyriakí

Zeitbegriffe

heute	símera
gestern	(e)chtéß
morgen	áwrio
Tag/e	méra/méres
Woche/n	efdomáda/ efdomádes
Monat/e	mínas/mínes
Jahr/e	chrónos/chrónja
Stunde/n	óra/óres
Minute/n	leptó/leptá
früh, morgens	proí
mittags	mesiméri
nachmittags	apóghefma
abends	vrádi
nachts	níchta
jetzt	tóra
später	argótera
Wann ...?	ti óra...?, póte...?
Wie spät ist es?	Ti óra íne?

Einkaufen

Wieviel kostet ...?	pósso kostísi ...?
Rechnung	logariasmós
sehr teuer	polí akriwó
billig	ftinó
billiger	ftinótero
Ich miete, vermiete	nikiáso
Ich kaufe	agoráso
Ich bezahle	pliróno
Bezahlen Sie ...?	plirónete ..?

Transport

Ticket	isitírio
Zug	tréno
Bus	leoforío
Bahnhof	stathmós
Haltestelle	stási
Schiff	plío, karávi

Hafen	limáni
Flugzeug	aeropláno
Flugplatz	aerodrómio
Motorrad	motosikléta, michaní
Fahrrad	podílato
Auto	aftokínito
Ich gehe	pijäno
Ich fahre	odigó

Orientierung

links	aristerá
rechts	dexiá
geradeaus	efthía
gegenüber	apénadi
neben	dípla
unten, unter	káto
oben, über	páno
Wo ist ...?	pu íne ..?
Eingang	ísodos
Ausgang	éxodos
Straße	odós, drómos
Platz	platía
Stadt	póli
Dorf	chorió
Kirche	eklisía
Kloster	moní
Heiliger	Agios (Ag.)
Bank	trápesa
Post	tachi dromío
Kiosk	períptero
Läden	magasiá
Telefon	tiléfono
Meer	thálassa
Küste, Strand	paralía

Unterkunft

Hotel	xenodochío
Pension	pansión
Zimmer	domátio
Schlüssel	klithí
WC	tualéta
Bad	bánjo
Dusche	dusch
Handtuch	petséta
Seife	sapúni
Klopapier	chartí ijías

Essen und Trinken

Wasser	neró
Brot	psomí
Fische	psária
Fleisch	kréas
Auberginen	melizána
Zucchini	kolokithákia
Käse	tirí, kaséri
Schafskäse	féta
Oliven	eliés
Kartoffeln	patátes
Grüne Bohnen	fasolákia
Wassermelone	karpúsi
Honigmelone	pepóni
Trauben	stafília
Feigen	síka
Äpfel	míla
Eier	avgá
Wurst	lukánika
Honig	méli
Salz	aláti
Zucker	sáchari
Milch	chála
Eis	paghotó
Tee	tschái
Bier	bíra
Wein	krasí
Orangen-limonade	portokaláda
Zitronen-limonade	lemonáda
kalt	krío
warm	sestó
Guten Appetit	kalí órexi

Krankheit

Krankenhaus	nosokomío
Arzt	jatrós
Apotheke	farmakío
Zahnarzt	odondíatros
Augenarzt	ofalmíatros
Kinderarzt	pädíatros
Sonnenbrand	engáfma ilíu
Zahnschmerzen	ponódondos
Kopfweh	ponokéfalos
Es schmerzt mich	mu ponái

HILFE!

Dieses Urlaubshandbuch ist gespickt mit unzähligen Adressen, Preisen, Tipps und Infos. Nur vor Ort kann überprüft werden, was noch stimmt, was sich verändert hat, ob Preise gestiegen oder gefallen sind, ob ein Hotel, ein Restaurant immer noch empfehlenswert ist oder nicht mehr, ob ein Ziel noch oder jetzt erreichbar ist, ob es eine lohnende Alternative gibt usw.

Unsere Autoren sind zwar stetig unterwegs und versuchen, alle zwei Jahre eine komplette Aktualisierung zu erstellen, aber auf die Mithilfe von Reisenden können sie nicht verzichten.

Darum: Schreiben Sie uns, was sich geändert hat, was besser sein könnte, was gestrichen bzw. ergänzt werden soll. Nur so bleibt dieses Buch immer aktuell und zuverlässig. Wenn sich die Infos direkt auf das Buch beziehen, würde die Seitenangabe uns die Arbeit sehr erleichtern. Gut verwertbare Informationen belohnt der Verlag mit einem Sprechführer Ihrer Wahl aus der über 160 Bände umfassenden Reihe „Kauderwelsch" (siehe unten).

Bitte schreiben Sie an: REISE KNOW-HOW Verlag Peter Rump GmbH, Osnabrücker Str. 79, D-33649 Bielefeld, e-mail: info@reise-know-how.de
Danke!

Kauderwelsch-Sprechführer –
sprechen und verstehen rund um den Globus

Afrikaans ● Albanisch ● Amerikanisch – *American Slang, More American Slang,* Amerikanisch oder Britisch? ● Amharisch ● Arabisch - Hocharabisch, für Ägypten, Algerien, Golfstaaten, Irak, Jemen, Marokko, Palästina & Syrien, Sudan, Tunesien ● Armenisch ● *Bairisch* ● Balinesisch ● Baskisch ● Bengali ● *Berlinerisch* ● Brasilianisch ● Bulgarisch ● Burmesisch ● Cebuano ● Chinesisch – Hochchinesisch, kulinarisch ● Dänisch ● Deutsch - *Allemand, Almanca, Duits, German, Nemjetzkii, Tedesco* ● *Elsässisch* ● Englisch - *British Slang, Australian Slang, Canadian Slang, Neuseeland Slang,* für Australien, für Indien ● Färöisch ● Esperanto ● Estnisch ● Finnisch ● Französisch – für Restaurant & Supermarkt, für den Senegal, für Tunesien, *Französisch Slang, Franko-Kanadisch* ● Galicisch ● Georgisch ● Griechisch ● Guarani ● Gujarati ● Hausa ● Hebräisch ● Hieroglyphisch ● Hindi ● Indonesisch ● Irisch-Gälisch ● Isländisch ● Italienisch - *Italienisch Slang,* für Opernfans, kulinarisch ● Japanisch ● Javanisch ● Jiddisch ● Kantonesisch ● Kasachisch ● Katalanisch ● Khmer ● Kirgisisch ● Kisuaheli ● Kinyarwanda ● *Kölsch* ● Koreanisch ● Kreol für Trinidad & Tobago ● Kroatisch ● Kurdisch ● Laotisch ● Lettisch ● Lëtzebuergesch ● Lingala ● Litauisch ● Madagassisch ● Mazedonisch ● Malaiisch ● Mallorquinisch ● Maltesisch ● Mandinka ● Marathi ● Mongolisch ● Nepali ● Niederländisch - *Niederländisch Slang,* Flämisch ● Norwegisch ● Paschto ● Patois ● Persisch ● Pidgin-English ● *Plattdüütsch* ● Polnisch ● Portugiesisch ● Punjabi ● Quechua ● *Ruhrdeutsch* ● Rumänisch ● Russisch ● *Sächsisch* ● *Schwäbisch* ● Schwedisch ● *Schwiizertüütsch* ● *Scots* ● Serbisch ● Singhalesisch ● Sizilianisch ● Slowakisch ● Slowenisch ● Spanisch - *Spanisch Slang,* für Lateinamerika, für Argentinien, Chile, Costa Rica, Cuba, Dominikanische Republik, Ecuador, Guatemala, Honduras, Mexiko, Nicaragua, Panama, Peru, Venezuela, kulinarisch ● Tadschikisch ● Tagalog ● Tamil ● Tatarisch ● Thai ● Tibetisch ● Tschechisch ● Türkisch ● Twi ● Ukrainisch ● Ungarisch ● Urdu ● Usbekisch ● Vietnamesisch ● Walisisch ● Weißrussisch ● *Wienerisch* ● Wolof ● Xhosa

Anhang

Alle Reiseführer auf einen Blick

Reisehandbücher
Urlaubshandbücher
Reisesachbücher
Rad & Bike

Reise Know-How

Praxis, KulturSchock

Praxis

Aktiv Algarve
Aktiv franz. Atlantikküste
Aktiv Gran Canaria
Aktiv Marokko
Aktiv Polen
All Inclusive?
Als Frau allein unterwegs
Bordbuch Südeuropa
Canyoning
Clever buchen/fliegen
Clever kuren
Daoismus erleben
Drogen in Reiseländern
Dschungelwandern
Essbare Früchte Asiens
Fernreisen a. eigene Faust
Fernreisen, eig. Fahrzeug
Fliegen ohne Angst
Fun u. Sport im Schnee
GPS f. Auto, Motorrad
GPS Outdoor
Heilige Stätten Indiens
Hinduismus erleben
Höhlen erkunden
Inline-Skaten Bodensee

Inline Skating
Internet für die Reise
Islam erleben
Kanu-Handbuch
Kommunikation/unterwegs
Kreuzfahrt-Handbuch
Küstensegeln
Maya-Kultur erleben
Mountain Biking
Orientier. Kompass/GPS
Paragliding-Handbuch
Pferdetrekking
Reisefotografie
Reisefotografie digital
Reisen und Schreiben
Respektvoll reisen
Richtig Kartenlesen
Safari-Handbuch Afrika
Schutz v. Gewalt/Kriminal.
Schwanger reisen
Selbstdiagnose u. Behandlung unterwegs
Sicherheit/Bärengeb.
Sicherheit/Meer
Sonne/Wind/Reisewetter
Survival-Handbuch,
   Naturkatastrophen
Tauchen kalte Gewässer
Tauchen warme Gewässer
Transsib Moskau-Peking
Trekking-Handbuch
Tropenreisen
Verreisen mit Hund
Vulkane besteigen
Wandern im Watt
Wann wohin reisen?

Was kriecht u. krabbelt
   in den Tropen
Wein-Reiseführer Dtschl.
Wein-Reiseführer Italien
Wildnis-Ausrüstung
Wildnis-Backpacking
Wildnis-Küche
Winterwandern
Wohnmobil-Ausrüstung
Wohnmobil/Indien
Wohnmobil-Reisen
Wracktauchen weltweit

KulturSchock

Afghanistan
Ägypten
Brasilien
China VR/Taiwan
Golf-Emirate, Oman
Indien
Iran
Islam
Japan
Jemen
KulturSchock – Mit
   anderen Augen sehen
Marokko
Mexiko
Pakistan
Russland
Spanien
Thailand
Türkei
Vietnam

REGISTER

Anhang

Anhang

603s Foto: vb

604s Foto: vb

DIE AUTOREN

Margret van Blokland, geboren 1964, ist Architektin und Autorin. Henk van Blokland, geboren 1962, ist Betriebswirt und Soziologe. Sie leben derzeit in Berlin. Beide bereisen schon seit 15 Jahren regelmäßig die griechische Inselwelt. Für den REISE-KNOW-HOW-Verlag schrieben die beiden auch die Urlaubshandbücher „Nördliche Sporaden" und „Rhodos". Kritik, Kommentare und Verbesserungsvorschläge nehmen die beiden dankbar entgegen.

KARTENVERZEICHNIS